占星術完全ガイド
ASTROLOGY UNDERSTANDING THE BIRTH CHART

古典的技法から現代的解釈まで

ケヴィン・バーク／著
伊泉 龍一／訳

"Translated from"
ASTROLOGY:
UNDERSTANDING THE BIRTH CHART
Copyright © 2001 Kevin Burk
Published by Llewellyn Publications
Woodbury, MN 55125 USA
www.llewellyn.com
Japanese translation rights arranged with Llewellyn Publications,
a division of Llewellyn Worldwide, Ltd.
through Tuttle-Mori Agency, Inc., Tokyo

熱心な占星術家たちのための基礎固めに

『占星術完全ガイド——古典的技法から現代的解釈まで』は、初心者から熟練した実践家に至るまで占星術を学ぶすべての人の役に立つように書かれている。そのため本書によって、あなたは出生チャートを理解するための総合的かつ統合されたアプローチへと誘われることになるだろう。さらにあなたは、古典の占星術が惑星、サイン、ハウスへの理解をどれほど豊かにしてくれるかを実感できるはずだ。また、チャートの鍵となるテーマを見出だすための方法、そして出生チャート——そしてその個人——に関しての総合的理解を得るために、さまざまなアスペクトや元素を関連させていく方法が身に着くはずだ。

　ケヴィン・バークは、チャートの解釈のための基本中の基本から高度に複雑な段階まで、あなたを着実に導いていく。ただし、本書はちまたにあふれている他の本とは、まったく異なっている。というのも、ケヴィンが教えるのは、占星術の単なる「方法」だけではない。彼は難解な専門的事項に立ち往生することなく、占星術の「なぜそうなのかという理由」についても教えてくれているのだ。

訳者による日本語版序文──
初心者のための出生チャートの見方
Preface by the Translator

　占星術がまったく初めての方のために、本書を読み進める前の基礎知識となる占星術の「出生チャート」の見方について簡潔に説明しておきたい。占星術にある程度、親しんでいる方は、この部分を読み飛ばしていただいても構わない。

　たとえば、タロット占いであれば、出てきた「タロット・カードの絵」を見ていくことが占いの答えとなる。また、手相占いであれば、「手の形」や「手のひらの線」を見ていくことが占いの答えとなる。本書で行われる占星術の場合は、生まれたときの惑星の位置を解釈することが答えとなる。この生まれたときの惑星の位置を図にしたものを「出生チャート」と呼ぶ。

　出生チャートの見方を説明するために、例として本書288頁のシルベスター・スタローンの「出生チャート」を見ていただきたい。円の一番外側の枠には、12星座（サイン）──牡羊座、牡牛座、双子座、蟹座、獅子座、乙女座、天秤座、蠍座、射手座、山羊座、水瓶座、魚座──の記号がある。

　12星座（サイン）とその記号は以下の通りである。

牡羊座　♈
牡牛座　♉
双子座　♊
蟹座　　♋
獅子座　♌
乙女座　♍
天秤座　♎
蠍座　　♏
射手座　♐

山羊座 ♑
水瓶座 ♒
魚座 ♓

　次に、円の中間の部分が12の空間に分割されていることに注目してほしい。そこには1から12まで数が振られている。これらの部分を「ハウス」と呼ぶ。そしてそれぞれのハウスは、1ハウス、2ハウス、3ハウス、4ハウス、5ハウス、6ハウス、7ハウス、8ハウス、9ハウス、10ハウス、11ハウス、12ハウスと呼ばれる。

　さらにハウスの領域には、先ほどの星座(サイン)の記号と並んで、14個の記号がある。ひとまずここで、⊙という記号を見つけてほしい（7ハウスのところにある）。これは太陽の記号である。次に☽という記号を見つけてほしい（10ハウスを区切っているラインのぎりぎりの辺りにある）。これは月の記号である。このようにハウスの領域には、本書における占星術の主役となる11個の惑星と数学的に計算された占星術上の特定のポイントを示す記号が記されている。これらの記号が示している惑星及び占星術上のポイントの呼び方は、以下の通りである。

⊙　太陽
☽　月
☿　水星
♀　金星
♂　火星
♃　木星
♄　土星
♅　天王星
♆　海王星
♇　冥王星
⚷　カイロン
⊗　パート・オブ・フォーチュン

Preface by the Translator

☊ ノース・ノード
☋ サウス・ノード

　出生チャートは、これらの惑星や占星術上のポイントが、どこの星座(サイン)にあり、どこのハウスにあるかということを表示したものだ。つまり、このスタローンのチャートでは、太陽（☉）は蟹座（♋）にあり、かつ7ハウスにあることがわかる。また月（☽）は天秤座（♎）にあり、かつ10ハウスに入っていることがわかる。そして、こうした個々の惑星の星座とハウスの位置によって、占星術のチャートの解釈の結果（ひらたく言えば占い結果）が導き出されるのである。

　さらに、これらの惑星及び占星術上のポイントの記号のすぐそばに、それぞれ数字と星座の記号も並んでいる。これは惑星及び占星術上のポイントが、どこの星座にあり、その星座のどの辺りにあるのかを示すためのものである。たとえば、先ほどの☉、すなわち太陽の記号のところを見てみよう。そこには♋（蟹座）の記号と 14°15′ という数字が並んでいる。これは生まれたときに、太陽が蟹座と呼ばれる位置にあったこと、そしてさらに細かく言えば蟹座の 14 度 15 分という位置にあったことを示している。ここでこの「度数」のことを理解するためには、12 星座の個々の領域が、30 度ずつに分割されていることを説明しておかなければならない。

　そもそも地球を中心として太陽の動きを観測した場合、太陽は一年間かけて一定の軌道を経て、円を描いて元の場所に戻ってくるように見える。その太陽の軌道のことを「黄道」と呼ぶ。その円を描く黄道上を 30 度ずつに分割し、12 に分割した部分が 12 星座(サイン)と呼ばれる領域である。他の諸惑星はすべて、地球から見ると、日々少しずつ場所を変えていくとはいえ、常にこの 12 星座のどこかに位置して見える。つまり、占星術における 12 星座というのは、惑星たちが天のどこに位置するかを示すために用いられる座標としての役割を果たしているのである。さらに「度数」を考慮すると、同じ蟹座の領域であったとしても、その中のどの辺りにあるのかをより正確に表すことができる。実際、本書のよ

うな本格的な占星術における出生チャートの解釈は、それぞれの惑星が、どこの星座(サイン)にあるかだけではなく、さらに何度にあるのかということでも、その結果が変わってくるのである。ちなみに度数は、個々の星座の領域を反時計回りで０度から29度へと進んで行く（30度目になると、反時計回りで隣の星座の０度となる）。ということは、前述の太陽が蟹座にあり、14度15分にあるということは、太陽は蟹座のほぼ真ん中辺りに位置していることを意味することになる。

　自分のことを占星術で知りたい場合は、言うまでもなく自分自身の出生チャートが必要となる。出生チャートは、「天体位置表」を基に自分で作成することも可能である。だが、今日ではコンピュータの発達のおかげで、必要なデータ（生年月日、生まれた時間と場所）を入力すれば、パソコンやスマートフォンでも作成できる（巻末496頁の「日本語版付録」では、そのためのソフトウェアやアプリケーションを紹介している）。本書をある程度読んで、自分のことを知りたくなった場合は、ぜひそれらのどれかを用いて自分の出生チャートを作ってみてほしい。

　また、わたしのウェブサイト「運命の世界」http://unmeinosekai.com/ でも、出生チャートを作ることは可能である（ただし、本書で紹介されているカイロン、ノース・ノード、サウス・ノード、パート・オブ・フォーチュンは表示されない）。さらに同サイトには、占星術のごく簡単な解説頁もある。まったくの初心者の方であるならば、そちらも目を通していただければ、本書を読み進める助けとなるのではないかと思う。

　訳者序文の締めくくりとして、占星術の初心者の方が本書を読む際のアドバイスを記しておきたい。
　本書は初心者も読者対象と想定されているが、かなり広範囲にわたる内容をカバーしているため、ある程度の基礎知識がなければわかりにくい箇所や、専門的すぎるところも多々見られる。また、まったくの初心者にしてみれば、初めて目にする用語が数多く出てくることで、次第に

混乱の度合いが深まっていく恐れもある。だとしても、そこで立ち止まらず、ひとまずどんどん読み進めてみてほしい。仮に前に読んだはずの専門用語の意味を忘れてしまっても、その都度、巻末の「索引」を調べて、該当頁に戻ることもできる。いずれにせよ、全部が完璧に理解できなくてもまったく構わない（そもそもすぐに全部が理解できるならば初心者ではない）。とりあえずの形でも全体の一読が終わるころには、細かいことは別としても、占星術のおおまかな全体像に関しては、少なくとも理解できるようになっているはずだ。かつてのわたしも自身そうだったが、何がわからないかがわかることから、またなぜそうなのかという疑問が出てくるとこから、本当の意味での占星術の学習が始まるのである。

　　　　　　　　　　　　　　　　　　　　　　　　伊泉 龍一

謝　辞
Acknowledgment

　本書の執筆はわたし自身の力だけによるものではない。しかしながら、表紙にはひとつの名前（わたしの名前）を載せるだけの余地しかないため、ここで本書ができあがるのに真に助けとなった人々を改めて知ってもらうと同時に感謝の意を伝えておきたい。

　まず、わたしの最初の占星術の教師であるテリー・ラムにお礼を申し上げたい。彼女はわたしに本書を書くことができるための基礎となるものを与えてくれた。それゆえ、彼女は今まさに読まれているこの本への直接的な貢献者のひとりである。テリーのクラスと指導こそが、わたしのアストロロジカル・カウンセリングに関するNCGRのレベルIVの認定を修了する道を開くことになった。また、テリーは古典占星術の持つ素晴らしい力も、わたしに教えてくれた。

　また、J・リー・リーマン博士には、わたしが彼女の生徒のひとりとして受け取った計り知れない価値ある情報という点で個人的な立場からの感謝の気持ちと、さらに古典占星術のテクニックを現代において活用するために彼女が行った研究という点で専門家としての立場からの感謝の言葉を述べておきたい。彼女の著書『エッセンシャル・ディグニティ』及び『クラシカル・アストロロジー・フォー・モダン・リビング』は、古典占星術のバイブルである。

　ジム・ショーヴァンは、本書並びに付属する数学書の両方において、最初の読者となってくれると同時に編集者となっていただき、誠に骨の折れる仕事を引き受けてくださった。重要な事柄（ジムのおかげで天文学に関する事実は正確なものとなっている）と些細な事柄（どれだか多くの誤字を彼が見つけてくれたかを思い出しただけで、わたしは恥じ入らずにはいられない）への彼のフィードバックには非常に深く感謝している。

　レウェリンの担当の編集者アンドリア・ネフは、ジムの後を継いで、残っていた未完成の粗雑な部分を洗練したものにしてくれた。有能な編集者の価値と重要性だけは、決して忘れてはならない！

Acknowledgment

　他のとても重要な教師たち（考えてみれば、彼らは当時たまたまわたしの生徒になってくれていた）にも感謝とお礼を言いたい。ロビン・デンネンとロレイン・デル＝ローズは、実際に本書を完成させるのに一役買っている。というのも、本書を書いている間、わたしはふたりに本書の中身となるものを教えていたが、常に少なくとも一章を先んじていなければならなかった。わたしが教えていたジューリー・ブレーデン、パトリック・レイ、ダイアナ・ウォール、マイケル・ズロッキによる質問も、本書の中身を洗練させ修正する機会を与えてくれた。

　より個人的なことを記しておくなら、占星術自体を教えてくれたわけではないものの、愛とヒーリングと共感的なやり方で占星術を実践する方法を教えてくれたという意味で、わたしは多くの他の分野の教師たちの愛と知恵と支援の恩恵に浴している。ドロシー、アダム、アルジェナ。あなた方へと本書を捧げる。

CONTENTS

訳者による日本語版序文
　── 初心者のための出生チャートの見方 ───── 4
謝　辞 ─────────────────────── 9

CHAPTER 1

序論、及び占星術の歴史 ──────────── 28
　　何が占星術なのか、何がそうではないのか‥‥‥ 28
　　占星術の歴史‥‥‥‥‥‥‥‥‥‥‥‥‥‥‥ 30

　　現代占星術の諸分野‥‥‥‥‥‥‥‥‥‥‥‥ 34
　　　マンデン占星術‥‥‥‥‥‥‥‥‥‥‥‥ 34
　　　質問占星術‥‥‥‥‥‥‥‥‥‥‥‥‥‥ 35
　　　出生占星術‥‥‥‥‥‥‥‥‥‥‥‥‥‥ 36

現代の出生占星術における宿命と自由意志の間の闘い ── 37
なぜ、そしていかにして占星術は作用するのか ──── 39
占星術と行動様式についての付言 ─────── 41

CHAPTER 2

惑　星 ────────────────────── 46
　　惑星のカテゴリーと分類‥‥‥‥‥‥‥‥‥‥ 47

　　　　インナー・プラネット VS アウター・プラネット ········ 47
　　　　パーソナル・プラネット、ソーシャル・プラネット、
　　　　トランスパーソナル・プラネット ················ 49

　　セクトについて ················ 49
　　太　陽 ···················· 52
　　月 ······················ 56
　　逆行する惑星について ············ 59
　　水　星 ···················· 63
　　金　星 ···················· 66
　　火　星 ···················· 69
　　木　星 ···················· 72
　　土　星 ···················· 75
　　カイロン ··················· 79
　　天王星 ···················· 82
　　海王星 ···················· 86
　　冥王星 ···················· 89

CHAPTER 3

サイン ——————————— 94

　　元　素 ···················· 95
　　　　火 ····················· 95
　　　　土 ····················· 97
　　　　空　気 ··················· 98
　　　　水 ····················· 99

　　様　相 ···················· 101
　　　　始　動 ··················· 101

　　　　固　定 ････････････････････････････ 103
　　　　変　化 ････････････････････････････ 104

　　牡羊座 ････････････････････････････････ 105
　　牡牛座 ････････････････････････････････ 108
　　双子座 ････････････････････････････････ 111
　　蟹　座 ････････････････････････････････ 113
　　獅子座 ････････････････････････････････ 116
　　乙女座 ････････････････････････････････ 119
　　天秤座 ････････････････････････････････ 122
　　蠍　座 ････････････････････････････････ 125
　　射手座 ････････････････････････････････ 128
　　山羊座 ････････････････････････････････ 131
　　水瓶座 ････････････････････････････････ 134
　　魚　座 ････････････････････････････････ 137

CHAPTER 4

エッセンシャル・ディグニティ ─────── 142
エッセンシャル・ディグニティへの序論 ･･･････ 143
　　　　ルーラーシップ ････････････････････ 146
　　　　エグザルテーション ････････････････ 148
　　　　トリプリシティ ････････････････････ 149
　　　　ターム ････････････････････････････ 150
　　　　フェイス ･･････････････････････････ 150
　　　　デトリメント ･･････････････････････ 151
　　　　フォール ･･････････････････････････ 151
　　　　ペレグリーン ･･････････････････････ 152

古典の解釈について ・・・・・・・・・・・・・・・・・・・・ 155
アウター・プラネットをどのようにして組み入れるか ・・・ 155
ディスポジター・ツリー ・・・・・・・・・・・・・・・・・・・・ 156

CHAPTER 5

サインの中の惑星を解釈する ─────── 164
太　陽 ・・・・・・・・・・・・・・・・・・・・・・・・・・・・・・・・ 165
　火のサインの中の太陽 ・・・・・・・・・・・・・・・・・・ 165
　　牡羊座の太陽/獅子座の太陽/射手座の太陽
　空気のサインの中の太陽 ・・・・・・・・・・・・・・・・ 168
　　双子座の太陽/天秤座の太陽/水瓶座の太陽
　土のサインの中の太陽 ・・・・・・・・・・・・・・・・・・ 170
　　牡牛座の太陽/乙女座の太陽/山羊座の太陽
　水のサインの中の太陽 ・・・・・・・・・・・・・・・・・・ 172
　　蟹座の太陽/蠍座の太陽/魚座の太陽

月 ・・・・・・・・・・・・・・・・・・・・・・・・・・・・・・・・・・ 174
　水のサインの中の月 ・・・・・・・・・・・・・・・・・・・・ 175
　　蟹座の月/蠍座の月/魚座の月
　土のサインの中の月 ・・・・・・・・・・・・・・・・・・・・ 177
　　牡牛座の月/乙女座の月/山羊座の月
　火のサインの中の月 ・・・・・・・・・・・・・・・・・・・・ 179
　　牡羊座の月/獅子座の月/射手座の月
　空気のサイン中の月 ・・・・・・・・・・・・・・・・・・・・ 181
　　双子座の月/天秤座の月/水瓶座の月

水　星 ･････････････････････････････････ 183
　　空気のサインの中の水星 ･･････････････････ 184
　　　双子座の水星／天秤座の水星／水瓶座の水星
　　土のサイン中の水星 ･･････････････････････ 187
　　　牡牛座の水星／乙女座の水星／山羊座の水星
　　火のサインの中の水星 ････････････････････ 189
　　　牡羊座の水星／獅子座の水星／射手座の水星
　　水のサインの中の水星 ････････････････････ 191
　　　蟹座の水星／蠍座の水星／魚座の水星

金　星 ･････････････････････････････････ 194
　　土のサインの中の金星 ････････････････････ 194
　　　牡牛座の金星／乙女座の金星／山羊座の金星
　　水のサインの中の金星 ････････････････････ 197
　　　蟹座の金星／蠍座の金星／魚座の金星
　　空気のサインの中の金星 ･･････････････････ 199
　　　双子座の金星／天秤座の金星／水瓶座の金星
　　火のサインの中にある金星 ････････････････ 201
　　　牡羊座の金星／獅子座の金星／射手座の金星

火　星 ･････････････････････････････････ 204
　　火のサインの中の火星 ････････････････････ 205
　　　牡羊座の火星／獅子座の火星／射手座の火星
　　水のサインの中の火星 ････････････････････ 207
　　　蟹座の火星／蠍座の火星／魚座の火星
　　土のサインの中の火星 ････････････････････ 210
　　　牡牛座の火星／乙女座の火星／山羊座の火星
　　空気のサインの中の火星 ･･････････････････ 212
　　　双子座の火星／天秤座の火星／水瓶座の火星

木　星・・・・・・・・・・・・・・・・・・・・・・・・・・・215
　火のサインの中の木星・・・・・・・・・・・・・・・215
　　牡羊座の木星/獅子座の木星/射手座の木星
　水のサインの中の木星・・・・・・・・・・・・・・・218
　　蟹座の木星/蠍座の木星/魚座の木星
　空気のサインの中の木星・・・・・・・・・・・・・220
　　双子座の木星/天秤座の木星/水瓶座の木星
　土のサインの中の木星・・・・・・・・・・・・・・・223
　　牡牛座の木星/乙女座の木星/山羊座の木星

土　星・・・・・・・・・・・・・・・・・・・・・・・・・・・226
　空気のサインの中の土星・・・・・・・・・・・・・226
　　双子座の土星/天秤座の土星/水瓶座の土星
　土のサインの中の土星・・・・・・・・・・・・・・・229
　　牡牛座の土星/乙女座の土星/山羊座の土星
　火のサインの中の土星・・・・・・・・・・・・・・・232
　　牡羊座の土星/獅子座の土星/射手座の土星
　水のサインの中の土星・・・・・・・・・・・・・・・234
　　蟹座の土星/蠍座の土星/魚座の土星

サインの中でのアウター・プラネット・・・・・・・・・・237
　サインの中でのカイロン・・・・・・・・・・・・・・237
　　牡羊座のカイロン / 牡牛座のカイロン / 双子座のカイロン / 蟹座のカイロン / 獅子座のカイロン / 乙女座のカイロン / 天秤座のカイロン / 蠍座のカイロン / 射手座のカイロン / 山羊座のカイロン / 水瓶座のカイロン / 魚座のカイロン
　サインの中での天王星・・・・・・・・・・・・・・・245
　　牡羊座の天王星/牡牛座の天王星/双子座の天王星/蟹座の天王星/獅子座の天王星/乙女座の天王星/天秤座の天王星/蠍座の天王星/射手座の天王星/山羊座の天

王星/水瓶座の天王星/魚座の天王星

サインの中での海王星・・・・・・・・・・・・・・・・・・・251

蟹座の海王星/獅子座の海王星/乙女座の海王星/天秤座の海王星/蠍座の海王星/射手座の海王星/山羊座の海王星/水瓶座の海王星

サインの中での冥王星・・・・・・・・・・・・・・・・・・・256

双子座の冥王星/蟹座の冥王星/獅子座の冥王星/乙女座の冥王星/天秤座の冥王星/蠍座の冥王星/射手座の冥王星

アングルとハウス、及びパート・オブ・フォーチュン ─── 262

ハウス・システムについての概要・・・・・・・・・262

イコール・ハウス・システム・・・・・・・・・・・263

クアドラント・システム・・・・・・・・・・・・・265

タイム・システム・・・・・・・・・・・・・・・・266

スペース・システム・・・・・・・・・・・・・・・266

4分円と半球・・・・・・・・・・・・・・・・・・・・267

南半球・・・・・・・・・・・・・・・・・・・・・268

北半球・・・・・・・・・・・・・・・・・・・・・268

東半球・・・・・・・・・・・・・・・・・・・・・268

西半球・・・・・・・・・・・・・・・・・・・・・268

4分円・・・・・・・・・・・・・・・・・・・・・269

ハウスを理解する・・・・・・・・・・・・・・・・・・269

アングルを理解する・・・・・・・・・・・・・・・・・271

ハウスの3つのタイプ：アンギュラー、サクシデント、カデント
・・・・・・・・・・・・・・・・・・・・・・・・・・ 272

ハウスとアングルを巡回する ・・・・・・・・・ 273
 アセンダント ・・・・・・・・・・・・・ 274
 1ハウス ・・・・・・・・・・・・・・・・ 274
 2ハウス ・・・・・・・・・・・・・・・・ 275
 3ハウス ・・・・・・・・・・・・・・・・ 275
 イムム・コエリ ・・・・・・・・・・・・ 275
 4ハウス ・・・・・・・・・・・・・・・・ 276
 5ハウス ・・・・・・・・・・・・・・・・ 276
 6ハウス ・・・・・・・・・・・・・・・・ 277
 ディセンダント ・・・・・・・・・・・・ 277
 7ハウス ・・・・・・・・・・・・・・・・ 278
 8ハウス ・・・・・・・・・・・・・・・・ 278
 9ハウス ・・・・・・・・・・・・・・・・ 279
 ミッドヘヴン ・・・・・・・・・・・・・ 279
 10ハウス ・・・・・・・・・・・・・・・ 280
 11ハウス ・・・・・・・・・・・・・・・ 280
 12ハウス ・・・・・・・・・・・・・・・ 280

パート・オブ・フォーチュン
（及びパート・オブ・スピリット）について ・・・・・・・・ 282

CHAPTER 7

基礎的な解釈 ──────── 286
 解釈例1：シルベスター・スタローン ・・・・・・ 286
 解釈例2：メリル・ストリープ ・・・・・・・・・ 296

CHAPTER 8

アスペクト ──────────────── 306
    ホール・サイン・アスペクトVSハーモニック・アスペクト ‥ 306

    オーブに関する難しい問題 ･･････････ 309
        モイエティ･･････････････････ 311

    アウト・オブ・サインのアスペクトの解釈 ･･････ 312
    増強していくアスペクトと衰弱していくアスペクト ‥ 313
    アプライング、パータイル、セパレーティング ･･ 314

    アスペクトの意味を定義する･･････････ 316
        第1ハーモニック・アスペクト:
        コンジャンクション(メジャー)･･････････ 317

        第2ハーモニック・アスペクト:
        オポジション(メジャー)･･････････････ 318

        第3ハーモニック・アスペクト:
        トライン(メジャー)･･････････････････ 319

        第4ハーモニック・アスペクト:
        スクエア(メジャー)･･････････････････ 320

        第5ハーモニック・アスペクト:
        クィンタイルとバイクィンタイル(マイナー)･･････ 320

第6ハーモニック・アスペクト:
セクスタイル(メジャー)・・・・・・・・・・・・・・・・・321

第7ハーモニック・アスペクト:
セプタイル、バイセプタイル、トリセプタイル(マイナー)・・・321

第8ハーモニック・アスペクト:
セミスクェアとセスキクァドレイト(マイナーだが重要)・・・322

第9ハーモニック・アスペクト:
ノヴァイル、バイノヴァイル、クァドノヴァイル(マイナー)・・323

第10ハーモニック・アスペクト:
デサイルとトレデサイル(マイナー)・・・・・・・・・・・・324

第12ハーモニック・アスペクト:
セミセクスタイル(マイナー)、クィンカンクス(メジャー)・・324

「アスペクト」の他のタイプ・・・・・・・・・・・・・・・・328
リセプション・・・・・・・・・・・・・・・・・・・328

アンティシアとコントラアンティシア・・・・・・・・・・330
黄緯におけるアスペクト:パラレルとコントラパラレル
・・・・・・・・・・・・・・・・・・・・・・・・・・331

CHAPTER 9

出生時の惑星の逆行を概観する ———— 336
成長と進化・・・・・・・・・・・・・・・・・・・337

春秋分点の歳差運動
(また、なぜわたしたちは水瓶座の時代の中にいないのか)
‥‥‥‥‥‥‥‥‥‥‥‥‥‥‥‥‥‥‥‥‥ 338

獣帯を通じてのプログレッションとプリセッションのサイクル
‥‥‥‥‥‥‥‥‥‥‥‥‥‥‥‥‥‥‥‥‥ 340
 プログレッション・サイクル ‥‥‥‥‥‥‥‥ 340
 プリセッション・サイクル ‥‥‥‥‥‥‥‥‥ 342

プリセッションはどのように逆行の惑星と関連しているのか？ ‥‥‥‥‥‥‥‥‥‥‥‥‥‥‥‥ 345

出生時の逆行の惑星を解釈する ‥‥‥‥‥‥ 346
 出生チャートでの水星の逆行 ‥‥‥‥‥‥‥‥ 346
 出生チャートでの金星の逆行 ‥‥‥‥‥‥‥‥ 348
 出生チャートでの火星の逆行 ‥‥‥‥‥‥‥‥ 350
 出生チャートの中でのアウター・プラネットの方向の変化 ‥‥ 352

セコンダリー・プログレッションと逆行の惑星 ‥‥ 353

CHAPTER 10

食、ルネイション、月のノード ── 356
 食と月のノード ‥‥‥‥‥‥‥‥‥‥‥‥‥ 357

月のノードの解釈と理解 ‥‥‥‥‥‥‥‥‥‥ 359
 ノードは数学上のポイントである──ノードは物体ではない ‥‥ 361
 ノードは月、太陽、黄道と関連する ‥‥‥‥‥ 361
 ノース・ノードは常に完全なオポジションにある ‥‥‥‥ 363

総合して考えると･････････････････364

サウス・ノード･･･････････････････365
ノース・ノード･･･････････････････366

ノードの解釈･･････････････････････368
  牡羊座/天秤座の軸･･･････････････370
    牡羊座のノース・ノード/天秤座のサウス・ノード｜天秤座のノース・ノード/牡羊座のサウス・ノード

  牡牛座/蠍座のノードの軸････････373
    牡牛座のノース・ノード/蠍座のサウス・ノード｜蠍座のノース・ノード/牡牛座のサウス・ノード

  双子座/射手座のノードの軸･･････376
    双子座のノース・ノード/射手座のサウス・ノード｜射手座のノース・ノード/双子座のサウス・ノード

  蟹座/山羊座のノードの軸･･･････379
    蟹座のノース・ノード/山羊座のサウス・ノード｜山羊座のノース・ノード/蟹座のサウス・ノード

  獅子座/水瓶座のノードの軸･･････382
    獅子座のノース・ノード/水瓶座のサウス・ノード｜水瓶座のノース・ノード/獅子座のサウス・ノード

  乙女座/魚座のノードの軸････････385
    乙女座のノース・ノード/魚座のサウス・ノード｜魚座のノース・ノード/乙女座のサウス・ノード

CHAPTER 11

アスペクト・パターン ───────── 390
  アスペクト・パターンは、物理的な天体によってのみ

形作られる ………………………………… 391
アスペクト・パターンは非常に小さなオーブを要求する
　……………………………………………… 393

アスペクト・パターンは正しいサインの中になければ
ならない ………………………………… 394
アスペクト・パターンを解釈する …………… 395
ステリアム ………………………………… 396

グランド・トライン ………………………… 400
　　火 …………………………………… 402
　　土 …………………………………… 402
　　空気 ………………………………… 403
　　水 …………………………………… 404

カイト ……………………………………… 405
ミスティック・レクタングル ………………… 407
グランド・セクスタイル ……………………… 409

グランド・クロス …………………………… 412
　　始　動 ……………………………… 413
　　固　定 ……………………………… 414
　　変　化 ……………………………… 415

Tスクエア ………………………………… 416
　　始　動 ……………………………… 418
　　固　定 ……………………………… 419
　　変　化 ……………………………… 419

ヨッド ……………………………………… 420

ブーメラン・・・・・・・・・・・・・・・・・・・・・・・・・ 423
グランド・クィンタイル・・・・・・・・・・・・・・・・・ 425

CHAPTER 12

総合的チャート解釈 ─────────── 428
解釈例1:シルベスター・スタローンの続き・・・・・・ 429
解釈例2:メリル・ストリープの続き・・・・・・・・・・ 438
解釈例3:エビータ・ペロン・・・・・・・・・・・・・・・・ 445
解釈例4:ウッディ・アレン・・・・・・・・・・・・・・・・ 459
最後に助言と励ましの言葉・・・・・・・・・・・・・・・・ 471

【付録A】
出生チャート解釈ワークシート ─────── 474

【付録B】
占星術団体、リソース、ウェブ・ページ ─── 482
占星術団体・・・・・・・・・・・・・・・・・・・・・・・・・ 482
ケプラー・カレッジ・オブ・アストロロジカル・アーツ・アンド・サイエンス
・・・・・・・・・・・・・・・・・・・・・・・・・・・・・・・・ 482
ナショナル・カウンシル・フォー・ジオコスミック・リサーチ(NCGR)
・・・・・・・・・・・・・・・・・・・・・・・・・・・・・・・・ 483
アメリカン・フェデレイション・オブ・アストロロジャーズ(AFA)
・・・・・・・・・・・・・・・・・・・・・・・・・・・・・・・・ 484
英国占星術協会(AA)・・・・・・・・・・・・・・・・・・ 485
インターナショナル・ソサエティ・フォー・アストロロジカル・リサーチ
(ISAR)・・・・・・・・・・・・・・・・・・・・・・・・・・ 487

センター・フォー・サイコロジカル・アストロロジー ･････ 487

ワールド・ワイド・ウェブ上の占星術 ･････ 488
 Astrological Horoscopes & Forecasts ･････ 488
 Astrodienst Atlas ･････ 488

占星術団体 ･････ 489
古典占星術のリンクとリソース ･････ 489

【付録C】
占星術ソフトウェア ───── 490
 Macintosh版 占星術ソフトウェア ･････ 490
  Time Cycles Research: IO Edition, IO Horoscope,
  IO Forecast, IO Relationship, Star*Sprite, ほか ･･ 490
  Macintosh用の推奨ソフトウェア ･････ 490
 Windows版 占星術ソフトウェア ･････ 491
  Astrolabe: Solar Fire 5 (2015年現在は Solar Fire V9) ･･ 491
  Matrix Software社　Win*Star ･････ 492
  その他のソフトウェア・オプション ･････ 493

参考文献 ───── 494
日本語版付録 ───── 496
訳者あとがき ───── 512

索　引 ───── 522

【図一覧】

1. 下位の惑星の順行と逆行の動き ・・・・・・・・・・・・ 60
2. 上位の惑星の順行と逆行の動き ・・・・・・・・・・・・ 61
3. プトレマイオスによるエッセンシャル・ディグニティとエッセンシャル・ディビリティの表(J・リー・リーマン博士著『エッセンシャル・ディグニティ』から引用)・・・・・・・・・・・・・・・・・・・・・ 144
4. 惑星がペレグリーンとなるときの度数 ・・・・・・ 154
5. ライザ・ミネリのディスポジター・ツリー ・・・ 161
6. メリル・ストリープのディスポジター・ツリー ・・・ 161
7. シルベスター・スタローンのディスポジター・ツリー ・・・・ 162
8. 4分円と半球 ・・・・・・・・・・・・・・・・・・・・ 267
9. ハウスとアングル ・・・・・・・・・・・・・・・・・ 273
10. 計算で導き出されたパート・オブ・フォーチュン ・・・・・ 283
11. シルベスター・スタローンの出生チャート ・・・・・ 288
12. メリル・ストリープの出生チャート ・・・・・・・・ 298
13. アンティシアとコントラアンティシア(至点) ・・・ 333
14. 月のノード ・・・・・・・・・・・・・・・・・・・・・ 358
15. 太陽と月の食 ・・・・・・・・・・・・・・・・・・・・ 359
16. ステリアム ・・・・・・・・・・・・・・・・・・・・・ 396
17. グランド・トライン ・・・・・・・・・・・・・・・・ 400
18. カイト ・・・・・・・・・・・・・・・・・・・・・・・ 405
19. ミスティック・レクダングル ・・・・・・・・・・・・ 407
20. グランド・セクスタイル ・・・・・・・・・・・・・・ 409
21. グランド・クロス ・・・・・・・・・・・・・・・・・ 412
22. Tスクエア ・・・・・・・・・・・・・・・・・・・・・ 416
23. ヨッド ・・・・・・・・・・・・・・・・・・・・・・・ 420
24. ブーメラン ・・・・・・・・・・・・・・・・・・・・・ 423
25. グランド・クィンタイル ・・・・・・・・・・・・・・ 425
26. エビータ・ペロンの出生チャート ・・・・・・・・・ 447
27. ウッディ・アレンの出生チャート ・・・・・・・・・ 460

CHAPTER 1

序論、及び占星術の歴史

CHAPTER 1
Introduction and History of Astrology
序論、及び占星術の歴史

 何が占星術なのか、何がそうではないのか
What Astrology Is - And What It Isn't

　占星術とは何か？　もしあなたがそう尋ねたなら、今日の多くの人は次のように言うだろう。それは誕生日と関連し、多くの新聞や雑誌で毎日のホロスコープのコラムとして読むことができるものだ、と。占星術を信じるにせよ信じないにせよ、多くの人は自分の「星座(サイン)」が何であるかを知っている（たとえ、それが何を意味するかを知らない場合でさえ）。こういったタイプのコラム（または書籍）の人気が示しているのは、占星術が少なくとも大衆文化のほぼ主流にあるということではあるが、それらは本当の占星術とはまったくと言っていいほど関係がない。

　占星術は科学ではない。少なくとも今日における科学という語の定義に従うなら、そうではない。しかしながら、占星術の一部については科学の領域と重なっているところもある。占星術家たちは、占星術的な影響が統計的に有意な結果を示していることを、何度なく調査により立証しようとしてきた。その最も有名な研究は、間違いなくフランソワ・ゴークランとミシェル・ゴークランによって行われたものだ。それは成功を収めたプロフェッショナルなアスリートたちのチャートでは、顕著な傾向として火星が強力なものとなっていることを示したものだった。だが、こうしたこと以外の占星術の多くの部分に関して言えば、広い意味で「形而上学」と呼ばれている領域の中に含まれ、厳密な意味での「科学」の領域の外部にある。

　占星術は宗教でもない。ハンマーを用いるためにハンマーを信じるこ

と以上に、占星術を用いるために占星術を信じる必要はない。占星術はひとつのツールであり、それ以上でもなければ、それ以下でもない。それは広い応用範囲を持つ非常に融通の利くツールである。しかし、それでもなおひとつのツールである。また、どんなツールでもそうだが、いくつかの状況において、その用途が他のものよりも適している場合もある。

　そう、占星術は科学でもなければ宗教でもない。そして新聞の毎日のホロスコープのコラムともほとんど関係がない。だとしたら、それは何なのか？

　占星術は周期(サイクル)の研究である。惑星の周期的な動きを観察することによって、わたしたちは自分自身の人生における周期やパターンについて深い理解を得ることができる。占星術はヒーリングと変容(トランスフォーメーション)のための有力なツールともなる。そして、それは宇宙との霊的で重要なつながりを解き明かす鍵にもなりえる。困難な状況を解決するために、占星術をさまざまな方法で生かしていくことも可能である。占星術は単なる占い(フォーチュン・テリング)に収まるものではないが、熟練したやり方で用いられた際、非常に有効な予測のツールともなりえる

　個人的なレベルにおいて、占星術はわたしたちの生き方について考え、人生の中での経験をより深く理解するために使うことができる。出生チャート(ネイタル)（誕生チャート(バース)ないしはホロスコープとも呼ばれる）に目を向けていくことで、私的な問題、自分固有のパターン、そして恐れや夢といったことについての洞察が与えられるだろう。また、自分の人生の目的を見つけ、より確かな自己認識に達することも可能である。占星術は自分の最も素晴らしい潜在的可能性を知り、それを解き放つ手助けとなる。さらに宇宙との調和の中で、わたしたちがいかに生きていくかを教えてくれるものともなる。

　こういったことのすべてを、どのようにして行っていくのかを探究していく前に、いかに占星術が現代の形へと進化してきたか、まずはその起源へと目を向けてみよう。

占星術の歴史
History of Astrology

　人間は夜空に常に魅了されてきたが、天の動きへ積極的な注意を向けるようになった最初の西洋の文化は、前6000年へと遡るメソポタミア低地のシュメール文明だった。前2400年ごろ、バビロニア人（カルデア人としても知られている）は、天の観察に基づき、最初の占星術的な記録を残した。何千年もの間、彼らは自分たちの文明の中における重要な出来事と惑星の周期との間の関係を観察し、それに基づき占星術の最初のシステムを発達させたのである（同時にそれは天文学の発達でもあった――というのも、そもそも占星術と天文学は1800年代まで明確に分離していなかった）。

　バビロニアの占星術は現代の占星術とは大きく異なる。バビロニア人がコンピューターを持っていなかったのはもちろんのこと、さらに言えば、彼らは惑星の位置と運動の一覧表を持っていたわけではなかった。彼らが出来ることと言えば、ただ夜空の惑星を観察し、惑星が最初に現われたとき、または惑星の動きの方向に変化が見られたとき、そして惑星が見えなくなったときなどを記録することだった。前700年ごろ、わたしたちが今日知っている獣帯（ゾディアック）へとバビロニア人は注意を向け始めた（訳注¹）。だが、バビロニア人のホロスコープとして知られている最古のものは、前409年になって初めて見ることができる。

　前331年にアレクサンダー大王がカルデアを征服したとき、ギリシャ文化はバビロニアの占星術を引き継ぐことになった。だが、ギリシャの医学や科学の基礎が確立されるようになるまでは、占星術への積極的な関心が生まれることはなかった。ギリシャ人たちの占星術への興味が遅れていたとしても、彼らは数学、医学、幾何学、哲学の分野においては進んでいた。そしてそれが科学としての占星術の実際的な応用面

---

‡訳注1‡地球を中心として、天を観測したときに見える太陽の見かけ上の通り道を「黄道（ecliptic）」と呼び、さらにその南北に各幅8度の帯状の領域を「獣帯（zodiac）」と言う。そして、獣帯を等間隔にして分割した領域のことを「サイン（sign）」（日本の占星術書では通常「星座」と訳されている）と言う。占星術で用いられる惑星はいずれもこの帯内を移動していく。

を進歩させ発展させることになった。そればかりかギリシャ人にとって、現に占星術は基本7科目の中心に置かれ、それは他の六科目の鍵となるあらゆる要素を包含するものともなった。

惑星のための現代の名称、またそれらに対する現代のわたしたちの基本的な知識はギリシャの文献に由来する。この時代の最も著名な人物は、これまで書かれた最も有名な占星術の文献のひとつである『テトラビブロス』を後140年に出版したクラウディウス・プトレマイオスである（訳注²）。この本の中でプトレマイオスは、今日わたしたちが知っている占星術のまさに中心となる惑星、サイン、ハウス、アスペクトを使った占星術のシステムについて説明している（訳注³）。だし、プトレマイオス自身は占星術家ではなかった——彼は百科事典の編集者的な人物であり、単にその時代に使われていた哲学や技法を包括的に記録としてまとめ上げただけだった。

ローマ帝国が崩壊した後、500年あまりの間において、西洋占星術はほとんど消滅したも同然となった。だが幸運なことに、アラビア人がギリシャの占星術の知識の継承者となった（ギリシャとローマの文明の隆盛期、西洋と東洋の間の貿易は自由に開かれていたため、そのふたつの文化間で占星術の知識の多くが共有されていたのである）。そしてアラビア人は、知識を保存し、自分たちの占星術のシステムと融合していった。その後、西洋が再び高度な学問へ注意を向け始めたとき、すべての学者にとってプトレマイオスの記録は読まれるべき重要なものとなった。その結果、再び占星術が西洋の知識の土台となっていくのである。

中世からルネサンスの終わりまで、占星術は進化と発展を続けた。数

‡訳注2‡ここでの『テトラビブロス』の著者名は、原文ではPtolemy (Caludius Ptolemaeus)で、以下もPtolemyとなっている。Ptolemy（トレミー）は英語圏での一般的な呼び方であるが、おそらく日本ではギリシャ名の「プトレマイオス」でより知られていると思われるため、本書の訳文ではプトレマイオスで統一した。

‡訳注3‡本訳書では、通常、「星座」と訳されているsignを、これまではサインとルビを振り、「星座（サイン）」と表記してきた。だが、この先からは単に「サイン」と片仮名で記すことにする。「星座」ではなく、あえて「サイン」と訳す理由については94頁、及び「訳者あとがき」518頁参照。

学と計測技術の進歩は、現代のハウスのシステムの多くを生み出すための戸口を開くことにもなった（ギリシャではホール・サイン・ハウスが使われていた）（訳注 4)。時間の計測に関する進歩は、以前に可能だったものよりも、もっと正確な時間で計算されたチャートを作り出すことを占星術家に可能にさせた。占星術はこの時代の文化の基礎を成すものの一部であり、ヒーラーや医師、さらには宮廷のお抱え占星術家たちによっても実践されていた。その時代の教養ある人は、その理論と実践の両面において占星術への確かな信頼を持っていたのである。またこの時代には、出生占星術がごく普通の人々においても身近なものになっていった（かつては出生のチャートを計算し分析されるに値したのは特権階級だけだった）。

　この時代における最も有名な占星術家のひとりはウィリアム・リリーである。1600年代半ば、リリーは後世へと残る占星術書『クリスチャン・アストロロジー』を出版した。『クリスチャン・アストロロジー』は、この時代に用いられていた占星術のテクニックへの非常に優れた概観を与えてくれるものだ。そればかりか、かつて出版されたホラリー占星術に関する教科書としても、最も詳細で包括的なもののひとつである（訳注 5)。リリーはホラリーのルールとテクニックを説明することに加え、彼自身が解釈したホラリー・チャートの多くの例を盛り込んでいる。当時のリリーによる予測占星術の実績は並外れたものだった——そのことが彼を多くのトラブルに巻き込むことにもなった！　たとえば、リリーはロンドンの大火を15年前に予言したため、実際にそれが起こった後、火災の嫌疑で取り調べを受けることにもなった（言うまでもなく、彼は無罪だった）。また、医学占星術とハーブの研究において、最も信頼の置ける専門家のひとりともなったニコラス・カールペパーは、リリーの生徒のひとりでもあった。

　ところが、理性の時代の到来とともに、かつ教会の力と影響力の増大

---

‡訳注4‡「ホール・サイン・ハウス」については、本書の6章263頁に簡単な解説がある。

‡訳注5‡「ホラリー占星術」については次節で簡潔な解説があるので、そちらを参照のこと。

とともに、西洋の占星術の実践は再び衰退していくことになる。かつて君主へのアドバイザーとして貴族階級の一員として重んじられていた占星術家たちは、家庭の応接室の中での魔術師の地位へと急速に降格していった。そして1666年には、フランスの科学アカデミーから占星術家たちが公式に追放されることになる。占星術への一般的な関心は残り続けたものの、占星術家たちは、もはや周縁へと追いやられ、敬意を払われることもなくなってしまうのである。

こうした中、1781年の天王星の発見が、占星術界に途方もなく大きな動揺を引き起こすことになった。この新しい惑星が、西洋占星術の全体的なシステムの再検討を余儀なくさせることになるのだ。引き続く海王星と冥王星の発見も、確かに動揺を引き起こしたが、本当の意味で大きく動転させた惑星は天王星だった。

霊性、神秘主義、オカルトへの関心が、再びイギリスで大きく顕著となる1890年代まで、占星術が再び人気を集めることはなかった。だがそれ以後、占星術はよりオープンに実践されるようになり、ヨーロッパで大きな関心を集めることとなった。特にカール・ユングは占星術のシンボルの多くを、とりわけ元型や集合無意識といった概念と関連させることで、自分の心理学の仕事の中に取り込んでいった。その時代、いまだイギリスでは占い（フォーチュン・テリング）に反対する厳しい法が施行されていた。当時の傑出した占星術家だったアラン・レオは、占いから占星術を引き離すため、アプローチの焦点を変え、その代わりに占星術を心理学的な形式として提案した。そのことがアラン・レオを投獄から完全に守ったわけではなかったが、それは今日のわたしたちが知っている出生占星術の始まりを示すものとなった。

1960年代と1970年代に、アメリカの占星術のコミュニティが成長し発展し始めるにつれ、新しい技法が提案され試されるようになった。この時代のひとつの重要なトレンドは、古典の占星術の中で行われていたネガティヴで宿命論的な解釈を避け、出生図を解釈するためのより有益な方法を探究することだった。

またこの時代には、1920年代のイギリスで最初に登場した太陽星座（サン・サイン）

のホロスコープのコラムの人気が大きな高まりを見せた。質を落としパッケージ化されたヴァージョンだったにせよ、こうして占星術は再び大衆文化の一部となったのである。

　占星術を最も大きく変化させたことのひとつは、チャートの計算に正確さが求められるようになったことである。今やこの問題を解決してくれるのはコンピューターである。それによって現代の占星術家は、さまざまな古典の技法を試してみる能力を手にしている。そして自分たちのルーツを再発見し、時の試練を経た方法をより現代的な文脈の中で解釈するために、どのように修正すべきかを検討することさえできるようになったのである。

現代占星術の諸分野
Branches of Modern Astrology

　現代の西洋占星術は、広範にわたるさまざまなアプローチと技法を包含している。占星術の3つの主要な分野は、その発達の時系列順で見ると、マンデン占星術、質問占星術、出生(ネイタル)占星術となる。これらの各々の分野を区別しているのは、主題とする問題の基本的な違いというだけではない。各々の分野は、占星術のチャートの中の諸要素を解釈するために、それぞれ個別の方式を持っているのである。占星術の専門用語に関しても、チャートの置かれている背景や用いられた技法次第で、各々の「用語」——惑星、サイン、ハウス——には微妙に異なる一連の解釈がある。

マンデン占星術 —— Mundane Astrology

　マンデン（mundane）という語は「世界」を意味するラテン語に由来する。そのことからマンデン占星術とは、世界の中で起こる出来事についての占星術のことを言う。マンデン占星術は最初に発達した占星術の体系である。それは何千年もの間、惑星の周期を観察しながら、社会の重要な出来事を記録し続けてきた人々によって発展させられてきた（少なくとも当初は、それらの出来事の多くが作物の刈り込みや収穫の

時期と関係したものだった)。占星術家たちが惑星の周期、そしてそれらがいかに世界の出来事と関連しているかについての知識を積み上げていくにつれて、その焦点は王に関する出来事、または王国の成長、繁栄、拡張の見通しなどへと向けられるようになっていった。

今日、マンデン占星術は、政治的な事柄と自然現象の両方にわたるこの世の出来事を分析し、予測するために使われている。たとえば、天気の予測を専門に扱うマンデン占星術家もいる。また、ある特定の国に影響を与えるかもしれない経済的、社会的要素に注目するマンデン占星術家たちもいる。

ファイナンシャル占星術は、マンデン占星術から比較的最近になって派生したものであるが、今日ますますポピュラーなものとなっていっている。多くのファイナンシャル占星術家たちは、プロフェッショナルの投資家でもある。彼らは惑星の周期を通して、経済のサイクルの浮き沈みや流れを理解し、投資の選択の指針として占星術を用いている。

質問占星術 ———————————— Interrogatory Astrology

　質問占星術は、過去、現在、未来の出来事に関連する占星術の部門である。この中に含まれるホラリー占星術、イレクショナル占星術、イベント解釈は、それぞれ順に「これは起こるだろうか？」、「これを行うのに最も良い時期はいつか？」、「何が起こるのか？」といった問いを立てる。

・ホラリー占星術 (Horary Astrology)

　ホラリー占星術は、たとえば「わたしは仕事を得ることができるのか？」、「わたしは自分の小切手帳をどこに忘れてきたのか？」、「わたしは訴訟に勝つことができるのか？」といったような質問に答えるためのものだ。ホラリー占星術の前提となっている原理は、質問が適切に尋ねられたとき、その質問を尋ねている個人と宇宙の間に何らかの関係が存在するということにある。そのときのチャートは、まさに質問が尋ねられた瞬間とその場所に基づいて作成されるため、そこには質問のすべてを体

現するものが含まれることになる——質問の結果もそこに含まれる。

・イレクショナル占星術 (Electional Astrology)

　イレクショナル占星術は、ホラリー占星術と非常によく似ている。その違いは、ある出来事がどのような結果になるかを尋ねるというよりも、大事な出来事の結果が最も好ましいものになりえるための時期を選択することに目的がある。イレクショナル占星術は、たとえば結婚のための日付を選択するといったことから、会社を起こすタイミング、あるいは新しい仕事を探すタイミング、訴訟にとりかかるタイミング、あるいは税金を申告するタイミングを決めるといったことまで、ありとあらゆる出来事のために用いることができる。

・イベント解釈 (Event Interpretation)

　イベント解釈とは、事後的に行うホラリー・チャートとイレクショナル・チャートのことである——すでに尋ねたホラリーの問いに対して、過去を振り返り、実際に起こったこととチャートを比較し、そのチャートの中に結果がどのように反映されているかを見る。イベント解釈は、出来事の原因への洞察を増すために用いられることもある。適切に解釈されたときのイベント・チャートは、正確な事の成り行きを告げ、その出来事の原因や本質に加えて、その結果についても説明してくれるものとなるだろう。イベント解釈が大きな役割を持っていたのは、医学占星術の中においてである。すなわち、人が病に伏したとき（病気になるというのをベッドから出ることのできない地点だとみなす）のチャートの解釈によって、占星術家は病気の状態と回復の見込みを見極めていたのである。

出生占星術 ── Natal Astrology

　現代の占星術家たちが忘れている、あるいは実際にほとんどそう思われていないこととして、本来の出生占星術とは、個人の特性を分析するためのものではなく、予言を行うためのものだったということだ。今

日、再発見されてきているかつての技法やアプローチのほとんどは、中世において第一に関心を持たれていたこと、すなわち人生の長さ、健康、子ども、金銭といったことを扱うためのものだった。わたしたちの一生の長さの見込みは、中世において、というよりごく最近の 150 年前ですら、今よりも非常に短かったということを忘れてはならない。こういったタイプの予言はジョーティシュ占星術の基本的な一部だったが、その本質的で運命論的（しばしば非常にネガティヴ）な解釈は、出生占星術に対するより現代のヒューマニスティックなアプローチを最初に経験した人には大きなショックを与えるものだろう（訳注 6）。

　出生チャートは自己認識のため、または霊的で心理学的な啓蒙のためのツールとして使うべきだという考えは、投獄を避けようとしたアラン・レオが生み出したものだ。レオはちょうど世紀の変わり目のイギリスにおいて、また占星術家たちの偉大な伝統の中においても、非常に優れた占星術家だった。彼は占い（フォーチュン・テリング）を禁止するイギリスの法と抵触した。レオは逮捕され、何度かの裁判を受けたが、そのたびに無罪となっている。しかし、彼は自分を運の良さに委ねることなく、代わりに自分の占星術の方向性を変え、彼の占星術へのアプローチが占い（フォーチュン・テリング）ではないことを主張した。それによって、彼のアプローチは心理分析的な形を取ることになった。だが、残念なことにイギリスの法廷がその主張を受け入れることはなく、レオは最終的に投獄されることとなった。しかし彼の遺産は、今日に至るまで生き延びている。そしてアラン・レオは、まぎれもなく現代の出生チャートの解釈の父となっているのである。

現代の出生占星術における宿命と自由意志の間の闘い
Modern Natal Astrology and the Battle Between Fate and Free Will

　人類が宇宙の中での自分たちの場所とより高次の力とのつながりを理解するための探究を始めてからというものずっと、わたしたちは自分た

---

‡訳注 6‡「ジョーティシュ占星術」というのは、インドの伝統的な占星術のこと。

ちの人生はあらかじめ決められ計画されているものなのか、それともそれらは完全に自分たち自身が作り出していけるものなのかどうかという問いと取り組んできた。宿命論 vs 自由意志の闘いは、何世紀にもわたって繰り広げられたが、特にそれは教会によって大きな関心を掻き立てられ続けてきた。というのも、教会の権威を根底から支えていたもののひとつに、人が救済か地獄のどちらへと向かうかは、個々人の意識的な選択にかかっているという教義があったからである。歴史を振り返ってみると、教会は異なる信念体系を持つ人々とうまくやってきた試しはない。歴史上、教会はそれがどの程度成功を収めたかはさまざまではあるが、占いをあらゆる点で何度となく攻撃してきた。占星術は何度も闘いの犠牲者となってきた。実際に教会は、中世の間、効果的な組織的運動によって西洋の占星術をほとんど完全に廃れさせることに成功した。

　占星術も他の占いも、明らかに「宿命と予定説」の立場にあると常に思われている。仮にわたしたちが実際に自由意志を持っているなら、人々はいかにして未来を予言することができるというのか？

　もちろん、今日のほとんどのニュー・エイジの霊性では、絶対的な自由意志という人間の能力を非常に強く力説する。すなわち、わたしたちは自分自身で選択を行い、そして自分自身のために自分が創造した世界に対して、完全な責任を持つことを学ばなければならないといったように。もしこれが事実だとしたら、いかにして占星術の予言は正確なものとなりえるのか？　もし自分自身のために選択をすることができる真の自由があるなら、自分が誰であるかを出生チャートはどのようにして示すことができるのだろう？

　その答えはこれである。わたしたちは絶対的な自由意志を持っている。しかしながら、わたしたちはそれを用いることはほとんどない。これはなぜ予測占星術が有効であるかという理由となる。同時に出生占星術が、自己発見、自己認識、ヒーリング、変容のための有効なツールへといかにして進化してきたかの理由でもある。

　予測占星術における問いの立て方について言えば、イレクショナル・チャートもしくはホラリー・チャートが告げるストーリーは、関係して

いるすべてのことがまさしく自動操縦で走ってしまっているという仮定に基づいている（ほとんどの時間において、わたしたちの大部分がそうであるように）。これらのチャートは、もしわたしたちが出来事の流れに単に身を任せているなら、宇宙のエネルギーがどのように流れていき、そしてその結果どのような事態が起こりえるかを示すことになる。けれども、質問を尋ねる個人は絶対的な自由意志を持っているがゆえに、出来事の中で自分個人の役割を変えることによって、最終的な結果へと大きな影響を与えることもできる。

　出生占星術の場合、現代のアプローチでは、人生の中で最も十全に自分を実現させるために必要となる経験を示す案内図として誕生チャートを見る。もちろん、わたしたちは案内図に従うように命じられるわけでは決してない。また図は実際の地形自体ではない――わたしたちは自分のチャートの中にあるエネルギーを経験するために、無数のやり方の中から選ぶことが可能である。また、わたしたちは成長し進化するための能力を持っている。そして人生やチャートの中のエネルギーといかにしてうまく協調していくかを習得していくための能力がある。誕生チャートは人生のまさしく出発点であり鋳型であるが、わたしたちはそれによって限界づけられてしまうわけではまったくない（そう考えてしまうと、それは宿命論的なアプローチとなるだろう）。その代わりに、絶対的な自由意志に近づいていくことによってのみ、わたしたちは自分自身を制御できるようになるのである。

なぜ、そしていかにして占星術は作用するのか
How and Why Astrology Works

　すでに述べたように、占星術とは惑星の周期の研究である。占星術はいかなる形であれ、惑星が個人へと直接的な影響を与えるとは主張しない。今日の天空の木星の位置が、わたしたちの経験に対して影響を与えるわけではまったくないのだ。ではなぜ占星術は機能するのか？　それは惑星を動かすのと同じ力が、わたしたちをも動かすからこそ機能するのである。わたしたちはすべて宇宙の一部である。そしてわたしたちは

みな同じ周期とパターンに従っている。一方で、人生におけるパターンを、わたしたちが直接見抜くことは困難である。しかし、惑星の定期的な周期を観察することによって、それらの働きを理解し、わたしたちもそれら宇宙の周期の一部であることを学ぶことができるのである。

次の文章は「照応の法則(コレスポンデンス)」を表明しているものである。

上なるもののごとく、下なるものはあり

内なるもののごとく、外なるものはあり

宇宙のごとく、魂はあり

「照応の法則」は占星術の根拠のひとつであり、なぜ占星術が作用するのかの理由のひとつでもある。

さらに占星術は、すべてのエネルギーがわたしたちの内部にあるという「錬金術の法則」にも従う。ただし、もしわたしたちがそれらのエネルギーを抑圧し拒絶するなら、それらはわたしたちの外部に現れることになるだろう。つきつめていくと、これはわたしたちが自分の人生(少なくとも、その大部分の時間)の課題をどのように学んでいくべきかを選択できることを意味する。仮にわたしたちが自分の行為のための個人的な責任を引き受けることを選び取り、物事に対する意識的な決断と恐れを解き放つための霊的な取り組みを行ったとする。そのときわたしたちは、内的人生と外的人生の両方における調和とバランスを経験するための能力を獲得することになる。しかしながら、わたしたちが意識的に課題に取り組むことがないなら、それは無視することのできないさらに困難な外部からの力として人生の中に現われてくることになるだろう。わたしたちがこれらのエネルギーを無視し抑圧しようとすればするほど、それによる混乱はより大きなものとなるのだ。

「錬金術の法則」並びに占星術に関して忘れてはならないのは、ある人生の課題を経験する領域に関して、わたしたちはある程度の影響を与えることができるが、それらの作用を(わたしたちがそうしたいと思うように)完全に避けることは決してできないということだ。いくつかの課

題は、わたしたちの内面と外面の両方において、実際に経験しなければならないだろう。また、人生の特定の領域の中で経験する困難と課題を、わたしたちは完全に受け入れていかなければならない。なぜなら、わたしたちが人生の特定の領域の中で経験する課題は、ある程度、自らが選び取ったものなのである。結局のところ、人生の課題がどんな形でやってくるものであれ、わたしたちは場所を選び、しっかりと立ち、それらを受け入れていく必要がある。

　最後にもうひとつ、占星術の作用は「始まりの法則」にも基づく。それは物事の始まりのポイントが、生涯を通じ、さらにそれを超えたところへ向けて実現されていく潜在力を内包しているということである。この本の中で、わたしたちが注目していく始まりとは、わたしたちの人生の始まりである。そこからわたしたちは、自分の出生のチャートとどのようにして協調していくかを学び、そして惑星の位置を示す天体図が、いかにその個人の人生の道の案内図となっているかを理解していくのである。

占星術と行動様式についての付言
A Word about Astrology and Behavior

　占星術は存在の「ケテリック」なレベル、すなわち霊的な青写真のレベルに作用する。次のような存在の7つの次元がある（それは次のような順で下降していく）（訳注）。

　　　　霊的メンタルの次元＝ケテリック
　　　　霊的エモーショナルの次元＝セレスチアル

---

‡訳注7‡「ケテリック(Ketheric)」を始め、以下に続く「セレスチアル(Celestial)」、「エーテリック(Etheric)」、「アストラル(Astral)」、「メンタル(Mental)」、「エモーショナル(Emotional)」、「フィジカル(Physical)」と続く7段階を表す語は、肉体を取り巻くエネルギー場、いわゆる「オーラ」の領域を分類する際に使われる用語である。何ら前置きなく書かれてしまっている本節の内容は、この種の分野（特に1970年代から1980年代の「ニュー・エイジ」の思想や世界観）に親しんでいない読者にとっては、かなりわかりづらいものとなっていると思われる。ただし、ここで著者の言っていることが特に理解できなくても、次章からの内容を理解していくに際して、ほとんど支障はないので気にしないで読み進めていただきたい。

　　　　　　　　　霊的フィジカルの次元＝エーテリック
　（移行）　　　アストラル
　　　　　　　　　メンタル
　　　　　　　　　エモーショナル
　　　　　　　　　フィジカル

　ケテリックなレベルの元因及び青写真の段階から、物事が実際に起こる場所であるフィジカルなレベルへと段階を踏んでいくために、純然たる占星術的な元因は一連のフィルターを通過していくことになる。元因は前提となる。それは信念になる。それは考え方になる。それは行動様式になる（それは信念が習慣化したものである）。わたしたちはそれぞれ自分自身の一連のフィルターを持っている。それは過去の経験、わたしたちのカルマ（過去生の課題）、わたしたちのダーマ（現在と来生の課題）によって影響されている。

　わたしたちが出生チャートを解釈するとき、わたしたちは個人のためのケテリックなレベルでの霊的な青写真を見ることになる。いかに個人が自分の出生チャートを経験するかを予言することは、その人の情報なくして絶対に不可能である。わたしたちは理論上、その人がどのような経験をするかを推測する程度のことはできる。わたしたちは人が自分のチャートをどのように経験する可能性があるかを説明する物語を作ることができる。しかしながら、わたしたちが実際にその個人を知り、その人の行動を見るまで、それはすべて理論上のことでしかない。自己認識とヒーリングのためのツールとして占星術を用いるプロセスの一部は、その人の霊的な青写真と現在の現実という両点を結びつけることにある。一度、わたしたちが個人に潜在する元因と欲求の両方を理解し、そしてその人がそれらのエネルギーと直面することをどのように期待しているかがわかれば、わたしたちは同じエネルギーと元因に対して、より意識的、建設的、個人的な責任において変化をもたらし、またそれらをどのように経験すべきかを理解し始めることができるようになるのである。

常に忘れてならないのは、「悪い」惑星は存在せず、「悪いチャート」などというものもないということだ。わたしたちは絶対的な自由意志を持っている。そしてその授けられた能力の代償の一部として、自分が自分自身のために作り上げた世界のために、完全な責任を引き受けていくことを学ばなければならないのである。出生チャートの中のエネルギーと、どのように協調し経験していくかを選択するのは自分自身である──そして、仮にわたしたちがこれまでの人生において行ってきた自分の選択に満足していないとしても、今この時点から異なる選択をするための能力と特権を持っているのである。

CHAPTER 2

惑 星

CHAPTER 2
The Planets
惑 星

　惑星は占星術の最も重要な要素である。占星術の他のすべての要素は、惑星がいかに振る舞い、相互作用するかといったことと関連を持ち、さらにその表現を変化させさえする。とはいえ、惑星なしには何ごとも起こりえない。たとえば、サインは惑星がどこに位置するかを示すためにのみ存在する（訳注8）。また、アスペクトは惑星相互の関係を示す。ハウスは惑星なしに解釈できるけれども、伝統的にはルーラーシップによって惑星とハウスは関連づけられているのである（訳注9）。もしかすると、惑星が根本的に重要であるということは、多くの人にとって驚きであるかもしれない。それというのも、サインこそが最も重要な要素であるという占星術についての誤った観念があるためである――誰もが「あなたのサインは何？」と尋ねるけれども、「あなたの惑星はどこ？」と尋ねることはないだろう。いずれにせよ、「あなたのサインは何？」と人々が尋ねてくるときに思い出すべきことは、彼らが実際に尋ねているのは、あなたの太陽（惑星のひとつ）がどのサインにある

---

‡訳注8‡ 31頁訳注 3でも述べたように、本訳書では、通常、「星座」と訳されている signを「サイン」と片仮名表記にした。その理由については94頁、及び「訳者あとがき」518頁を参照。

‡訳注9‡ 占星術初心者の読者の方で、仮に「アスペクト」、「ハウス」、「ルーラーシップ」といった言葉がわからなくても、ひとまずこのまま読み進めていって問題ない。それらについての詳細は、それぞれ後の 4章、6章、8章で説明されることになる。ちなみに、ここで「伝統的にはルーラーシップによって惑星とハウスは関連づけられている」と述べられているが、これは古典の占星術における「ジョイ(joy)」というルールのことである。「ジョイ」というのは、各惑星にはそれぞれ好ましいハウスがあり、そこに位置しているときに「ジョイ」の状態にあるとされる(たとえば金星は 5ハウスで「ジョイ」し、太陽は 9ハウスで「ジョイ」するといったように)。ただし、本書ではこの「ジョイ」の概念については特に触れられていない。

かということだ。

　もちろん、厳密に天文学的に言えば、太陽は惑星ではない——それはひとつの恒星である（訳注 10）。ついでに言えば、月も惑星ではない——それは地球の周囲を回っている衛星である（現代の天文学においては、地球は太陽の周りを回る惑星だが、占星術のチャートには惑星として登場しない）。しかしながら占星術上、太陽と月は一般的に「惑星」の中に含められている（それらはしばしば「光体（the Lights）」と呼ばれることもある）。

　占星術における惑星は、演劇における役者のようなものだ。惑星が位置しているサインは、惑星の役割、そのコスチューム、その動機を表すといっても良い。そしてハウスは、演技の背景としての周囲の環境だと言える。役割を演じることなく、単に素のままの自分を表現する役者はいても（少なくとも理論的には）、コスチューム、シナリオ、プロットは、役者なくして、それ自身だけで成り立たない。

惑星のカテゴリーと分類
Categories and Classifications of the Planets

　惑星はさまざまな異なるカテゴリーの中に分類される。また、すぐに見ていくように、すべての惑星が対等の役割を担っているわけではない。いくつかの惑星は、他の惑星よりも、わたしたちの人生の中ではっきりとした重要な役割を演じる。

インナー・プラネット VS アウター・プラネット
Inner Planets versus Outer Planets

　惑星たちの間に設けられる最も一般的な分類は、「インナー・プラネット」と「アウター・プラネット」である。「インナー・プラネット」という語は、たいがい肉眼で見ることのできる7つの惑星のことを示

---

‡訳注 10 ‡ 近代以降の天文学では、地球中心ではなく太陽中心の宇宙のモデルとなったため、太陽は地球の中心を回っているとみなされない。そのため、今日の天文学の観点では、太陽は「惑星」ではない。

す（ただし、ときどき木星と土星はこのカテゴリーの中に含まれないこともある）。この種の分類は、まさしく現代のものである。というのも、ハーシェルが天王星を発見する1781年より以前は、「インナー」、すなわち「目に見える」惑星——裸眼で見ることのできる惑星——だけしか知られていなかった（もちろん、そのときの天は今よりもっと明らかに澄んでいた）。すなわち、太陽、月、水星、金星、火星、木星、土星である。

「アウター・プラネット」は望遠鏡を用いることでのみ見ることが可能な惑星、すなわち天王星、海王星、冥王星である。また、インナー・プラネットとアウター・プラネットの間にある小惑星カイロンは、それらの間の橋渡しとしての役割を担っている。

「インナー」と「アウター」の惑星の間に設けられる分類は重要である。インナー・プラネットはアウター・プラネットと比較して相対的に早く移動する。インナー・プラネットの中で最も遅い土星は、29.5年ごとに獣帯を一周するサイクルを完成する。古代でさえ、人々の人生は、少なくともすべての惑星の完全なひとつのサイクルを経験することが可能な程度の長さがあった。だが、今日のわたしたちは、2回目の土星回帰（サターン・リターン）を超えて、さらには3回目の土星回帰すら生きることも十分にあり得る。より多くのサイクルを通過すればするほど、わたしたちはその惑星の課題とエネルギーをさらに理解し統御することが可能となる。そのため、わたしたちはインナー・プラネットのエネルギーを統御するレベルに達するべく努力するチャンスを、ともかくは持っていると言える。

一方、アウター・プラネットのサイクルの完成には、かなりの長い期間を要する。アウター・プラネットの中で最も動きが速いのは天王星である。しかしながら、それでも獣帯を一周するサイクルを完成するのにおおよそ84年を必要とする。今日でさえ、誰もが天王星回帰（ウラヌス・リターン）を超えてさらに生き続けられるとは限らないものの、人間は天王星のエネルギーに対するより多くの理解を徐々に深めてきている。さらに海王星は太陽の周回軌道を完成させるのに165年、冥王星は248年を必要とする。

概してこれらの惑星は、わたしたち個人のコントロールを超えた力を表している。

パーソナル・プラネット、ソーシャル・プラネット、トランスパーソナル・プラネット
Personal Planets, Social Planets, and Transpersonal Planets

さらに惑星の分類に関する別の用語として「パーソナル・プラネット」がある。通常、パーソナル・プラネットには、太陽、月、水星、金星、火星といった動きの速い惑星が分類される。これらの惑星が「パーソナル」と呼ばれるのは、それらがわたしたち個人としての性格(パーソナリティ)の表現に大きな影響を持っているからである。

ときおり木星と土星は、「パーソナル」な惑星として分類されることもあるが、それらは「ソーシャル・プラネット」として見なすのが一般的である。これらのより長い軌道を持つ惑星(軌道を一周するのに、木星は約12年、土星は約29.5年かかる)は、わたしたちが個人として、いかに社会と関わっていくかに対し、より大きな影響を持っているとみなされている。

「トランスパーソナル・プラネット」は、先ほどのカテゴリーで見たアウター・プラネットとちょうど重なる。しばしばアウター・プラネットは、「世代の惑星(ジェネレイション・プラネッツ)」とも呼ばれる。なぜなら、それらはひとつのサインの中で少なくとも7年を過ごすため、それらのサインの位置はひとつの世代を特徴づけるものとしてみなされているからだ。

セクトについて
Straight Talk About Sect

「セクト(sect)」は、「切断すること」もしくは「分割すること」を意味するラテン語の seco に由来する語である。占星術の中においてセクトとは、ダイアーナル(昼)の惑星とノクターナル(夜)の惑星の間の区別を示している。肉眼で見える7つの惑星のそれぞれは、その性質によって、ダイアーナルかノクターナルのどちらかに分類されていた。その結果、全体の中での惑星のコンディションの判断は、その

チャートの中での位置とセクトに基づいていた。セクトがチャートの解釈に用いられる場合、とりわけ重要な技法となるわけではないが、惑星の基本的な性質を理解することにおいては非常に有益な助けとなる（訳注[11]）。

　セクトについて理解するための最も重要なコンセプトは、「顕わにすること」と「見せかけること」の間のバランスに関係する。「顕わにすること」は欺きや粉飾なしに、物事の本質を表現することを意味する。それは「見ることがその物事を理解することに等しい」という状態である。一方、「見せかけること」は、ときに外観が欺くことがあるという意味において、まさにその反対の状態を表す。惑星がダイアーナルになればなるほど、それは「顕わになり」、また惑星がノクターナルになればなるほど、それはより「見せかけ」となる。

　もちろん、このふたつの尺度を示す両極は、ふたつのセクトの代表者、すなわちダイアーナルの太陽とノクターナルの月である。最もダイアーナルな惑星として、太陽は完全に「顕わにする」。太陽はそれ以外の決して何ものでもない——そして太陽は目がくらむほどの輝きと強度で、その真の本質を表現する。その一方、月はすべて見せかけである。それは太陽の光の反射でしかなく、自らが光を放っているわけではない。日々の中で、太陽は決して変わることのない恒常性を維持する一方で、毎夜、月はその見かけの姿を変えていく。

　セクトによる惑星の序列は次のようになる。

　　　　　　ダイアーナル　　太陽
　　　　　　　　　　　　　　木星
　　　　　　　　　　　　　　土星

---

‡訳注11‡ここで述べられているように、「セクト」は本書においてチャートの解釈上「重要な技法」としてではなく、「惑星の基本的な性質」を説明するための分類としてのみ用いられている。だが、もともと古典の占星術では、「セクト」はチャート解釈する際に、惑星のコンディションを判断するための重要な観点のひとつだった。以下の「セクト」の用い方からもわかるように、古典の占星術の概念は必ずしも本書においては伝統に忠実な形で用いられているとは限らない。

ニュートラル	水星
	金星
	火星
ノクターナル	月

　両義性の体現者である水星は、見せかけと顕わにすることが等価である完全にニュートラルな存在としてみなされる。

　ここで注意すべきなのは、他の両極性、特に「男性性」と「女性性」、「能動的」と「受動的」といった概念とダイアーナルとノクターナルの概念を混同してしまうことだ。ダイアーナルとノクターナルは、確かにこれらの他の分類と多くの部分で共通しているところがあるとはいえ、同じものではない。というのもノクターナルの惑星は、本質として受動的もしくは受容的であることを意味しない（覚えておくべきは、火星はノクターナルであるが、間違いなくすべての中で最も能動的で攻撃的な惑星であるということ――また、火星は最もはっきりとした男性性のエネルギーを持っているということだ）。

　では、それぞれの惑星を順に見ていきながら、それぞれの惑星のセクトが、いかにその惑星の基本的な性質の一部として表現されるかを検討していくとしよう。

太陽
The Sun

始まりも終わりを持たず、全体性と完結性を示す霊（スピリット）を表す円。中心の点は生命の閃光（スパーク）である。わたしたちは全体としての霊の一部であると同時に、その霊の閃光でもある。無限が有限の形態の中へ顕現する点。全体としてこのシンボルが表わしているのは、特定の点――すなわち個人――を通じて具現化される無限の潜在力の現実化である。

軌道周期　：1年（365.25日）
逆行周期　：なし。太陽は常に順行で進む。
セクト　　：最もダイアーナル（ダイアーナルのセクトを規定する）
特　質　　：一点を指し示す。焦点を合わせる。陽のエネルギー。利他的。
表　象　　：光。意識。意志。力。目的意識。男性性。父権。父性の表現。意志の力。生命力。どこでどのように成功を求めるか。
表　現　　：輝き。影響力を持とうとする。あるべき姿とは違うものへ変えようとするものへの抵抗。
心理学　　：リビドー。すべての行為のもとにある動因。
衝　動　　：存在すること。創造すること。
欲　求　　：認められること。自己を表現すること。
肉体面　　：心臓、上背、脾臓、循環系、精子、男性の右目／女性の左目、脊柱、生命力全般と体格、胸腺。
象　徴　　：英雄。父、もしくは父の経験。一般に男性、特に王や支配者、リーダー。教師。神。

太陽は太陽系の中心である。それはわたしたちの宇宙の中のすべての光、エネルギー、生命の源である。同様に占星術のチャートの中での太陽も、すべてのエネルギー、健康、活力の源である。わたしたちが太陽系の中の他の惑星を見ることができるのは、それらが太陽の光を反射していることによる。同様にチャートの中での太陽は、わたしたちの根源的な生命力である。太陽はわたしたちの活力であり、太陽が強く、好ましい状態ならば、わたしたちは強さとエネルギーに満たされる。太陽を「摂取する」ことがなければ、わたしたちは衰弱し、無気力になり、意気消沈する。

　太陽はわたしたちがいかにして英雄になることを求めているかを表している。太陽の元型的な旅とは英雄の旅である。英雄は日の出、すなわち太陽がチャートの中のアセンダントの上にあるときに生まれ、世界の中へ飛び出していく。正午、すなわち太陽がチャートのミッドヘヴンにあるとき、英雄は外の世界の中で自らの意志を行使し、カオスに秩序をもたらす。日没、すなわち太陽がディセンダントにあるとき、彼は自らの強さと価値を証明するための試練を通過し、遂に死へと至る。真夜中、すなわち太陽がイムム・コエリにあるとき、彼は地下の世界へと降下し、再生へと向かう自らの力を証明しようとする。そして、英雄は次の日の出における再生への準備をする（アセンダント、ミッドヘヴン、ディセンダント、イムム・コエリはチャートの中の４つのアングルのことだが、それらについては６章においてハウスを見ていくときに、より詳しい定義と説明を行う）。

　より現実的なレベルにおいて太陽は、わたしたちの自己意識の感覚、そしてわたしたちが個として存在するという意識の感覚である。現代的な言い方をするなら、太陽はわたしたちの「個としての力」である。現在の瞬間の中でのみ、太陽は力を発揮する。そして、太陽の力の真の意味での表現とは、真の自己と個性を創造し、行動を起こすために意志を発動させることなのである。

　わたしたちは無意識のまま太陽を表現することはない。活動と経験を求めることで、わたしたちの個としての感覚は強まっていく。さらに個

の創造的な力を表現するためには、実際に意識的な選択を行い、太陽を自らのものとしていかなければならないのである。わたしたちが太陽を経験するとき、現在の瞬間以外の何かに気をとられることはない。そのときのわたしたちは、自意識や内省へと向かうことなく、焦点を合わせ集中する。そうすることでエネルギーのすべては、可能な限り自分の存在そのものへと向けられるのである。

完全に新しい経験と直面するとき、わたしたちは常に太陽とアクセスする。しかしながら、その経験に対する何らかの参照できる枠組みを持っているときであれば、月が太陽に代わって活動することになる。

太陽は最もダイアーナルな惑星である。本来それはその本質だけを表現できることを意味している。すなわち、太陽はあらゆる欺瞞や偽装とは完全に無縁なのだ。また、太陽はチャートの中で最も男性的なエネルギーでもある。それは一点を指し示し、焦点を合わせ、直接的なやり方で自分自身を表現することを求める。さらに、太陽はチャートの中で最も陽の惑星でもある。それは完全に自己表出的で外交的であり、決して受動的ではないことを意味している。

物事に焦点を合わせる太陽の持つ性質は、わたしたちに行動を起こさせるための力を与える——実際に、太陽はあらゆる種類の行動を起こさせるだろう。だがその一方で、太陽には先への見通し、順応性、柔軟性が欠如している。太陽は曖昧なことに対処する能力を持たず、確かな物事の範囲内において力を発揮する。

太陽はまさに文字通り太陽系の恒星(スター)である。それと同様にチャートの中での太陽は、わたしたちがどこでどのようにしてスターになることを求めるかを示している。太陽は他者から知られるようになるのに必要なやり方、そして表現することや認められることのために必要なことは何かを表している。すなわち、太陽が位置するサインを見ることは、わたしたちが自己表現のためのモチベーションを知り、なぜ、そしてどのように太陽を表現すべきかを理解することになる。

太陽は影響力を持つことを求め、常に自らをより大きく表現しようとする。太陽はわたしたちの完全さを表している。そしてそれは自分自身

の中にあるさまざまな部分や多様な面が、いかにしてひとつの全体となり統合されたものへと結びつくかということに対する鍵となる。ここで改めて思い出してほしいのは、太陽が完全にダイアーナルであり、そのため表現できるのはその本質だけだということである。太陽はそれでないものへとならせようとするあらゆる企てに対して、より強烈により明るく輝くことで、その本質を否定することが不可能となるまで抵抗するだろう。

　健康と幸福でいるために、わたしたちは自分が太陽を「摂取している」ことを確認しなければならない！　わたしたちは太陽を強化するさまざまな経験を探し求めるべく意識的な取り組みを行っていく必要がある。このことは、わたしたちが自分の人生を楽しまなければならないことを意味している――できるならば日々の生活において。太陽の摂取とは、真にわたしたちが楽しむことにある。そうした活動こそが、目に見える形で自分自身を充電していくことになるのである。

月
The Moon

魂の三日月。魂は霊を受容し保持する
(ソウル) (スピリット)

軌道周期：おおよそ27.33日
逆行周期：なし
セクト　：最もノクターナル（ノクターナルのセクトに属する）
特　質　：陰。受容力。感応すること。
表　象　：女性性、女性、母性、過去、源、遺伝、潜在意識。
表　現　：情動を感じ経験する場所。記憶、過去、習慣、条件づけ。意識的思考を必要としない日々の行為と関係する。
心理学　：無意識の本質。女性性の元型。アニマ。
衝　動　：個人的な援助や世話をしたいという感覚。癒やされること。
欲　求　：感情の穏やかさと所属している感覚。
肉体面　：胃、リンパ節、胸部、体液、肉体全体の外皮や被膜。体液のバランス、消化、腺分泌物、男性の左目／女性の右目。
象　徴　：女性、公衆、変化。

　チャートの中で、月は2番目に最も重要な惑星——といっても1番目とほとんど変わることのない重要さを持った惑星——である。太陽が元型的な男性性の原理、陽のエネルギーの体現を表している一方で、月はその完全な補完物として、元型的な女性性の原理と陰のエネルギーを体現する。月は太陽の表現に対して形と構造を与える。太陽は霊を表す
(スピリット)

が月は魂(ソウル)を表す。それは霊(スピリット)のエネルギーを受容し蓄積する。太陽は動機を与え、月はそれを受け入れる。

月はわたしたちの無意識、感受性、感応性、情緒的な面を表す。月は太陽のエネルギーの表現力へ形を与える容器である。わたしたちのあらゆる過去の経験、望み、恐れ、傾向、期待は月によって表わされる。月はわたしたちの魂の記憶の管理者である——またその記憶には、今生におけるわたしたちの過去の経験だけでなく、過去生からの記憶と経験も同じように含まれる。

すでに見たように、わたしたちは意識することなく太陽を経験し表現することはない。その一方で、わたしたちの多くは、月を通して人生の大部分を過ごしている。通常、わたしたちは人生に気を留めることもなく時間の中を通過していく。過去の経験は記憶され、現在の出来事の意味を理解するために、それらは参照される。一方、わたしたちは過去の経験と可能性に基づき、自分の未来がどのようなものになるかを推測する。多くの場合、これはわたしたちの能力が機能するために絶対的に必要不可欠なものである。月のおかげで、通常わたしたちはパターンを記憶し、習慣が作られ、人生の一部は自動的に過ぎゆくままにさせていくことができる。たとえば、月なしに車の運転をするとしたら、そのたびごとにどのように運転するのかを学ばなければならなくなる！　わたしたちがそのようなお決まりの活動へ細心の注意を注がなくても良いのは、月のおかげなのである。もちろんわたしたちは、少々度を越して自分自身を見失ってしまうこともある——もしあなたが仕事から家に帰ってきたとき、通勤途中について思い出すことができないことに気づいたことがあるなら、あるいは仕事へ行く途中でちょっとした不注意から道を間違えたことがあるなら、こういった月の感覚がどのようなものかはわかるはずだ。また、非常に身近であなたのことをよく知っている人は、太陽ではなく月を通してあなたを理解しているだろう。

太陽はチャートの中で最も男性的なエネルギーであり、元型的な男性性を意味するが、それに対して月はチャートの中で最も女性的なエネルギーであり、元型的な女性性のエネルギーを表している。最もダイアー

ナルな惑星である太陽は、不変の性質であり、そのすべてがそれそのものである。最もノクターナルな惑星である月は、すべて表層的であり常にその性質は変化していく。太陽はチャートの中で最も陽のエネルギーであるが、その一方で月は待つこと、受容、包容、そして感応する力を表す最も陰のエネルギーである。

月に関連する最も初期の神話として、処女、母、老婆という3人の女神の元型がある。それらはそれぞれ満ちていく月（処女）、満月（母）、衰弱し欠けていく月（老婆）と直接的に関連している。夜空の中で毎月、誕生、成長、死、そして再生の自然のサイクルを表現していく月は、おそらく他の惑星以上に周期的であり、変化してゆく宇宙の本質を体現していると言えるだろう。

月はすべての容器を支配している——わたしたちの肉体も含む（肉体は霊の容器に過ぎない）。月はわたしたちが自分の肉体を満足させる方法を示す。月はわたしたちが肉体として生きている間のさまざまな欲求のヘルパーである。月はどこでいかにわたしたちが気遣われ、手を差し伸べられるか、そしてどのようにしてわたしたちが他者を気遣い、手を差し伸べようという気持ちになるかを示している。月はすべての女性を象徴するが、そのエネルギーは間違いなく母性に最も強く共鳴する。チャートの中での月は、母性に関するわたしたちの態度と経験をも表している。

月は家族も表す——もともとの家族、自ら選んだ家族、祖先や親から受け継いだものも含まれる。だが、所属すること、養い育てられること、守られることへの月の欲求は、究極的にはその源へと戻ること、そしてもう一度、宇宙のすべてのものが相互につながり合っている状態へ回帰することへの欲求である。月はわたしたちが地上で肉体を持って生きている間に忘れてしまっていることを記憶している。すべての分離は幻影であること。わたしたちは存在するすべてのものがひとつに統合された全体の一部であること。わたしたちはすべてとひとつであるがゆえに、わたしたちのすべての恐れも幻想でしかなく、わたしたちの求めているものはすでにして満たされていること。これらを月は記憶している

のである。

　出生チャートの中での太陽と月の間の関係は非常に重要である。何よりもその関係は、意識、理性、論理的な能力と無意識、情動、霊的な本質との間の関係を示している。太陽と月の調和的な関係は、わたしたちの欲求を表現することを容易にする。また、共同体に属することや他者から心の支えを求めることと共に、自分の独自性を統合することをも可能とする。太陽と月の間の関係を積極的に受けとめていくことは、意識的自己と無意識的自己を調和させるという生涯にわたる重要な葛藤に取り組んでいくことになる。だが、それは本当の自己の深い理解と新しい発見へとわたしたちを導くことにもなるだろう。

逆行する惑星について
Backing Up to Look at Retrograde Planets

　今日、地球が宇宙の中心ではないことに、驚く人はほとんどいないだろう。しかし、コペルニクスが登場し、太陽系の太陽中心モデルを展開する以前は、誰もが地球が中心で、太陽や月を含む惑星すべてが地球の周りを回転していると思い込んでいた。

　古代の人々が気づいたことは、太陽と月以外のすべての惑星が定期的に速度を落とし、さらに一時の間、獣帯を後ろ向きに動いたり（逆行の動き〈レトログレード〉）、もしくは前向き（順行）な動き〈ダイレクト〉へと戻ったりと、その方向を変化させるということだった。惑星の逆行の周期は非常に重要なものとされていた。天空の惑星の正確な位置を記述することを占星術家に可能にさせる数学と計測のシステムが発達する以前の時代において、惑星について観察できる最も重要なことは、夜空に惑星が最初に現われる（上昇〈ライジング〉する）とき、最後に現われる（沈む〈セッティング〉）とき、そしてそれらが停まっているように見える（停留〈ステイション〉する）とき、そして方向を変化させる（逆行の動き）ときだった。

　もちろん、今日のわたしたちは惑星が決して方向を変えるわけではないことを知っている。惑星はすべて太陽の軌道を回っていて、決して速度を落とすことはないし、逆向きに動くこともない。逆行する動きは、

他の惑星とは異なるスピードで太陽の軌道を回っている観測地点（地球）から、太陽を周回する惑星を観察するために引き起こされる錯覚である。

地球の外側を周回している火星から冥王星までの惑星とは異なり、地球と太陽の間を周回する水星と金星は、頻繁に逆行する。図1と図2は、異なるタイプの逆行の動きを説明したものである。

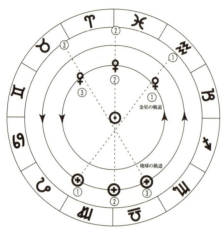

下位の惑星の順行の動き

下位の惑星の逆行の動き

図1　下位の惑星の順行と逆行の動き

上位の惑星の順行の動き

上位の惑星の逆行の動き

図2　上位の惑星の順行と逆行の動き

　上位の惑星（地球の軌道の外側にある惑星）が、その進む方向をまさに変化させるかどうかを、てっとり早く見極める方法は、それが太陽とトラインであるかどうかを見ることだ（トラインとは120度の角度な

いしアスペクトのこと。トラインについての詳細は 8 章で取り上げる）。アウター・プラネットの場合、それらが太陽と正反対の位置にあるときは、常に逆行していることになる。一方、下位の惑星（水星や金星などの地球の軌道の内側にある惑星）は少々異なる。これらの惑星は地球の軌道の内側にあるという理由で、常に太陽と非常に近くにあるように見えてしまう。水星は決して太陽から 28 度以上の離れた場所に見えることはない。また、金星は決して太陽から 46 度以上離れた場所に見えることはない。こういった太陽からの距離の限界に惑星が到達するときはいつでも、水星と金星は方向を変化させる準備をしていることになる。

　天文学的な説明はいいとして、では逆行している惑星はどのように解釈されるのか？　これについては後の章で見ることとする（9 章において、出生における逆行の惑星を説明する）。さしあたって逆行している惑星は、一般的に順行で進んでいる惑星と同じように作用するわけではないと言っておこう。伝統的に逆行している惑星は「内的」にその作用が表現されると考えられている。一方で、順行で進んでいる惑星は「外的」にその作用が表現される。逆行している惑星を持った人は、しばしばその惑星に関連した個人的な問題を感じること、またそれらがその人にとって大きな関心の焦点となることもあるだろう。

水星
Mercury

魂を表す三日月が霊を表す円によって、物質を表す十字に結びつけられた形。霊は水星を通って魂と物質を結びつける。このことは全体性とつながる高次のエネルギーへの受容力、及び高次のエネルギーが個人の中で統合され、物理的な次元において顕現することを意味する。

軌道周期：88日

逆行周期：おおよそ4か月の周期。4か月ごとに3週間の間、逆行する。

セクト　：ニュートラル

特　質　：中性、陰と陽の均衡、素早さ、変わりやすさ、二重人格性。

表　象　：メッセンジャー、連結するもの、論理的で推論的な能力、左脳、論理プロセス。コミュニケーション、運送、動き、機敏さ、書くこと、思考力、言語、両義性、両価性。

表　現　：異なる概念の間を結びつける。隔たりの橋渡しをする。ふたつのことを追い求める。

心理学　：線的で論理的な思考。左脳の機能。

衝　動　：認識したものや情報を巧みに表現すること。

欲　求　：関係を持つことと学ぶこと。

肉体面　：神経系、知覚器官、甲状腺、新陳代謝、時間の感覚。手、腕、ホルモン全般の支配。

象　徴　：鍵、子ども、移動可能な物体、メッセンジャーとメッセージ、すべての乗り物と運送の形態、すべてのコミュニケーションの形態と装置（電話、ファックス、コンピューターなど）。

神話の中でのメルクリウスは神々のメッセンジャーである。情報の伝達とコミュニケーションの基本的な発信源として頼りとなり、またその素早さのためにメルクリウスは称賛される。同様にわたしたちにとって水星(メルクリウス)という惑星は、あらゆるレベルでの情報を処理することと関連している。水星はコミュニケーション、論理、そして知的能力を支配する。また水星は、外界を知覚し、判断し、その意味を理解するための能力でもある。

　水星の本質はつながりを作ることと関係がある。物事について言及することを可能にさせる言語能力とは、基本的にその物事の代わりにシンボルを用いることである。言い換えるなら、言語能力とは言葉（シンボル）と言葉が記述するものの間を結びつけることである。さらに水星はあらゆる物理的な意味でのつながりをも支配している。そこには旅行もしくはさまざまな形の移動といったものも含まれる。

　水星の働きをみくびってはならない。水星はわたしたちがいかに他者と関係するかだけではなく、自分が自分自身とどのように関係するかも示している。わたしたちが外の世界とのつながりを作り始めることができる前、また言語を駆使するための能力が現れ始める前、わたしたちは知覚を形作るやり方を最初に学ぶ必要がある。わたしたちが最初に学ぶ言語能力のひとつは、自分が自分自身へと語りかけることである。それはわたしたちが外の世界との交流を持つことができるようになるための助けとなる。わたしたちは自分の知覚を、それ自体として与えられるものだと思いがちである。だが、わたしたちが現実を理解できるのは、個々の知覚と実際の経験を解釈し、読み解き、写し取り、統合する能力によるものだということを忘れてはならない。

　水星はまさしく唯一のニュートラルな惑星である。それはダイアーナルとノクターナルのどちらに偏ることもなく、また陽と陰のエネルギーの間のバランスを表している。水星は太陽と月、すなわち意識と無意識から流れてくるものを受け取る。そしてそれらふたつの異なるものの見方をひとつの理解の中へ統合する。水星は相対性と両義性の象徴である。それは問題のあらゆる可能性を理解しようと努めると同時に、対立

し矛盾するふたつの間のバランスを取ることを可能にする。水星はひとつの地点に留まることのない性質を持つことで知られているが、それによってどちらかに捉われてしまうことなく、逆説や相対性と戯れながら、ひとつの問題に含まれるふたつの面の間を往還する。これは水星のあまり知られていない役割のひとつであるトリックスターとしての側面を示している。

　出生チャートの中の水星の状態、及びどのサインに位置しているかということは、基本的なコミュニケーションの取り方、さらに情報をやり取りすることで何を求めるかを示すことになるだろう。このことはわたしたちが自分自身をどのように表現する傾向があるか、また新しい情報を入手するのにどのような方法が最も好ましいのかといったことにも当てはまる。好ましい位置の中でディグニファイドした水星は、確かに知性の証、もしくは少なくともすぐれた頭の回転の速さを示していると言えるかもしれない（訳注[12]）。とはいえ、その人の水星の状態を見ることで、その人の知的能力を判断できるわけではない。逆行の水星、もしくは好ましくない位置にある水星であっても、それは知性の欠如や学習能力の障害を示しているわけではまったくない。

　月以外の太陽系の惑星の中で、水星は最も速く動く惑星である。このため水星は、他の惑星の間の「メッセンジャー」としても機能する。また、それは事物相互のタイミングを合わせること、また矛盾する惑星同士の異なるエネルギーをひとつに結びつけることにもしばしば関係している。

---

‡訳注12‡この「好ましい位置」及び「ディグニファイドした」という惑星の状態については、4章のエッセンシャル・ディグニティのところで詳しく解説される。

金星
Venus

物質を表す十字の上に霊(スピリット)を表す円（霊が物質を支配している）。

軌道周期	：225日
逆行周期	：1年と7カ月。この時期の6週間、逆行する。
セクト	：ややノクターナル
特　質	：陰のエネルギー。調和。美。愛。バランス。価値。
表　象	：愛、魅力、美、バランス、調和。
表　現	：誘因力と密着力。似たもの同士を惹きつけ結びつける。
心理学	：対人関係のレベル、及び霊的なレベルのどちらにおいても関係性を作る機能と作用。バランスと統一を見つけようとする欲求と必要性。自分にとって価値あるものは何か、そしてどのようにそれと関わり合うか。
衝　動	：関係を持つこと。つながること。
欲　求	：つながりを感じること、パートナーとの結びつきや一体感を経験すること。
肉体面	：副甲状腺、肉体的美、腎臓、喉、膵臓、女性の生殖器官、顎、頬、味覚、静脈血循環、肌の感覚器。
象　徴	：女性、美、アート、音楽、鏡、愛、人間関係、お金。

　ウェヌスはローマの愛と美の女神である。そして金星(ウェヌス)という惑星は、ウェヌスの持つそれらの魅力を支配している。金星は自然の共感によって、似たものが似たものへと惹きつけられること、そしてそれらをひと

つのものとする結合力を表している。この力のことを、わたしたちは愛と呼ぶこともある。

　古典の占星術の中では、すべてにおいてまさしく素晴らしい惑星である木星を除き、金星は最も好ましい惑星であり、「小さな恩恵(ベネフィック)」とも呼ばれていた。金星と共に時を過ごすことは非常に喜ばしいものである。チャートの中での金星は、価値ある尊重すべきこと、楽しむこと、喜びとして経験されるあらゆる事柄を示している。金星は形のないものだけでなく、肉体的な喜びとも関係している。また、美に関することもすべて金星と関連している。だが、とりわけ金星が意味する大事なことは、わたしたちが価値あるものと、いかにつき合っていくかということについてである。

　金星はややノクターナルな惑星である。それは見た目通りというよりも、見せかけ的であることを意味する。金星は「誘惑する光」として知られている。これが意味するのは、わたしたちが金星の影響下にあるとき、自分が愛情を持っている対象の持つ欠点を見過ごしてしまうのと同時に、その一方でそこに素晴らしい性質だけを強く感じてしまうことである。人間関係における金星には、相手のちょっとした奇癖を「敬遠」させることなく、むしろわたしたちをそこに「惹きつける」効果があるのだ。

　金星は自分にとって重要なことが何か——人生の中で自分にとって価値あるものが何かを示す。それらはわたしたちが求め続けるロマンティックな理想であり、他人の中にそれを探し求め、自分自身のものとすることを求める性質である。金星は非常に豊かで創造的なエネルギーであり、それは芸術や音楽、さらには工芸、ガーデニング、詩といったことなどを通しての表現を求める。とはいえ、何よりも金星は人と人との結びつきを作ることと関連している。

　金星は一体化を通して完全性を求める。また、全体が部分の総和以上のものであるという考えを体現する。金星のさまざまな作用の現れの中で最も明白なのは、人との親密な関係を求めるごく自然な欲望である。金星は愛や情愛をどのように表現するか、またはそれを他者からどのよ

うな形で受け入れることを望んでいるかを示す。金星のエネルギーを経験するとき覚えておくべきなのは、より高次で霊的なレベルにおいてこそ、それが最も十全に働くということだ。究極的には金星は全宇宙とのつながりを取り戻し、わたしたちとすべての創造物との間の結びつきを再び見出すために、わたしたちが探し求める場所でもあるのだ。それにも関わらず、たいがい金星の持つ物質的な面、すなわち触れることのできる物事へと囚われてしまい、そのためそのより高次の本質を見失ってしまうのである。

火星
Mars

火星の本来の象徴は金星を逆さにしたものだった。霊(スピリット)を表す円の上に物質を表す十字(物質が霊を支配する)。

軌道周期：688日（一年と11ヵ月）
逆行周期：2年ごとに2.5ヵ月ほど逆行する。
セクト　　：強いノクターナル
特　質　　：陽のエネルギー。活発。集中。ひたむき。自己中心的。
表　象　　：欲望に基づいて行動する能力。変化させようとする圧力へと抵抗する能力。恐れを前にして自分自身の本質を失わないこと。
表　現　　：一点集中。単刀直入。力強さ。どのようにして求めるものを追い求め、またどのようにして恐れから自分自身を守るか。攻撃・闘争本能。
心理学　　：攻撃性と自己主張。
衝　動　　：行為すること。集中的なやり方でエネルギーを費やすこと。
欲　求　　：生き残ることと挑戦すること。
肉体面　　：筋肉と動き、運動エネルギー、刺激と炎症、発熱、外科手術、アクシデント。外性器、頭と顔、赤血球、運動神経、膀胱、副腎。
象　徴　　：外科医。金属と金属細工師。肉屋。権力を行使する状況にある警察。戦士、男性、兄弟、叔父。

マルスはローマの闘いの神である。そして火星という惑星（火のように赤い色の惑星であるために名づけられた）は、わたしたちの攻撃的な本性を象徴する。火星はわたしたちが求めることを得るためにどのように取り組むかを表す。また、どのようにして自己主張し主体性を押し出すか、攻撃を受けたときにどのようにして自分自身を守るかを示す。火星は金星と相補的な関係にある。そして両方の惑星は欲望と誘因の力学と関係がある。金星は密着性の力（似たもの同士が惹きつけ合う力）であり、火星はつながりの力（異なる要素を持つもの同士を引き寄せる力）である。火星は金星の陰に対して陽のエネルギーである。だが、太陽とは異なり、火星はそのアプローチと表現において完全に自己中心的である。太陽は利他的で与えることをその原理として持っているが、火星は自己の利益にしか関心を持たない。

　いろいろな意味で、火星は車のエンジンに似ている。それは粗野なパワーと動力を表している。それを生産的なものにするためには、抑制し方向づけられなければならない。もし誤って使われるなら、それは非常に破壊的なものになる。極端に言えばエネルギーが求められ、何らかの行動へと進んでいる限り、そのエネルギーを駆動する人が誰であるかは火星にとってどうでもいい。火星はわたしたちが何かを行うまで——できれば大量のエネルギー、力、集中を要する何かを行うまで——は満足することがない。

　火星の本質を理解するための最も重要な鍵のひとつは、火星がノクターナルな惑星であるということだ。これは火星が表に現すことよりも、見せかけ的であることを意味する。言い換えるなら、火星は大いに人を欺く。金星が「誘惑する光」だとするなら、火星は「命令する光」である。火星はわたしたちに何かを求めるように仕向け、そうすることによってわたしたちの行動を促す——その結果わたしたちは、それを得るために、ほとんどどんなことでも進んで行おうとする。さらに火星はまさに見せかけようとする傾向が強いため、わたしたちに何かを求めるように促すとき、公正であらねばならないということを忘れさせる。実際にしばしば火星は、ただわたしたちをカウチから立ち上がらせ、行動

を起こさせるためだけに、わたしたちが聞きたいと思うことは何であれ約束する中古車のセールスマンのように振る舞う。

　火星を「小さな禍(マレフィック)」としてみなしていた古代の人々は、火星についてほとんど好ましいことを語っていない。このことはある程度、わからなくもない。火星は確かに必要以上にトラブルを引き起こす——何にせよ火星は、わたしたちの攻撃性や論争的で暴力的な傾向を支配している惑星である。とは言うものの、火星がトラブルに巻き込むのは、わたしたちが自分の自我(エゴ)に執着するときである。覚えておいて欲しいのは、火星は車のエンジンでしかなく、車を駆動するのがどのような人であるかとは関係がないということだ。ときどきわたしたちの誰もが、自我を満たすことを目的として車の鍵を回し、ちょっとした無謀な行動へと向かってしまう。もちろんわたしたちは、たいがいそれを結局のところ後悔することになる。自我が車を運転するとき、わたしたちは自分の価値や主体性を証明するための論争へと向かってしまう。その結果、友好的だったゲームは挑戦することを楽しむものではなくなり、どんな手を使ってでも勝利することを目的とするものになってしまう。わたしたちがより高次の自己とのつながりを持ち続け、そして自我をあるべき場所である後部座席に留まらせるならば、火星は個性を表現し発揮することや、ゴールへ到達することを可能にするためのエネルギーとなる。

木星
Jupiter

物質を表す十字へ魂(ソウル)を表す半円が動いていく――
――物質を通して世界へと加わり作用する魂

軌道周期：12年
逆行周期：1年。1年の間の4か月ほど逆行する。
セクト　　：強いダイアーナル
特　質　　：拡張。寛大。楽観的。熱中。自由を愛する。
表　象　　：成長を求める、自由、信頼、霊性
表　現　　：意識の拡大、ユーモア、哲学、旅行
心理学　　：どのようにして世界への理解を増大させ拡大させるか。
　　　　　　どのようにして信仰や恩寵を経験するか。
衝　動　　：大きな秩序へと貢献する。自己よりも大きなものとのつ
　　　　　　ながり。成長。
欲　求　　：信仰、信頼、自信。自分自身を高めること。
肉体面　　：動脈血行、肝臓、大賢部、臀部、両足、右耳、額上
　　　　　　部、グリコーゲンと脂肪組織、膵臓。
象　徴　　：教師、旅行者、寛大な父親像

　木星は太陽系の中で最も大きな惑星である。そのことから、古代の人々が成長、拡張、資産、豊かさのあらゆる形と木星を関連させたことは不思議なことではないだろう。古典の占星術の中での木星は、多くの場合、「偉大なる恩恵(ベネフィック)」として言及されている。古代の文献全体を通してみても、木星に対して否定的あるいは好ましくない発言はほとんど見当たらない。
　木星は成長ならびに拡張と関連する。それは自己よりも大きな何かと

のつながりを目的とする。ここには霊的かつ哲学的な探究のみならず、物質的で目に見える豊かさや繁栄のさまざまな形も含まれる。水星が「低次の精神」を支配する一方で、木星はわたしたちが霊性とつながりを持つ領域のひとつである「高次の精神」を受け持っている。また、強くダイアーナルな惑星である木星は、太陽とよく似た暖かさ、寛大さ、愛を放出する。

　木星は、ほぼすべてのことについて「イエス！」と答えてくれる惑星である。それは限界を打ち破り、新しい領域を探求させてくれる。木星とは自分が望むことは何でも達成することができる、とわたしたちに確信させてくれる惑星なのである。確かにそこにあるのは力みなぎる素晴らしい感覚である。しかしながら、木星はやや誇張と過剰へと傾きがちでもある。そのため、ときにはルールと制限が必要となることもある。自由と独立は木星にとって非常に重要である。木星が切望しているのは新しい経験と新しい情報である。そのため肉体的、精神的、霊的にも、あらゆる種類の旅や探検を愛する。また、木星はユーモアと楽しむことの感性、さらには共感の能力にも大きく関連している。

　木星は最初の「ソーシャル・プラネット」である。土星と並んで木星は、わたしたちが個として社会と関係していくやり方に非常に強い影響を持つ。木星はいつも全体像を理解しようとする。そしてその全体の一部として、社会というより大きな構造の中で個としての役割を探求し発見しようとする。また、木星は宗教体験に関連する惑星でもある。この場合もやはり、そこには個としての自分と宇宙との関係性を探求することが含まれる。木星はすべてのものを摂取する。つまり、成長していくこと、事物を包み込むこと、それを自らの一部にしていくことによって学んでいくのである。

　木星の根本的におおらかで楽観的な世界観は、宇宙の完全さへの揺るぎない信念の結果である。わたしたちは信仰を持つとき、何ものも心配する必要はなくなる。すべての物事は、最善で最高の在り方で神によって導かれている。このように人生で起こる出来事の原因を理解するにせよしないにせよ、わたしたちが真の信仰を持っているとき、少なく

とも人生の中に恐れが入りこんでくることはない。木星に関連するすべての素晴らしい性質や経験は、わたしたちの真に霊的で普遍的な永遠の本性への問いに行き着かせることになる。わたしたちが信仰へと歩を踏み出したとき、分離と欠如の恐れは消失し、幸福、喜び、豊かさの尽きることのない流れを経験するのだ。個の幻影を超えて、実際に自分がすべての創造物の一部であることを思い出し始めるために、わたしたちは成長し進化していくのである。

　しかしながら重要なのは、すべてのものが聖なる計画に従って、自分たちのために働くものと信じるだけでは、わたしたちは生きていくことができないということだ。現実の世界での自分の責任を避け、そこから逃げるために信仰にすがるのではなく、日々の生活の中でそれを実践し、現実へ根づかせることをわたしたちは学んでいかなければならない。昔のアラビア人のことわざを言い換えるなら、「神を信じよ。だがラクダはつないでおかなければならない」。これは木星のための重要な学びである。

土 星
Saturn

物質を表す十字が、魂を表す半円の上を昇っていく――魂から現われる形態と構造。

軌道周期　：29.5 年
逆行周期　：1 年。1 年の約 4.5 か月の間、逆行する。
セクト　　：中程度にダイアーナル
特　質　　：制限。限定。堅固。堅実。具体的。構造化。
表　象　　：法、構造、責任、権威的人物。
表　現　　：物事を具体化する。アイデアや概念を物理的な形にする。境界と構造を定める。
心理学　　：内的にも外的にも両方の意味での権威と関わる経験。社会と世界のルールの認識。また、わたしたちがそれらのルールにどのように責任を持ち反応をするか。
衝　動　　：物事を具体化し構造化すること。物理的な領域の中に表現すること。制限を設け保護すること。
要　求　　：自立。自制。責任。
肉体面　　：骨、歯、老化のプロセス。肌、靭帯、膝、左耳と聴覚器官、胆嚢、副甲状腺、体タンパク質。
象　徴　　：権威的人物、教師、理想の父親像、老年男性

　占星術において、土星は最も悪名高いもののひとつである。古代の人々は土星を「大きな禍」と呼び、人生の中でのあらゆる悲惨と結びつけていた。すべての時代において、土星が悪い印象を持つものとして受け止められてきたわけではないとはいえ、最も寛大な占星術家でさえ、土星を「楽しむこと」とみなすことには躊躇しただろう。確かに土星は

楽しむことに結びつけられることはめったにないが、その一方で土星は欠くことのできない価値ある教師ともなる。

　土星の本質は制限を与えることにある。土星は構造（もしくは錯覚としての構造）に関連している。土星は制約、また個から社会まであらゆる形の責任と関連している。土星は「カルマの支配者」である。そして、わたしたちが土星を好まない理由のひとつはこのこと、つまり自分が受けなければならない応報を正確に与えてくるというその絶対的な公正さにある。週末に宿題を課すことをせず、「努力を認めてA」を与えてくれる、そんなかつて学校で出会った先生に木星は似ている。一方、大変な宿題を課し、どんな言い訳も決して受け入れてくれず、正しい採点を（容赦することなく！）行う誰もが嫌う先生に土星は似ている。しかし結局、わたしたちが多くのことを学んだのはどちらの先生からだろう？

　土星は木星に対する補完となる。木星はジャンプすることへの衝動を表すが、土星はわたしたちがジャンプできるために必要となるそもそもの基盤を供給する。土星が力を制限し縮小させることは、木星の絶え間なく拡張する性質への補償とバランスとなる。木星は社会のより活力に満ちた拡張的な原理に対して、どのように応じていくかに関連する。一方、土星は構造、権威的な人物、ルールに対していかに応じていくか、また社会のメンバーとなることでやってくる責任に対してどのように応えていくかということと関連している。

　土星の課題は、わたしたちにとって学ぶことが最も困難なものであり、また習得を始めるまでに最も長い時間がかかるものである。占星術的に言えば、わたしたちは土星回帰（サターン・リターン）を経験するまで、大人になったとはみなされない。チャートの中での土星のサイクルの完成は約29.5年で起こる。土星は他の惑星以上に「錬金術の法則」を体現している。そのため自分自身の中の土星のエネルギーに目を向け、それを統合するやり方を学ぶまで、わたしたちは外の世界でその影響を経験し続けることになる。わたしたちは自分自身の限界や制限を認めていくことを学ばなければならない。そして、自分の人生に対する責任、自分の行動に対する

責任を引き受けていくことを学んでいかなければならない。それを成しえたとき、わたしたちは素晴らしい自由を見出すことができる。というのも、自分で自らを制御できるようになれば、自分以外のものによって制限される心配はなくなり、何の妨げもなく思いのまま生きることができるようになる。だが、残念ながらわたしたちは、長年の間、外部からの土星を経験するまで、通常はこの段階へと到達することはない。

　土星はあらゆる権威的人物——わたしたちにルールと制限を課す、すべての人を表している。わたしたちの土星の最初の経験は、何でもやりたいことをやろうとする自分に「ダメ」と制限を与える両親からやってくる。そんな子どものころは、害を及ぼすことから自分を両親が守ろうとしてくれているのだということを、幼いがゆえに理解することはできない。だが一方で、「ダメ」と言われる経験は、それがどんなに不愉快なものだと感じたとしても、まさしく自由をもたらすことになる経験でもある。なぜなら境界は単に制限ということだけでなく、わたしたちの輪郭をも明確にする。土星の機能の一部は、排除を通じて物事を具体化し定義づけることにある。土星は何が自分らしくないかをはっきりさせる。結果的にそのことは、自分が本当は何であるかを発見するための助けとなるのだ。

　土星の課題は厳しいものではあるが、それらはわたしたちにとって学ぶべき最も重要なものでもある。土星は個人のレベル、集団のレベルどちらにおいても、大人になることや責任を引き受けることと関係している。土星を通して、わたしたちはどれが適切な振る舞いであるか、また他の人たちが自分から期待する行動はどのようなものであるかを学んでいく。そして、宇宙とはバランスを求めるものであること、そのため受け取ったあらゆるものに対して、それに見合ったものを返していかなければならないことを学んでいくのである。さらに土星の恐れと幻影を越えて進んでいくことは、土星の最も重要で、しばしば最も困難な課題である。

　人生を歩んでいく中で、わたしたちのほとんどは権威的人物と数多く不愉快な接触を経験してきている。そして、そういった経験の結果、自

分の生きている環境や世界に対して、不信感や極度の閉鎖的な態度を取らせてしまう信念を、わたしたちが持ち歩くことになってしまっている可能性もある。わたしたちがそういった信念を創り出し、壁を構築していくのは、面倒ごとへと二度と自分が巻き込まれないようにするためである。そして、そういった信念は安心感を与えるがゆえに、ときとしてわたしたちはそれらにしがみつくようにもなってしまう。しかしながら、これらの信念は幻影であり、いずれはアウター・プラネットがやってきて解体されることになるだろう。だが、土星の幻影の構造物への固着と補強をやめることを学ぶことがなければ、人生はわたしたちにとって非常に困難なものとなっていくだろう。

　わたしたちはひとつの学びの惑星である地球上を生きている。そして、三次元とは土星によって敷かれたルールである。ここに存在する間、わたしたちは土星のルールに従い、この世界について、わたしたちが現実だとみなしている境界、構造、知覚の在り方を、とりあえずは受け入れなければならない。しかしながら、ある部分において霊的で永遠の存在でもあるわたしたちは、土星がすべてについての決定的な真理を必ずしも意味しているわけではないことを思い出すだろう。土星と関わる上で最終的なゴールは、結果に執着することではなく、いかにしてゲームをプレイすべきかを学ぶことである。わたしたちは世界について学ぶのではなく、世界の内に存在することを学ばなければならない。土星に固執することなく、尊重することを学ぶにつれて、自分たちが考えていたルールの多くが、どれほどわたしたち自らが創り出した世界の在り方の基本原理となっていたかを発見することにもなるだろう。自分たちが従って生きているルールの大部分は自らが創り出したものであることを発見するとき、わたしたちはまったく新しいものを創造するための力を持っていることを思い出すことになるだろう。

カイロン
Chiron

鍵。「O」と「K」は、カイロンの最初の名称だった「コーワル天体（Object Kowal）」に由来する。

軌道周期	：51.5年
逆行周期	：1年。1年の約5か月の間、逆行する。
セクト	：なし
特　質	：ややニュートラル――アウター・プラネットの光のエネルギーを運ぶという点において水星に似ている。
表　象	：チャートの中で、わたしたちが霊性と接触し、それを受け入れるための機会となる場所。これはしばしば痛みを通してやってくる――チャートの中での最も弱いポイント。この傷を癒すための努力を通して、痛みを越え、真の霊的なつながりを経験する。
表　現	：光、エネルギー、アウター・プラネットの課題を運び変換することによってイニシエーションを開始する。
心理学	：生涯の中でやってくる最も重要な心の傷。最も大きな痛みと恐れがある人生の領域。
衝　動	：癒すこと。物理的な現実（土星の拠点）の境界を超え、宇宙の真理へとつながること。
要　求	：光をもたらすこと。アウター・プラネットの光のエネルギーが肉体へと入ることを可能にし、霊的かつ身体的変容のプロセスを始めること。
肉体面	：慢性的で深刻な健康の危機。たいがいクンダリニーのエネルギーの活性化に付随して起こる。

> 象　　徴：ヒーラー、占星術家、透視能力者、占いのスキルを使
> う人。環境保護活動家、クリスタルを使用する人。ホ
> スピス施設のカウンセラー、霊的カウンセラー、導き手
> としてのグルのように変容の過程を援助することに関連
> する人。美容師、手相術師、カイロプラテクターのよ
> うに仕事の重要なポイントとして手を使う人。

　カイロンは1977年に天文学者チャールズ・T・コーワルによって発見された小惑星(アステロイド)である（公式には「小惑星」とされているが、捕えられた彗星ではないかとも考えられている）。カイロンを独特なものとしている多くの特徴の中のひとつが、その非常に変わった軌道である。それは太陽へ最も近づくポイントにおいて土星の軌道の内側にあり、太陽から最も遠くなるポイントにおいて天王星の軌道の外にまで至る。それゆえカイロンは、インナー・プラネットとアウター・プラネットの間の橋渡しとしての役目を果たし、既知から未知への移行を可能にさせる。

　カイロンはギリシャ神話の中のヒーラーであり、教師として知られているケンタウロスにちなんで名づけられた。物語の細部には異なるものがあるが、カイロンはヘラクレスの毒矢のひとつによって誤って傷つけられてしまう。カイロンは不死身であるため死ぬことができなかった。しかし、彼は傷を癒すこともできず、そのため激しい苦痛に耐えなければならなかった。一方、神から火を盗み、それを人類に与えたプロメテウスは、その行為をゼウスによって罰せられていた。プロメテウスが自由となるには、誰かが自らの不死性を進んであきらめる必要があった。そこでケンタウロスはプロメテウスの境遇を引き受けることにした。その後、ゼウスはプロメテウスを自由にし、またケンタウロスを射手座へと変えた。

　こうしたケンタウロスの神話は、カイロンの本質を示す多くの重要な元型を示している。カイロンは「傷ついたヒーラー」である。また、チャートの中でのカイロンは、わたしたちの核心にある傷──癒すことができないと思い込んでいる傷を表している。神話において、カイロン

は傷によって変容し、彼が天へと昇るとき、最終的に傷を克服する。同様に、チャートの中のカイロンは恐れや痛みをいかにして克服していくかを学ぶこと、そしてそうすることで自分自身の霊性の力により、わたしたちがどのようにして変容していくかを示しているのである。

　実際のところ、水星が他のインナー・プラネットに対して持っている役割を、カイロンはアウター・プラネットに対して、しばしば担うようにも思われる。ときとしてカイロンはアウター・プラネットの光を送り届け、わたしたちのイニシエーションのタイミングに関与することもある。

　チャートの中でカイロンのある場所は、わたしたちが真の霊性を経験し、自分固有のヒーリングの能力を発達させるための機会を示している。このプロセスは勇気を必要とする。なぜなら、傷を探し出しそれを癒すことを試みるためには、わたしたちがその痛みを経験し、さらにその経験によって浄化され、変容されなければならないからだ。自らの霊的な真実へと自分自身を開くことなしに、カイロンの傷が癒されることはない。カイロンの傷を癒すための探究と冒険のプロセスを通して、わたしたちは土星の領域を超えて進み、アウター・プラネットの領域にある、より高次の真実とつながっていくことになる。

天王星
Uranus

「翼がついて逆さまになった金星」

軌道周期：84年
逆行周期：1年。1年に約5か月の間、逆行する。
セクト　：なし（ダイアーナルとして機能する）
特　質　：陽。焦点を合わせる。一点に集中する。瞬間的。突発的。予想外。
表　象　：予想外で破壊的――アクシデントと奇跡の両方を意味する。霊的な目覚めのプロセス。原因と結果の連鎖を超えた次元。革命と災害。
表　現　：突発的で予想外で型にはまらず、しばしば破壊的。瞬間的であっという間に過ぎ去る。稲光の閃き。
心理学　：創造的なインスピレーションの突然の閃き。人生の中でのすべての信仰と基礎を見直すことを強いる経験。いつ、いかにしてすべての壁が崩れ落ちるか――その結果、囚われから自由になるか、あるいは結果としてむき出しになり、脅かされるかのどちらか。
衝　動　：個の持っている経験や感情とは関係なく、構造を変化させ破壊すること。
欲　求　：無私の行為と予測不可能な力
肉体面　：肉体の完全性を損ないかねない偶発的な怪我。
象　徴　：侵入者、革新者、革命、変化の動因。現実に関する概念を変化させ、打ち破ろうとする科学者など。

CHAPTER 2 惑星

　人間の進化のこの段階において、わたしたちは土星の支配する世界の中に住み、土星のルールに従って行動しなければならない。だが、アウター・プラネットは土星の幻影の彼方へとわたしたちの目を向けさせ、そして宇宙とは永遠のものであり、その宇宙と切り離すことのできない一部としてわたしたちも永遠であることを思い出させるために存在する。わたしたちはいまだアウター・プラネットのエネルギーをマスターできる地点にまで進化していない。そのため、わたしたちは土星と関連する経験の中で、アウター・プラネットのエネルギーを学んでいかなければならない——したがって、どれだけ適切にアウター・プラネットの課題とエネルギーに対して協調していくことができるかということは、どれだけ適切に土星の課題とエネルギーをマスターできたかということと直接的に関連することになる。

　天王星は最初のアウター・プラネットである。そしてその唯一の目的は土星の構造を崩壊させることである。土星は宇宙卵、すなわちわたしたちが見て、聞いて、感じて、触れることのできる物理的な宇宙を象徴する。それに対して、天王星は宇宙卵における割れ目である。すなわち、それは宇宙についてわたしたちが信じているものを、はるかに超えたものがあることを告げる最初のトラウマ的な認識をもたらすものだ。

　天王星のエネルギーは破壊的な影響をともなう稲妻の閃光である。天王星は予想外で、瞬間的で、根本的な破壊である——だが、本質的には完全にニュートラルである。天王星はアクシデントと奇跡のどちらにも関係しているが、そもそもふたつの間にある違いは、単に事態を見る視点によるものだ。天王星が力を及ぼすその瞬間、目もくらむ洞察の閃光がもたらされる。それは古い認識と制限を粉砕するより大きな真実の理解である。そしてまさにそれが現れるのと同じ速さですぐさま過ぎ去り、取り残されたわたしたちは平常に戻るまで待たなければならない。

　わたしたちが天王星をどのように経験するかは、どれほど土星の幻影に執着しているかによる。天王星がやってきて物事を刷新するときに、わたしたちが土星のエネルギーをマスターすることを学んでいて、その支配と構造への囚われがなければ、それは生き生きとした活力を回復さ

せる経験となるだろう。それゆえ、天王星はしばしば自由と解放と結びつけられもする。同じように天王星がやってくるときであっても、わたしたちがもはや役に立たない観念や構造に執着しているなら、そしてそれらに信頼を預け、土星の幻影を受け入れているなら、世界に終わりがやってくるかのように感じることにもなるだろう。それゆえ、天王星はしばしば予測できない災害とも結びつけられることになる。

　何にも増して天王星は、人生におけるわたしたちの執着に気づかせてくれる。それは重要な学びである。なぜなら、天王星には海王星と冥王星が続くが、これらふたつの惑星はそれらの学びをもはや与えてくれはしない！　天王星は手放すことを学び、柔軟になり変化へ開かれることの必要性を教えてくれる。天王星は世界の壁に亀裂を生じさせ、崩壊へと導く。仮にわたしたちが壁に執着することがなく、むしろ壁が囚われのように感じているなら、そのとき天王星は自由へ向かう突発的で思ってもみなかったチャンスとなる。一方で、天王星がやってきて壁に亀裂を生じさせるとき、もしわたしたちが害を及ぼすものから身を隠し、自分を守るために壁を用いていたなら、それはおそるべき脅威の経験となるだろう。

　天王星は集合無意識のレベルにも働きかけ、わたしたちを待ち受ける新しい革新的な変化を象徴するものとなる。あるひとつのパーソナル・プラネットと天王星の間に密接なつながりを持っている人は、天性として新たなアイデアを引き出すことができ、少なくともある程度は、それを世界へともたらすための責任を持つことになる。もちろん、新しく革新的なアイデアが姿を表すにつれて、最初に直面せざるをえなくなるのは土星である――そしてたいがいこれは、社会の他の人たちから（もしくは、少なくとも天王星のエネルギーとの密接なつながりがなく、新しいアイデアを理解していない人々から）の抵抗という形を取ることになる。チャートの中で強い天王星のエネルギーを持った人たちは、しばしば自分の中に反体制的な傾向、我が道を進んでいこうとする欲求、現在の社会の規範への違和感といったものを持っている。最終的には、新しいアイデアを表現し始める人が増えていけばいくほど、それに対する抵

抗は消え、その結果、わたしたちの良識に受け入れられるものとなっていくのである。
　もちろん、この新しいエネルギーに対する妨害となる最初の場所が、ときとして自分自身の内部に見つかることもある──この場合、変換されなければならない最初の土星のエネルギーとは自分自身だということになる。

海王星
Neptune

物質を表す十字へと降りてくる魂(ソウル)を表す半円

軌道周期：165年
逆行周期：1年。1年の約5か月の間、逆行する。
セクト　：なし（ノクターナルとして機能する――すべて見せかけ）
特　質　：陰。受容的。魅力的。欺き。一点に集中しない。変化する。
表　象　：現実は幻影であるという真実。究極の創造的な力。宇宙の創造、及び創造性のための究極の潜在力。
表　現　：すべての境界と構造を溶解する。すべては可能であるという真実を明かす。空想と逃避、もしくは欺きとしてしばしば経験される。
心理学　：空想することや夢を見るための能力。宇宙の無限の可能性を理解し、つながりを作るための能力。
衝　動　：すべての構造を溶解し、究極の真実を明かす。
要　求　：一者と融合する。
肉体面　：アレルギーや感染症。ドラッグ。アルコール。毒。免疫体。内分泌線（内分泌系）。松果体。
象　徴　：ダンサー、ミュージシャン。殉教者と犠牲者。写真家。映像作家。衣服やコスチュームのデザイナー。メイクアップ・アーティスト。ソーシャル・ワーカー。心理学者。看護師。中毒者。

海王星は2番目のアウター・プラネットである。土星によって形作

られる現実が道の終わりではなく、それを超えて存在するものへの理解に至る突破口を天王星が開いてくれた後、海王星は現れ、そこに存在するすべてのもの、それが何であるかということをまさに示してくれる。土星はわたしたちが現実としてみなしていることが真実であるという幻影を創り出す。一方、海王星はわたしたちが知っているすべて、わたしたちが現実であるとみなしているすべてが幻影でしかないという真実を告げる。

　海王星は究極の創造力、宇宙の無制限で想像を絶する可能性を象徴する。海王星はさまざまな異なる諸現実が存在することだけでなく、それらすべてが同時に存在していることをわたしたちに教える。これはわたしたちが人間として生きている間に、理解することが非常に困難なタイプの概念である。わたしたちは境界と構造を必要としている。わたしたちは土星の幻影が自分自身の輪郭を明確にし、個としての感覚を維持する助けとなるため、それを頼りとしている。しかし海王星のエネルギーは、完全にこのすべてを否定し、すべての境界と構造を躊躇なく溶解させる。海王星は壁が最も薄い場所、そしてわたしたちが「現実」だとみなしていることを最も見失いやすい場所がどこであるかを明らかにするのである。

　海王星のバイブレーションは極度に高い。したがって、肉体から離れることなく、いくばくかのときの間、それを実際に経験できるのはごくわずかな人たちだけである。わたしたちは多くの場合、魅惑、幻影、空想、現実逃避といった形において、海王星のさまざまな面を経験するだろう。海王星とうまく協調していけない人は、土星の厳しい幻影から逃れる道を求めて、しばしばドラッグやアルコールに依存する。ただし、それらは海王星の本当の道ではない。海王星とのより発展的な形での接触は、音楽、ダンス、写真、映画といった面での才能となりえる。また、霊性や宗教への探究に身を捧げることもある。

　わたしたちがいかにして海王星のエネルギーを適切に扱うことができるかは、ここでも土星のエネルギーに対する統御のレベルによる。わたしたちに対する土星の支配を最初に試すのが天王星である。天王星は素

早く突発的である。そしてそれは非常に破壊的でもあるけれども、わたしたちはそれを少なくとも耐えることはできる。海王星の効果は、はるかに微細だけれども、方向感覚を失わせるものであり、決して無視して済ませることができるものではない。海王星は接触するものすべてを溶解させる。そして、わたしたちは個としての自分自身のあらゆる感覚を失い、宇宙の集合意識に接触し始める。もしわたしたちが土星に依存していないならば、このタイプの経験は完全に神秘主義的な変容を促すものとなるだろう。しかしながら、わたしたちが幻影の構造に執着しているなら、海王星の影響はあたかも自分を崩壊させ、制御不能な感覚へと導くかのようにも感じられるだろう。

海王星は神秘主義的で霊的な体験、さらにはサイキックな能力にも関係している。チャートの中の海王星の位置は、わたしたちがより高次の領域と最も調和する場所を示している。幻視と統合失調症の間の敷居はときとして非常に薄い。だからこそ海王星のエネルギーにアクセスし、それを人生の中で統合するために、自分が身体の中にしっかりと接地していることを確かめなければならない。たとえ多くの人がそう経験したとしても、海王星は逃避の道を表しているわけではない。

社会的なレベルにおいて、海王星は集団の夢を表す。それは社会の構成員の欲望や望みであり、現実へと至るために無意識のレベルで作用する。海王星がパーソナル・プラネットと緊密なアスペクトをとる人は、自然にこのエネルギーを活用することになるだろう（訳注 13）。また、それを積極的に導くことができる人は、しばしば芸術へと引きつけられていく。そして個の創造的な表現を通して、集団の夢を具体化し、形を与え、意識的気づきのレベルへとそれをもたらすことになるだろう。

---

‡訳注 13‡「アスペクト」については第 8 章で詳しく説明される。

冥王星
Pluto

魂を表す三日月に霊を表す円と物質を表す十字がつながっている。
（ソウル）（スピリット）

軌道周期　：248年
逆行周期　：1年。1年に約5か月の間、逆行する。
セクト　　：なし
特　質　　：やや陽。制圧的。重い。遅い。不可避。
表　象　　：死と再生。宇宙の究極の破壊的力。
表　現　　：コントロールの喪失を恐れる場所がどこか、そしてコントロールしようとする場所はどこか。変容と変化。破壊。人生の不必要な面を焼き尽くす。
心理学　　：力とコントロールの問題。
衝　動　　：変化と進化。宇宙と魂の目的を満たす。
欲　求　　：解き放つ。何かを死に委ねる。新しいものの誕生を加速するために活動すること。
肉体面　　：命を脅かす病気
象　徴　　：フェニックス。強力で破壊的な力。独裁者。死と再生。心理学者と心理療法家。

　冥王星はアウター・プラネットの最後である。それは最もゆっくりと移動する惑星であり、太陽の周りの軌道を完成するのに248年もかかる。また、冥王星は最も遅く発見された惑星である。冥王星の本質はようやく理解され始めたばかりでしかなく、熟達の地点へと到達するまでに、わたしたちには継続すべきより多くの生涯が待っている。
　冥王星は死と再生のプロセスを表している。冥王星は自我にとっての
（エゴ）

究極の脅威である。なぜなら、冥王星は完全に自我の痕跡を消し去る。天王星は自我を揺り動かし、海王星は自我を否認するが、冥王星は自我の最終的な死を意味する。わたしたちのほとんどは、いまだ自我との関係に取り組んでいるため、またしばしば自我を手放すことが困難であると感じているため、わたしたちは冥王星につきまとう恐れや不安を非常に大きなものとして経験することになるだろう。冥王星は制止できない力である。それを避けるためにできることは何もない。だが、恐怖心によって冥王星のエネルギーから自分自身を守るため、あるいは避けるため、わたしたちは本能的にコントロールを失うまいとしてしまう。本来、冥王星はコントロールや力と必ずしも関係しているわけではない。それにも関わらず、冥王星が関わってくるときには、自分自身の恐れのために、ほとんどいつもコントロールの問題が現われることになる。

　冥王星は最も破壊的な宇宙の力であり、無制限な愛の力である。一見この説明は、少々矛盾しているように感じるかもしれない——いったい無制限の愛がいかにして破壊的な力でありえるのかという意味で。だが、わたしたちのほとんどは、「愛はすべてを打ち破る」といったような言い方で、愛が非常に大きな力であることに異論なく同意することができるだろう。あまりにも強力な真の愛、無制限の愛は、偽りの途上にあるすべてのものを破壊する。無制限の愛のエネルギーによる純粋性は、あまりにも激しいため、まやかしであるものは決してそれに耐えることはできない。

　ここで思い出すべきなのは、地球上を生きるとき、わたしたちが非常に多くの信念を幻影——たとえば、わたしたちを個へと分け隔てている幻影——の上に置いているということだ。そしてそれがお互いを切り離し、宇宙の中のすべてのもののつながりを遮断させている。またその幻影は、わたしたちが全能で永遠の霊的な存在であることを否定する。その壁を透かして見させてくれるのが海王星であり、そのためわたしたちは自分たちの持っている信念が、そう思われるほど真実のものではないことを知ることができる。しかしながら、冥王星では、まさにその壁が崩れ落ちていくことになるのである。

ところで、冥王星の影響は、常に現実の基礎となるわたしたちの認識を破壊することによって始まるとは限らない。むしろ冥王星はコントロールを明け渡し、幻影への執着の必要性を手放し、そして完全なる自己の変容を可能にするため、わたしたちが学んでいかなければならない人生の領域がどこであるかを示している。

　冥王星と密接な関係にあるパーソナル・プラネットを持つ人は、そのエネルギーと自然に接触し、そのことが変化と変容の動因となるだろう。冥王星は間違いなく素晴らしい力を表す。そのため冥王星のエネルギーを持つ人は、他人へと影響を与えるためのポジションで活躍できる舞台へと導かれるだろう（多くの政治家のチャートの中では冥王星が強い影響を持っている）。冥王星の持つ危険は自我の求めに屈伏し、その結果、冥王星のエネルギーを個人的な利益のために用いようとすることだ。これは常にその人を破滅へと導くものとなるが、それでも冥王星のエネルギーはその本来の目的を実行しようとするだろう。

　冥王星のエネルギーとつながっていく唯一のやり方は、それに自らを明け渡すことである。わたしたちは自分がコントロールを最も必要と感じる人生の領域こそが、完全に手放すことを学ばなければならない領域であることを理解しなければならない。冥王星のエネルギーを経験するとき、わたしたちは本当に重要なものは何も失っていないと信じなければならない。言い換えるなら、冥王星が引き裂くものすべては、その目的のためであり、もはや自分には必要がないものなのである。冥王星へ自らを明け渡すことによってこそ、わたしたちは新たな構造を創り出すために使うことができる莫大なエネルギーの貯蔵庫を解き放つことができる。そして、その新たな構造こそが、旅の次の局面において、わたしたちをサポートし助けてくれるものとなるだろう。

CHAPTER 3

サイン

CHAPTER 3
The Signs
サイン

　サインは占星術の中で最もよく知られている部分だが、同時に最も理解されていないものでもある（訳注14）。間違いの多くは、サインの名称が恒星(フィクスト・スター)からなる星座(コンステレーション)にちなんで名づけられたということに由来する。そして多くの人はサインと星座(コンステレーション)が同一のものだと思い込んでいる。だが、実際のところそれは事実ではない。占星術において、サインは何よりもまず尺度を意味する。それらは黄道に沿った弧の30度に相当する。見かけ上、黄道は地球の周りを回る太陽の軌道の平面であるが、実際には太陽の周りを回る地球の軌道のことである。赤道は黄道に対して約23.5度の傾きにある。わたしたちは太陽の軌道である黄道上のどこの場所に惑星が見えるかに基づいて、その相対的な位置を計測している。

　こうしたことから獣帯の12サインと名前を共有している星座(コンステレーション)は黄道と重なることになる。そしてそのことが、サインの名称がそれらにちなんで名づけられた理由のひとつである。ただし、星座(コンステレーション)は等間隔の弧に黄道を分割してはいない。さらにいえば、天文学者が喜んで指摘するように、実際のところ黄道上には、少なくとも13の星座(コンステレーション)がある。現に蛇遣座は蠍座と射手座の間にある。このことは占星術が「間違っている」、ないしは今日においては12星座ではなく13星座が真実となるわけではない。占星術に用いられるのは、これまでもこれからもそれぞれ等し

---

‡訳注14‡訳注3で述べたように、本訳書では、通常、「星座」と訳されている signを「サイン」と片仮名で表記している。その理由については「訳者あとがき」518頁参照のこと。

く黄道の 30 度を分割する 12 のサインであり続ける。

　サインは惑星の位置を測定するための基本的な単位であるだけでなく、それ以上の意味もある。古代の人々は惑星が異なるサインにあるとき、それらが異なる作用を及ぼすことに気がついていた。すなわち、サインは黄道上での惑星の位置を計測するための単位であることに加えて、惑星が自らをどのように表現するかについても影響を与えているのである。

　すでに述べたように惑星は役者である。そしてサインは役者が演じる役割を意味する。サインは、元素（エレメント）、様相（モダリティ）、両極性（ポラリティ）によって分類される（実際のところ、両極性は元素の部分集合となっている。土と水のサインは内向的、陰、受容的であり、「女性性」の極性として分類される。一方で火と空気のサインは、外向的、陽、積極的であり、「男性性」の極性として分類される）。元素と様相はサインの基本となる要素であるため、個々のサインを検討していく前に、まずそれらを見ておくこととしたい。

元素
The Elements

　獣帯（訳注 15）の元素のバランスは、宇宙に関する古代ギリシャの哲学的概念、すなわちすべてのものは、火、土、空気、水という4つの基本となる元素の結合から作られているという考えに由来する。各々の元素は、それぞれの特有の在り方から連想される性質を持っている。それぞれの元素が象徴する性質の多くは、その物理的な次元での現れの性質に由来している。

火 ────────────────────────── [牡羊座、獅子座、射手座]

　火のサインに分類されるのは牡羊座、獅子座、射手座である。火の元素は生命のエネルギーないしは霊のエネルギーを象徴する。火は外向的

---

‡訳注 15‡「獣帯」については30頁訳注1参照。

な性質であり、エネルギーを与え、事物を変容させる。そして4つの元素の中で最も自発的である。火のサインはアイデンティティについての探求と関わっている。また、他の元素以上に行動志向的である。火のサインは情熱的であり、いつも大きな暖かさと光を放つ。しかし、近づきすぎると焦がしもする。

　火のサインは瞬間に焦点を合わせる。同時に火は、ある場所から他の場所へと素早く広がっていく。火のサインはひとつのアイデアやコンセプトにこだわって最後まで考え抜くというよりも、思考の連鎖のままに従っていく傾向を持つ。西洋の伝統の中でたいがい見過ごされている火のひとつの性質（だが、それは東洋における火の元素の根本的な性質となっている）は、非独立性や他のものへの依存である。すなわち、火は燃料がある限りにおいて存在できるが、それが尽きると火は死を迎えることになる。

　わたしたちは「火」という言葉から「情熱」といった表現を連想するだろう。実際に火のサインは激しい感情へと傾きがちである。しかしながら、火のサインの感情を最も満足させるのは強烈な喜び、もしくは強烈な怒りのどちらかである。火のサインは、これら両極端の感情に囚われることなく、さまざまな感情の全範囲を経験するための方法を学ばなければならない。

　火は非常に男性的で一点にエネルギーを集中させ、かたくなに「すべてかゼロか」を求める傾向を持つ。火のサインが行動を起こすとき、あたかも8気筒エンジンすべてを即座に動かすようなものとなる。火のサインが進むときはとにかく全力で進む！　同様に火のサインが進むのをやめるとき、それは完全停止、すなわち燃料を使い尽くし、へばってしまうときである。それゆえ火のサインのための学ぶべき重要な課題は節度となる。

　火のサインは非常に誠実でもある。自分の本性以上の何かを表現しようとは決してしない。そのため他者の不誠実さに我慢がならない。

　肉体的活動、特にアウトドアや太陽の下での肉体的活動を通して、火のサインは元気を回復する。太陽は火の元素の完全に最も強力な表現で

ある。チャートの中で火の要素が強い人は、暖炉の前に座ること、キャンプファイヤに向き合うこと、キャンドルを灯したディナーなどを好むかもしれない。肉体的に激しい活動もしくは激しい感情の爆発から離れて、実際の炎の近くにただいることが、活力を育み充填する体験となるだろう。

土 ［牡牛座、乙女座、山羊座］

　土のサインに分類されるのは牡牛座、乙女座、山羊座である。土の元素は物質と物理的形体を象徴する。土は動かない。それはひとつの場所に留まる。土は実際的、実質的、形あるものを表す。また、感覚的な事柄への関心や物質的な世界と相互作用しようとする欲求と関連している。土は受動的で受容的である。それは外的エネルギーによって影響され、組織化されなければならない。土は最も安定した元素である。土のサインは物質的で実質的なこと、あるいは価値や評価といったことと関連している。

　土は最も動きの遅い元素である。実際に、土はほとんどまったく動かないようにも見える。土のサインは最も穏やかな気質であり、行動を起こさせるのが困難である——だが、反復する惰性の動きがあることも忘れてはならない！　確かに土のサインを動かそうとすることは困難であり、彼らが行動するとしても、かなりゆっくりと動く傾向がある。だが、土のサインが自ら動かす重さや量は並外れたものになる。道路をならす蒸気ローラーはとりわけ動きが早いわけではない——だが、それらの働きは非常に大きい。

　土のサインは何よりもまず実際的であることを意味する。土のサインは第一に物質的な目に見えるレベルに関心を持つ。したがって、抽象的な概念を理解することにしばしば苦労する。土の要素が強く影響している人は、非常に感覚的であり肉体の次元と深く結びついている。こういった人々は、触れること、味わうこと、聴くことといった感覚を通して、物事を最もよく理解する。彼らは精神的、知的、あるいは言語的レベルで受け取る情報以上に、肉体が語りかけることへとより多くの重き

を置く傾向がある。ときとして土のサインはあまりにもしっかりと落ち着いているため、あまり多くを感じていないように見えるが、実際にはあらゆる種類の感覚を経験しているのである。

　土のサインは物質的次元の幻影に対して依存する傾向を持っている。それは物質的な世界を単に楽しむことを超え、それにともなう満足や喜びの虜になり、それらの罠に囚われ、その結果、わたしたちの真実を見る目や霊的な目的を失わせることにもなりかねない。土のサインはあまりにもしっかりと地に足をつけているため、目に見えない霊的な世界があることを受け入れることが困難になるのである。それゆえ土のサインにとっては、霊的なエネルギーをいかに物質的世界へと結びつけるかを見出すことが課題となる。

　土のサインは大地との関わりを通して活力を与えられる。チャートの中で土の要素が強い人は、ガーデニング、芝生の手入れ、さまざまな自然との直接的な触れ合いに、しばしば楽しみを見出すことがある。

空　気　　［双子座、天秤座、水瓶座］

　空気のサインに分類されるのは双子座、天秤座、水瓶座である。空気の元素は精神的で社交的領域を表す。空気は素早いスピードで、それが出会う事物すべてとの間に関係性を形作りながら、物事の表面を水平に横断していく。空気のサインは抽象的なアイデアやコンセプト、シンボル、コミュニケーションといった領域において最も満足感を得ることができる。

　空気のサインは最も客観的であり、すべてのサインが持つさまざまな視点を包含することもできる。空気の元素は「男性性」の極性に属するため、外向的で能動的であり、また意識的かつ表面的に物事を扱う。すべての空気のサインは、二元性と関連する二重性のサインであるため、問題の多面性を同時に理解し評価することができる。空気のサインは、人間関係や世界の中での自分の場所を理解することとも本質的に関連している。双子座は環境と自分との関係を示す。天秤座は他者と自分との関係を示す。水瓶座は社会と自分との関係を示す。

空気は精神的(メンタル)な次元に関連する元素であるため、合理的で論理的である。このことは感情的であること、特に極度の感情の高ぶりを好まないことも意味する。空気のサインは、しばしば感情から自分自身を遠ざけようとし、自分自身が最も好ましく感じる精神的かつ抽象的な領域に引きこもろうとする。ここで思い出してほしいのは、空気が表面上を動いていくということだ。すなわち、空気が深みへと入っていくことはない。

　空気の要素に強く影響を受けている人は、非常に鮮明な想像力を持っている。彼らは精神的次元のエネルギーに同調することで、新しいアイデアやコンセプトを発見することができる。そして物事の間に新たなつながり、もしくは異なる視点を発見し、それらを古い物事につけ加えていくのである。空気のサインは驚くべきさまざまなアイデアを膨らませていくものの、それらを実際に実行することは得意ではない。あくまで空気のサインは思索家であり、行為者ではない——彼らはアイデアの実行を土のサインへと譲る。

　空気のサインは社会的で精神的な活動を通して、また空気と直接的に関係することを通して生き生きとした状態となる。たとえば、深く息を吸い込むことから、カイトを飛ばすこと、オートバイやローラーコースターに乗り、風の動きを感じることなどもそうである。空気のサインは理論的問題への挑戦を楽しむ。パズルや謎を解くこと、研究や討論を通して、あるいは単に友人との交際、新しい人々との出会いなどによっても、活力を取り戻すことができるだろう。

水 ——————————————［蟹座、蠍座、魚座］

　水のサインに分類されるのは蟹座、蠍座、魚座である。水の元素は感情と霊的な次元に関連している。水のサインはちょっとした些細な感情だけでなく、情動全般にわたるレベルに影響を与える。水の元素は、わたしたちの最も深い部分、最も原初的な情動、また無意識や潜在意識の中に深く埋め込まれている魂が必要とするものや求めているものとも関連している。だが、わたしたちはそれらがもたらす力と強度によって脅

かされてしまうがゆえ、それらを何度も何度もそこに押し込め、それらが存在することすら忘れてしまっている。
　水は「女性性」のエネルギーであり、受容的、共感的、流動的である。水は常に最も低く、最も深い場所を求め浸透していく。そして水は封じ込められるまで流れ続けるだろう。水はそれ自身の形や構造を持っていない代わりに、その入れ物の形や特徴を引き受ける。水の元素は、非合理的、本能的、感情的であり、完全に右脳的である。
　空気のサインのように、水のサインも関係性を作ることを求める。だが、水は空気のサインが決して求めることのない互いに変容を引き起こし得るレベルでの深いつながりを求める。水のサインはヒーリング、そして解き放たれた情動の力とも関連している。また、水のサインはどんな種類の情動であれ、それが激しいものであればあるほど満足する。大げさで過度にドラマティックとなる傾向は、水のサインが火のサインと共通して持っている特徴である。
　水のサインはすべての元素の中で、おそらく最も記憶力が良い。水はそれがどれほど痛みをともなう感情であれ、そのすべての感情的な経験を記憶している。ときとして水のサインは、とりわけ痛みをともなう記憶や感情が強烈な体験となるがために、自ら好んでそれらを追い求めているように見えるかもしれない。水のサインの最も困難な課題は、いかにして痛みと否定的な感情を手放し真に解放していくか、そしていかにして本当の意味でのヒーリングのプロセスそれ自身を完成させるかを学ぶことにある。
　他のどの元素よりも水のサインは深く感じる。だが、水のサインは痛みと喜びを含めたさまざまな感情の深みを、常にはっきりと表現できるわけではない。というのも、言葉での表現は水のサインにとって得意なことではない。水のサインにとって、経験の激しさを完全に言い表し、自分の感情を表現し伝える方法を見つけようとすることは常に葛藤となってしまうのである。究極を言えば、言葉は不十分でもある。物事によっては、直接の感情的で熱情的なつながりを通してのみしか伝えることができないものもある。

水の元素はそれ自身の構造を持たないため、何かに包み込まれる必要がある。そのため水のサインは、人間同士の間にある境界を否定し無視しようとする傾向がある――特に感情的なことに関して。水のサインは、自分とは異なる他者の気持ちや寛げる状態というものを考慮すること、またすべての人が出会ってすぐに心を開き、深い感情を分かち合うことができるわけではないことを学ばなければならない。これは水のサインにとって、非常に困難で時間のかかる課題となるだろう。

水のサインは強い感情的つながりを通して、または水と触れ合うことによって元気を回復する。水の要素がチャートの中で強い人は、水の近く、ないしは水の中で時間を過ごすことによって、蓄積された否定的な感情のわだかまりをすっきりと洗い流していくことができるだろう。これらの人々は、しばしば湖、川、海の近くに住むことに幸せを感じるかもしれない。あるいは雨模様に心を惹きつけられるかもしれない。たとえ自然の水そのものになかなか接することができなくても、熱いシャワーを長く浴びること、暖かいお風呂につかることなどで、同様の活力と浄化の作用を得ることができるだろう。

様 相
The Modalities

始 動　――――――――――――――[牡羊座、蟹座、天秤座、山羊座]

始動(カーディナル)のサインに分類されるのは牡羊座、蟹座、天秤座、山羊座であり、それらはトロピカルの獣帯において、北半球の春、夏、秋、冬という季節の始まりに該当する（訳注16）。始動のサインは新たな始まりへと力を集中させ、それを開始する。また、始動のサインはアイデンティティに関する問いとも根本的に関連している。

始動のサインの焦点は新たな始まりにある。始動のサインは先駆者で

---

‡訳注16‡「トロピカルの獣帯」というのは、現代の一般的な西洋占星術で用いられるサインの分割の方法である。12サインは春分点の位置に固定した牡羊座から始め、そこから続く獣道を均等に12分割して作られる。

あり開拓者であり、強力なイニシアチヴと自発性を持っている。始動のサインは、その多くが意図したものでないにせよ、しばしばリーダーシップとも関連している。ただし、始動のサインはその根底に人を導く欲望を持っているわけではないし、そもそも自分自身も人から導かれることを好まない。もし人々が彼らに従う、あるいは彼らのやり方から学ぶというなら、それはそれで構わないが、彼らの行動は根本的にそれを求めてのものではない。

　始動のサインは個としての自分らしさ(アイデンティティ)を表現し、明らかにすることを求める。彼らの大きなエネルギーと活力は、集団から離れ、個の意味を確立するために必要不可欠なものである。個々の始動のサインは、それぞれの元素が何であるかによって、自分らしさに関する異なる面と関連してくる。始動で火のサインである牡羊座は、単純に個としての自分らしさを創り出し表現することと関連する。始動で水のサインである蟹座は、感情的に自分らしさを確かめ表現することと関連する。始動で空気のサインである天秤座は、その人の社会的及び知的な面での自分らしさと関連する。始動で土のサインである山羊座は、自分らしさを物質的で目に見えるように形作っていくことと関連する。

　始動のサインは非常にドラマティック、カリスマ的、直接的、衝動的になる一方で、なおそこには学ぶべきいくつかの課題もある。何よりもまず始動のサインは、単に新しい物事を始めることとだけに関心を持つ。すなわち、彼らは新しい冒険的企てを最後まで完成させることにはほとんど関心がなく、すぐに興味を失ってしまう。物事がルーティンになると、すぐに始動のサインは退屈し、何か目新しいことを探し始めるのである。彼らは新しいアイデアを思いつくとすぐに行動しがちである。時間をかけて、物事をじっくりと考える、あるいはしっかりと練られた行動計画を作ることもめったにしない。始動のサインが学ばなければならないことは、衝動をコントロールする方法である。

　プレッシャーをかけられたとき、始動のサインの最初の反応は、反撃によって自分自身を守ることである。「まずは撃って出ろ、質問は後にしろ」。それがまさしく始動のサインが体現しているフレーズである。

固　定　――――――――――――[牡牛座、獅子座、蠍座、水瓶座]

　固定(フィクスト)のサインに分類されるのは牡牛座、獅子座、蠍座、水瓶座である。固定のサインは気候の変化が落ち着いて安定する季節の真ん中と関連する。それは生命の安定したリズムが、それ自身を主張するときである。固定のサインは始動のサインに続く。そのため始動のサインによって開始されたことを継続し維持しようとする。また、基本的に固定のサインは自己の価値を問うこととも関係している。

　固定のサインは持続性や構造と関連し、物事が続いていくことを求める。固定のサインは一般的に驚くべきスタミナと蓄えを備えている――彼らはスピードではなく、むしろマラソン・ランナーのようである（一方、始動のサインは短距離走者である）。土の元素のように、固定のサインはゆっくりとした動きではあるが、信じられないほどの強い力を示す。固定のサインは変化を好まず、それがその時点で最も賢い選択であるかどうかを考えることなしに、自分なりのやり方を貫き、それにこだわる傾向がある。

　固定のサインは自己の価値を問うことと関係し、始動のサインを通して設定された自分らしさ(アイデンティティ)に関する問いに基づき次に進んでいく。したがって、自分らしさを単に表現することよりも、自分らしさの価値と実質を確かめることに関心を抱く。固定のサインである牡牛座は物質的で肉体的な価値と、獅子座は個としての価値や評価と、蠍座は感情や霊的な価値と、水瓶座は社会的価値と関連する。

　固定のサインはスタミナと粘り強さを持っているが、それが物事に対処するための並外れた力となる。また、彼らは非常に頑固でもある。そのため固定のサインにとって学ぶべき最も重要な課題のひとつは、柔軟性や変化へと開かれていく姿勢を持つことである。固定のサインは自己の価値の問題に集中するため、自分の観念と行動へと固執してしまう傾向がある――変化を促すどんな提案も、個としての自分の価値についての侮辱や攻撃であると本能的に受け止めてしまう。問題に直面したときの固定のサインの最初の反応は、自己の主張を一歩も譲らず、抵抗し

ことである。このことは固定のサインがどんな種類の変化も拒絶することを意味しているわけではない。しかしながら、彼らにとって変化を起こそうとする考えは、外部からではなく、自分の内側からやってこなければならないのである。

変化 ——[双子座、乙女座、射手座、魚座]

変化(ミュータブル)のサインは双子座、乙女座、射手座、魚座であり、それらはそれぞれの季節の終わりに対応する。ちょうどそこは一年の周期の中で、気候が次のステップへと変化し変容していくための準備をするときである。変化のサインは柔軟で順応的で、変化していくことと関連する。また、ひとつの周期の終わりであると同時に次の周期の始まりでもある。変化のサインは、変化に関することすべて、調整、完成させることと関連する。伝統的な占星術において、変化のサインは両性(コモン)のサインとしても知られていた。このことは始動のサインの性急さ、及び固定のサインの入念にゆっくりと進むこと、そのどちらでもないことを意味している。同時に、それは概して自然な流れやそれ固有の時間の流れの中で生じてくる出来事を表している。変化のサインは誕生、成長、死という生命の周期的な動きを非常によく理解している。そして彼らは、その変化に合わせて出来事が円滑に動いていくことを維持するように努めるのである。

変化のサインは、完了、回復(ヒーリング)、完成することと基本的に関連している。彼らは固定のサインによって継続され維持されたことを、さらに引き継ぎ進めていく。また、それは古きものが終わり、始まりへと続いていくひとつの周期のための普遍的な法則を示している。変化のサインである双子座は社交性と知的自己を完成させること、乙女座は物質的次元を完成し完全にすること、射手座は個としての自分らしさ(アイデンティティ)を完成させること、魚座は感情と霊的な本質を完成させ回復することと関連する。

変化のサインは究極の完成へと物事を向かわせるために、あらゆる状況に適応し対処していく能力や臨機応変さを持っている。しかしながら、変化のサインは柔軟になり過ぎ、外的な力やさまざまな変化にたや

すく影響されることによって、散漫になる傾向を持っている。変化のサインが問題に直面したときは、実際の対決を避けるために自分を変え、状況に合わせ、争いを避け、そのためにできるあらゆることを行うのがその最初の反応となる。何にもまして変化のサインが学ばなければならないことは、一点に集中することである。彼らは一度にあまりにも多くの細部を気にするため、自らのエネルギーを散逸させ、役に立たないものにしてしまう傾向がある。

牡羊座
Aries

雄羊の角　生命の泉

ルーラーの惑星（訳注17）：火星
エグザルテーションする惑星（訳注18）：太陽
元　素　：火
様　相　：始動
極　性　：男性性
カテゴリー：パーソナル
キーコンセプト：アイデンティティ、自己表現、衝動的行動を取ること
支配部位　：頭
象　形　：雄羊

牡羊座は獣帯の最初のサインであり、人間の成長の最初の段階を表し

---

‡訳注17‡「ルーラーの惑星」というのは、それぞれのサインをルール（支配）している惑星のこと。たとえば、牡羊座をルールしているのは火星、牡牛座をルールしているのは金星といったように、占星術上のもともとの決まりがある。詳しくは次章で説明される。

‡訳注18‡「エグザルテーションする惑星」が何を意味するかは次章で説明される

ている。牡羊座の働きは、新たな人生を開始し、切り開き、創り出すことにある。牡羊座は激しく純粋な情熱によって創造することを求める。また、それは解き放たれたエネルギーの最も本質的な表現でもある。魚座の段階に見られる、すべてのものとの境界のない一体化した結びつきが大きな制限となってしまったとき、牡羊座はその集合的な意識の状態から離脱しようとする。成長を続けていくために、境界のない全体からその一部が分離し、個の固有性という幻影を形作る。これが牡羊座で起こる過程である。牡羊座は既存の限界を押しのけ、あらゆる制限を課すものを打ち砕いていくために開拓者となる。牡羊座は他者に従属したり導かれたりすることに満足できないためにリーダーとなる。牡羊座には勇敢さ、閃き、熱中、独創性、独立心がある。本当の自分を表現することへの強い欲求を持つ牡羊座にとって、偽りや欺きなどはありえない行為である。

　牡羊座は始動で火のサインである。始動のサインとして、牡羊座は原初の創造的なプロセスと深い関わりを持ち、またそれは着手すること、行動を起こすこと、さらに自分らしさ(アイデンティティ)を求めることと関連している。火のサインということからも、牡羊座は同じく自分らしさを求めることと関わりを持っている——すなわち、自分らしさを求めることは二重に強調されているのである！　火のサインは自分のエネルギーを激しく劇的に表現し、まさに今この瞬間に燃焼する。要するに牡羊座は、個としての自分らしさを創造し、導くこと、そしてエネルギーを制限されることなく自由に衝動的に表現することと関係しているのである。

　牡羊座は火星(マルス)によってルールされている（訳注19）。ローマ神話の中でマルスは戦いの神であり、ギリシャではアレスと呼ばれ、同じく戦いの神である（牡羊座という名称はラテン語の「ram（激突する）」に由来している）。惑星の火星のようにギリシャのアレスは、ひとつに焦点を絞り、直接的な行動を起こす。ただし、その本質としていくぶん欺く傾向を持つノクターナルの惑星である火星とは異なり、牡羊座のエネル

---

‡訳注19‡「ルール」の意味は次章で説明される。

ギーはいつも完全に誠実で率直である。

　牡羊座が学ばなければならない重要な課題は、相手を考慮した人間関係を作っていくことである。牡羊座のキーワードのひとつは「わたしは存在する！」である。山頂から叫ぶところを想像してみれば、牡羊座のエネルギーを感じ取ることができるはずだ。不幸にも牡羊座は、山頂から叫ぶのと同じように図書館の中でさえ、叫ぼうとしてしまう。それは牡羊座のエネルギーが粗暴なものであるというよりも、そのエネルギーが世界の中の他者の存在に対して、単に完全に無自覚のままであることを意味している。言い換えるなら、その行為が他者へ及ぼす効果に気づき、そして理解する能力が身についていないため、自分自身を他と切り離し、個を表現しようとすることへとエネルギーをあまりにも集中化させてしまうことを意味している。ときとして牡羊座は、攻撃的にも、闘争的にもなるが、それは敵意からではなく、単にゴールへの最短の道を見つめ、そこへ向かおうとする——そのときその道にいる他の人を考慮することがない——ためである。

　占星術において、最も衝動的なエネルギーを持つ牡羊座が学ばなければならないことは、その場の満足を先送りし、衝動をコントロールすることである。牡羊座は物事をじっくり考えることなく即座に行動に出てしまう傾向を持っている。火と始動の両方の性質を持つため、牡羊座はそのエネルギーをあっという間に使い果たしてしまいがちである。

　牡羊座の中にある惑星は、自己を発見し表現しようと動機づけられる。牡羊座はアイデンティティや自分が何者であるかを問うことと最も強く関連しているのである。牡羊座の中の惑星は、より衝動的で、行動的になり、ひたむきに自らを表現するようになるだろう、また、自分自身を誠実に、そして直接的に表現するようになるけれども（ノクターナルな惑星でさえ）、全体を見ることをおろそかにする傾向が強まるだろう。一方で、牡羊座の中の惑星は、非常に自己中心的になる恐れもある。また、本来、特定の惑星自身が持っている持久力を失わせてしまう傾向もある。

　感情的な惑星である月と金星は、牡羊座の中で最もやっかいなものと

なる。なぜなら、火のサインとしての牡羊座は、即座の感情的な行動へとけしかける（わたしたちは自分の感情に耳を傾けるとき、常に最も賢明になれるわけではない）、そしてその情動を満たすことができるのは極度の喜びや激しい怒りだけとなってしまう。

牡牛座
Taurus

牡牛の頭、
もしくは宇宙の子宮

ルーラーの惑星：金星
エグザルテーションする惑星：月
元　　素　：土
様　　相　：固定
極　　性　：女性性
カテゴリー　：パーソナル
キーコンセプト：
安定性、構造、物事の価値と有用性を創造し形作る
支配部位　：首、喉、声
象　　形　：牡牛（雌牛）

　牡牛座は獣帯の2番目のサインであり、人間の成長の2番目の段階を表している。牡牛座は、牡羊座が創り出した新たなアイデンティティに対して形と構造を与える。そして牡羊座が着手したことを継続し維持するために、牡羊座の力の及ばない領域を引き受ける。牡羊座の男性的で陽のエネルギーを受け止めるための容器を牡牛座は提供する。牡羊座と牡牛座の結びつきは、肉体の活力を象徴する。牡牛座を駆り立てるのは、物事を物質的な領域へと基づかせ、永続する美や価値を目に見える表現へと形作ることにある。

CHAPTER 3 サイン

　牡牛座は「固定」で土のサインである。固定のサインとして、牡牛座は持続と維持、そして自分自身の価値を問うこととも関連している。牡牛座は土の元素かつ固定の様相であるため、牡羊座同様、それらふたつの通底する要素が強め合い、倍加した性質となる。それゆえ牡牛座は、人生における物質的で実質的な面を持続し維持すること、さらに自己の評価に関しても物質的で実質的な面での価値に対して気を遣う。
　牡牛座は間違いなく最も動きの遅いサインであり、最も惰性的な動きが強いサインである。そのため、一度動き出した牡牛座を、再び停止させるのは非常に困難である。占星術が発達した北半球において牡牛座が関連するのは、地上のものが安定した成長を穏やかに続けていく時期となる春の真ん中ごろである。ゆっくりと安定して進んでいく成長というのは、まさに牡牛座がとても好むところのものである。
　土のサインとして牡牛座は極度に感覚を大切にする――このことは牡牛座をルールし、喜びと関連する惑星である金星によっても、さらに強められている。牡牛座はすべてのサインの中で、最も物質へとしっかりとつながっている。したがって、実際に触れることや物質的な物事の経験を通して直接的に情報を集める。牡牛座は着実で忠実で決意が固い。牡牛座のエネルギーは落ち着かせ穏やかにする作用を持っている。また、芸術よりも工芸により関連する傾向があるとはいえ、牡牛座のエネルギーは非常に創造的でもある。
　牡牛座が学ぶべき最も重要な課題は、物質に対する生来の執着を手放すことである。牡牛座のエネルギーは、人生の物質的な面と非常にたやすく共鳴してしまう。わたしたちは肉体がすべてではない。肉体は、わずかの間、魂(ソウル)と霊(スピリット)を運ぶ単なる容器でしかない。肉体は一時的なものでしかないが、霊は永遠である。牡牛座が肉体にあまりにも重きを置くようになるとき、真実の自己ではなく、物質的次元における自己と同一化し始めてしまう。そのため牡牛座の自尊心と自己評価は、その見かけの事柄に依存することになる。また、自己の評価を積み上げ、それを守るために、物の蓄積にとり憑かれるようにもなる。物質的な次元において、真に本質的ないし永続するものは何もないがゆえ、そこで追い求

109

ることは完全に無意味なものとなるだろう。その真の価値、その真のアイデンティティというものは、物理的に触れられるものとは何ら関係がないことを、牡牛座は学ばなければならない。

　固定で土のサインとして、牡牛座はすべてのサインの中で最も頑固である。固定のサインの中で、変化という考えを好むものはいないが、中でも特に牡牛座はそれを非常に恐れる場合がある。これは物質的次元へとあまりに固執するために起こってくる悪影響である――その結果、生存の可能性が根本的に脅かされる場合でさえ、変化を起こそうとするどんな試みに対しても、物質的な安全と自尊心についての攻撃として捉えてしまう。牡牛座は柔軟性を身につけ、変化を人生の自然な一部として受け入れていく方法を学ばなければならない。

　牡牛座に入った惑星は、非常に穏やかとなり、より慎重となる。惑星は他のどこにいるときよりも、物質的なものに引きつけられ、より具体的な表現方法をしばしば求めるようになる。こうしたことは、金星や月のような惑星のエネルギーに対してはバランスを取ることとなり、協調的に作用することにもなる。だが一方で、水星や天王星のような急展開を本質とする惑星にとって、牡牛座の中にいるということはその力をまったく発揮させづらくさせることになる。

双子座
Gemini

上向きと下向きの三日月は、二元性の認識を通して結びつけられる高次と低次の精神を表す。ふたつの柱はふたつの精神の間の伝達ラインを意味する。双子座を通過することは、中央の道を辿っていくことである。

ルーラーの惑星：水星
エグザルテーションする惑星：なし（ノース・ノード）（訳注[20]）
元　素　：空気
様　相　：変化
極　性　：男性原理
カテゴリー：パーソナル
キーコンセプト：二元性、コミュニケーション、低次の精神と高次の精神を結びつける
支配部位：
腕、肩、手、肺、神経システム
象　形　：
聖なる双子、カストールとポルックス

　双子座は獣帯の3番目のサインであり、人間の成長の3番目の段階を表す。牡牛座に続く双子座は、わたしたちの肉体が世界の他の部分から分離されていることに気づき始める最初の場所である。事物はわたしたちの一部ではなく、自己の感覚から切り離されて存在している。双子座は、そういった外部の世界とわたしたちとの関係を探求し理解しようとする。

　双子座は変化と空気のサインである。変化のサインとして双子座は、完成、回復（ヒーリング）、完了することと関連している。空気のサインとして双子座は精神的次元を活性化し、それによって抽象的な思考、概念、シンボルを扱うことを得意とする。また、双子座は精神的能力を回復させ、完全なものとすることと関連し、世界を観念として包括的に理解していこうとする。双子座は間違いなく最も柔軟なサインである。双子座は動きが

---

‡訳注20‡「ノース・ノード」については第10章で説明される。

素早く、最も変化しやすく、二元性の根本的な本質を表現する。そのため、どんな場合であれ、物事の両極を検討することによって世界を理解し、さらにスペクトルの両端に関連性を作り出していこうとする。

　空気のサインとして双子座は、あらゆることを探索し、その領域の地図を描くことを試みながら、表面上を素早く横断していく。双子座のエネルギーは他のすべてのサインと比べて最も好奇心が強く、探究心が旺盛である。新しい経験の中で喜びを感じ、また少なくとも一度ぐらいは、すべての物事に挑戦してみたいという強い欲望を持っている。水星によってルールされた双子座は、理解すること、探究すること、意見を交換することを求めている。そして双子座は、高次の精神と低次の精神を最終的に結びつけようとする（だが、それを行うためには、双子座は反対のサインである射手座と協調していかなければならない）。双子座は非常に柔軟で多才である。ほとんどすべてのものに対して純粋な好奇心を持つことは、双子座の非常に大きな魅力となる。また、双子座がほとんどいつも居心地の良さを感じることができるのは、社交性を発揮できる状況の中にいるときである。新しい人々との出会い、見知らぬ人と会話を始めることは、双子座が情熱を持って取り組む人生の問題に対して、多くのヒントを発見するためのまさに常用手段である。

　しかしながら、双子座にも学ばなければならないことがある。それはひとつのことへと集中することである。空気のサインの中で、特に深い情動に居心地の良さを感じるものはいないが、中でも双子座は最もそれに落ち着かなさを感じる傾向がある。双子座は障害を避けるために、柔軟さと順応性を発揮する。だが、もしそれが不可能であるときに、動きを減速させられること、その場に定着させられること、より深いレベルにおいて問題を探求しなければならないといったようなさまざまな状況に置かれた場合、いかなる対立をも回避すべく自分の立場を変化させるだろう。確かに双子座の好奇心と興味は、とりわけすばらしい魅力ともなりえる。しかし、双子座の飽くことを知らない好奇心は、しばしばわずかな短い期間しか続かない。結局のところ、双子座は大きな全体像を見ることができるように、ゆとりを持ち、後ろへ下がることを学ばなけ

ればならない。というのも、双子座はもっぱら細部へと目を向ける傾向があるため、言うならば「木のために森を見ず」となってしまうことがあるからだ。

　双子座に入っている惑星は、動きがより素早くなり、しばしばより快活になる。また、双子座は抽象化を強めるため、その中に入っている惑星は、精神的な領域でよりその力を発揮するようになる。安定性と集中力をその本質の一部として持つ惑星にとっては、自分自身を表現する際に、より柔軟でオープンになることができるが、本来の集中力を失わせてしまうことにもなってしまう。直接的に行動へ向かう太陽や火星のような惑星は、常に双子座の中では少なくとも選択すべき異なるふたつの行為の道筋を与えられるため、その力を発揮しづらくなる。感情や感性を表現する惑星も、双子座の中では、それらが必要とするだけの情動を喚起することができないため、その力を発揮しづらくなる。

蟹　座
Cancer

子どもを抱擁する母の腕、
もしくは蟹の爪

ルーラーの惑星：月
エグザルテーションする惑星：木星
元　素　：水
様　相　：始動
極　性　：女性性
カテゴリー：パーソナル
キーコンセプト：
養育、所属、他者との感情的なつながりを形作る；根源とひとつになる
支配部位　：胃、胸
象　形　：
蟹（カメ、スカラベ、ネコ、ザリガニなども）

蟹座は黄道の4番目のサインであり、人間の成長の4番目の段階を表している。蟹座はあらゆる種類の情緒と感情に出会う最初のサインである。また、すべての創造物とわたしたちの魂の結びつきを、再び見出し始める最初のサインである。双子座において、わたしたちは自分を取り巻く環境を探索し、自分を取り巻く対象から自分が分離していることを発見し、そして物質的世界といかに関係し、いかに歩んでいくべきかを学び始めた。空気から水への移行は常に不快をともなうが、おそらく中でも最も不快なのは、変化の空気である双子座から始動の水である蟹座への移行である。蟹座の中で、わたしたちが自分の情緒を最初に発見するのは、分離と孤独の深く圧倒的な感覚である。双子座を通して、わたしたちは環境から自分の分離を明確にする。そして蟹座の中で、わたしたちはこの分離の痛みを経験するのである。蟹座の中で、わたしたちがこの痛みを経験するのは、魂がすべての創造物と深く感情的につながっていたかつての状態を、わたしたちが思い出し始めるからでもある。その結果、わたしたちは、そのときの安心感や受容されている感覚を、再び経験しようと強く求めるようにもなるのである。

蟹座は始動で水のサインである。始動のサインとして蟹座は、最初の創造的なプロセスに従事し、行動を起こし、着手することへと動かされる。始動のサインとして蟹座は、基本的に自分らしさ(アイデンティティ)を求めることと関連してもいる。水のサインとして蟹座は、情動的な次元、心的な次元(サイキック)、魂の次元において、また無意識、女性性、感情の領域の中に作用する。要するに蟹座は、情動や魂における独自性を創っていくことと関連しているのである。

月によってルールされる蟹座は、本質的に養育と保護のサインであり、家族をかばい守ることへと強い熱意を示す。実際、蟹座は感情のつながりを強めるため、そして創造物すべての根源との真のつながりを保持するために養育し保護する。蟹座は創造物すべてとの根源的なつながりを記憶に留めているため、わたしたちが他者を養うときに自分自身をも養っていること、そしてわたしたちが養われているときにわたしたちも他者を養っていることを、その最も高次のレベルにおいて理解してい

る。わたしたちの間の境界は実際には存在しないため、わたしたちは愛を与えるとき、同時にそれをわたしたち自身も受け取っているのである。しかしながら、蟹座の性質はいつも高次のレベルで表現されるわけではなく、わたしたちがお互いにつながっているという真実を、あまりにもしばしば忘れてしまう。そうなった場合、蟹座は個人的な感情と安全の必要性を満たすことへと脅迫的になってしまうこともある。

　蟹座が恐れを感じるとき、あるいは求めるものが得られないことを恐れるとき、蟹座は要求をつきつけ、執着し、所有欲に取り憑かれ、手の施しようがなくなる。そのとき母性的振る舞いや養育的行為自体が、途端に息苦しいものとなってしまう。また、物質的対象の中に感情的満足を探すようにもなり、そして切望してやまない愛や愛情の代用品へと執着するようになる傾向もある。蟹座は胃を支配するため、食べ物への執着はよくある選択のひとつである。蟹座が傷つき、孤独を感じたとき、慰めとなる食べ物、暖かい毛布、慣れ親しんだ環境は、しばしば最も重要な防御となる。蟹座は外の世界の痛みから自分自身を守るために繭を──より正確な言い方をするなら硬い外殻を──作ろうとする。最終的に蟹座は、いかにしてさらなる自立と自足ができるようになるかを学ばなければならない。蟹座は他の人との確かなつながりやサポートが、人生の重要な部分を形作るということを学ばなければならない一方で、個として自力で外の世界へと出向くことができるのに十分な強さと勇気を持たなければならないのである。

　蟹座の中の惑星は、感情の浴槽の中に置かれる。それらの惑星は感情に対して、また無意識や潜在意識の顕れに対して非常に影響を受けやすくなる。蟹座の中の惑星は完全に主観的になり、すべてではないにせよその惑星本来のものの見方のほとんどを失ってしまう。金星、月、木星のような基本的に感情的で養育的な本質を持っている惑星は、いずれも蟹座の中で好ましく作用する（蟹座の中の月は、少々あまりにも感情的になり過ぎてしまうけれども）。水星や土星のように客観的であろうとする惑星は、蟹座のエネルギーを扱うことに困難を感じるだろう。

獅子座
Leo

ライオンのたてがみ
心臓と循環系

ルーラーの惑星：太陽
エグザルテーションする惑星：なし
元　　素　：火
様　　相　：固定
極　　性　：男性性
カテゴリー　：インターパーソナル
キーコンセプト：
他人から認められ称賛を得ること　個性や特別であることを評価され賞賛されること
支配部位　：心臓　胸　上背　脳
象　　形　：ライオン

　獅子座は獣帯の5番目のサインであり、人間の成長の5番目の段階を表している。感情の本質、家族のつながり、さらにはわたしたちが集合的な意識の一部であることを理解する蟹座のサインの次に獅子座はやってくる。また蟹座において、わたしたちは自分の必要性を満たすために、この集合的な意識に大きく依存していることも自覚する。獅子座は養育されないことへの蟹座の恐れから、自分が特別な存在であることによって集団の賞賛を勝ち取ることを求めるようになる。獅子座は最初の「インターパーソナル」なサインであり、対人関係において個としての自分らしさの十全な感覚を獲得し、対集団との人間関係を模索し始める最初のサインである。
　獅子座は固定で火のサインである。固定のサインとして獅子座は、すでに形作られているものや始まっていることを維持し保つことと関連する。また、固定のサインとして獅子座は、基本的に自己の価値について

の問題とも関連している。火のサインとして、獅子座は自分らしさ〔アイデンティティ〕を求めることと関連している。また、火のサインはそのエネルギーを激しくダイナミックに表現し、今この瞬間の中で生きる傾向がある。要するに、獅子座は個としての自分らしさの感覚を維持し保つこと、そしてさらにエネルギーを自由に表現することができるようになることと関係している。

　太陽にルールされた獅子座のエネルギーは、輝くこと、自分自身を表現すること、そして何にもまして注目の的になることを求める。獅子座が心から発するその最も高次の表現は、素晴らしい暖かさと寛大さをもたらす。獅子座は非常に創造的であり、あらゆる形の自己表現へと駆り立てられる——実際に獅子座は、特別であること、気前の良さ、創造性、寛大さ、注目と称賛に値することを他者へと明示するためのありとあらゆる活動へと駆り立てられる。火のサインとして獅子座は、非常に誠実で率直である。獅子座が着手することのすべてが、真実の自己の表現である。そして獅子座はその真実の自己が理解され、認められることを必死で求める。獅子座は自分自身を開示し、惜しみなく与えるが、その愛と寛大さは完全に無条件なものではない。獅子座は与えるが、その与えたものが理解され、認められることを求める——また何よりも他者の承認と注目を求めることが、しばしば獅子座の気前の良さを引き出す真の動機となることもある。

　獅子座は他者によって受け入れられることの重要性に気づいているけれども、集団の力についてバランスの取れた見方を持っていない。獅子座は集団のことをひとつの集まりとしてしか見ていない。そのため集団というものが、ひとつの集まりでありながら同時にそれぞれが特別であり、彼らひとり一人がスポットライトを浴びる資格を持っている個人から構成されているということを、獅子座はいまだ理解していない。それを理解することは、獅子座にとって非常に困難な課題である。この課題を学んでいる間も、獅子座は自分が常に注目の的でありたいがために、自分を強く打ち出してしまいがちである。獅子座の子どものような純真さと率直さは、すぐに単なる子どもっぽい振る舞いとなる。そもそも獅

子座は癇癪持ちなのだろうか？　そうではなく獅子座は癇癪を演じるのである。いかに自分が特別であるかをすべての人にしっかりと理解してもらいたいという欲望を持ちながら、非常に大げさなやり方で行動する火の傾向を兼ね備えた獅子座は、そもそもが「ドラマの女王」なのである。獅子座が学ばなければならないのは、本当の自己の価値の感覚とは内なるものからやってくるということだ。そして、他者から理解され認められることに依存することなく、いかにして自らの自分らしさ(アイデンティティ)を維持していくかを学ばなければならない。認められることへの過剰な要求がある限り、獅子座は簡単に操作されやすいターゲットとなってしまうだろう。

　獅子座の中の惑星は、よりオープンで寛大、そして表現に富んだ創造的なものとなるが、同時にそれらは極度に自己中心的にもなる。太陽と木星は獅子座の中で最も居心地が良い。自分自身を与えることを好む太陽と木星の両方は、獅子座の発展的なエネルギーと非常に強く共鳴する。全体を見ることと客観性を与えようとする冥王星にとって、獅子座のエネルギーを相手にすることは、より困難なものとなるだろう。特に火星と土星が獅子座のエネルギーと結びついたときは、自分自身にだけ関心を向ける傾向が強まる。月と金星のような情緒的な惑星は、獅子座の中で自分自身を表現することができるが、単に注目を集める手段として感情的な表現（または激情）を使ってしまわないよう注意しなければならない。

乙女座
Virgo

小麦のまとめられた束

ルーラーの惑星：水星
エグザルテーションする惑星：水星
元　　素　：土
様　　相　：変化
極　　性　：女性性
カテゴリー：インターパーソナル
キーコンセプト：
物質的な次元での完成。他者への奉仕をすること
支配部位　：腸の下部
象　　形　：
処女――彼女は主人を持たない

　乙女座は黄道の6番目のサインであり、人間の進化の6番目の段階を表している。乙女座において、わたしたちは奉仕することによって共同体からの評価を求める。乙女座は自分自身の個人的な欲求に先んじて他者の欲求を優先することができる最初のサインである。乙女座は次の天秤座のように個人というものに目を向けることはないけれども（天秤座は「集団」が自分自身のような個人の集まりから構成されていることを理解する最初のサインである）、この観念の種子が植えつけられる場所なのである。
　乙女座は変化で土のサインである。変化のサインとして乙女座は、回復(ヒーリング)、順応、変化のプロセスに関係し、物事を完了させ、完成することに根本的な関心を持つ。土のサインとして乙女座は、物質的、実質的、実際的な領域に作用し、物質的次元を完成し完全にすることに関心を持つ。占星術が誕生した北半球において、乙女座は収穫のときと関連す

る。また、乙女座は女神ウェスタの処女たちとも関係させられている。ウェスタの処女たち（炎の守り手である女神ウェスタの務めへと身を捧げた）は、毎年の収穫を通して良いものを選別すること、そして次の年の収穫のときに植えつけられるまで保存し、取っておくべき最も良い穀物の種子を選ぶことに関わっている。

　水星は乙女座をルールし、かつその中でエグザルテーションとなる（訳注[21]）。そのことによって乙女座は、土のサインの傾向を持ちながらも、非常に精神的で知性的でもある。水星は思考、推論、論理の応用、関係性を作り出すこと、識別する能力を表す。また、思考と行動の両方における機敏さとスピードも、水星が象徴するものである。乙女座はどんな与えられた状況に対してでも、素早く対応する能力を持ち、複雑な分析と判断を遂行する。乙女座にとっては細部こそがすべてである。乙女座のエネルギーは非常に能率的で緻密であり、休むことなく、終わることのない向上をまさに目指している。乙女座は過度に小さな物事へと集中する傾向を持っている。そして水星と同様、全体像を見ることが苦手である。より大きなひと筆がその目的のためにふさわしい場合があるにも関わらず、しばしば乙女座は非常に細かな絵筆を使って描いてしまう。

　乙女座のエネルギーを典型的に体現しているのは、ニール・サイモンの戯曲『奇妙なカップル』の中の登場人物フェリックス・アンガーである。彼は客のベッドルームで、ソファー・クッションの下に掃除機をかけてもいいかどうかを悩み、夜まったく眠ることができなくなるほど、細かく偏執的なまでのきれい好きである。ただし、これは乙女座のエネルギーがコントロールを失ったときに起こる事柄のひとつの例ではあるけれども、乙女座を必ずしも常に象徴するものではない。むしろ乙女座が強調されているチャートを持つ多くの人たちが教えてくれることのひとつは、その人たちが必ずしも非常に優れたハウスキーパーであるとは限らないということだ。現実に環境が散らかっていることに敏感に気づ

---

‡訳注21‡「エグザルテーション」については次章で説明される。

くのが乙女座だとしても、そのことによって実際に整理をしようとする気持ちに駆り立てられるとは限らないのである！

　批評は乙女座のエネルギーのひとつの自然な表現でもある。そして批評が共感とともにあり、また建設的なものであるとき（特に重要なのは、そもそも批評が必要とされているときであるということ）、それは非常に有益なものとなる。乙女座は大きなミスをしない。だが、乙女座は自分にも他人にも過度に批判的になりやすく、それが必要とされていないときでさえ助言を行おうとする。何にでも批判的になってしまうという罠に落ちてしまうとき、乙女座はどんなこともまったく楽しめず、どんなことにもまったく価値を見つけることができなくなってしまう。乙女座にとっての最も困難でありながら大事な課題は、重要なのはプロセスであり、完成することが目的ではないということを学ぶことである。わたしたちはいつでも向上することができる。だが、そこに至る途上において、その都度、達成したものを正しく評価することに時間を割くことも大切なのである。

　乙女座の中の惑星が、非常に緻密で効率的になることは当然のことである。乙女座の中の惑星は、左脳に重点が置かれれば置かれるほど、物質的次元へとさらに集中するようになる。乙女座は土のサインであるとはいえ、精神的領域へも作用を及ぼす。月や金星のような感情的惑星は、安定性やつり合いの取れた物事の見方を獲得していく一方、感情を表現するための自由をいくぶん失う。乙女座の中で最も困難となるのは、霊的で形而上的な傾向を持つ惑星である。特に木星は乙女座の中で大きな困難を抱える。信仰を持つための能力を象徴するその惑星が、証明することの必要性を求めるサインの中になじむことは非常に難しい。

天秤座
Libra

バランスの秤、
没していく太陽

ルーラーの惑星：金星
エグザルテーションする惑星：土星
元　素　：空気
様　相　：始動
極　性　：男性性
カテゴリー　：インターパーソナル
キーコンセプト：
一対一の人間関係、世界へ美や調和を表現すること
支配部位　：腰、腎臓
象　形　：秤

　天秤座は獣帯の7番目のサインであり、人間の成長の7番目の段階を表している。天秤座は自分自身と同じように、他者のことを感情、欲望、望み、欲求を持った個人として認識する最初のサインである。獅子座と乙女座を通じて、わたしたちは自分の感覚とは異なる集団のグループが存在することを認識しているけれども、天秤座に至るまで、このグループが個々人からなるものと認識し始めることはない。また、天秤座はバランスと調和を通して、根源と再びつながることを求める。

　天秤座は始動で空気のサインである。始動のサインとして天秤座は、創造的なプロセスを始めることと関連し、また新しく始めることや行動を起こすことに関心を持つ。空気のサインとして、天秤座は精神的領域や社会的領域へと作用を及ぼす。それゆえ天秤座は、わたしたちの精神的な面や社会的な面において自分らしさ(アイデンティティ)を表現することと関係している。他のすべての空気のサインと同様、天秤座は二重性を持つサインで

あり、根本的に対立する概念を理解していく。一般的に空気のサインにはひとつの状況の両面を認識するための能力が備わっているが、特に天秤座はその面でのすぐれた客観性を持っている。

金星によってルールされた天秤座は、美と人間関係のいずれもが行動の強い動機となる。天秤座は一対一の人間関係を通して、そしてさらに重要なのはその人間関係の中でバランスと調和を見つけながら、自分らしさを問うことに答えを見つけていこうとする。何かと関係することを求める天秤座は、他者との関係性のみに限定されるわけではない。アート、音楽、数学、科学、または創造者や宇宙の根源と自分との間の直接的なつながりにも天秤座は関係する。

制限、構築、責任の惑星である土星は、天秤座の中でエグザルテーションとなる（訳注 22）。このことはバランスと調和を求めることと強く関連する正義の根本的な感覚を、天秤座が持っていることを示している。世界には自分とは異なる他者が個として存在することを認識するとともに、天秤座は大きく個人的な責任をも引き受ける。天秤座は他者（あるいは集団）の行動が、いかに自分たちに影響を与えるかに常に気づいているだけでなく、自分たちの個人的な行動が、いかに他者へと影響を与えるかについても理解しているのである。

天秤座は獣帯の中の正真正銘の外交家である。バランスと調和の法則に対する洗練された理解、あるいはすべてのものの中にある驚くべき調和とバランスの美に対する真の理解が可能なサインは、天秤座の他にはない。天秤座は他者とともに、この宇宙の中へ、よりすばらしい美と調和の感覚を創り出すことを求める。しかしながら、関係性を作ることへの天秤座の欲望は、他者への依存へと導くことにもなる。また、バランスと調和のための天秤座の要求は、ときどき他者を操作する、あるいは他者に操作されることにもなる。空気のサインであるため、その種の天秤座の行動は最も論理的で理にかなったアプローチとなるだろう。一連の思考への障害となりがちな感情に対して、とりわけ天秤座は距離を開

‡訳注 22‡「エグザルテーション」については次章で説明される。

けようとする。天秤座が他の何よりも学ばなければならないことは、人間関係の中での真のバランスと調和を見つけるための唯一のやり方が、最大限の範囲まで自分自身の個性を維持し表現しながらも、パートナーにも同じことを許すことにあるということだ。天秤座のエネルギーは、しばしばそれ自体では不完全であると感じられるため、完全になるための人間関係を求める。だが、天秤座が学ばなければならないのは、完全であるために他者へと頼ることを求めるべきではないということである。

　天秤座の中の惑星は、よりバランスの取れた表現をするようになる。そして平和と調和を維持すべく歩み寄ろうとする傾向を示すようになる。天秤座の中の惑星は、どんな問題に対してもその両方の面を見ることができる。このことは、直接的で集中した行動を取ることが必要な火星や太陽のような惑星にとっては障害と感じられるだろう。天秤座の中の金星は、その情動的な面を抑えて、より客観的な面を示すようになる。天秤座の中の月は、深い情動を表現することが困難になる。そして安全と保障の感覚のために、人間関係を当てにするようになってしまう可能性もある。

蠍 座
Scorpio

蠍

ルーラーの惑星：
火星（現代の占星術では冥王星）
エグザルテーションする惑星：なし
元　素　：水
様　相　：固定
ポラリティ　：女性性
カテゴリー　：インターパーソナル
キーコンセプト：
深い体験、変容をともなう情動的なつながり、死と再生
支配部位　：生殖器、腸
象　形　：蠍

　蠍座は獣帯の8番目のサインであり、人間の成長の8番目の段階を表している。天秤座において、わたしたちは世界の中に自分と同様の他者がいることを認識する。そして、わたしたちは一対一を基本として、どのように他者とのバランスを取り、関係していくかを模索し始める。わたしたちは蠍座において、この関係性をより深いレベルへと運び始めることになる。仮に他者が自分とまさに同様であるならば、他者もまた同じ感情、感覚、要求を持ち、またすべての創造物の根源から分離されている存在の孤独と痛みを経験しているに違いない。そうわたしたちは気がつくのである。深い情動的なレベルにおける人々のつながりによって、蠍座はもう一度、ひとつであることの体験を求める。蠍座において、わたしたちは個人の感覚をすべて失うまでに、別の人との同化を求める。それは少しの間、死に、そして再生することを意味する。肉体的な次元において、この死と再生、結合と変容の経験をする方法は、も

ちろんセックスを通してである。そのため蠍座は、まさに獣帯上の「セックス・シンボル」でもある。ただし、蠍座が単にセックスと関連しているのではなく、死と再生と変容に関連していることを覚えておくことも重要である。

　蠍座は固定で水のサインである。固定のサインとして蠍座は、維持と継続、そして自己の価値とも関連している。水のサインとして蠍座は、情動と感情の領域を通して作用する。それゆえ蠍座は、わたしたちの情動と霊的な自己の価値と関係している。「固定の水」は本質的に氷であるため、ときどき蠍座は、冷たく引っ込み思案に見えるかもしれない。しかしながら、蠍座は氷というよりも氷山に関係している。氷山には目に見える以上に、その表面の下により多くのものが存在する。蠍座はその感覚を言い表すのが常に容易ではない深い無意識のレベルにおいて作用する。蠍座は獣帯の他のサインよりも、強烈に深い感情を経験するのである。

　伝統的に蠍座は火星によってルールされている。だが、ほとんどの現代の占星術家は、双方の類似性のため蠍座を冥王星と関連させている。このルーラーシップについては、次章において伝統的な観点と現代の観点の両方から、さらに詳しく見ていく。確かに蠍座と冥王星は、変容及び死と再生へ引きつけられるという共通点を持っているけれども、冥王星は蠍座の本質の根本的な部分である情動的な要素を持っていない。しかしながら、火星は強烈な情動とよくなじむ惑星であり、蠍座のルーラーとして、まぎれもなくふさわしい。蠍座は女性性、受容力、そして火星の無意識のエネルギーを発揮する。蠍座のエネルギーは非常にしばしば内側へと向けられ、常に無意識の至るところを探索し、わたしたちの恐れ、痛み、隠された欲望を顕わにする。要するに蠍座のエネルギーは、わたしたちの内なる恐れ(デーモン)と対決し、それらを認めることと関連しているのである。火星は幻影のヴェールに穴を開けることを可能にさせる惑星であり、蠍座は物事の表面を見ることにまったく関心を持たない。蠍座は物事の核心へと至ること、その魂を顕わにすることを求めるのである。そればかりか蠍座は、魂を顕わにする経験を他者と共有すること

をさらに求める。最終的に蠍座のエネルギーの目的は、魂のレベルにおいて他者と結びつくことにより、自分自身また自分自身の霊的な傷を治癒(ヒーリング)することにある。

　確かにセックスは死と再生の経験と接触することができるひとつの方法である。また、それは他者と非常に極度の力強い情動的つながりを経験する方法でもある。しかし蠍座は、それ自身のセクシャリティを表現できる唯一のサインでは決してないし、セックスが蠍座のエネルギーの最も基本的な現れであるというわけでもない。

　火星にルールされている蠍座のエネルギーは、自我(エゴ)の罠や落とし穴に非常に陥りやすい。蠍座が自我と関与するとき、蠍座は危険となる。脅かされたとき、困難が持ち上がったとき、さもなければ立ち向かっていかなければならないとき、蠍座のエネルギーは自分自身を守るために攻撃へと向かうだろう。また、情動の領域と深く同調することによって、蠍座のエネルギーは最も痛みのある場所を見つけ、そしてそのポイントへと大きな力を集中するための並外れた本能的力を持つ。実際の蠍のように、蠍座は脅かされたとき、ひたすら攻撃に出るだろう。まさに蠍座が攻撃したとき、それは致命的なものともなる。蠍座の攻撃は、どこからやってくるかわからないように行われる。というのも、すべての水のサインと同様に蠍座は、治りかけの傷を突くか、または怒りを表面の下の奥深くに埋め温存することで、過去の痛みと感情的問題を手放そうとしない傾向がある。変容と変化に関連するサインとして、蠍座の最も重要な課題のひとつは、（皮肉なことにも）手放し方を学ぶことである。また、蠍座のエネルギーは、リラックスして人生を楽しむための方法を学ばなければならない。ときとして蠍座は変化と変容を起こすことや、新しいものへの道を作るべく古いものを解体することだけに熱中する。それは新しいものが現れるまでの猶予を決して許さないことにもなってしまうだろう。

　蠍座の中の惑星は、深みと強度を増し、変化と変容の触媒となる。情動的な惑星は、より情動的にさえなる。また、より深刻で暗い問題へと集中する傾向も強まる。蠍座はおしゃべりに従事するのではなく、心を

深く探ることを求める。そのため水星や金星のようなコミュニケーション、あるいは社交術を頼みとする惑星は、しばしば蠍座の中で困難な状況となる。

射手座
Sagittarius

ハンターの矢

ルーラーの惑星：木星
エグザルテーションする惑星：
なし（サウス・ノード）（訳注 23）
元　素　：火
様　相　：変化
極　性　：男性性
カテゴリー：トランスパーソナル
キーコンセプト：真実の探求
支配部位　：臀部、ふともも
象　形　：射手

　射手座は獣帯の９番目のサインであり、人間の成長の９番目の段階を表している。射手座は最初の「トランスパーソナル」なサインであり、そこで人間は共同体のより大きな社会的構造や宇宙の究極の状態との関係性を探求し始める。蠍座において、根源的で情動的なレベルにおける他者との融合の際に、少なくとも一瞬の間、自我の死を体験する。自己の感覚を完全に失い、宇宙の中ですべての人やすべてのものを結びつけている魂の記憶と再びつながる。このプロセスの最後で、わたした

‡訳注 23‡「サウス・ノード」については 10 章で解説される。

ちは再生し、そして再び分離と個の幻影の中へ巻き込まれる。

　たった今、わたしたちは生まれ変わり、すべて他者が同じ希望、同じ欲求、同じ夢、同じ情動を持っているという新たな理解を獲得した。こうした段階から射手座は始まる。これは控えめに言っても、目を見張るような経験である！　この射手座の段階に至るまで、他者や人間関係に関するわたしたちの理解は、いまだほんのわずかなものでしかない。蠍座を通して情動のレベルにいったんつながるなら、わたしたちはさらに偉大な何かの一部であることを完全に理解することになる。射手座はこのことをさらに追及し、物事のより大きな枠組みの中に、個としての自分がどのように調和していくかを見つけ出していこうとする。

　射手座は変化で火のサインである。火のサインとして射手座はアイデンティティを求めることと関連する。変化のサインとして射手座は回復と完成に関わる。すなわち、射手座は自分のアイデンティティの完成と関係しているのである。射手座は成長と拡張の惑星である木星によってルールされている。そのため、射手座はいつも新たな経験や新しい情報を探し求める。射手座と関連した神話上の象徴が、半分人間で半分馬のケンタウロスであることを覚えておくことは重要である。宇宙の中での自分の場所を理解していこうとする射手座でのプロセスの一部には、自分の中にある神的性質に自らの動物的性質を融和させていくことが含まれている。射手座のエネルギーは肉体的な喜びや活動へと向かって行くのと同様に、哲学、霊性、宗教を探求することに満足を見出す。そのため、射手座の究極の課題のひとつは、そのふたつをいかに統合するかを学ぶことにある。

　拡張、成長、自由の惑星である木星によって射手座はルールされている。木星のように射手座は、全体像にのみ関心を持つ反面、しばしば細かなことに我慢ができない。また、木星の影響は射手座に世界での経験を求めさせる。射手座は旅や探検、また新たな人々と出会うことを好む。木星のように射手座は、新しいアイデアやコンセプトを吸収することに向いている。射手座は理想主義的であり、その信念に固執する傾向を持っているけれども（変化のサインにとって珍しい特性である）、新

たな情報に適応するためには信念全体を見直し修正することもいとわない。なぜなら、それが究極の真実を理解することへ射手座を近づける助けとなるためである。人生が与えてくれるすべてのものに対する途方もなく大きな熱意と広い愛（そして欲望）を発揮する射手座のエネルギーは、木星の影響から恩恵を受けているのである。

　しかしながら、射手座ははた迷惑な乱暴者にもなりうる。そしてその熱意とエネルギーは、しばしば他者の欲求と感覚に対して鈍感にさせてしまう。また、射手座は世渡りが下手なことでも、よく知られている——それは真実への射手座の絶対的な献身からくるものである。射手座が学ばなければならないことは、自分自身は容易に感情を傷つけられることはないとしても、誰もがそうではないということだ！　射手座は細部を見落とす傾向も持っている。また対立する考えを考慮することなく、信念にあまりにも没頭しがちである。自由のための射手座の欲求は、ときとして関係性を維持するために必要となる譲歩を拒むこともある。射手座が自らの信念に適合しない状況に直面したときは、それに固執し無理やり適応させるよりも、単にそれ自体を手放し立ち去ることのほうが、状況を好ましいものとする場合もあるだろう。

　射手座の中の惑星は、自立と変わりやすさの両面において、さらにそれらが強まっていくことになる。射手座の中の月と金星は、共感を表現することが非常に困難であると感じるだろう。そして月と金星は試行錯誤しながら、情動の本質に近づき、それをどのようにして表現するかを学ばなければならなくなるだろう。木星と太陽は火の元素の持つ活力と自分らしさを問うということと関連があるため、射手座の中では一般的に非常に好ましく作用することになる。

CHAPTER 3 サイン

山羊座
Capricorn

下半身が魚で
上半身が山羊

ルーラーの惑星：土星
エグザルテーションする惑星：火星
元　素　　：土
様　相　　：始動
極　性　　：女性性
カテゴリー：トランスパーソナル
キーコンセプト：
責任、構造、社会の完全性と安全を守ること
支配部位　：骨、膝
象　形　　：下半身が魚で上半身が山羊

　山羊座は獣帯の10番目のサインであり、人間の成長の10番目の段階を表している。射手座でのわたしたちは、宇宙のより大きな領域や社会という小宇宙において、個としての自分の役割を探し始める。射手座が宇宙の真実を理解しようとするのに対して、山羊座はその真実の理解を引き受けた上で、社会全体を守るための助けとなる法則と構造を作っていく基礎として、それを用い始める。また、山羊座は集団に対する個としての責任感を引き受け始める場所でもある。射手座が社会と個人の関係性についての哲学的な考えを追求していくのに対して、山羊座はそれらの理論を基にして、統治のための法則とガイドラインを作り出し、理論を実際の形にしていくのである。
　山羊座は始動で土のサインである。始動のサインとして山羊座は、創造的なプロセスの発端、開始すること、行動を起こすことと関係している。また、始動のサインであることから、基本的に自分らしさを問うこ

ととも関わっている。土のサインとして山羊座は、肉体、物質、現実的な領域に作用する。そのため山羊座は、個としての自分らしさを、目に見える確かで具体的な表現として作り上げていくことと関連する。そして理想的には、人がどのように社会全体の繁栄や安全へと貢献していくかも示す。山羊座は自分が達成したことから自分が何者であるかを定義していくのである。

　制限、構造、責任の惑星である土星によってルールされる山羊座は、非常にまじめなサインである。基本的に山羊座は権威に対して敬意を払う。また、与えられたどんな状況の中でも、そこでの規則と制限を理解し、それらを守り、維持し、貫こうとする。このことは必ずしも山羊座が伝統的で権威的なものに応じていくことを意味するわけではなく、むしろその逆となることもある。しかしながら、山羊座は自分が権威として認めたものであれば、それが何であれ、それに応じ従っていくだろう（また山羊座は、常に何らかの権威と認めるものを持っている）。それらによる制限、ルール、規範、制約があってこそ、山羊座は個としての自分らしさの感覚を定義することが可能となる。土星はそのもの自体が何であるかではなく、むしろそれが何ではないかによって物事を定義していく。山羊座が自分を取り巻く制限や構造へと目を向けるのは、そうすることによって自分が何者であるかの輪郭が描かれることを知っているからである。

　疑いなく山羊座は、最も勤勉なサインのひとつである。これは土星の影響からやってきているものだ。すべてのものは働きの報酬によって獲得しなければならない、と土星は命じる。だが、そこには火星の影響もある。火星は山羊座の中でエグザルテッドされる（訳注[24]）。このことは目標へ集中し、ひたむきな決意を持って、その目標を追い求める山羊座の能力を示す。また、山羊座が尊大になりやすく、それによってときとして非情なまでの野心的な行動へと走ってしまうことも、火星の影響によるものである。

---

‡訳注24‡「エグザルテッド」については次章で説明される。

山羊座にとって最も困難な課題は、なるように任せ、リラックスするための方法を学ぶことである。山羊座は遊ぶための方法を学ばなければならない。その結果として、山羊座は年を重ねるにつれ、しばしばより若返っていくこともある。ただし、山羊座にはそうできない理由もある。それはルールと境界をはっきりと定義することなしに生きていくことができない、という自我の恐れによって脅かされるためだ。山羊座にとっては、実際的で許容できる振る舞いがどのようなものであるかを知り、その条件の中で自分自身を創造し、探求し、完全に表現していく自由が与えられるというのが理想的である。しかしながら、自我の働きがあまりにも強くなるとき、山羊座はルール、法則、境界に固執し、それらと一体化しさえする。それらを変えようとしたり、境界を変更し、拡張しようとしたりする試みはいずれも、たとえそれらのルールが本来の目的としてもはや役に立たないときでさえ、山羊座の実存を脅かすものとしてみなされることになるだろう。力と支配を求める山羊座の傾向は、こうした恐れに由来する。制限を受け入れ、その範囲内で、いかにして完全に自由で優雅に生きていくか。それを山羊座は学んでいかなければならない。

　山羊座の中の惑星は、一点への集中力を増し、また実際的かつ野心的になる。それらは自らの義務や責任への強い気づきをもたらす。そして、ほとんどの場合、自らの最も優れた可能性に気づき、それに従って行動しようとする。また、山羊座の中の惑星は、強い独立心と自信を持つようにもなり、そのため他者との強いつながりを作っていくことに抵抗する傾向も出てくる。明らかに月や金星、またある程度ではあるが、木星のような情動的なつながりを作っていこうとする惑星は、山羊座の中ではあまり居心地が良くない。つながりを作り始めることや維持することがまさに困難となるため、本来はつながりを求めようとするそれらの惑星たちの根本的な欲求が失われてしまうことになるからである。火星と土星はいずれも、山羊座の中で非常に良好な状態となる。特に火星は、山羊座の構造化され制限されたエネルギーによって、非常に好ましい方向へと導かれることになるだろう。

水瓶座
Aquarius

エーテルの波を通して
伝達される電気

ルーラーの惑星：
土星（現代の占星術では天王星）
エグザルテーションする惑星：なし
元　　素　：空気
様　　相　：固定
極　　性　：男性性
カテゴリー　：トランスパーソナル
キーコンセプト：
グループの必要性を保護し守ること。社会の完全性を求めること。グループの中での個人の役割を理解すること。
支配部位　：足首、循環系
象　　形　：水を運ぶ人

　水瓶座は獣帯の11番目のサインであり、人間の成長の11番目の段階を表している。集団全体を支える組織を構築し、法や慣習を生み出すことを探求する場所である山羊座の次に、水瓶座はやって来る。水瓶座はこれらの法や組織を眺め、それらが機能しているかどうか、実際にその集団にとってプラスに働いているかどうかを査定する場所である。もはやその集団に役に立たないあらゆる組織、人々を守ることよりも個人の自由を制限してしまうあらゆる法やルールは、水瓶座によって引き下ろされ、そして個人の自由を高め、集団全体を守る新たなルールで置き換えられるのである。

　水瓶座は固定で空気のサインである。水瓶座はすでに開始されたことの維持と継続に関係する。また、固定のサインとして水瓶座は、自己の価値についての問いと根本的に関連している。空気のサインとして水瓶座は、知的、精神的、社会的領域において作用する。水瓶座は観念的で

抽象的な傾向がある。また水瓶座は、社会的、精神的、知的な形での自己の価値の感覚を確立することと関係している。社会的自己の価値の感覚は、自分自身が選択している集団の中の一員であることに由来する。言い換えるなら、水瓶座は自分の仲間による承認を通して、認められたことを感じるのである。

　現代の占星術家たちは、水瓶座のルーラーを天王星であるとみなしている（訳注25）。このことは、水瓶座が革新的で型にはまらない性質であることによって支持されている。だが、伝統的に水瓶座は、制限、組織、責任のすべてを支配する土星によってルールされるとみなされていた。実際に水瓶座は、特に社会の規則、あるいは少なくともある特定の集団を定義する規則や組織と関連している。水瓶座は決してその本性として革命的であるわけではない。水瓶座は個人の自由のために死ぬまで戦うけれども、その個人の自由自体は規則と社会的組織によって支持され、保護されなければならないものだ。わたしたちは無秩序が自由と同じではないことを忘れてはならない。天王星のエネルギーは無秩序の表現であり、あらゆるすべての体制を混乱させ、そして土星が作り出したものや幻影をバラバラにするために単に存在する。だが、水瓶座は個人の自由と平等を支持しない場合にのみ体制を混乱させようとする。逆に体制が個人の自由と平等を守っている限り、水瓶座はそれを支持し維持するために戦うだろう。

　水瓶座は集団との関係を通して自分自身を定義する。個人の独自性（アイデンティティ）よりも、集団との同一性（アイデンティティ）をより重要なものとするがゆえに、実に水瓶座は私心のないサインとなる。山羊座は集団を支援するために集団内で働くとしても、そのことによってその努力に応じた個人としての評価を求める。水瓶座は個としての独自性（アイデンティティ）を保持するよりも集団と同一化する。そのため真の「チーム・プレイヤー」となり、真の人道主義者ともなる。山羊座においては集団の中で傑出したものになることを求めることになるが、水瓶座ではグループの中での絶対的平等を求め、集団内の仲間か

‡訳注25‡「ルーラー」については次章で解説される。

ら力と支持を引き出していく。

　空気のサインである水瓶座は、実際的な世界の中でよりも、理論的で哲学的な世界の中を生きる傾向がある。しばしば水瓶座はユートピア的な理想のために戦おうとするが、理論を実行可能なものへと移し替えていくことは得意ではない。水瓶座は人間のための大きな思いやり（それは思考(ヘッド)に由来する）を持っているけれども、個人のための思いやり（それは心(ハート)に由来する）に関してはどんな種類のものであれ、なかなか感じることができないこともある。この場合もやはり、水瓶座が精神的観念の中に生きていること、そして実際的なレベルへとそれを移し替えていくことができないことを示している。水瓶座は個人の自由と平等の強い支持者である。だが、この自由と平等は水瓶座が属しているのがどんな集団であれ、そのメンバーのみへと制限されてしまうこともある。また、固定のサインとして水瓶座は、並外れて頑固で、変化に対して抵抗する。水瓶座に必要な課題のひとつは、自分自身が同意していないときでさえ、より柔軟になり、他者の考え方を受け入れていくための方法を学んでいくことにある。

　水瓶座の中の惑星は、非常に卓越した視野と客観性を獲得する。それらは直接的な行動を取ると言うよりも、理論的で精神的な領域で機能する傾向がある。また、水瓶座の中の惑星は、個人のレベルではなく、集団での活動に集中するようになる。たとえば、水星や木星のような精神的な惑星は、いくぶん特殊な考え方を持つようになるとはいえ、水瓶座の中によくなじむ傾向がある。水瓶座の中の火星は、そのエネルギーの多くを理論的なことや企画段階において使い果たし、結果として現実的次元における行動を取ることが難しくなるかもしれない。水瓶座のエネルギーは個人的なものとして受け取ることが難しいため、個のレベルで自分自身を表現することだけに満足するような太陽と火星は、いずれも水瓶座の中で困難さを感じるだろう。月や金星のような情動的な惑星は、深いレベルでの情動を表現し経験するための本来の能力を失う。それらの惑星は大きな思いやりを表す傾向もあるとはいえ、それらの惑星による思いやりの感情が、あまりにも限定され個人的なものになってい

く場合、水瓶座とはなじまないものになる。

魚　座
Pisces

ルーラーの惑星：
木星（現代の占星術では海王星）
エグザルテーションする惑星：金星
元　素　：水
様　相　：変化
極　性　：女性性
カテゴリー　：トランスパーソナル
キーコンセプト：
根源への回帰。回復（ヒーリング）すること、そして否定性を変容すること。お互い同士または宇宙との霊的なつながりを思い出す。
支配部位　：足
象　形　：魚

霊（スピリット）を表す円が切り離されたふたつの半分。だが、高次の自己と低次の自己がつながることで結びつけられている。2匹の魚。大きいもの（海洋哺乳類、全知、知恵がある）と小さいもの（エラのある魚、群れをなして生きる、本能のみに従う）。

　魚座は獣帯の12番目のサインであり、人間の成長の12番目の段階を表している。水瓶座において、わたしたちは集団の意識との同一化による社会との結びつきを求める。魚座において、わたしたちは成長のサイクルを完成する。そして、根源からの分離の幻影から解放され、これまでのサインを経験することを通して学んだことのすべてを統合しながら、自我は溶解し、再び宇宙との融合が始まるのである。水瓶座は集団と同一化する。一方、魚座は集団との完全な融合を求める。魚座は最後の段階であると同時に、新たな始まりをも表す。すなわち、ひとつの周期が終わると同時に次の周期が始まっていくのである。
　魚座は変化で水のサインである。変化のサインとして魚座は、適応すること、変化すること、完成することと関連している。水のサインとし

て魚座は、情動と感情の領域へと作用する。すなわち、魚座は情動と霊的な次元における回復(ヒーリング)と完成に関連している。魚座は他者からの否定的な情動を吸収し、それらを変化させようとする。また、魚座は非常に繊細で思いやりがある。魚座はわたしたちすべてが同じ宇宙の一部であり、すべての間には実際の分離などないことを根本的に理解しているがゆえに、無条件の愛を自由に表現するための能力を持っている。魚座は宇宙の中ですべての人、そしてすべてのものが分かち合っているつながりを本能的に察知することができるがゆえに、心的な感応(サイキック)の能力を持つ傾向もある。

　魚座は木星によってルールされているため、木星の拡張していく傾向を共有し（魚座はいかなる境界も認めようとしないため、境界を見定めることに大きな困難を持つことにもなる）、また木星の霊的な要素も体現している。魚座のエネルギーは信じることと関係している。信じることなしに自我を明け渡し、個の幻想を手放し、宇宙と融合することなど不可能である。わたしたちが実際は永遠の霊的な存在であるという信念を持てずして、魚座は容易に物質的なものを手放すことなどできないだろう。すべてのサインの中で、おそらく魚座が最も大きな思いやりを持っている。魚座は木星の真実を求めようとする思いも共有している。だが、魚座はときとして真実が非常に主観的なものであること、また不可視のものが物質的な領域で計測可能なものよりも、ときとして重要なものであることも理解している。現代の占星術家たちは魚座と海王星を関連させているが、それらに共通しているのは霧のような性質、また高次の霊的バイブレーションへの敏感な感受性である。

　魚座のエネルギーは殉教者の元型を受け入れがちである。しかしながら、魚座がどう思おうとも、それは高次の自己からのものではなく、まぎれもなく自我に由来する。確かに魚座は、否定的なエネルギーや他者の情動を吸収し変化させることによって、有益で優れた奉仕を行う。また、確かにそれは強力なヒーリングの経験をもたらすものだ。しかしながら、霊に奉仕することにおいて苦しみは必要ではないということも魚座は学ばなければならない。魚座は集めた否定的なものをため込むこと

なく、それを完全に手放していくことができる。そしてその過程で、わずかの不快、あるいはまったくの不快を感じないことさえできるはずだ。魚座のエネルギーには、空想、あるいは化学的な方法で、物質的なものから逃避していこうとする傾向もある。これらはいずれも、痛みや否定的な思いを手放すことができず、またどのようにして手放すかもわからないまま持ち続けてしまっているがために、それらを何とか遠ざけたいという欲求からきていることもある。また、ドラッグやアルコールを通して肉体を離れることが霊性を経験する方法であるという自我の信念によって、そう駆り立てられてしまう場合もある。魚座が学ばなければならないのは、その目的が物質から離れていくことではなく、逆に物質の領域へと霊的なエネルギーをもたらすことにあるということだ。そうするためには、地上とのつながりを維持し、肉体の中に留まり続ける方法を魚座は学んでいかなければならない。魚座は大地とつながることで、自分が集めた否定的なものを自然と放出することになり、自我の罠と殉教というゲームを超えていくこともできるだろう。

　魚座の中の惑星は、直接的な行動を取る能力を失ってしまう。魚座のエネルギーは方向感覚を失わせるため、その中の惑星はしばしば特異な振る舞いとなる。魚座の中の惑星は、霊的で情動的な領域への感受性と受容性が非常に高くなり、また境界に目を向けることがなくなり、その存在に無自覚となっていく。特に魚座の中の月は、自分自身から他の人々の感情を分離することが困難になる場合がある。魚座の中の金星は、非常にロマンティックで、芸術感覚に優れ、創造的になる。火星や土星のような直接的な行動や組織的な形を求める惑星は、魚座の中での居心地は良くない。

CHAPTER 4

エッセンシャル・ディグニティ

CHAPTER 4
Essential Dignities
エッセンシャル・ディグニティ

　これからわたしたちが見ていくのは、惑星とサインを結びつけるための占星術上における解釈の最初の原理である。ここで思い出して欲しいのは、惑星が役者で、サインが惑星の演じる役割だという例えである。役者にとって、他の役割以上に自信を持って演じやすいある特定の役割があることは言うまでもない。与えられた役割が役者の「タイプ」にぴったりであればあるほど、役者はその役割をより満足のいく形で演じ、そのパフォーマンスをより効果的で説得力のあるものにすることができるだろう。

　だが、惑星が役者と異なるのは、その役割の中で完全に自分自身を失ってしまうことはないということだ。たとえどんなサインの中にあろうとも、もしくはチャートの中のどこに位置していようとも、常に火星は火星であることに変わりはない。メーキャップし衣装を身につけても、木星が土星と混同されることはない。例として、アクション・ヒーローを演じるシルベスター・スタローンを取り上げてみよう（訳注[26]）。物を爆破し、土壇場で勝利を収めるランボー――彼のイメージに最も合うタイプの役割であり、間違いなく彼がさまざまな演技の中で最も満足を感じている――を演じるとき、彼の演技は最も確信に満ちたものとなるだろう。だが、たとえばスタローンをハムレットに配役すること、あるいはさらに不適切なジュリエットに配役することは大失敗とな

---

‡訳注 26‡シルベスター・スタローン（Sylvester Stallone, 1946 -）。映画『ロッキー』シリーズや『ランボー』シリーズなどで良く知られているアメリカの俳優、脚本家、映画監督。

るだろう（なるほど、わたしはジュリエットを演じる彼を見たくてチケットを買うかもしれない。だが、それはここでの話とは関係ない）。同じ理由で、シャーリー・テンプルがアクション・ヒーローを演じるなどということを期待する者はいないだろう（訳注27）。幸運なことにも、ほとんどの役者は、自分にふさわしく長所が引き出される役割だけを演じる。一方で、惑星は必ずしもそうとは限らない。

　占星術では12の異なる役割——獣帯の12のサインがある。すなわち、それぞれの惑星は、たとえそれがとんでもないミスキャストで、いかに悲惨な状況で演じなければならないとしても、結局のところ、ありとあらゆる役割の中へと入っていかなければならないのである。

　では、惑星にとって与えられたパートを演じることが、満足のいくものになるのは、どのような場合なのだろうか？　わたしたちはそれを、ある特定のサインの中での惑星の全般的な強さ、ないしはエッセンシャル・ディグニティを見ることで判断していくのである。

エッセンシャル・ディグニティへの序論
Introduction to Essential Dignities

　伝統的な占星術において、エッセンシャル・ディグニティは基本的な要素だった——だが、それは現代のほとんどの占星術家によって誤解されているか、もしくは忘れられてしまっている。けれども、「プロジェクト・ハインドサイト」による研究ARHAT（過去の占星術のテキストの復旧のためのアーカイヴ）、またとりわけロブ・ハンドやJ・リー・リーマン博士のような古典派の占星術家たちによる研究のおかげで、今や現代の占星術家たちもディグニティの本質や特質を理解し始めている。そして、それを用いることで、惑星を描写し解釈することが、より容易になり、さらに正確なものとなることに気づき始めたところなのである。

---

‡訳注27‡シャーリー・テンプル(Shirley Temple, 1928 - 2014)。子役のころから活躍するアメリカの女優。

サイン	ルーラーシップ	エグザルテーション	トリプシティ		ターム					フェイス			デトリメント	フォール
			昼	夜										
♈	♂	☉	☉	♃	♃ 6	♀ 14	☿ 21	♂ 26	♄ 30	♂ 10	☉ 20	♀ 30	♀	♄
♉	♀	☽	♀	☽	♀ 8	☿ 15	♃ 22	♄ 26	♂ 30	☿ 10	☽ 20	♄ 30	♂	
♊	☿	☊	♄	☿	☿ 7	♃ 14	♀ 21	♄ 25	♂ 30	♃ 10	♂ 20	☉ 30	♃	☋
♋	☽	♃	♂	♂	♂ 6	♃ 13	☿ 20	♀ 27	♄ 30	♀ 10	☿ 20	☽ 30	♄	♂
♌	☉		☉	♃	♄ 6	☿ 13	♀ 19	♃ 25	♂ 30	♄ 10	♃ 20	♂ 30	♄	
♍	☿	☿	♀	☽	☿ 7	☿ 13	♃ 18	♄ 24	♂ 30	☉ 10	♀ 20	☿ 30	♃	♀
♎	♀	♄	♄	☿	♄ 6	♀ 11	♃ 19	☿ 24	♂ 30	☽ 10	♄ 20	♃ 30	♂	☉
♏	♂		♂	♂	♂ 6	♃ 14	♀ 21	☿ 27	♄ 30	♂ 10	☉ 20	♀ 30	♀	☽
♐	♃	☋	☉	♃	♃ 8	♀ 14	☿ 19	♄ 25	♂ 30	☿ 10	☽ 20	♄ 30	☿	☊
♑	♄	♂	♀	☽	♀ 6	☿ 12	♃ 19	♂ 25	♄ 30	♃ 10	♂ 20	☉ 30	☽	♃
♒	♄		♄	☿	♄ 6	☿ 12	♀ 20	♃ 25	♂ 30	♀ 10	☿ 20	☽ 30	☉	
♓	♃	♀	♂	♂	♀ 8	♃ 14	☿ 20	♂ 26	♄ 30	♄ 10	♃ 20	♂ 30	☿	☿
	+5	+4	+3		+2					+1			−5	−4

ルーラー　エグザルテーション　デトリメント　フォール

図 3　プトレマイオスによるエッセンシャル・ディグニティとエッセンシャル・ディビリティの表
（J・リー・リーマン博士著『エッセンシャル・ディグニティ』から引用）

CHAPTER 4　エッセンシャル・ディグニティ

　図3はエッセンシャル・ディグニティの一覧だが、これはJ・リー・リーマン博士の本『エッセンシャル・ディグニティ』からの引用である。

　プトレマイオスによる一覧には、5つのエッセンシャル・ディグニティ（ルーラーシップもしくはハウス、エグザルテーション、トリプリシティ、ターム、フェイス）、及びふたつのエッセンシャル・ディビリティ（デトリメント、フォール）がある（訳注[28]）。ここで土星までの「インナー・プラネット」だけが、表の中に含まれていることに注目してほしい。エッセンシャル・ディグニティが用いられていた時代は、アウター・プラネットが発見されるおよそ2千年前まで遡る。したがってアウター・プラネットは、エッセンシャル・ディグニティやエッセンシャル・ディビリティとは関係を持たない。ところで、これらの用語には、よく知られているものもいくつかあるだろう。特に「ルーラーシップ」、「エグザルテーション」、「デトリメント」、「フォール」は、現代の占星術の中にも生き残っている。だが、それらが正確に何を意味していて、いかに作用するかを理解している占星術家はわずかである。

　表の中に記されているすべての度数の小数点は、次の度数へと切り上げられる。すなわち、12°01′（12度1分）は13度へと切り上げられる。また、表の中の度数は、惑星が支配している最後の度数を表わしている。たとえば、牡羊座の中の木星は、牡羊座の0°00′から5°59′までの範囲の中にあるが、牡羊座の6°00′からは金星に引き継がれることを意味している。

---

‡訳注28‡「エッセンシャル・ディグニティ(essential dignities)」及び「エッセンシャル・ディビリティ(essential debilities)」という語は、日本語に訳すと、それぞれ「本質的威厳」及び「本質的衰弱」となるだろう。つまり、エッセンシャル・ディグニティとエッセンシャル・ディビリティというのは、ある惑星がある特定のサインの中では本質的に威厳ある状態になるが、同じ惑星が別のサインの中では本質的に衰弱した状態になることを規定したルールを意味する。なお、ここに出てきたエッセンシャル・ディグニティの状態を意味する用語である「ルーラーシップ(rulership)」、「エグザルテーション(exaltation)」、「トリプリシティ(triplicity)」、「ターム(term)」、「フェイス(face)」、またエッセンシャル・ディビリティの状態を意味する用語である「デトリメント(detriment)」、「フォール(fall)」については、この後、それぞれの意味が簡潔に説明される。

ルーラーシップ ────────────────── Rulership

　ルーラーシップ（訳注²⁹）の定義は、古典の占星術と現代の占星術の間で、たったひとつ大きく異なる点がある。このことに関しては、わたしが占星術のカンファレンスにおいて、冷静に熟考することを求めても、それどころではない激しい論争の種となってしまう。古典の占星術における惑星は7つだけであるため、太陽と月がそれぞれひとつのサインをルールし、それ以外の惑星はペアとなるふたつのサインを支配するという形で、サインのルーラーはうまく分けられていた。この分け方は1781年に天王星が登場し、すべてをかき乱すまで、完全に受け入れられていた（訳注³⁰）。それ以後、もはや惑星とサインは、これまで通りのやり方でうまく対応させることができなくなってしまった。そればかりか、さらに続く海王星と冥王星の発見は、事態をさらに混乱させることにもなった。こうした事態に対して、現代の占星術家たちは新たな惑星を含めていくために、サインのルーラーシップの体系を変えていくことを決意した。

　これは当時としては、唯一可能な解決方法だった。というのも、すでに古典の占星術と近代の占星術の間には亀裂が入っていたため、エッセンシャル・ディグニティの本当の意味を理解し用いることのできる占星術家はわずかだったからだ。彼らは惑星が特定のサインの中でどれだけの強さを持つかとは関係なく、惑星が特定のサインとどれだけ親和的であるかという観点に基づいて、ルーラーシップの再配置を行っていったのである。その結果、水瓶座は土星から引き離され、天王星へと割り当てられた。魚座は木星から引き離され、海王星へと割り当てられた。そして牡羊座と蠍座の間での長い論争の後、一般的な合意として、蠍座は

---

‡訳注29‡ルーラーシップというのは、ある特定の惑星が、ある特定のサインを支配する関係にあることを示すルールのことである。この「ルーラーシップ」という用語は日本語に訳すならば、文字通り「支配関係」となる。ただし、ここでは他の同列の用語の中で日本語訳に収まり悪いものがあるため、ルーラーシップという用語も日本語訳にせず、片仮名で表記することにした。また、以下の「ルール (rule)」も「支配する」と訳せるが、同様の理由で「ルール」と片仮名で表記している。

火星ではなく冥王星を支配するものと定まった。そのため現代において「ルーラーシップ」と言っても、実際のところその意味するところは「親和性」のシステムを示しているものでしかなく、本来のエッセンシャル・ディグニティとしての「ルーラーシップ」が持っていた意味とはまったく関係のないものとなってしまっているのである。

　それに対してここで、自分のルールするサインの中にいる惑星についてわたしたちが語るときは、そのサインの中でのその惑星の強さに注目する。このことを言い換えるなら、惑星は自分が与えられている役割を、そこでどれだけうまく演じることができるかということになる。なるほど、自分がルールするサインの中にいる惑星は、たとえるならその人の役者としての最も代表的な役柄──2千万ドルの収入や大物リストへ載ることを可能にする重要な役柄──を演じるようなものだ。それが意味するのは、惑星は自分の求めるものが何であれ行うことができるということであり、誰に対しても、もしくはどんなことにも譲歩する必要がないということだ。惑星は自分自身の運命の支配者となる。このことは惑星にとって、すばらしいことである。だが、それはそのチャートの持ち主にとって常に最良のことであるとは限らない！　というのも、ルーラーシップにある惑星は、まるで大物リストに載るハリウッド・スターのようなもので、それに対して「ノー」と言える人は誰もいなくなる──その思いつきが、どんなにばかげていて、自己中心的で、危険で、潜在的に破壊的なものだったとしても、である。

　秘教的(エソテリック)なレベルから見ると、ルーラーシップのサインの中にある惑星

---

‡訳注30‡ 1781年というのは、天文学者ウィリアム・ハーシェルが天王星を発見した年号である。天王星の発見以前は、太陽系の惑星は7つであると考えられていた。だが、それ以後、1846年に海王星、1930年には冥王星が発見され、太陽系の惑星の数は増加した。それに応じて、20世紀後半の一般的な現代占星術では、従来の太陽、月、水星、金星、火星、木星、土星の7つに天王星、海王星、冥王星という新たな3つの惑星を加えた「10惑星」をホロスコープ内に組み込んでいる。現代でも伝統的な占星術の技法に忠実であろうとする占星術家の中には、天王星、海王星、冥王星の導入を拒否する者もいる。ちなみに、占星術ではなく、天文学では2003年に新たな天体エリスが発見されたことをきっかけに、惑星の定義の見直しが行われ、その結果、2006年の国際天文学連合総会によって、冥王星は惑星から降格し、準惑星(dwarf planet)に分類されることになった。すなわち、現在の天文学においては、冥王星はすでに惑星とみなされてはいない。

は、存在の最も高次の次元において作用する。自分自身のルールするサインの中で、惑星は自らの最も純粋な形におけるその本質、そしてその最も高次の目的を表現することができる。ただし、このレベルでの惑星と協調すること、そして理解することを始めるための機会がわたしたちに訪れるのは、60歳以降のことである。

エグザルテーション ──────────────── Exaltation

エグザルテーション（訳注31）という用語自体は、多かれ少なかれ現代の文献の中に生き残っているものの、それが正確に何を意味するかについての情報は非常に少ない。エグザルテーションのサインにある惑星は、名誉あるゲストのように扱われる。最良の善意を持って他者が彼らのために何ごとかを行ってくれる。ただし、どんなにエグザルテーションの惑星が居心地良く甘やかされるとしても、完全に自分自身の行動を好きなように選択できるわけではない。彼らは、特定の許容範囲内での行為の基準によって拘束され、制限の枠の中に閉じ込められているのである。

エグザルテーションにある惑星は非常に強くなる──だが、自分のルールするサインにある惑星よりも、いろいろな意味で扱いやすい。名誉あるゲストのように、エグザルテーションの中の惑星は、自分自身における最良の振る舞いをしようとする。彼らは優雅であろうと努め、自分のより高度な本質を表現しようとする。秘教的（エソテリック）なレベルから見ると、エグザルテーションの中の惑星は、わたしたちが高次の自己やガイドとつながる場所、すなわち、わたしたちが霊（スピリット）もしくは魂（ソウル）のレベルと呼ぶ（ギリシャ語ではヌースと呼ばれる）領域において作用する。このレベルにおいて、エグザルテーションの惑星を経験しアクセスできるのは、わたしたちが45歳から60歳までのことである。

---

‡訳注31‡「エグザルテーション」の文字通りの意味は、「高揚」や「称賛」となる。ルーラーシップとは異なり、エグザルテーションにある惑星は本来の自分がルール（支配）している領域にいるわけではない。だが、惑星はエグザルテーションの場所で、称賛を受け、その本来の能力は高められた状態（エグザルテッド）にある。

トリプリシティ ── Triplicity

　トリプリシティは控えめな強さのエッセンシャル・ディグニティである。それはエグザルテーション、あるいはルーラーシップほど強力になる配置ではない。だが、トリプリシティによってディグニティを得た惑星は、それでもなお非常に幸運である。実際、「幸運(フォーチュン)」や「良い巡り合わせ(ラック)」が、トリプリシティの中にある惑星に対する説明として最もふさわしいものであるように思われる。これらの惑星はまさしくラッキーであるように思われる。それらは要領よく適切なときに適切な場所にいることで恩恵を受ける。したがって、それらの長所はそれ本来の能力からではなく、単なる良いタイミングからくるものなのである。しっかりとした監督、良いプロダクション、優れた機材によって、パフォーマンスを成功する役者──言い換えると、失敗する心配の必要のない状況にある役者──としてトリプリシティを考えてみるといい。ただし、トリプリシティにある惑星に起こる良い巡り合わせは、油断ならないものでもある（多くの他の物事でも良い巡り合わせとはそういうものだが）。というのも、良い巡り合わせには、わたしたちがそれを当てにし始めると、失われてしまうというやっかいな傾向があるものだ。このことをわたしたちは、トリプリシティがチャートのセクトによってたいがいは決定されるという事実に、ある程度、結びつけて考えることができる。ダイアーナル（昼）のチャートの中で、トリプリシティによってディグニティとなる惑星は、ノクターナル（夜）のチャートにおいて、同じポジションであってもディグニティとなるわけではない。ちなみに、ダイアーナル（昼のチャート）というのは、出生時の太陽が水平軸より上の7ハウスから12ハウスにあるときであり、ノクターナル（夜のチャート）というのは、出生時の太陽が水平軸より下の1ハウスから6ハウスにあるときのことである（訳注[32]）。

---

‡ 訳注32 ‡ 「ダイアーナル(昼)のチャート」及び「ノクターナル(夜)のチャート」については、6章で説明される。

ターム ———————————————— Term

タームによってディグニティとなる惑星は、それが作用する場所で優れた効果を及ぼすが、その同盟関係の完全に外にいる。ウィリアム・リリーが、タームという語によって説明したディグニティとは、まさしく幸運が減衰しつつある惑星を表すものだった。たとえるなら、生活の収支を合わせるために苦労している人物が、おそらくほんの短期間だが、ストリートでの生活から抜け出てきたようなものである。タームによるディグニティだけを持つ惑星は、物質的なことでの利益を持つが、ゴールへ到達するため、もしくは十分な影響を与えるほどの十分な強さ、技能、良い巡り合わせを持っているわけではない。ウィリアム・リリーは、他の要素や他のディグニティ以上に、タームを人々の物質的な面での状態を説明するために用いていた。

フェイス ———————————————— face

フェイスはエッセンシャル・ディグニティの中で間違いなく最も弱い。実際、フェイスはディグニティであるとは言い難い。フェイスによるディグニティだけを持つ惑星は、その状況について大きな不安を抱えてしまう。恐れと不安はそのことへと注意を向けさせるため、少なくともフェイスの中での惑星は、その状況への関心を持ってはいる――だが、その状況に対して、何らかの影響を与えることができるほどの立場にいるわけではない。これは役者にたとえるなら、そのパフォーマンスによって自分のキャリアが決まることがわかっているため、準備のための時間がなかったにも関わらず、土壇場でそのパートに躍り出るようなものである。フェイスについてひとつだけ言えることは、ペレグリーン（どんなエッセンシャル・ディグニティとも完全に無縁）として分類される放浪状態から、惑星が守られているということだ（訳注[33]）。恐れと不安によって惑星はゴールに集中させられるが、ゴールへと到達するための手段ないし能力が与えられているわけではない。

デトリメント ── Detriment

　惑星がルールしているサインの逆の位置にあるサインが、デトリメントのサインとなる。デトリメントの惑星はディビリティに分類される（訳注[34]）。ただし、そのことはそれらが本質的に弱まっていることを意味するわけではない。実際、デトリメントの中の惑星は非常に強まる。しかし、それらは現状に不適切であるやり方の中で自分の力を用いる傾向となり、結果として非常に困難な状況に至ってしまう。デトリメントの中の惑星は、それ自身の行動のために不幸な条件の中に置かれる。デトリメントの中の惑星は、たとえるならシルベスター・スタローンが、ジュリエットの役こそが自分のキャリアにとって最良のものであると主張し、ブロードウェイでそれを演じてしまうようなものだ。彼がそれを演じることができないとは言わないまでも、その役を彼が上手に演じることができるわけではない。

　秘教的（エソテリック）なレベルにおいて、デトリメントにある惑星は精神的・感情的次元において作用する。そして15歳から45歳までの年齢の間、わたしたちが最も取り組まなければならないものとなる。実際にデトリメントの惑星を持つ人は、その惑星に関することについて過剰に心配する傾向がある。そして、いかにしてその惑星のエネルギーを表現するかに関して極端な自意識を持つことにもなる。

フォール ── Fall

　エグザルテーションのサインの反対に位置するサインの中の惑星は、

---

‡訳注33‡ペレグリーンについては、次ページで説明される。

‡訳注34‡「デトリメント」は文字通りには、惑星が「損害」を受けている状態を意味する。惑星がデトリメントとなる位置は、ちょうどその惑星がルーラーシップとなるサインの真逆にあるサインである。なお、「ディビリティ」という語はすでに訳注 21で補足したが、惑星が威厳のある状態となる「ディグニティ」とは逆で、威厳を欠いている状態を示す。すなわち、「デトリメント」、さらに次に見ていく「フォール」では、惑星がディビリティの状態になる。また、これまで見てきた「ルーラーシップ」、「エグザルテーション」、「トリプリシティ」、「ターム」、「フェイス」において、いずれも惑星は程度の差はあれ、ディグニティの状態になる。

フォールと呼ばれる（訳注35）。フォールの中にある惑星は、デトリメントの中の惑星と同じような悪い状況にいるわけではない。フォールの中の惑星は弱い。なぜなら、影響力を何ら持つことのできない場所にいるからである——たとえるなら、その国の言葉を話すこともできず、地元の慣習を知らない外国で立ち往生しているような状態である。フォールの中の惑星は、自分自身の過ちとは関係なく弱体化する。役者の例えを続けるなら、フォールの中の惑星は、シルベスター・スタローンのエイジェントが、彼にジュリエット役を契約させ、それを彼が破ることができないために、ブロードウェイでそれを演じなければならないようなものである。

秘教的（エソテリック）な観点から言うと、フォールの中の惑星は肉体的な次元、また誕生から15歳までに最も目立って作用する。フォールの中の惑星のエネルギーを表現することができないとき、わたしたちはその惑星に関連する困難や問題を経験する。これらはわたしたちの肉体的な面においては、病気やけがとして現れる傾向もある。

ペレグリーン ── Peregrine

エッセンシャル・ディグニティと無縁の惑星は、「放浪者」を意味するペレグリーンと呼ばれる。ペレグリーンの惑星は、親和性、強さ、才能、手段を何ら持たない。だが、同時にそれらは本質的に弱体化もない。出生チャートの中のペレグリーンの惑星は、占星術の他の分野におけるペレグリーンの惑星とは大きく異なる。ホラリー占星術やイレクショナル占星術において、ペレグリーンの惑星は非常に悪い形となる。だが、人生を生きていく中でわたしたちが惑星を理解し協調していく可能性を示す出生占星術において、ペレグリーンの惑星の表現は、単に予測しづらく、少々逸脱したものとなる。これは本質的に悪いこととは限らず、また惑星がペレグリーンであることが、自分自身を表現できない

---

‡ 訳注35‡ 「フォール」は文字通りには、「下落」という意味になる。「高揚」を意味するエグザルテーションの逆方向の作用とも考えられる。また、惑星がフォールとなる位置は、ちょうどその惑星がエグザルテーションとなるサインの真逆にあるサインである。

ことを意味しているわけでもない。しかしながら、A地点からB地点へと到達しようとするとき、ペレグリーンの惑星は非常に遠回りする方法を取ってしまうようにも思われる。出生チャートにおけるペレグリーンの惑星は、役割の中の類型に反して役を与えられた役者のようなものである。その役への役者のアプローチは普通ではないし、人が期待するものでもまったくないため、その役者のパフォーマンスになじみ、受け入れていくには時間がかかる——だが、その役者には最終的に受け入れ可能なパフォーマンスへと変化させるための努力するチャンスがある。次の図4には、すべての惑星がペレグリーンとなるときの度数が示されている。

　この図4には説明が必要だろう。そこに示されているのは、惑星がペレグリーンとなる場所の度数である。各々のブロックは10度を表している。たとえば、太陽は双子座の20度までの間でペレグリーンとなる。また、ブロックの中に記されている度数は、再び惑星がペレグリーンとなる度数を示している。たとえば、金星は牡羊座の14度から20度までがペレグリーンとなる。しかし、牡羊座の6度から14度まではそうならない。小数点以下の数値は、近いほうの度数で切り落とされる。

Essential Dignities

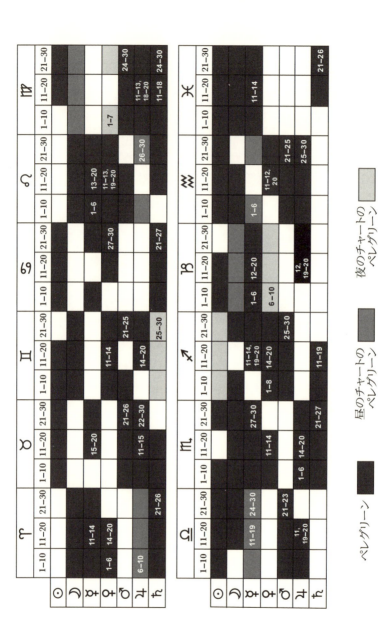

図4 惑星がペレグリーンとなるときの度数

古典の解釈について
A Word About Classical Interpretations

　古典のテクニックを用いる現代の占星術家たちが、しばしばそれらに対してどうしても行わなければならなくなるひとつの修正点がある。それは惑星に与えられている否定的で宿命論的な解釈を、より肯定的で啓蒙的な可能性を示唆する形へと解釈し直すことである。ディビリティにある惑星は単に悪いものではない。それはその人がその惑星に関する悪い出来事に直面することを必ずしも意味するわけではなく、その人が人生――ディビリティにある惑星によって影響されている人生の領域を含む――で、何ごとかを達成することを完全に妨げてしまうわけでもない。エッセンシャル・ディグニティは出生チャートの解釈の中で非常に価値あるものだ。なぜならエッセンシャル・ディグニティは、ある惑星が特定のサインの中で、どれだけ自分自身を表現しやすいか、そしてさらに重要なこととして、ある惑星が特定のサインの中でそのサインのやり方に応じて、なぜ自分自身を表現しやすくなるのかを理解するのに役立つからである。ディビリティにある惑星に対して提示される課題は、その人にとって非常に重要な成長と人生の経験をもたらすものを象徴するものとなる。同様の意味において、強いディグニティとなった惑星たちで満たされた出生チャートは、それ自身が一連の課題を示している。すなわち、惑星がより強くなり、それ自身の性質を表現することが可能になればなるほど、惑星はより本来的になっていくが、それによってわたしたちは、いかにしてその惑星のエネルギーを統御し、チャートの中や人生の中でその好ましい面を維持していくかを学んでいくことになるのである。

アウター・プラネットをどのようにして組み入れるか
How the Outer Planets Fit In

　現代の占星術と伝統的な占星術の間に生じてくる根本的な問題のひとつは、新たに発見されたアウター・プラネットを、どのように伝統的なルーラーシップとディグニティの体系に組み込むかに帰着する。天王星

が1781年に発見されたとき、エッセンシャル・ディグニティの精緻で整合的な体系は、歴史の中で初めて、その本質的な部分に関して異議を投げつけられ、ひっくり返された。というのも、そのときついにひとつの惑星が既存の枠組みの中で、居場所を持つことができなくなったのである。この新しい惑星のエネルギーを理解する必要と、占星術の根本的なツールを見直さなければならなくなったことで、占星術家たちは困惑した。

実際のところ、さらに新しい惑星が発見されたその当時（1846年に海王星、1930年に冥王星）、占星術の実践はかなり衰退していた。だが、その状況こそが現代の「ルーラーシップ」の扉を開いたとも言える。というのも、当時におけるルーラーシップは、もはや惑星の強さを見積もるものではなく、むしろ惑星とサインがいかに親和性を持っているかを示すものとして考えられるようになってしまっていたのである。現にホラリー占星術以外では、ごく最近までエッセンシャル・ディグニティが一般的な実践において関心を持たれることはなくなってしまっていた。そのせいでルーラーシップの新たな体系に対して疑問が持ち上がることもほとんどなかった（冥王星に対する現代のルーラーシップを何にすべきかについての継続的な論争はあった。冥王星が支配するのは蠍座ではなく、牡羊座であると主張している占星術家たちが今なお存在する）。

この問題に関して、ジューン・ウェークフィールドの『コスミック・アストロロジー』では、アウター・プラネットの説明だけでなく、天王星、海王星、冥王星に対する現代のルーラーシップも配慮された解決策が提案されているが、それはわたし自身、最もエレガントだと感じているものでもある。ウェークフィールドは、次のような解決の鍵となる前提を置くことで、自分の理論を提示している。

・チャートの中でわたしたちが用いている太陽は真の太陽ではない。代わりにそれは地球／月の対である。
・真の太陽は、すべての生命、エネルギー、光の源である。そのエネ

ルギーはすべての惑星やすべてのサインを通じて物質的次元に表現される。

・アウター・プラネットの天王星、海王星、冥王星は、目に見える惑星よりも、より高い次元において作用する。これらの3つの惑星は、「第2の太陽」として作用する。そして真の太陽のエネルギーを物質的次元のより近くにまで運んでくる。3つのアウター・プラネットのそれぞれは、存在の異なる次元を支配している。天王星は物質の次元を支配し、海王星は精神(マインド)の次元を支配し、冥王星は生命の次元を支配する。これらの「第2の太陽」のそれぞれは、次に目に見える対となる惑星を通して表現する。さらに、それらの各々の惑星はふたつのサインを支配し、それを通して表現する。

わたしはこの体系を非常にエレガントである――そして、現代の「ルーラーシップ」の問題に対して非常に的確な答えを与えている――と感じている。天王星は水瓶座をルールしているのか？　確かにそうだ。物質の次元のルーラーとして天王星は、それ自身を土星、及び地球/月の対を通して表現するため、最終的に天王星は水瓶座だけでなく、山羊座、蟹座、獅子座もルールする。冥王星は蠍座をルールしているのか、それとも牡羊座をルールしているのか？　はたしてこうした問題にこだわる必要はあるのか！　生命の次元のルーラーである冥王星は、それ自身を火星と金星を通して表現する。そのため冥王星は蠍座と牡羊座の両方、さらに同様に牡牛座と天秤座をしているのである。さらに言えば、精神(マインド)の次元のルーラーである海王星は、水星(低次の精神)と木星(高次の精神)を通して、それ自身を表現している。そして魚座だけではなく、射手座、双子座、乙女座もルールする。物質的次元に何かを顕現させるためには4つの元素すべてが必要であることから、アウター・プラネットがそれぞれ火、土、空気、水と関連する4つのサインを「ルール」していることはふさわしいことである。

とはいえ、今のところわたし自身はアウター・プラネットが、直接的にどれかのサインを「ルール」していると述べるつもりはない。つま

り、それらをどんなエッセンシャル・ディグニティやエッセンシャル・ディビリティとも関係づけていない。だが、わたしは包括的な枠組みの中に、どうにかしてそれらを組み入れなければならいと確信している。アウター・プラネットが目に見える惑星と同様のやり方で作用しないということに関しては疑問の余地がない。そのため、わたしはそれらがより高次の次元で作用し、目に見える次元においても、少なくとも部分的にではあれ、自らを表現するという考えを受け入れている（訳注 36）。

ディスポジター・ツリー
Dispositor Trees

　エッセンシャル・ディグニティを用いる最もシンプルな方法は、出生チャートの中のルーラーシップの階層構造に注目することだ。ルーラーシップはその言葉自体が暗示していることを、まさに実際に意味している――すなわち、サインをルールしている惑星は、実際にそのサインの中にあるどんな惑星をもルールし、またそれらに対して影響力を行使する。たとえば、月は蟹座の中のすべての惑星をルールする――言い換えるなら、月は蟹座の中にあるすべての惑星に対するディスポジターとなる（訳注 37）。蟹座の中の惑星たちは、自分自身をどのように表現できるか助言を求めるために月を頼りとする。ルールしている惑星は、ルールされている惑星の表現に対する形や構造を課すものとしてみなされる。当然の成り行きとして、助言の質、また課せられた形や構造の本質は、支配している惑星の位置や境遇に完全に依存する。たとえば、蟹座の中の火星の表現は、仮に月が牡牛座にある場合、よりしっかりと実際的なものとなっていく傾向があるだろう。また、仮に月が双子座にある場合は、より散漫だが素早い反応ともなるだろう。

---

‡訳注 36‡ ここでの著者の解説は、占星術並びに神智学的な秘教主義の思想に親しんでいない方には、ほとんど理解できないものだと思われる。ただし、天王星、海王星、冥王星のルーラーシップに関するここで述べられている「秘教的」な解釈が理解できなかったとしても、本書を読み進めていく上では特に問題とならないので、さほど気にする必要はない。

‡訳注 37‡ 「ディスポジター（dispositor）」は、自らのルールしているサインの中にあるすべての惑星を「規制（ディスポーズ）する」立場にある惑星のことを言う。

CHAPTER 4　エッセンシャル・ディグニティ

　チャートの中の惑星たちが、それぞれのルーラーシップに基づき、お互いがどのように関連するかを示すディスポジター・ツリーと呼ばれる略図を作ってみることもできる。ディスポジター・ツリーは、その出生チャートの主題を明らかにするのに非常に有益である。なぜなら、それはどの惑星が主人であり、どの惑星が支配する惑星の命令に従わなければならないかを即座に明瞭なものと示してくれる。

　ディスポジター・ツリーを作るとき、わたしたちは常に自分自身のルーラーシップの中にある惑星から始めていく。というのも、これらの惑星は自分自身がルーラーであるため、ツリーのトップとなる。次にわたしたちはツリーの中の惑星の残りを、ルーラーシップの惑星によって直接的にルールされている惑星から始めて、さらにそれらの惑星によってルールされている惑星を見ていくことによって次のレベルへと降り、またさらにそれを続けていく。アウター・プラネットをディスポジター・ツリーの中に含めることも可能だが、それらは自ら他の惑星をルールするわけではなく、ルールされるのみである。

　最初にライザ・ミネリの比較的単純なディスポジター・ツリーを見てみよう（訳注[38]）。ライザのチャートの中のすべての惑星は、彼女の蟹座の月に帰することができる。なぜなら彼女の蟹座の月は、事実上、彼女の全体のチャートを支配し、ディスポーズしているため、それは独占的ディスポジターないしはファイナル・ディスポジターとも呼ばれる。このことを解釈するならば、彼女の人生の中のほとんどすべてが、彼女の月を通したフィルターをかけられることを意味している。言い換えるなら、ライザのチャートの主人は彼女の月なのである。

　ときどきツリーのトップにひとつのルーラーシップの惑星が置かれる代わりに、ルーラーシップ同士によるミューチャル・リセプションとなるペアの惑星を見つけることもあるだろう（ミューチャル・リセプションについては、8章でより詳細に論じる）。これは女優メリル・ストリープの例である（訳注[39]）。彼女は牡牛座に月、蟹座に金星を持ってい

---

‡訳注38‡ライザ・ミネリ（Liza Minnelli, 1946-）。アメリカの女優・歌手。映画『キャバレー』の主演では、1973年のアカデミー賞主演女優賞とゴールデングローブ賞主演女優賞を受賞している。

る。わたしたちは後の章でストリープのチャートを詳細に見ていくことになるが、今のところは、彼女のディスポジター・ツリーに注目してみよう。いかにストリープのチャートが双子座の水星の「管理下に入る」惑星と、彼女の月と金星のミューチャル・リセプションの「管理下に入る」惑星との間に分裂があるかに注目してほしい。すぐに言えるのは、ストリープの情動や感情の本質と世界への知的アプローチの間には、非常にはっきりとした分離があるということである。それが彼女のチャートの中で、鍵となるテーマであることが明らかになるだろう。

　すべてのディスポジター・ツリーが、これらふたつの例のようにきっちりと整然としたものとなるわけではない。最終的に3つないしそれ以上の惑星がお互いに結びつき、続いてそれらが残りの惑星を支配していくチャートもある。シルベスター・スタローンの場合がそうである（彼のチャートは6章と10章で、より詳細に見ていく）。

　スタローンの場合、彼の蟹座の太陽は天秤座の月によってルールされている。天秤座の彼の月は獅子座の金星にルールされている。獅子座の金星は蟹座の太陽にルールされている。彼のチャートの中のすべての他の惑星は、これら3つの惑星のどれかひとつの管理下にある。これは単一の惑星によってルールされているというよりも、太陽、月、金星からなる委員会によってルールされているようなものである。ここにはスタローンの生来の葛藤の原因となる潜在的な要素がある。彼が行うすべての選択、すべての行動、すべての決断は、まず委員会の承認を満たさなければならない。何らかの管理機関のように委員会の個々のメンバーは、それ自身の議題を持っている。また、この特別な委員会のそれぞれのメンバーはペレグリーンでもあるため、決して効率的に手続きを遂行するとみなすことはできない（訳注 40）。

---

‡訳注 39‡メリル・ストリープ(Meryl Streep, 1949 -)。アメリカの女優。1982年の映画『ソフィーの選択』でアカデミー主演女優賞を受賞。最近では2011年公開の『マーガレット・サッチャー 鉄の女の涙』でアカデミー主演女優賞を受賞している。

‡訳注 40‡ペレグリーンは、前述のようにディグニティにもディビリティにもなっていない惑星の状態のことを言う(152頁参照)。

CHAPTER 4 エッセンシャル・ディグニティ

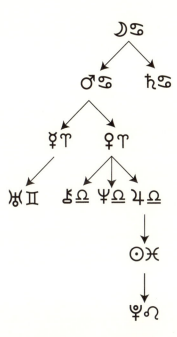

図5　ライザ・ミネリのディスポジター・ツリー

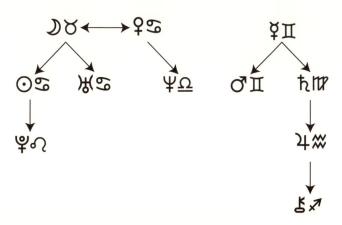

図6　メリル・ストリープのディスポジター・ツリー

Essential Dignities

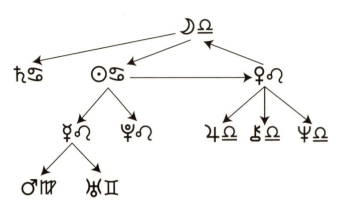

図7　シルベスター・スタローンのディスポジター・ツリー

CHAPTER 5

サインの中の惑星を解釈する

CHAPTER 5
Interpreting Planets in Signs
サインの中の惑星を解釈する

　わたしたちはすでにエッセンシャル・ディグニティの基礎を学習した。いよいよここからは惑星たちを分析していく。それによって、惑星たちがサインの中でどのように解釈されるかを理解し、各役者がそれぞれの役割として与えられる能力の種類がどのようなものとなるかを見ていくこととなる。エッセンシャル・ディグニティを通して、サインの中にある惑星の相対的な力を評価する方法を学んでいくのは、より詳しく、かつ正確で論理的な解釈へと近づいていく助けとなるという理由からである。また何よりも重要なこととしては、ここでのやり方で実践を重ねていくことにより、占星術の「ありきたりな本」でのサインの中の惑星の解釈と、自分自身で見つけ出すことができるそれとの間には、明らかな差が生まれていくということだ。また、本章の終わりでは、サインのアウター・プラネットについても少し時間をかけて見ていく。ただし、アウター・プラネットとは個人的な特性ではなく、世代を定義するものであるため、それらを解釈するためには異なるアプローチも必要となる。

　基礎的な解釈は比較的シンプルだ。わたしたちは単純に惑星の核となっている本質と表現を、サインの動機や表現方法へと結びつけていく。たとえば、牡羊座の中の太陽は、衝動的、直接的、開拓者的な行動（牡羊座）を通して、個性（太陽）を表現するように動機づけられる。さらに惑星のエッセンシャル・ディグニティを考慮に入れれば、惑星がある特定のサインの中でどのように自身を表現していく傾向があるか——その惑星の核心となる動機とは何なのか、またそれ自身のゴールを見

つけ、達成に向けて進んでいくことが、どの程度の努力で可能なのか――を理解していくための助けとなる。こうしたことを次に見ていくこととする。

太 陽
The Sun

ルーラーシップ	：獅子座
エグザルテーション	：牡羊座
トリプリシティ	：火（昼）
デトリメント	：水瓶座
フォール	：天秤座
ペレグリーン	：牡羊座、蟹座、天秤座、射手座（夜）、水瓶座、魚座、双子座(1°－20°)、乙女座(11°－30°)、蠍座(1°－10°、21°－30°)、山羊座(1°－20°)

　太陽の性質は、ダイアーナル、陽、一点集中、焦点を絞ること、豊かな表現力である。太陽はこのエネルギーを具体化しサポートするサイン（あるいは役割）において、より強く、より確信的な能力を明らかに発揮していくことになるだろう。

火のサインの中の太陽
The Sun in Fire Signs

　昼の間、太陽は火のトリプリシティのルーラーである。そのため表現力と集中力を備えた強烈な火のエネルギーは、太陽の表現をしっかりとサポートすることができる――ただし、これから見ていくように、すべての火のサインが同等のものを与えてくれるわけではない。

♈ 牡羊座の太陽 ──────────── Sun in Aries

　牡羊座は太陽のエグザルテーションのサインである。そのため牡羊座の中の太陽は、非常に好ましい位置にある。もちろん、牡羊座はすべてのサインの中で最も集中力があり、わき目を振ることがなく、自分らしさ(アイデンティティ)を何よりも優先する。これらの動機は、太陽にとって非常に親和性があり、太陽の性質とよく共鳴する。牡羊座の中での太陽は、直接的で衝動的な行動を通して、個性と自分らしさを表現するように動機づけられる。惑星がエグザルテーションしているときは、惑星自身が課題を設定することはない。だが、その惑星のために、他の者によって物事は遂行される。惑星は敬われるべきゲストのように扱われ、また概して惑星は自分にできる最良の振る舞いをしようとする。牡羊座は新しいプロジェクトを開始し直接的な行動を取ることへと強く向かわせる充実した活動スケジュールを、太陽のために設定する。ただし、牡羊座はその働きを正当に評価されることについて、まったく気に掛けようともしない。したがって、牡羊座での太陽は深々と腰を下ろして傍観していることができなくなるが、獅子座の中にいるときのようには高い評価を得ることはできない。獅子座にいるときと同様、牡羊座の中の太陽は、夜のチャートよりも昼のチャートにおいて、はるかに幸運となる傾向がある（訳注41）。すなわち、太陽が主人(ホスト)によって設定された課題を、より楽しみながら経験しやすいのは、夜のチャートよりも昼のチャートにいるときなのである。

♌ 獅子座の太陽 ──────────── Sun in Leo

　疑う余地もなく、太陽の主役の座は文字通り、獅子座にある。獅子座の太陽は、創造することや他者へと惜しみなく与えていくことを通して、個性と自分らしさ(アイデンティティ)を表現するよう動かされる。獅子座にあるときの太陽は、その本来の性質を表現し光り輝き、暖かさと光を分け与え、個

---

‡訳注41‡「昼のチャート」と「夜のチャート」については、後の6章に説明がある。

性豊かで創造的な個人となる。昼の間、太陽は獅子座においてトリプリシティの中にいることになり、それによって更に力が増大する。これは重要な特質である！　忘れてならないのは、惑星は自身のルールしているサインの中にあるとき、自分自身がボスであるということだ——そしてどのような状況であっても、誰もあえて「ノー」ということはできなくなる。このことはつまり、自身がルールするサインにある惑星は、しばしば何らかのかなり不運な状況に自らを陥らせてしまうことがあることも意味している。だが、通常トリプリシティのディグニティは、適切なときに適切な場所にいるコツを心得ていて、惑星は幸運に恵まれることを意味する。そのため、昼のチャートで獅子座にある太陽は、自ら足を踏み外すようなことは少なくなる可能性がある。獅子座の太陽はトリプリシティのルーラーシップであることによって、獅子座の罠や落とし穴となる横暴で自己中心的な協調性のない態度を抑制する傾向となる。またそれは、太陽がそうと決めたことを当然のことのように遂行できる状態よりも、はるかに良い方向へと転換していけることを意味している。

♐ 射手座の太陽 ——————————— Sun in Sagittarius

　火のサインの最後となるのは射手座の太陽である。射手座の中にある太陽は、わたしたちが個として宇宙に対する関係性を探究しながら、その個性を表現していくよう掻き立てられる。射手座の太陽が持っているただひとつのディグニティは、トリプリシティの支配権であり、またそうなるのは昼のチャートの場合のみである。夜のチャートにおいて、射手座の太陽はペレグリーンとなってしまう。なぜ射手座は獅子座や牡羊座とこうまで異なるのか？　それは射手座が宇宙に対する個の関係性にのみ興味が集中していくのに対して、獅子座と牡羊座の関心は個としての自分らしさを表現することへともっぱら向けられるからだ。射手座は太陽にとってなじめず、落ち着かない考え方、すなわち自分の自己意識よりも大きなものへと向かっていこうとする。昼のチャートでの射手座の太陽は恵まれている。宇宙の広大な未知の領域を探求する一方で、個としての自分らしさを表現することに関心を持ち続けることもできる。

しかしながら、夜のチャートでの射手座の中の太陽はペレグリーンとなる。そこでの射手座の太陽は、宇宙を探求し、大きな展望に目を向け、外部からの影響によって形作られる個性を見つけ出すことを願いながらも、迷い続けることになる。

空気のサインの中の太陽
The Sun in Air Signs

通常、火のサインの一点に焦点を絞るエネルギーの中で、太陽はかなり快適である。一方、空気のサインの二元的な性質のエネルギーでは、それと同じくらいに太陽の居心地は悪い。太陽は個としての自分らしさ（アイデンティティ）を表現することを求めるのに対して、空気のサインではすべてのものが個別にではなく、関係性によって作用していく。

♊ 双子座の太陽 ── Sun in Gemini

双子座の太陽は、天秤座や水瓶座にいるときほど居心地が悪くはない。双子座での太陽はコミュニケーション、思考、論理、ふたつのものを追い求めることを通じて、個としての自分らしさ（アイデンティティ）を模索し表現していく。双子座は他者ではなく、環境との関係性に関連している。そのため、太陽は自己表現することから積極的に妨げられることもない。しかし、双子座はやはり空気のサインであり、また二元性を体現している。太陽は率直な行動を取ることできるときが最も快適である。一方、双子座は常に選択肢を提出してくるのである。太陽は双子座の中でほとんどの場合がペレグリーンであり、サインの最後の10°の間でフェイスによるディグニティを獲得する。双子座にある太陽にとって最大の難題となるのは、双子座が何かに集中することが困難であり、非常に気が変わりやすいことだ。太陽が自身を効果的に表現するためには、焦点を絞ることが必要である。だが、双子座において太陽は、一度にひとつのものに焦点を合わせることが非常に困難となってしまう。そのため最終的には、多数の異なる側面からひとつの統合された自分らしさを作り上げていこうとするしかない。双子座の最後の10°の中にある太陽は、このこ

とに自覚的になる。そして持続性の欠如を意識的に補っていくことで、何らかの方向性を与えていく。少なくともこれは、ペレグリーンの迷わせる作用を停止させるのに十分である。

♎ 天秤座の太陽 ——————————————— Sun in Libra

　天秤座の太陽は、フォールのサインにあり、同時に太陽は天秤座全体を通してペレグリーンでもある。天秤座は太陽にとって、水瓶座ほど困難なエネルギーではない。天秤座の太陽は、調和、バランス、一対一の人間関係を通じて、個としての自分らしさ(アイデンティティ)を表現する。天秤座の太陽は必ずしも弱いというわけではなく、ただ単に望んだ通りに自身を表現できない状況の中にいる。フォールの惑星は、自らの統制能力を超えてしまった状況におかれた犠牲者である。もちろん天秤座は、個人同士の一対一の関係性を表すサインである。太陽がいつでも個性を表現しようとし、それが他人に影響を及ぼしていることを、天秤座は絶えず太陽に思い知らせる。そのため太陽は、天秤座で居心地が悪い。太陽はひたすら自己中心的で、そこにほかの人間がいることすら当然のごとく気がつかない。それゆえ、ここはまさしくなじみづらい領域なのだ。結局、天秤座のエネルギーは、他者と適切な境界を維持しながらも、個性を十分に表現する方法を学んでいくことと関係している。水瓶座とは異なり、天秤座は少なくとも個性を認めてはくれる。天秤座の中で、太陽は自身を十分に表現する方法を学ぶことができる。だが、天秤座での太陽はペレグリーンでもあるため、ここは完全になじみづらい領域である。天秤座の太陽は、人間関係のルールを見つけ出すのに試行錯誤する。だが、最終的には、上手くやっていくのに十分な理解を得ることができるようにもなるだろう。

♒ 水瓶座の太陽 ——————————————— Sun in Aquarius

　水瓶座の太陽は、デトリメントのサインにあり、またさらに常にペレグリーンでもある。なぜ水瓶座は太陽にとって、かくも困難なエネルギーなのか。水瓶座のエネルギーは完全に集団意識へと集中する。その

ため集団がそれぞれ独自の欲求を持った個人で構成されていると認識することさえ、非常に困難である。水瓶座の太陽は、集団意識と一体化し、集団の中の個人の欲求よりも集団の求めるものを優先させながら、個としての自分らしさ(アイデンティティ)を発見し表現するよう促される。水瓶座の中の太陽にとって、自分自身をどのように表現すべきかを学んでいくプロセスは、集団意識の幾重もの覆いを剥ぎ取り、そして集団意識のどの部分が太陽の個としての自分らしさをサポートし、またどの部分がそうしないかを見極めることにある。

土のサインの中の太陽
The Sun in Earth Signs

土のサインは非常にゆっくりとしていて表現が重苦しい。そのため、どちらにしても土のサインにおける太陽はひどく居心地が良くない。太陽はそれ自身を表現するための自由を必要とする。すなわち、物事がどれほど実際的であるかについて気に病むことなく、光り輝くことができることを求める。

♉ 牡牛座の太陽 Sun in Taurus

土のサインの中でも最もゆっくりと動く牡牛座において、太陽はいつもペレグリーンとなる。太陽は牡牛座において、物質的な面へと関心を向け、経験を積んでいくことによって、個としての自分らしさ(アイデンティティ)を表現するように促される。牡牛座の太陽にとって、身体や所有物と一体感を持つことは非常に容易なことだ。しかし、わたしたちの真の固有性は実際には物質そのものではなく、わたしたちの身体を活気づけるエネルギーである。確かに、十分な時間をかけて十分に掘り下げれば、物質的な形態の中心にある生命や固有性の閃きである霊(スピリット)を見出すことも可能である。しかし、土のサインにある太陽のペレグリーンという状態から明らかなように、そのための確実な道、ないしはまっすぐな道を取ることはほとんどない。牡牛座のエネルギーは現状維持へと最大限の注意を向ける。そのため、固定の土のサインにある太陽は、物質的な居心地の良い

領域を抜け出すための苦労を余儀なくされる。牡牛座の太陽は、ゆっくりと安定し寛いだ態度で、その光を表現する。牡牛座の太陽を持つ人は、安定した習慣によって活力を吹き込まれ元気になる。また、ゆったりとしたペースで、もし可能ならば規律正しいペースで、人生を歩んでいくことを好む。

♍ 乙女座の太陽 ——————————— Sun in Virgo

　乙女座の太陽は、最初の10°でフェイスによるディグニティを獲得する。だが、それ以外ではすべてペレグリーンとなる。乙女座の中の太陽は、他者のために役立ち奉仕することで個としての自分らしさ(アイデンティティ)を表現する。乙女座の中の太陽は、どれぐらい自分が役に立っているかで自らを定義する。また、物質的領域を完璧にし、また改善しようと常に努力し続ける。しかし、乙女座は土のサインでもある。そのため乙女座の中の太陽は、より一層、自らの表現を物理的な範囲に限っていこうとする傾向がある。他者を助けようとする乙女座の献身は、個性を表現したいという太陽の根本的な欲求とはしばしば矛盾が生じる。その結果、乙女座の中の太陽は、どのようにして他者の役に立つかという観点から自己を規定し表現しようとすることにもなる。乙女座の分析的なエネルギーは、最初の10°の間、太陽に羅針盤を提供する。そのため、少なくともそこでは、物質的なものを介して、真実の自己を見つけ出すための方法を見つけ出そうと努力することもできる。しかしながら、一方でペレグリーンとなる乙女座の残り20°では、詳細にこだわりすぎるあまり、全体像が見えなくなってしまう恐れがある。また、他者を支援することに関心を持ちすぎてしまうがゆえに、個としての自己の欲求に目がいかなくなってしまうこともある。

♑ 山羊座の太陽 ——————————— Sun in Capricorn

　山羊座において太陽は、個としての自分らしさ(アイデンティティ)を物質的な表現として作り出していくよう促される――しかし、山羊座の最初の20°で太陽はペレグリーンとなり、そのアプローチも、まずは物質的な方面から取り

組んでいこうとする傾向がある。言うならば、これは自らが何を彫刻しようとしているかといったはっきりした全体像を持たずに、大理石の塊とノミを持って作業を始めようとするようなものだ。確かに、最終的には美しい物を作り終えることができるとしても、長い時間がかかってしまい、かなり戸惑いながら曲がりくねった過程を経ることになるだろう。山羊座は始動のサインであり、本質として活動的で外向的、表現力豊かである。そのため、おそらく太陽は他の土のサインよりも、山羊座の中で最も楽に過ごすことができる。もちろんここでの問題は、山羊座がもっぱら物質面にのみ関心を向けてしまうことにある。また山羊座の太陽は、自意識の基盤を世間での業績と実績のみへと求めるようになる可能性もある。

水のサインの中の太陽
The Sun in Water Signs

水のサインの大部分(蟹座、蠍座、魚座、フェイスのディグニティがある蠍座の11°から20°を除く)において、太陽はペレグリーンとなる。深く感情的なレベルで作用する水のサインは、太陽が自己を自由に表現しようとする場合には最も快適な居場所となる。だが、水のサインは表面的なレベルでのコミュニケーションが最も難しいため、ときとして水のサインの中の太陽が光り輝くためには、葛藤を通過していかなければならなくなる。

蟹座の太陽  Sun in Cancer

蟹座の太陽は、他者と感情面でのつながりを作ること、またそれを求めるよう促される。太陽は自立しているという感覚を求める。だが、ときとして蟹座のエネルギーは、他者のサポートなしには生きていけないと信じさせてしまう。そのため、蟹座のエネルギーは太陽にとって非常に困難なものとなることもある。蟹座は始動のサインであり、太陽のように自分らしさ(アイデンティティ)を問うことと関連している。しかし、蟹座の太陽は他者との感情的つながりの中で、自らを定義しようとする。この点から見る

と、個としての自分らしさを関係性に照らしてではなく、直接的に発見し表現する方法を学ぶことにおいて、蟹座の太陽は空気のサインにあるとき同様、多くの困難へと直面することになる。自分の感情の欲求を自ら満たすことができるということ、自分がそれ自体として完全で完成しているということ、その真実を発見できるまで、蟹座の太陽は迷い続けることになる。

♏ 蠍座の太陽 ———————————— Sun in Scorpio

　蠍座の太陽は、物事の真相を究明することを望み、隠されて見えない忘れ去られたものを探究することに動機づけられる。蠍座のエネルギーはすべてのサインの中でも、最も外向的な表現を取ることが困難となる。蠍座の重要なプロセスのひとつは、自我（エゴ）の死を引き起こすことにある。それは根源的、感情的、霊的レベルで別の個体と融合することを可能にする。自我は個としての自分らしさ（アイデンティティ）をはっきりとさせ、確立し、表現する助けともなる。だが、真の自己を発見する際、わたしたちは自発的に自我を手放さなければならない。けれども、太陽は通常、境界線をはっきりさせ、個としての自分らしさの輪郭を感じ取るために、とにかくまずは自我と協力していくことが大いに役立つことを知っている。それに対して蠍座の太陽は、むしろこのプロセスを飛ばし、その代わりに問題のまさに核心へ迫ろうとするだろう——蠍座は無駄話に時間を割くことはない。なぜなら、隠されたものを見つけ出そうとするひたむきさと決意が、蠍座にはある。蠍座の太陽は中間の10°では、ペレグリーンにはならない。そこでの太陽は方向性を持ち、ただ十分深くまで掘り下げさえすれば、最終的には真の核心的な本質を見出すことができることを分かっている。しかしながら、蠍座の他の部分での太陽は、意識的な世界にしっかりと準拠することがない。そのため、真の自己を探し求め、感情と魂のつながりや意識下にある本質を模索しながらも、ふらふらと迷い続けてしまうことになる。

♓ 魚座の太陽 ——————————————— Sun in Pisces

　魚座の太陽は、個としての感覚や根源からの分離を含む、すべての境界を溶解しようとするサインに置かれている。言うまでもなく、これは太陽にとっては快適ではない。たとえその本質が宇宙と融合し始めてしまうとしても、太陽が学ばなくてはならないのは個の本質を発見し表現する方法である。蠍座のエネルギーは自我の死へと進み別の個との融合を求める。一方、魚座のエネルギーは完全に自我を消滅させ、すべての創造物との融合を求める。魚座のエネルギーは構造や境界といったものをまったく持たない。とはいえ、わたしたちが個としての固有性(アイデンティティ)を維持するためには、結局のところ、境界という幻想は少なくとも必要である。その結果、魚座の太陽は、最初の段階で定義づけられた物事を取り消し否定することによって、その個性を表現するよう促されることになる。これは禅の境地にも似たものとなり、最終的には非常に微妙なバランスを必要とするものだ。魚座の太陽は他者への同情を表すことで輝き続けることができる。だが、他者を助けるという名の下、自分自身を犠牲にしてしまわないよう気をつけなくてはならない。

月 The Moon

ルーラーシップ　　　：蟹座
エグザルテーション　：牡牛座
トリプリシティ　　　：土(夜)
デトリメント　　　　：山羊座
フォール　　　　　　：蠍座
ペレグリーン　　　　：牡羊座、双子座、獅子座、乙女座(昼)、蠍座、山羊座(昼)、魚座、天秤座(11°-30°)、射手座(1°-10°、21°-30°)、水瓶座(1°-20°)

月の性質は、ノクターナル、陰、受容力、包含することである。月は太陽の表現に形を与え、わたしたちの感情、無意識、感覚、魂の本質を表す。わたしたちが月の演じる役割として好ましく思うのは、その限りない繊細さで、あらゆる種類の感情を表現することが許されるとき、またその感情の機能を養い、包み込み、集中するのに適した枠組みや基礎を提供してもらえるような場合である。月は水と土のサインにいるときが最も快適そうに見える（また、実際にそうである）。だが、その中でもいくつかの特定のサインにいるときに、それ以外の場合よりも、より一層、居心地が良くなる。

水のサインの中の月
The Moon In Water Signs

　基本的に感情的な性質である月は、必然的に水の元素と関係があり、蟹座の中で最も強力になることは間違いない。実際、月がディグニティとなるただひとつの水のサインこそが、まさしく蟹座である。

蟹座の月 ── Moon in Cancer

　蟹座においてルーラーシップとなる月は、普遍的な母性のエネルギーを具現化することになる。そこではあらゆる種類の感情を経験し表現すること、またあらゆる経験の記憶を保持し保存することが可能となる。感情や魂における固有性（アイデンティティ）を確立し表現するよう動機づけられた蟹座の月は、養われ保護されること、根源へと回帰することへの普遍的な切望を真に理解する。蟹座は月にとって特別な役割であるため、常に月はこのサインにおいて力強く感情的な演技をする。通常、蟹座の中での月はどんな抑制も必要と感じない──これが問題となる場合は演技過剰としてではなく、過剰反応によってである。すべてのことが蟹座の月にとっては一大事であり、またどの場面でも、月のあらゆる種類の感情が顕わにならざるをえない。その感情は真実である。だが、その時点でのそれらの表現が、必ずしも常に適切であるというわけではない。蟹座の中の月

は役者が自分ひとりだけではないこと、またすべての場面で自分が中心となるわけではないことを学ばなくてはならない。蟹座の月が大きな安心や快適さを感じるのは、感情を表し共有することによってである。ただしそれは、唯一の安心できる時間を持つことができるのが、他者に感情を示して共有しているときだけだということでもある。常に蟹座の月は感情的欲求や生存欲求に関心を集中させる。また、仮にこれらの欲求が満たされない場合、他者からの援助へと過剰に依存するようになる可能性もある。

♏ 蠍座の月 ── Moon in Scorpio

　蠍座の月は、フォールとなるサインの中にいる。さらに月は蠍座の全体を通じて常にペレグリーンである。月の自己表現にとって、なぜ蠍座はそのように困難なエネルギーなのか？　すべてのサインの中で、おそらく蠍座が最も激しい感情を経験する。月が楽しめるはずのことが、蠍座には自分自身を表現することへの大きな困難にもなる。そして、このことが難題へと月が遭遇する場面となるのだ。フォールにある惑星は物質面に作用する傾向があるが、蠍座に月がある人は、このことをはっきりと気づかざるをえない。仮に彼らが自分の感情を表現することができなければ、感情のブロックは肉体へと現れ、病気となることもあるだろう──大抵の場合は、胃腸の不快（月は胃を支配している）という形で現れやすい。蠍座の月のペレグリーンは、自己を表現する別の方法を探し出さなければならないこと、また一対一の人間関係に特に関心を向けなければならないことを意味する。蠍座に月を持つ人は、その蓄積した感情のエネルギーが、人生の他の領域にではなく、人間関係の中で集中的に（しばしば、とてつもなく張りつめて）現れる傾向がよく見られる。蠍座の中で月は迷い続けながら、より落ち着いた穏やかな形で自らを表現するための方法、また人間関係の中だけではなく、人生のあらゆる領域において感情のつながりを経験するための方法を模索していかなければならない。

CHAPTER 5 サインの中の惑星を解釈する

♓ 魚座の月 ——— Moon in Pisces

　魚座の中にある月は、ペレグリーンであるが、蠍座の月ほど困難ではない。だが、実際には蠍座とはまったく正反対の困難と直面する。感情表現は魚座のエネルギーにとっては何の問題もない。だが、問題となるのは集中力である。魚座の月は非常に神経過敏になるため、それを持った人は、自分を取り巻くすべての感情の受容体(レセプター)となってしまう——魚座のエネルギーが否定的な感情(ネガティヴィティ)を変容させていくものであるため、魚座の月はしばしば他者の否定的な感情を無意識に引き寄せる磁石となってしまうのだ。魚座の月は、同情、愛、理解を示すことを好み、また他者の苦痛と不快感をほとんど本能的に吸収し変容させていく。魚座の月は同情や受容性を発散するため、誰かに悩みを聞いてもらいたい人を自然と引き寄せることになる。こうしたことからも、魚座の月を持つ人は自分の個のエネルギー場を保護し、その日に拾い上げてしまった否定的な感情を取り除き手放す方法を学んでいかなければならない。魚座の月は迷い続け、そして成長しながら、集中力を保つための方法、また自分自身の感情と他人から吸収した感情を区別するための方法を学んでいく必要がある。

❦ 土のサインの中の月 ❦
The Moon in Earth Signs

　月は土の元素のノクターナルでのトリプリシティのルーラーである。夜のチャートでの土のサインのエネルギーは、月の基本的に気まぐれで感情的な性質を集中させ、バランスを取る助けとなる構造や基盤のための必要かつ好ましい拠り所を提供する。しかしながら昼のチャートでは、土のサインの過度に実際的な性質が優位となり、月は自分自身を表現することが完全に難しくなる。

♉ 牡牛座の月 ——— Moon in Taurus

　月は牡牛座のサインでエグザルテッドされる。また、夜のチャートでは、トリプリシティによってもディグニファイドされる。牡牛座はすべ

ての土のサインの中で最も感覚的で安定しており、月が自らを表現する能力を制限することなく、そのエネルギーを保ち援助する容器を提供する。牡牛座の月は、優れた監督と仕事をするメリル・ストリープのようなものだ。彼女はすべてのシーンで急激な感情の浮き沈みを演じることは許されず、むしろ繊細で言外の暗示に重点を置き、オスカー獲得という頂点へと向かって確実な土台を徐々に築き上げていった。それは必ずしも月(あるいはメリル)が望むことではないとしても、その選択は月にとって最高の利益となり、いつもすばらしい結果をもたらすのだ。夜のチャートでトリプリシティによってディグニファイドされているときには、物質的な面を通して感情を経験し表現する方法を見つけ、真に演技に没頭し始めることができる。牡牛座の月は、肉体および物質的な面において、快適さと安心感を見出す。しかしながら、ときに物質的で感覚的なものへと耽溺し、不快な感情を避ける方法として、快楽を与えるものや物質的所有物に依存することにもなる。

♍ 乙女座の月 ──── Moon in Virgo

　水のサインにあるときと同様、牡牛座以外の土のサインにおいて、月はほとんど援助が得られない。乙女座の月は昼のチャートではペレグリーンであり、夜のチャートではトリプリシティによるディグニティを獲得する。細かいことや論理的で実際的な面にばかり目を向ける乙女座は、昼のチャートにおいて、月が感情を表現することを非常に居心地の悪いものとする。乙女座は秩序に基づいて行動するが、月は本能的なレベルで動こうとする。昼のチャートでの乙女座の月は、本能的な反応に対して、論理的で合理的な理由に基づき理解できるようになるまで迷い続けることになる。ペレグリーンであろうがなかろうが、乙女座の月は感情を表現する能力を学び、高めることと常に関係するだろう。物事がよくまとまり、正確で、きちんとして、論理的であるときが、乙女座の月にとっては最も快適で安心な状況である。とはいえ、わたしたちの人生においては、ほんのわずかの時間であれ、そうであることは滅多にない。また、それは感情とはまったく無縁の状態でもある。乙女座の月

は、感情を理解し分析することを気にしすぎる傾向があるかもしれない。その客観的で分析的なアプローチは、ある程度まで、月の感情的な性質へ好ましいバランスや枠組みを与えることになる。だが、乙女座の月が感情を分析することへとあまりにもこだわるようになると、そもそも感情を表現すること自体が次第に困難なこととなっていくだろう。

♑ 山羊座の月 ―――――― Moon in Capricorn

　山羊座は、月のデトリメントのサインであり、また昼のチャートではペレグリーンでもある。夜のチャートでは、トリプリシティによってディグニファイドされ、同時にデトリメントによってディビリテッドされる。デトリメントの中の惑星は精神面および感情面に作用する。そのため山羊座に月を持つ人は、自分の感情的な反応が適切なものかどうかで不安になりやすい。それでもなおデトリメントの惑星は強力である――ただし、その強さ故に自らを窮地に追い込むことにもなる。問題から脱出するためには、快適とは言えない不慣れな方法で、その力の使い方を学ぶ必要がある。山羊座の中の月は、まるで演技過剰の傾向があると批評家に酷評されたがために、才能ある女優がどんな感情を込めた演技をすることも恐れるようになってしまっているようなものだ。山羊座の月は感情を表わすことをしばしば恐れる。しかし、山羊座の月が学ぶべきことは、適切で受け入れられやすい方法で感情を表現していく方法である。昼のチャートでの山羊座の月はペレグリーンとなり迷い続け、導いてくれる者がいないため、その課題はさらに困難となる。しかし、夜のチャートで、トリプリシティによってディグニファイドされるとき、月は好意的な援軍を素早く見つけ、より形式的で抑制されたやり方であるとはいえ、自分自身を表現することができる状況を即座に見出すことになる。

火のサインの中の月
The Moon in Fire Signs

　射手座の11°から20°では、フェイスによるディグニティを獲得する

が、それを除くすべての火のサインの中で月はペレグリーンとなる。火のサインは、月が感情の全範囲を経験する自由を与えないほど、感情の限られた範囲のみに焦点を絞る。

♈ 牡羊座の月 ─────────────── Moon in Aries

衝動のコントロールは、常に牡羊座の中にある惑星にとっての問題であり、牡羊座の月も例外ではない。牡羊座の中の月は、即座に過剰反応をする傾向がある——ほとんどの場合、怒りあるいは喜びで。牡羊座にある月は、自分自身を自由に表現することにのみ関心があり、そのときのその反応がどれほど適切かどうかを考えることは難しい。牡羊座で月が迷い続けるのは、行動を起こすことにのみ非常に熱心であり、立ち止まって方向を尋ねようなどとは考えもしないためである。牡羊座の月は感情を表わし、その後、すぐさま前に進むことを求める。牡羊座の月に悪意はない。ただ自身の感情を表現することができたならば、前に進んでいくことができるのである。牡羊座の中に月を持っている人にとっての最も大きな難題は、感情を即座に表すことができない場合、怒りとフラストレーションがすぐさま表情に表れてしまうことである。

♌ 獅子座の月 ─────────────── Moon in Leo

獅子座での月は、非常に自己中心的にもなる。獅子座のエネルギーは暖かく寛大であり、その中の月は、分け与えることと共有すること、他者を育み保護することを好む。しかし、獅子座のエネルギーは、その才能を認められ高く評価されなければならない。獅子座の月は、注目の中心にいるときのみ本当に居心地が良く、その状況を維持するためであれば、感情をあらわにすることすらためらわない。獅子座の月が迷い続けることになるのは、個人の自尊心にあまりにも集中しすぎ、また他者から感情的承認を受け取ることを意識しすぎるためだ。獅子座において月は、集団意識と繋がり、さらに根源との永遠の結合を再発見するための方法を学ばなくてはならない。

♐ 射手座の月 — Moon in Sagittarius

射手座での月は、真実と理解を探し求める。射手座の月を持つ人が求める安らぎと満足は、より高度な知識、及び個人として偉大な宇宙の計画とどれだけ調和しているかという認識を得ることにある。射手座のエネルギーは、不注意で機転が欠けているものとしても知られている。また、しばしば射手座の中の月は、他のサインにおいてよりも「愛を持った厳しさ」を示すようだ。射手座の月にとって、感情や感覚は究極の真実を発見するための通り道でしかなく、過去や感情的な罪についてくよくよ考える傾向はない。射手座のほとんどで月はペレグリーンであり、その大部分を迷い続けることになるが、それは真実の探求の一部として、本当の感情や心遣いを真に表現するため、どのようにすべきかを学ばなければならないためである。月は射手座の11°から20°でフェイスによるディグニティを獲得する。そこでは同情こそが、その旅の重要な鍵であることを少なくとも理解する。とはいえ、真に同情を感じ、その想いを伝えていくことが、依然として困難な課題であることに変わりはない。

空気のサイン中の月
The Moon in Air Signs

火のサインにあるときと同様、月は空気のサインにおいて、あまり快適ではない。空気のサインの中での月は、フェイスのみによってディグニティを獲得する。そして、天秤座の1°から10°と水瓶座の21°から30°を除いてペレグリーンとなる。

双子座の月 — Moon in Gemini

双子座の変化しやすく社交的なエネルギーは、月にとって扱いにくい。というのも、双子座はどんなに感情的なつながりであれ、それを形成するほど長く一か所に留まろうとはしない。双子座は常に動き続け、常に新たな可能性と経験を捜し求めるが、ほんの少し触れるだけで立ち

去ってしまう。双子座にある月は、世界の中にある二元性のさまざまな表現の間に共通のテーマやつながりを見出すことで、あらゆる正反対の要素を同時に理解し経験することができるようになるまで、さまよい続けることになるだろう。それができてこそ初めて、根を下ろすのに十分なほど長く集中することが可能になり、また表面的なものの下にあるものを探求することもできるようになるだろう。双子座の月にとって最も居心地良く満足できるのは、新しいアイデアや情報を提示されたときである。感情は軽やかに表現されるが、決して長く続くものではない。

♎ 天秤座の月 ─── Moon in Libra

世界が美しくバランスが保たれ調和的であるときが、天秤座の月にとって最も快適だ。感情や気持ちというものは、物事のバランスを崩す傾向がある。そのため天秤座の月は、平和（ほとんどの場合は、表面的な平和）を乱す恐れのある感情や気持ちは、何にせよ決して表に出さないよう常に注意を払う。天秤座の最初の10°において、月はフェイスによってディグニティを獲得する。ここではお互いが本当の自分を完全に表現しているとき──お互いが本当の感情を伝え合い共有しているとき──にのみ、人間関係は真の調和に至る可能性があることを少なくとも理解する。月はこのことを天秤座の始めの10°で理解するにも関わらず、自分自身を表現することを恐れている。天秤座の11°から最後までの間、月は完全にペレグリーンである。そのため、表面的な物事の下に広がる真のバランスと調和を見出すことを求めながら、迷い続けなければならない。また、真のバランスを経験するために、本当の感情や気持ちを表現していかなければならない。

♒ 水瓶座の月 ─── Moon in Aquarius

具体的ではない抽象的なレベルにおいて、水瓶座の月は非常に大きな同情心を持つ。その養育、保護、援助に関する考え方は、非常に広く人間性に訴えかけるものだ。しかし、水瓶座の月が実際に個人と交わっていく場合、それは大きな障害となる。個人的な交流や人を養育していく

ことは、個々人のかけがえのなさを認識することが必要である。だが、それは水瓶座のエネルギーにとって、非常に困難なことだ。水瓶座の月は集団を育成し、理念を支持し、形の上で援助を与えることができる(例えばチャリティーへの寄付金)。しかし、水瓶座の最初の20°で月はペレグリーンであり、そこでは同情の真の意味——それは頭からだけではなく同時に心からやってくるものであること——を見つけ出さなくてはならない。水瓶座の最後の10°で、月はフェイスによるディグニティを獲得する。ここで月は、より個人的なレベルでの深い関わりが要求されることを、少なくとも理解する。それによって一定の焦点と方向性が与えられることにはなるが、フェイスによるディグニティだけでは、水瓶座の月の葛藤——自らを献身的に捧げなければならないことに気がついているが、いまだ恐れていて、またどのように行えば良いかがまったくわからない状態——がなくなることはない。

水星 Mercury

ルーラーシップ	：双子座、乙女座
エグザルテーション	：乙女座
トリプリシティ	：空気(夜)
デトリメント	：射手座、魚座
フォール	：魚座
ペレグリーン	：牡羊座(1°- 14°、21°-30°)、牡牛座(15°- 30°)、蟹座(1°- 10°、21°- 30°)、獅子座(1°- 6°、13°-3 0°)、天秤座(昼のチャートの1°- 19°、24°-30°)、蠍座(1°- 20°、27°- 30°)、射手座(11° to 14°、19°- 30°)、山羊座(1°-6°、12°-30°)、水瓶座(昼のチャートの1°-6°、21°- 30°)、魚座(1°-14°、24°- 30°)

占星術における水星は、唯一完全にニュートラルな惑星である。水星は等しくダイアーナルとノクターナル、男性性と女性性である。また、推論し、思考し、理解し合うための能力を象徴する。水星は本質的に柔軟性があり、エネルギーと表現力の非常に広い範囲を網羅し体現することができる。水星はどのサインであっても、たとえディビリティとなるサインですら、少なくともいくぶんかはディグニティを獲得する。水星はつながりを作ること、情報を集めること、探究することを求め、そして水星の素早さや柔軟性を援助するサインにおいて、その最高の機能を発揮する。

空気のサインの中の水星
Mercury in Air Signs

わたしたちは水星を空気の精神的かつ社交的な面と関連づけがちである。実際、水星は夜のトリプリシティの空気のルーラーであり、最初の空気のサインである双子座のルーラーでもある。だが、水星は空気のサインの後半では、同様の機能を発揮するわけではない。そこにおいては視点が定められることによって、水星本来の柔軟性と素早さが制限されることにもなる。

双子座の水星 — Mercury in Gemini

双子座での水星は、二重性を強める。また、そこで水星は最も好奇心が強くなる。双子座の中の水星は、トップスピードで機能し、世界を探索し、新たな発見とつながりを作ることが可能となる。双子座での水星は、権限を行使し、目をくらませる(アンフェタミンが作用しているロビン・ウィリアムスを思い出してほしい)。しかし、ルーラーシップにある惑星の場合の常として、双子座の水星はいくつかの興味深い選択をする傾向がある。水星は二元性という本質を持ち、同時に双子座は何よりも明らかに二元性を表現するサインである。そのため、双子座での水星はどんなに短時間であっても、何かひとつのことに集中する際、非常

に大きな困難さがともなうことになる。さらに言えば、水星が一面では詐欺師(トリックスター)の顔を持つことを忘れてはならない——双子座の中の水星は、他のサインにいるときよりも、はるかに「悪の双子」の役をおそらく引き受けてしまうだろう。双子座での水星は、喜んで策を弄し、物事を引っ掻き回す可能性がある——一方では辛辣なコメントをし、別のところではうまい具合にゴシップを流し、事態が面白くなっていくのをただ眺めるのだ。夜のチャートで水星がトリプリシティによってディグニファイドされるとき、双子座の水星はより幸運となり、その悪ふざけによってトラブルに巻き込まれることも少なくなるだろう。

♎ 天秤座の水星 ——————————————— Mercury in Libra

　天秤座の水星は、まったく話が違う。空気のサインであり、精神的および感情的な面に作用する天秤座は、水星にはとても居心地がいい。また、天秤座は一対一の関係で、精神的次元と感情的次元の特定の局面に非常に強く焦点を合わせる。天秤座はバランスという課題、また行動にともなう責任にまつわる問題と関連している。天秤座の水星は、どんな考えであっても、真逆の観点に対して同じだけの時間とエネルギーをかけなければならず、一方だけに向かっていくことはできない。こうした傾向は水星の働きにとって必ずしもそれほど快適とは言えない。夜のチャートでの水星は、トリプリシティによるディグニティを獲得するが、そこでは調和を求める天秤座と水星本来の二面性に対する理解力との間のバランスを取ることも可能である。望むほどには自由に物事を探求することはできないとはいえ、天秤座の中での水星は、対人関係という領域で納得のいく能力を発揮するのに十分な題材を見つけられる。しかしながら、昼のチャートでの天秤座の水星は、19°から24°のタームを除いてペレグリーンとなる。昼のチャートで土星が空気のトリプリシティのルーラーである場合、水星はその行動の結果を考慮する必要性から制限されているように感じる。その場合、間違ったタイミングで不適切なことを言ってしまうことを心配しなければならなくなるが、それは水星にとって思うように素早く行動できないこと、あるいは目的遂行が

しづらくなることを意味する。タームによってディグニファイドされているときの水星は、お互いに理解し合おうと優れた力を発揮する——もはや迷い続けることなく、自分を取り巻く状況や背景を理解する。だが、天秤座の求めるバランスと調和を保とうとしながら、同時に自分自身の思いを十分に伝え、表現するための自由を獲得するには、依然として葛藤を通過していかなければならないことに変わりはない。

♒ 水瓶座の水星 ——————————————— Mercury in Aquarius

　水瓶座の水星は、天秤座にいるときより、少しはうまくやっていける。水瓶座は土星がルールしており、構造や責任と関係する。しかし、水瓶座はより広く抽象的な観点——人間関係における自分の役割とは対立する社会の中での自分の立場——から物事をとらえるため、水星の機能にとってわずかながら好ましいものとなっている。水瓶座の水星は、概して個人の自由と社会の力に関する問題へと引きつけられる傾向があるが、より広い領域にわたる考えを自由に表現することもできる。天秤座と同様、夜のチャートでの水星は非常に好ましく働く——（いくぶん理想的な場合ではあるが）水瓶座の客観性を保持するエネルギーを理解し、非常に安定した形で自分自身を表現することも可能である。しかし、昼のチャートでの水星は、より困難になる。水瓶座の規則や制度は、個人的な考え（あるいは少なくとも集団の理想に背を向ける思想や考え方）へ強い異議を唱える。水星は水瓶座の6°から12°でタームによるディグニティを獲得し、11°から20°でフェイスによるディグニティを獲得する（また水瓶座の11°から12°で、タームとフェイスの両方となり、実際にかなり効力を発揮するに足る「点数」を集めている）（訳注[42]）。水瓶座のその他の部分での水星は、昼のチャートの場合、ペレグリーンとなる。そのため、集団の情勢に合わせ、自分自身の考えを

---

‡訳注42‡ここで点数と言っているのは、144頁のエッセンシャル・ディグニティの表の一番下段に表記されている数値のことを指している。伝統的なホラリー占星術では、ディグニティとディビリティによる点数計算はチャートの解釈において必須である。だが、本書では一箇所を除いて(464頁)、点数計算は実際に用いられていない。

追求し表現するための方法を見つけ出そうとしながら、迷い続けること
になる。

土のサイン中の水星
Mercury in Earth Signs

　水星は土の元素と愛憎関係を持っている。土の元素は、水星の過度に
活発で変わりやすい性質を固定し、集中させ、安定させるには適してい
る。そのことにより、水星が自分の考えをより実際的に用いることを可
能にさせる。だが一方で、非常に動きが遅くのろのろと進む土の本来の
性質により、水星が快適に機能するには、あまりにも動きを停滞させて
しまうことにもなる。

牡牛座の水星 ───── Mercury in Taurus

　牡牛座の水星は、前半ではなく後半においてペレグリーンとなる。当
然のことながら、牡牛座の前半での水星はそれほど強くはない――最初
の10°はフェイスによるディグニティ、8°から15°はタームによるディ
グニティを獲得する。牡牛座の最初の8°までは、水星がまったく素早
く行動できない恐れがある（牡牛座は最も動きの遅いサインである）。
そこでは事前の計画や集中力が重要な性質であることをわかってい
ても、それがなかなか習得できない。タームとフェイスの両方によって
ディグニファイドされる牡牛座の8°から10°の間では、思ったように
素早く行動できなくても、バランスの取れた状態を手に入れ、行動の際
は非常に正確で効率的となる。牡牛座の11°から15°において、水星は
鋭さを失い始める。さらに牡牛座の後半においてペレグリーンとなる水
星は、迷い続けながらも、効率的で上手に自己を表現できるバランスの
取れた状態を手に入れようと努力するようになる。牡牛座の水星は無駄
話に時間を浪費することはない。そのため、牡牛座の水星が口を開くと
きは、大抵の場合、何かとても重要なことであり、よく考え抜いた上で
のことになる。牡牛座の水星を持つ人は、言葉と同じように物質的な物
を通して考えを伝えていこうとする。彼らは運動感覚を通して世界と関

187

わり、また自分にとって、それがどのように感じられるかということに関心が集中していく傾向がある。

♍ 乙女座の水星 ——— Mercury in Virgo

　水星は乙女座をルールしているだけではなく、乙女座の中でエグザルテッドしている。乙女座に水星があるときほど、惑星が強くディグニファイドされることはほとんどない。乙女座は、正確で、細部にうるさく、分析的という水星の面を引き出す。双子座の水星が単なる好奇心だとすれば、乙女座の水星は、事態をもっとよくするための方法を学ぶという目的を持った好奇心となる。乙女座の水星は、それがルールするサインにあるため権限を行使する。だが、乙女座での水星はエグザルテッドでもあるため、それはある種の側近となるものを持つ。水星は自身の課題を決めるが、尊敬すべきアドバイザーやアシスタントがいる。彼らは水星が集中し順調に続けていけるようにするため一生懸命に働く。このとき乙女座の水星は、常に可能な限り最高に輝いて見えるように取り計らってくれる「超一流」のマネージャーと報道係を持った「超一流」のスターとなる。それにも関わらず、乙女座の水星は度を越して批判的になることがあり、また物事をより大きな枠組みで考えることなく、あまりにも細部へと集中しすぎてしまうこともある。このことは水星の観察が常に見当違いだということではない——たいがい水星の観察は正確である。ただ問題は、どれほどそれを理解してもらおうとしても、必ずしも常に理解してもらえるわけではないというだけのことだ。

♑ 山羊座の水星 ——— Mercury in Capricorn

　山羊座での水星は、6°から12°のタームによるディグニティを除いてペレグリーンとなり、土のサインの中で最も困難になる。山羊座の中の水星は、実際にアイデアを具体的に利用することへばかり目が向いてしまうため、新しい可能性を探し求めることができなくなってしまうのである。山羊座は始動のサインであるため、自分らしさ(アイデンティティ)に関する問題と基本的に関係している。そのため山羊座にいる水星は思いつきや感じた

ことを非常に個人的な問題に引きつけて考えてしまう。したがって、山羊座にいる水星は、自分の基準で判断してしまうことや論争的な態度を取ってしまうことにおいて注意をしなければならない。山羊座のエネルギーは、現状を維持すること、効率的であること、責任を引き受けることと関係している。想像にふけることや非現実的な空想を、山羊座はあまり好まない。水星が山羊座でタームになるとき、効力は制限されているとはいえ、想像力をより実際的な用途へ向けていくことが可能となる。しかし、山羊座のそれ以外の部分における水星は、自らの枠組みによって制限されながらも、枠組みから離れて考え、探究する方法を見出そうとしながら迷い続けることになる。

火のサインの中の水星
Mercury in Fire Signs

水星は、火のサインと何ら類似性を持たない。結局のところ、火は水星の好みに応じて焦点を合わせ、一点を目指す傾向を過剰に強める。だが、同時に火は水星に対して、より衝動的で攻撃的な行動――それらは水星にとって強化される必要のない性質である――を促すことにもなる。

♈ 牡羊座の水星  Mercury in Aries

牡羊座のエネルギーは、別の何かを求めようと考えても、個としての自分らしさ(アイデンティティ)を表現することに集中しすぎてしまう。牡羊座の水星は、このエネルギーによって強く制限されるようになる。ひとり一人の人間が興味深い存在であるのと同様、わたしたちが実のところ宇宙の中心ではないということは好奇心を掻き立てられる主題である！　水星が必要とするのは、牡羊座が許す以上のさらなる探求への自由、及び目標である。牡羊座のほとんどの部分でペレグリーンとなる水星は、個としての自分らしさを強めてくれるのと同時に、宇宙はそれ以上多くのものを提供し、また自己の理解を超えたものであることを受け入れていくまで、こうしたことを理解するための方法を探し求め迷い続けることになる。

189

牡羊座の14°から21°で水星はタームによるディグニティを獲得し、ある程度の広い視野を得ることができる。だが、タームは強いディグニティではない。そのため、牡羊座の水星は次のような言い方をしてしまう。「さて、わたしについての話は十分だ。あなたについて話をしよう。あなたはわたしについてどう思う？」。牡羊座の水星の最も大きな難点は、頭で考える前に話を始める傾向にある。また、問題を論争への挑発あるいは誘いとも受け取られる非常に直接的で率直な態度で会話のやり取りを往々にする――牡羊座の典型的なやり方で、強い主張をしてしまうことで自らを窮地に追い詰め、議論をもはや面目を失わずに勝つことも譲歩もできないような状況に至らせてしまうこともたびたびある。

♌ 獅子座の水星 ——— Mercury in Leo

　獅子座の水星は、牡羊座の水星と似たり寄ったりである。ただ違いは、獅子座の中の水星が、どれだけ自分が素晴らしいと評価されているかを、実際に気にしているという点にある。獅子座はドラマティックなサインのひとつである。そのため獅子座の水星は、非常に生き生きとして、強い力を持ち、カリスマ的な伝達者となる――また、自分自身の声の響きにもほれ込んでいる（そして、あなたにもそう感じてくれるよう求める）。水星は獅子座の6°から13°でタームによるディグニティを獲得する。この7°の間にある水星は、少なくとも獅子座の開放的で豊かなエネルギーとつながる。そのため、その純粋な暖かさと寛大さを表現し伝えることができるようになる。獅子座の残りの場所で、水星はペレグリーンとなる。その場合の水星は、感じ方、見解、アイデアについて他者からの支援と承認に依存しないようになることを学ぶまで、迷い続ける傾向にある。獅子座のエネルギーは極度に創造的である。そのため、しばしば獅子座の水星は、執筆、演説、演技を通して自らを表現することもある。

♐ 射手座の水星 ——— Mercury in Sagittarius

　射手座の水星は、すべての火のサインの中で最も悪い状態となる。実

際には射手座の半分でのみペレグリーンとなるが、射手座は水星のデトリメントのサインであるため、水星は常に居心地が悪い。射手座は、真実と自由の探求、また全体像を明らかにすることと関連する木星がルールするサインのひとつである。もちろん、水星は詳細に関心があり、人生における経験の微妙なニュアンスや限りない多様性へと強く魅了されているため、全体像の存在にすら気がつかない。デトリメントの中の惑星は、それでも強さを持ち続ける——だが、その強さ故に自らを困難な状況へと追いやってしまう。射手座の水星は、全体像を見出すための方法が、実際に詳細へと焦点を絞っていくことにあると確信してしまっている。また全体像があまりにも大きすぎるため、ささいな詳細のすべてが等しく重要であるに違いないと考えてしまう。射手座の半分では、このアプローチも、思われるほど悲惨ではない。水星は射手座の始めの10°でフェイスによるディグニティを獲得し、14°から19°でタームによるディグニティを獲得する。そのため、そこでは少なくとも何らかの焦点や方向性を持つ。しかしながら、射手座の残りの部分での水星は、ペレグリーンとデトリメントの両方となり、新しい考えや新しい情報のひとつひとつの断片を真実への鍵であると信じてしまうことになる——そして、ときとして他の者にも、そう信じさせようとする。

水のサインの中の水星
Mercury in Water Signs

水のサインにおける水星は、まったく幸福ではない。水星にとって、水のサインはあまりにも感情的で主観的である。概して言葉は、気持ちを伝える際、不十分な道具である。そのため水のサインにある水星は、思いを明確に伝えることが困難となる。

♋ 蟹座の水星  Mercury in Cancer

フェイスによるディグニティを獲得する11°から20°を除き、蟹座の中で水星はペレグリーンとなる。また、13°から20°では、タームによるディグニティを獲得する。蟹座のこれらの度数における水星は、驚く

ほどの集中力、同情、愛を持って思いを伝達する。しかしながら、蟹座の残りの部分における水星はペレグリーンであるため、蟹座の感情の湯水につかった状態から、言葉や概念を引き出そうと苦心する。水星が蟹座の中で何らかのディグニティを獲得する場合でさえ、私心から離れ客観的になることは難しい。蟹座の水星と関係する限り、あらゆるコミュニケーションは感情的つながりを必要とする。始動のサインである蟹座は、表現的かつ活動的である。そのため蟹座の水星は、他者へと援助の手を差し伸べ、親密なきずなを結ぼうとする。蟹座の水星は、実際に語られたことに耳を傾けるよりも、どんな様子で語られたかを気にするがゆえに、感情をすぐに表わそうとしない人たちとの交流に大きな困難が生じる。蟹座の水星が経験することになるのは、底を流れる強い感情なしに、思いを伝え合うことの難しさである。

♏ 蠍座の水星 ── Mercury in Scorpio

すべてのサイン中で、蠍座が最も深く激しい感情のレベルに作用する。そのため蠍座での水星は、さらなる困難を抱えることになる。蠍座の水星は21°から27°でタームによるディグニティを獲得する。そこでは蠍座の激しく集中的なエネルギーが、最終的には水星にその感覚の深みを伝えるための能力を可能にする。蠍座の残りの部分でペレグリーンとなる水星は、蠍座の感情的でヒーリングと変容のエネルギーを伝える言葉を見出すための方法を模索する。蠍座の水星の抱える最も大きな課題は、蠍座の強力で感情的なエネルギーを言葉へと置き換えるための方法を学ぶことにある。その置き換えの際には常に何かが失われてしまうが、そのことに対して蠍座の水星はことのほか苛立たしく感じてしまう。自分と他者の双方の深く秘められた動機へと蠍座の水星は興味を惹きつけられる。これらの感情や気持ちを共有することによって、蠍座の水星は他者との感情的かつ霊的な結びつきを作り出したいと望む。蠍座の水星がはるかに好ましいと感じるのは、魂の深みへと降りていくことであり、礼儀正しい会話を続けることではない。

♓ 魚座の水星 ——————————————— Mercury in Pisces

　魚座での水星は、デトリメントかつフォールとなる。また、14°から20°以外で、ペレグリーンでもある。魚座は最も焦点が定まらず、最も識別力を欠いたエネルギーである。これはいろいろな意味で、水星とは正反対だ。射手座同様、木星にルールされるサインであり、魚座は全体像へと目を向ける。魚座のエネルギーは、すべての分離は幻影であり、わたしたちは実際には宇宙のすべてのものとひとつであることを思い出させ、そしてわたしたちを根源へと回帰するよう促す。魚座での水星は、精神・感情の面、及び物質的な面の両方に作用する。そのため、水星の魚座におけるフラストレーションは、これら両面において現れてくる。水星の主要な機能はコミュニケーションだが、その最も重要な面は世界を自分自身に対してどのようなやり方で説明するかである。魚座の水星を持った人は、他の大部分の人々とは極めて異なる宇宙についての見解を持っている。他の人々は物事の間の違いに目を向けるが、魚座の水星を持つ人はすべてのものの間の根本的なつながりを見る。しかしながら、このことを魚座の水星を持たない人に伝えることは、かなり困難なものとなる――伝えるためには、まず自分とはまったく異なる視点から世界を見る方法を学ぶ必要があり、さらにその2つの間での翻訳に努めなければならない。魚座の中でタームによるディグニティを獲得するとき、水星はより集中力が増し、現実の異なる経験の間のギャップを埋めることがより容易になるかもしれない。だが、魚座で水星がペレグリーンとなる場合、その旅路は長く曲がりくねったものになる可能性がある。魚座のエネルギーは非常に直感的である。だが、それは水星がとりわけ信用しようとしないものだ。水星は推論すること、熟考すること、分析することを求めるのであって、直感や霊的な導きに基づいて行動することはない。しかし、魚座の水星が真実の道を発見するためには、直感に耳を傾け、それに従うことを学んでいく必要もある。

金星

Venus

ルーラーシップ	：牡牛座、天秤座
エグザルテーション	：魚座
トリプリシティ	：土（昼）
デトリメント	：牡牛座、蠍座
フォール	：乙女座
ペレグリーン	：牡羊座(1°-6°、14°-20°)、双子座(1°-14°、21°-30°)、蟹座(11°-20°、27°-30°)、獅子座(1°-13°、19°-30°)、乙女座(夜、1°-7°、21°-30°)、蠍座(1°-14°)、射手座(1°-8°、14°-30°)、山羊座(夜、6°-30°)、水瓶座(11°-12°、20°-30°)

　金星はノクターナル、陰、そして受動的で感応性が高い。親和性や愛に基づいた絆やつながりを金星は形作っていく。また、個としての自己よりも大きなものとつながるために、金星は人間関係を作っていくのである。本来の金星は受動的で感情的であり、月と同様、水と土のサインで最高の働きをする(金星は土のトリプリシティのルーラーシップを月と共有している)。だが、関係性、美、バランスへの金星の関心は、土や水ではなく、空気のサインである天秤座によってサポートされる。金星は「恩恵(ベネフィック)」を与える惑星のひとつである。またタームによるディグニティを獲得することも多く、ペレグリーンとなるのはわずかな間だけしかない。

土のサインの中の金星
Venus in Earth Signs

　金星は昼の土のトリプリシティを支配する。昼のチャートで、土の元素は金星に落ち着きを与え、支援や枠組みを提供し、それに形を与える

――言うまでもなく土の元素は身体的な快適さや感覚的(そして官能的)刺激と関係し、金星が最も幸福となる領域である。しかしながら、夜のチャートでの土のサインは、金星にとってあまりにも現実的で重いものとなることがある。金星は夢を見ること、創造すること、憧れることを必要とする。ノクターナルのチャートでの土は、金星の夢をしっかりと支え援助する代わりに、それを完全に押し下げてしまう可能性もある。

♉ 牡牛座の金星 ――― Venus in Taurus

　牡牛座で金星は、ルーラーシップとなるため、土のエネルギーの重さは問題とはならない。牡牛座は金星の中の官能的、実際的、創造的な面を引き出す。もちろん、牡牛座の金星は一流の世界を経験することを求める。だが、牡牛座は非常に勤勉で実利を求めるエネルギーである。たとえ牡牛座の金星が非常に高級志向であったとしても、ものの価値というものを理解し、人生で最高のものを手に入れるためには、ときとして必死に働かねばならないことも承知している。昼のチャートで牡牛座の金星はトリプリシティによってディグニファイドされるため、より集中力を増加させる傾向がある――そして一般的により幸運ともなっていく。牡牛座の金星は勤勉に働くことをいとわないが、昼のチャートでは、誰か他の人が勘定を払おうとするときに、いつもちょうど良いときと場所に居合わせるようなことも珍しくない。夜のチャートでの牡牛座の金星は、長期にわたる快適さよりも、むしろ当面の満足へと向かう傾向が強くなる。牡牛座の金星は、安定性、誠実さ、創造性、実用性に価値を置く。また、他者と関わっていく際も、現実的で計画的で合理的な態度を示す傾向がある。

♍ 乙女座の金星 ――― Venus in Virgo

　乙女座は金星にとってフォールのサインである。フォールの惑星は困難な状況に置かれる。だが、デトリメントとは違って、その困難は自分自身で作り出した状況ではない。力を持っていないわけではなく、置か

れた場所で、その特有の才能がただ必要とされないだけである。フォールの惑星は、物質面に作用する——それに対して、物質や肉体の世界を完全なものにすることと関連する土のサインである乙女座の状態は、非常に強く共鳴する。乙女座の金星は、物事の細部や物事を改善する方法ばかりに目を向けてしまうため、物事をあるがままの形で評価することができなくなる。言うまでもなくこれは、人間関係を多少難しくする可能性がある。というのも、乙女座の金星は常に完璧であることにこだわるために、ロマンティックなパートナーとなる可能性がある人のあら探しをしてしまう。その結果、自分たちの関係を完全ではないと感じてしまい、ふさわしいはずのパートナーを退けてしまう可能性がある。昼のチャートでは、トリプリシティによるディグニティを金星は獲得するが、その場合の建設的な批判であるならば、他者からの承認もはるかに得やすくなるだろう。乙女座の 10°から 13°での金星は、タームとフェイスの両方によってディグニファイドされ、実際の得点でトップとなる（訳注[43]）。その場合の金星は、あるがままの形を認めることと、さらなる改善に努めることとの間のバランスを見出すことができるようになる。しかしながら、夜のチャートでの乙女座はペレグリーンとなり、また乙女座の他の部分（タームかフェイスのディグニティを持つ 7°から 20°を除く）ではフォールとなる。乙女座でペレグリーンとなった金星は常に完全性を求めるようになるが、完全性とは最終結果ではなく一連の行為にあると気づくことができるまで、迷い続けることになる。乙女座の金星は、花壇から雑草を引き抜きながら、それと同時に薔薇の美しさを現に評価することを学ばなくてはならない。

♑ 山羊座の金星 — Venus in Capricorn

　山羊座の最初の 6°を除き、夜のチャートでの金星はペレグリーンである。金星が山羊座の中でペレグリーンとなる場合、金星はあらゆる形

---

‡訳注 43‡「得点でトップとなる」というのは、ディグニティによる点数計算の結果のことを意味する。点数計算については、186頁訳注 42を参照。

の物質的な富の獲得に集中しすぎる傾向がある。それ自体としては悪いことではないが、ときとして山羊座の金星は人と関わるよりも、物との関わりを優先する傾向がある。こうした傾向は、たとえば対人関係の場面において、常に点数をつけて評価するという形となって現れることもある。夜のチャートの山羊座の金星は、無形で実益のないもの（感覚や感情のような）であっても、形ある物質的なものと同じように価値を認められるようになるまで、迷い続けることになる。一方、昼のチャートでトリプリシティによって金星がディグニファイドされる場合、山羊座のエネルギーは金星に落ち着きと集中力を与える。トリプリシティによって高められている場合の金星は、それでもなお喜び（また人間関係）の目に見える面へと関心を向けていくとはいえ、他者と富を喜んで分け合うようになる。山羊座は自分らしさ(アイデンティティ)を目に見える形で表現しようとする。そのため山羊座の金星は、しばしばこの世での個人的成功と関連するさまざまなステータス・シンボルを重視し高く評価する傾向がある。こうしたことは、山羊座に金星がある場合、人間関係での問題——自分にとってパートナーがどれだけ役に立つかということへと、あまりにも関心を向けすぎてしまうため——を作り出してしまう可能性もある。

水のサインの中の金星
Venus in Water Signs

確かに金星は、水のサインの感情的な性質と本質的に密接な関係を持っている。だが、人間関係においては、金星が広い視野を持ちつつバランスを維持できるようにしていく必要もある。不合理で感情的な水のサインにとって、通常それは得意とするものではない。

蟹座の金星 — Venus in Cancer

蟹座の11°から20°と27°から30°において金星はペレグリーンとなる。また、ペレグリーンでない場合でさえ、タームかフェイスによるディグニティにしかならない。蟹座の金星は、関係性を通して感情的な

欲求や安全欲求を満たそうとする。確かに人間関係は、感情的な支え、養育、保護、精神的な結びつきを与えてくれるものだ。だが、どんな人間関係であっても、同様のものをもたらしてくれるわけではない。蟹座の金星は、すべての関係性において心が先に立つ。タームないしはフェイスによってディグニティとなる場合の蟹座の金星は、関係性がバランスを必要とすること、また純粋な感情的レベルだけではなく、さらに多くのレベルで関わっていかなければならないことを、少なくともわかっている（けれどもタームとフェイスは、金星がこうしたことを、何ら葛藤なく維持できるほど強いディグニティではない）。蟹座で金星がペレグリーンである場合、人間関係にのみ頼って感情的つながりを作っていこうとする。そのため、自分の感情的な欲求をパートナーの援助や関わりがなくても満たすことができる――また、関係する人々との間に別のレベルでの強いつながりを作っていくことができる――と気づくまで、迷い続けることになるだろう。

♏ 蠍座の金星 ―― Venus in Scorpio

　蠍座の金星は、デトリメントにあり、また最初の14°でペレグリーンとなる。蟹座の中の金星のように、蠍座の中の金星は、人間関係を通して経験できる深い感情的で霊的なつながりに関心を集中する。このひたむきな傾向は、結果として金星を制限するものとなる。しかし、蠍座での金星には力がある。そのため金星は、最も激しく互いを変容させる感情的な関係を、可能な限り追求していこうと決意を固める。蠍座のエネルギーは非常に深く内面へと向かう。そのため蠍座の金星が社交的になるのは難しい。概して蠍座の金星は、カクテル・パーティーよりも集団セラピーを好む。また、蠍座の金星は、確かに力強いヒーリングをもたらす関係を作り出すことができる。だが、ときとしてそれが、蠍座の金星にとって関係性の唯一の種類となってしまうこともあるようだ。蠍座の中で金星がタームないしはフェイスによるディグニティを獲得する場合、さらに関係性を深めていくことに集中することさえある――だとしても、最終的には関係性を通じて霊的なつながりへと向かっていくこと

を金星は知っている。金星が蠍座でペレグリーンとなる場合、自分本位に陥りやすくなり、そればかりか誰もが深い感情的つながりの経験を求めているわけではないと理解することができなくなっていく。こうしたことは蠍座の金星が、時間とともに学んでいくことのできる課題である。

♓ 魚座の金星 —— Venus in Pisces

　魚座における金星は、水の元素の感情的・霊的な性質と、一方で美しく調和の取れたあらゆるものと関わっていこうとする金星の欲求との間の完璧なバランスを最終的に見つけ出す。魚座の中で金星はエグザルテッドし、高次の自己(ハイヤーセルフ)のレベルに影響を与える。魚座のエネルギーはわたしたちの間にある境界を消滅させることであり、分離の幻想を手放し、宇宙の真実の根源と再びつながることへと向かっていく。他の人や美しく調和したものと関わるとき、実際、わたしたちは全宇宙と関わっているのであり、またすべての創造物の完成の極致へのつながりを再発見しようとしていることを、最終的に魚座の金星は理解する。魚座の金星は、関係性の中で役に立たなくなった形式や慣習を、いともたやすく自然に手放していく。それでもやはり、魚座が感情的で霊的な面に作用することに変わりはない。ただし、金星が魚座で作る感情的つながりは、蟹座と蠍座の中で作られるものよりも、はるかに穏やかである。

空気のサインの中の金星
Venus in Air Signs

　水のサインと同様に、金星は空気の社交的エネルギーの恩恵を受ける。だが、ここではそれが、金星にぴったりのちょうど良いバランスで与えられる。

双子座の金星 —— Venus in Gemini

　金星は双子座の1°から14°及び21°から30°でペレグリーンとなる。だが、実のところ、おそらく金星はそれに気づかない。双子座は金星の

中から社交家の面を引き出す——金星は魅力的で美しくなるが、同時に動き続けようとする。双子座のエネルギーは、人間関係にとって必要な関心を向けること、反復性、安定性をもたらすものではない。このことは双子座の金星を持つ人が、深い人間同士の関わりを持つことができないと言っているのではない！　とはいえ、金星が双子座にある人は、常に社会的な活動を求める傾向がある。双子座の金星が、世界全体との関係やつながりを作っていこうとするのは、宇宙とのつながりを求める金星の欲求に近づいていこうとするためでもある。

♎ 天秤座の金星 ──────────────── Venus in Libra

　一方、天秤座のエネルギーは完全に金星に適している。また、金星は天秤座をルールしてもいる。金星にとってありがたいことにも、双子座とは異なり天秤座は、一度にひとつだけの関係性に集中する。天秤座のエネルギーはバランスと調和を求める。そして、金星が天秤座にある場合、そのより洗練された形での芸術的才能を表すことができる。牡牛座の金星は、工芸やガーデニング、体を道具として使う創造的なこと（たとえば歌うこと）へと働きかける。それに対して天秤座の金星は、美しさと均衡のより洗練された表現を創造するために道具や器具を用いようとする。天秤座の金星は、画家、音楽家、彫刻家、作曲家、数学者、外交官、調停者でもある。しかしながら、天秤座の金星は、均衡と調和における理想を何にも増して重視する（あるいは少なくとも外観的な均衡と調和——結局のところ、天秤座は空気のサインである）。金星の魅力は、操ること、なだめること、懇願することへと利用されることもある——実際には、平和が乱されるのを避けるためならば、とにかく何でもする。天秤座の中の金星は、天秤座のエネルギーの最も重要な課題、すなわちプロセスにおけるバランスを学ばなければならない——関係性の中にあっても、人はまさに個人であるため、事態は双方の間で行ったり来たり揺れ動く。関係性の中の真のバランスを見つけるためには、他者のことを考慮しながらも、各自が完全に自分自身であり続けることが必要である。

♒ 水瓶座の金星 ——————— Venus in Aquarius

　空気のサインの中で、水瓶座のエネルギーは最も明確で安定している。天秤座と同じほどではないにせよ、双子座よりは概して快適である。水瓶座での金星は、他の場所にいる場合より、感情に動かされることが少なくなる傾向がある。水瓶座のエネルギーは個人ではなく、むしろ集団の欲求と関係する。水瓶座の中の金星は、個人的なものよりも、集団や理想に関心を向けるほうが断然適している。水瓶座は正義と自由に関心を持ち、抽象的な形であったとしても、非常に思いやりがある。水瓶座の金星は、自分自身の理想や信念と合ったパートナーに惹きつけられる。一方、異なる信条や党派の人々に対して、調和とバランスを保つことは難しい。金星は水瓶座の一部でタームとフェイスによるディグニティを獲得する。これらの度数にある金星は、普遍的なものへと向かう水瓶座のエネルギーを、集団ではなく限定された個人に対する思いやり（または感情的なつながり）へと変換していくよう努めなければならないことに少なくとも気づいてはいる。金星が水瓶座でペレグリーンである場合、こうした気づきに至ることができない。そのため理想を担っていく人々自体も、理想そのものとまったく同様、大切にしなければならないことを見出すまで、迷い続けてしまうことになる。

火のサインの中にある金星
Venus in Fire Signs

　火のサインの中で、金星は特に居心地が悪い。それは火の元素が、あまりにもひとつのことに集中し、個人的な表現や行動にのみ目を向けていくからだ。本来、火は他者を考慮しない。そのため火のサインにある金星は、他者と関わり、調和とバランスを保つことができるその本来の能力を、やや失ってしまう傾向がある。

♈ 牡羊座の金星 ——————— Venus in Aries

　金星は牡羊座でデトリメントとなる。そのため金星にとって、牡羊座

は特に居心地の悪い場所となる。また、金星は牡羊座で非常に強まる――ただし、牡羊座の金星はその力を特殊なやり方で行使することになる。金星が学ばなければならない課題のひとつとして、ここで思い出すべきなのが、関係性のバランスを真に維持するためには、すべての個人が自分自身を完全に表現しなければならないということだ。特に関係性を求めるサインにある場合は、なおさらそうである――そこでは関係性のもう片方も完全に満足させる必要がある。関係性を求めるサインの中での金星は、バランスと調和を名目として自分を抑制し、パートナーの願いに譲歩することで和解しようとする。しかし、牡羊座での金星はそうはならない。実際、牡羊座の中の金星は、まさに欲しいものを追い求めることができる――また、牡羊座のエネルギーは非常に衝動的になるため、そこでの金星は欲しいものを欲しいときに求めるようになる。牡羊座の金星にとっての問題は、牡羊座のエネルギーが他者のことを気に留めることなどほとんどないため、自分の幸せのためばかりに精力を注ぐようになり、その行動が他人にどんな影響を与えているかに注意を向けることがなくなってしまうということだ。牡羊座の金星がペレグリーンである場合、人間関係や、その適切な境界について、苦労しながらも――境界を横断し、それによって経験を積み、願わくはその結果から――学んでいかなければならない。金星は牡羊座の6°から14°でタームによるディグニティ、終わりの10°でフェイスによるディグニティを獲得する。少なくともここでの金星は、他者を考慮することを学ばなくてはならないことを理解している。しかし、タームとフェイスは大きな違いを作り出すほど強いディグニティではない――牡羊座のエネルギーは非常に衝動的であるため、依然として金星は考えなしに、まず行動を起こしてしまう傾向が残る。金星が何らかのディグニティを持つ場合の唯一の違いは、関係性の境界を超えてしまうことに、ペレグリーンの場合よりも早く気がつくことである。

獅子座の金星 ― Venus in Leo

　全体的に見ると獅子座の金星は、牡羊座の金星より、かなり良い状態

にある。獅子座のほとんどの部分でペレグリーンになるとはいえ、もはやここではデトリメントではない。牡羊座とは違って獅子座のエネルギーは、他者の存在を意識し、ある程度は他者と関わりを作っていくことができる。しかし牡羊座同様、獅子座もかなり自己中心的である。そのため他者と関係を作っていく場合、まず基本的に、自分がいかに素晴らしく寛大であるかを他者に認め称賛してもらうことを求める。獅子座の金星は、温かく、寛大で、楽しく、カリスマ的で、魅力的になる。獅子座のエネルギーは本質的に創造的である。そのため金星の芸術的な才能と組み合わさることで、獅子座のエネルギーは金星に対して非常に生産的な役割を果たすものとなりえる——もちろん、批評家が金星を好むかぎりであるが！　意地の悪い意見、あるいはさらに悪いことにも、まったく注目されないときは、実に激しい癇癪や感情の爆発を起こすこともある。仮に高く評価されないとしても、獅子座の金星は少なくとも注意を向けてもらう必要がある（できれば注目の的としてだが）。獅子座の金星は、精神的で無私無欲の人間関係や創造的プロセスについて学んでいかなくてはならない。最終的に獅子座の金星は、誰か他の人の意見よりも自分自身の意見を大事にしていくことを学ぶ必要もある。

♐ 射手座の金星 ── Venus in Sagittarius

　射手座のほとんどの部分で金星はペレグリーンである。獅子座同様、射手座のエネルギーは関係性の要素を持っている——ただし、射手座における関係性とは、個人と宇宙の間にある。射手座は拡張と自由の惑星である木星にルールされている。そのため射手座の金星は、何よりも自由であることを重視する。双子座にある金星の場合のように、射手座の金星は深い関わりを持ち続けることができないことを意味するわけではない。しかしながら、射手座の金星は、特に真実の探求を制限されるかもしれない場合、境界や制限に対して非常に敏感になる。射手座の金星は、関係性の中で多大な信頼や信用を期待する——そして、その信頼が破られ、あるいは信用が見当違いであったならば、金星はその関係性を続けようとしない。射手座はあまりにも強い集中力で一点に向かってい

く。そのため、射手座の金星はその本来の社交的な能力のいくばくかを失ってしまうことにもなる。射手座でペレグリーンとなった金星は、迷い続けながらも、関係性の真実の探求を宇宙へと向けることになる。そして最終的には、霊的なレベルで他者と真につながっているとき、わたしたちは宇宙とつながっているということを見出すことになるだろう。

火星 Mars

ルーラーシップ　　　：牡羊座、蠍座
エグザルテーション　：山羊座
トリプリシティ　　　：水（昼と夜）
デトリメント　　　　：牡牛座、天秤座
フォール　　　　　　：蟹座
ペレグリーン　　　　：牡牛座（1°-26°）、双子座（1°-10°、21°-25°）、獅子座（1°-20°）、乙女座（1°-20°、24°-30°）、天秤座（1°-20°、24°-30°）、射手座（1°-20°、25°-30°）、水瓶座（1°-25°）

　火星は一点集中、男性的、陽、表出的である。また完全にひとつの目的へと焦点を合わせて表現する。火星は「有害」(マレフィック)な惑星のひとつであるとみなされていた——その性質は強調されるよりも、より好ましく中和されるべきだと考えられていた。火星がダイアーナルよりもノクターナルの性質に指定されていたのはそのためである。火星は基本的に熱く乾いている。そのため、冷えて湿った場所におかれることで、火星の不運と攻撃的な表現力は大いに減じられると古代の人々は信じていた。また、昼と夜のチャートの両方で火星が水の元素のトリプリシティのルーラーになったのも、このためである（ここではプトレマイオスに従っているが、後代のシステムでは、火星を水のノクターナルのみのトリプリ

シティ・ルーラーとし、金星をダイアーナルのルーラーとして割り当てている)。

火のサインの中の火星

火の元素は、本質的に熱くて乾いている——火星と同様に。火星が火のサインにあるとき、これらの性質は強調され、火星は自我(エゴ)のコントロールに影響を受けやすくなる。このことは火星がトラブルを引き起こす原因となる。牡羊座の中の火星は、まさにこの典型である。

♈ 牡羊座の火星 ——————————— Mars in Aries

火星は牡羊座をルールしているため、そこではとてつもなく強力になる。火星の活発さ、表現力の豊かさ、積極性、衝動的な面を、牡羊座は引き出す。牡羊座の火星は戦士であり、また見事に調整され訓練された非常に強力な軍人である。どんな軍人でもそうだが、良き指導の下にあるならば、牡羊座の火星は非常に実行力があり、生産的で、援助的となる——だが、厳重な監督下に置かれない場合は、等しく破壊的にもなる。もちろんここでの問題は、火星が牡羊座にいるとき、火星自身が自らのボスになるということだ——言わば、命令系統のトップになる。何よりも火星は行動を起こすことを求める。そして最も衝動的で行動志向のサインである牡羊座のエネルギーと結合し、かなり強烈な連合となる。牡羊座の火星のエネルギーを思い通りにするには、規律とトレーニングが求められる。牡羊座の火星を持つ人は、常にそのエネルギーを表現できる状態でなくてはならない。仮に行動を起こすことができない場合、封じ込められたエネルギーは欲求不満から怒りとなり、最終的にそれが現れるとき(現れるときは常に)、予測不可能で爆発的になるだろう。火星を満足させておくための最良の方法は、身体的な活動を介すことだ。牡羊座の火星を持つ人は、あらゆる種類の競技や肉体的な挑戦を好む——覚えておくべき最も重要なことは、健全なチャレンジとは自分自身へのチャレンジであるということだ。いかにして他者と張り合うか

に焦点が向かい始めると、自我（エゴ）が関与するようになり、トラブルを引き起こすことにもなる。

♌ 獅子座の火星 ———— Mars in Leo

　火星は獅子座の初めの20°でペレグリーンとなる。また、タームあるいはフェイスによるディグニティのみしか持つことができない。獅子座の火星は、牡羊座の火星に比べて困難は少ない。というのも、はるかに衝動に駆られることは少なくなる。また（より重要なこととして）、獅子座の火星はただの兵士でしかなく、全軍を指揮することはない。獅子座の火星は太陽から命令を受ける。そのため、その服務規程は、評価し、支援し、認めるように他者を仕向けるための行動を起こすことにある。行動の前、火星に考えさせることは何も悪いことではない。ただし、獅子座の火星はその自主性をいくぶん失うことになる。火星は自分が真に何者であるのかを主張することが、自分であるための不可欠の要素である。だが、獅子座での火星は、求めるものが矛盾している可能性がある。すなわち、自分が何者であり、何者であるかを表現することも重要であるが、それと同様、自分が何者であることが人々によって好まれるかも重要となるのだ。獅子座でペレグリーンとなる場合、火星は迷い続けながらも、他者がどう反応するかとは関係なく、まさに本当の自分を表現するとき、自己イメージは他者の承認がなくても強められることを徐々に見出していくだろう。フェイスによるディグニティを獲得する場合、火星はこの課題に気づくものの、むしろ他人の支持と承認を求める獅子座の抗し難い欲求と葛藤することになるだろう。

♐ 射手座の火星 ———— Mars in Sagittarius

　射手座において火星は、最後の5°を除くすべてでペレグリーンとなる。火のサインにおける射手座は、最も集中力に欠けるが、非常に大きな視野を獲得する。一般に火星は大きな視野というものに対してあまり居心地が良くない——火星はただ行動を起こすことを求め、最初に考えるということを好まない。射手座の火星は真実を発見するよう促され

る。だが、火星は精神的なレベルよりも物質的なレベルに影響を与えるため、射手座の火星が新たな考えや哲学に出会ったときはいつでも、火星はそれを用いて実際の行動を起こしたいと望む。その結果は、真実を求めることが、敵を見つけては破壊を命じる類の作戦と同種のものとなってしまうこともある——火星は途上にある障害すべてを単に撃破しようとするだろう。射手座の火星は、その思想や理想を積極的に守ろうとする——これは熱狂的で宗教的な運動として現れることもある。射手座の火星は自分の信条が正しく、他のすべてが間違っているという極めて強い信念を持つこともある（もちろん、これは自我(エゴ)と関連する問題である）。射手座の中で迷い続ける火星は、広い一般的なレベルからではなく、むしろ個人的なレベルから働きかけていく方法を学んでいく必要がある。最終的に射手座の火星は、自分の信念と哲学に基づいて行動する方法を学び、さらに他者を改宗しようとするのではなく、他者にも同じことが行えるよう自由を認めていくことを学ばなければならない。

水のサインの中の火星
Mars in Water Signs

火星は昼と夜のチャート両方において、水のトリプリシティのルーラーである。つまり、それは火星が水のサインの中で本質的に恵まれていることを意味し、面倒を起こすことも少ないことを意味している。水は火星の火の性質を冷まし、火星の表現の速度を落とし集中力を加える。水はとても深く、火星の力とエネルギーを上手に抑制する。感情的で霊的な水の性質は、その行動が引き起こす結果を、火星により意識させるようになる。

♋ 蟹座の火星 ——————————— Mars in Cancer

蟹座の中で火星はフォールとなるが、同時にトリプリシティによるディグニティを獲得する。そのふたつは互いを相殺するわけではなく、蟹座の火星が困難であることに変わりはない。始動のサインとして、蟹座はとても衝動的かつ自己表出的であり、水のサインの本来の性質は弱

められている。そのため蟹座の火星は感情的なつながりや支えを求めながら、衝動的な行動へと向かっていく。フォールの惑星は居心地の悪い状況にいるが、それは自分自身の過失によってそうなっているのではない。蟹座は擁護者であり保護者である。蟹座にいる火星は、どんなに感情を逆なでする侮辱を被るときでも、常に抗弁し防護するよう動かされる。わたしたちの感情というものは、ときとして曖昧で焦点がぼやけてしまうため、火星は常に明確な行動の方針を持っていられるわけではない——すなわち、行動への欲求を持ち、エネルギーは蓄積されていくけれども、いつもはっきりとした目的があるわけではなく、そのため火星はむしろ不能となる。これは必ずしも悪いことではなく、トリプリシティによるディグニティの恩恵のひとつだとも言える。というのも、確かに蟹座の火星はそうしたいときに行動できないかもしれない。だが、蟹座の火星は感情が刺激となって過剰反応してしまう生来の傾向に対して、むしろ行動を起こせないことにより、多くのトラブルから救われることにもなる。ただし、火星には自己を表現しようとする欲求がある。そのためフォールであることによって、火星のエネルギーがあまりにも長く封じ込められてしまう場合、肉体的痛みや不快感として、その最も多くは胃やみぞおちの領域（第3チャクラ）に現れることにもなりかねない。

♏ 蠍座の火星 ── Mars in Scorpio

一方、蠍座の火星は、ルーラーシップとトリプリシティによって（さらに蠍座の最初の6°ではタームとフェイスによっても！）ディグニファイドされるので素晴らしい状態となる。水のサインの中で最も動きが緩慢なのが蠍座である（結局は固定のサインである）。そのため蠍座の火星は行動するのに時間がかかる。蠍座の火星が行動するときは、非常に高度な正確さと集中力をともなう。蠍座の火星は、無意識へと向かい、深い感情と魂の本質へと分け入り、自分の中の恐れと立ち向かい、最終的に根源へと回帰することを求める。自らがボスであることと、非常に恵まれている状態が合わさることで、蠍座の火星は栄えある勇敢な

戦士となる。蠍座の火星は、通常、戦いを注意深く選び、さらにわたしたちの心の内部での戦いが最も挑戦的で危険なものであることを理解している。しかしながら、依然として蠍座の火星は、自我(エゴ)からの指令に影響されやすく、ときとして非常に操られやすくなる。蠍座がとりわけ性的なエネルギーだということではないものの、蠍座のエネルギーの中の火星が性行為を通じて自らを表現することは、ひとつの方法となりえる。もちろん、これは健康的なことでもあるが、大切なのはセックスだけをこのエネルギーのはけ口にしないことだ。より高次の表れにおける蠍座の火星の目的は、ヒーリングと変容にこそある。

♓ 魚座の火星 — Mars in Pisces

再び魚座の中での火星は、強さというよりも、むしろたまたま幸運に恵まれた状態となる。魚座のエネルギーは集中力を欠き散漫である。そのため魚座の火星は重大なトラブルを巻き起こすほど十分な怒りを蓄積することができない。魚座の火星は、感情的で精神的な問題から非常に影響を受けやすく、自他の境界が脅かされること、またそれにともなう苦しみから最終的には自らを守ろうとする。魚座は自分と他者の間を明確に分け隔てることがない。そのため魚座の火星は、他の人々の苦しみを軽減し、屈辱を晴らすことが、同時に自己の苦しみをも解消していくことになる。そうしたことからも、魚座の火星は他者に代わって、その求める大義を実現することを目指す活動家となることすらできる。魚座の後半の度数において、火星はタームとフェイスの両方になる。それによって火星はさらに集中力を増す（おそらく牡羊座へ移動することの準備として）。実際のところ、そこでは攻撃性が現れてくるというより、気分が変わりやすく過度に敏感になる傾向がある。魚座の火星が陥る重要な自我(エゴ)の罠は、殉教者・救世主の元型(アーキタイプ)である。ときとして魚座の火星は、人々が火星の助けを必要としていないにも関わらず、改革運動を断行しようとすることもある。

土のサインの中の火星
Mars in Earth Signs

水に非常に似て、土は火星の行動力を減少させがちな元素である。だが、これがしばしばむしろ恩恵となることもある。とはいえ、ほとんどの場合において、土は単に火星を鈍化させ、より重労働を強いることにもなる。

♉ 牡牛座の火星 ——— Mars in Taurus

火星にとって牡牛座は、特に居心地の悪いサインである。火星はデトリメントとなり、また最後の4°を除いて常にペレグリーンともなる。牡牛座の火星は強力だが、その集中力を不適切かつ生産性のないやり方で用いてしまう傾向がある。牡牛座のエネルギーは火星をひどくゆったりとした重い足取りにさせるとはいえ、確固たる決意を抱かせもするし、また非常に頑固にもする。結果として火星は、自分の望み通りのやり方へとこだわり、勝算を度外視し、ゴールを達成するのにより容易な方法となりえる他人からの忠告や提案を無視するようにもなる。独りよがりのやり方を貫き通そうとする傾向とは別に、牡牛座の火星のより良い面としては、その一貫性——自分がどこにいて何をしようとしているのかを常に強く確信していること——にある。また、牡牛座の火星の否定的な面は、効率的とは言えないやり方で物事を行ってしまうために、時間を無駄にしてしまうことだ。これは火星がデトリメントしていること、そして牡牛座のほとんどの部分でペレグリーンであることの両方からの影響である。牡牛座は、もっと柔軟になり、変化に対し開放的になることを学ばなくてはならない。とはいえ、やはりこの課題を学ぶ際にも、牡牛座の火星は非効率的な方法を取ってしまう傾向があるだろう。

♍ 乙女座の火星 ——— Mars in Virgo

乙女座の中の火星は、最後の6°以外すべてペレグリーンとなる。乙女座の実際的な性質は、火星に現実感覚を与える。だが、乙女座の事細かなことについての強迫観念によって、火星の関心は大きな展望より

も、むしろ小さなものによって占められてしまうことにもなる。当然の成り行きとして、乙女座の火星は、真に重要なのは細部であるという考えを積極的に貫き通そうとするようにもなるだろう。映画『トッツィー』のダスティン・ホフマンの例で乙女座の月を考えてみよう。ホフマンはあまりにも細部への強迫観念（たとえば、コマーシャルの間、トマトが動かないままでいられるか！）に取りつかれているため、誰もが彼とは働きたくはない。細部への関心が役に立つ場合、乙女座の火星は最も幸せを感じる──そのときには火星のエネルギーと動力が有用なものとなり、物質的な世界をよりよくすることへと向けられることになる。

♑ 山羊座の火星 ─────────── Mars in Capricorn

　山羊座の火星は、非常に好ましい位置にある──実際、火星は山羊座でエグザルテッドされる。土のサインである山羊座は、火星が求める実際的で構造化と現実化を促すエネルギーを、始動のサインによる始まりをもたらす動力と結びつける土のサインである。山羊座での火星は行動を起こす（それは火星を非常に喜ばせる）が、火星がその指示を下す者ではない。火星にはその行動のために決められた計画を持っている──さらに山羊座をルールしているのが、構造、境界、重労働に関する惑星である土星であることを考えてみると、これは実にかなり多忙な課題である！　こうしたことは火星にとってはまったく問題とならない。なぜなら、火星は何をしているのか、あるいはなぜしているのかといったことなど気にすることなく、物事を遂行することだけを意識する。ここで思い出して欲しいのは、火星は自動車のエンジンに似ているということだ。つまり、それが動いている限りは誰が運転していようとまったく気にしない。山羊座の中での火星の攻撃性は、より具体的で建設的な目的へと向けられる。仮にあなたが山羊座の火星を妨害したとしよう。火星はあなたを殴りつけようとはしない。むしろ、20年間かけて帝国を築き上げ、あなたが働いている会社に対して敵対的買収を行い、そしてあなたをクビにするだろう。言うまでもなく、山羊座の火星は自我（エゴ）のもたらす罠にはまりやすい──山羊座の火星は極度に競争的となり（火星に

対してさえも)、その業績を認められることへと強く駆り立てられよう
になる。

空気のサインの中の火星
Mars in Air Signs

　太陽と同様、火星はその働きや表現がひとつのことへと向けて集中化
する。そのため、二重性のサインであり、基本的に二元的な性質を持っ
た空気のサインには適していない。火星の欲求は行動を起こすことであ
り、代案、選択、結果の提示を求めてはいない。

♊ 双子座の火星 ——————————————— Mars in Gemini

　双子座の火星は、他の空気のサインにいるときほど調子が悪くなるわ
けではない。大抵の場合、双子座の働きが非常に速いため、火星はただ
ふたつの任務を掛け持ちし、順々に両方をこなさなくてはならなくな
る。結果的に、双子座の火星は非常に好奇心が強くなるが、集中力はか
なり欠如する。双子座はあまりにも変化しやすい性質である。そのた
め、しばしば双子座の火星は、どんな任務も完了する以前に、他のこと
に飛び込んでしまうことになる。双子座の半分の場所で火星はペレグ
リーンとなる。そこで火星は集中力の身に着け方を学ぶことを強く求め
られる。だが、そこで火星は主に双子座の非常に素早いエネルギーに
よってバランスを大きく崩してしまっている状況に、まったくといって
いいほど気がついていない。双子座の最後の5°でタームによるディグ
ニティを、また10°から20°でフェイスのディグニティを火星は獲得す
る。ここでの火星は、双子座の影響による注意散漫な状態を振り払い、
集中力を身に着けなければならないという必要性に気づいている。だ
が、タームとフェイスは非常に弱いディグニティであるため、この場合
の火星は双子座のエネルギーを制するにふさわしい強さと手段を備えて
いない。双子座が学ばなければならない課題は、対立するものを混ぜ合
わせ、それらの間を結びつけることのできる真実を見つけ出す方法だ。
火星は混乱や幻想を振り払うのには非常に適している。そのため双子座

の火星は、時間さえ与えられれば、非常に有能なものにもなりえるはずだ。

♎ 天秤座の火星 ———————————— Mars in Libra

　一方、天秤座の火星は非常に不愉快な状態にある。天秤座は火星がデトリメントとなるサインであり、さらに最後の6°以外ではペレグリーンともなる。火星が求めるのは自由に直接的に行動することである。天秤座は言うまでもなく、関係性を重視し、バランスと調和を維持しようとする。したがって、天秤座の火星はバランス、調和、関係性を維持するような行動へと動機づけられる。だが、同時に天秤座の火星は行動を起こすことによって、バランスを崩してしまうことも知っている。天秤座の火星は強さが欠けているわけではない。単にその強さを活用する方法を学ぶことが困難なだけだ。天秤座の火星は、「あちらを立てれば、こちらが立たず」と感じることもしばしばある。天秤座の課題であるバランスと調和には、ギブアンドテイクや行動を起こして責任を取ることが必要である。だが、それは火星が特に苦手とすることでもある。火星には行動を起こし、自分の言いたいことをしっかりと表現する能力は十分ある。だが、非常に自己中心的で一点に集中する性質のため、自分を主張する際に、他人のことをまったく考慮することができない。デトリメントの惑星は精神面・感情面に影響を及ぼすため、しばしば天秤座の火星を持った人は、どのような行動を取るべきかを思い悩み、また行動の結果を心配し、非常に多くのエネルギーを費やしてしまうことになる。天秤座の火星は人間関係に対して表面的な接し方となるため（これはペレグリーンであることの意味を明瞭に表しているものだ）、本当のしっかりとした関係性を何ら持つことがない。最終的に天秤座の火星は、態度を明確にした上で行動すること——さらにその行動の影響を引き受け、バランスを取り戻すための行動を再び取ること——を学ばなければならない。

♒ 水瓶座の火星 ———————————— Mars in Aquarius

　水瓶座での火星は、最後の5°を除きペレグリーンとなる。水瓶座は

集団志向のエネルギーである。一方、言うまでもなく火星は、個人として行動できるときが最も快適である。水瓶座での火星は、グループの安全、自由、平等、理念をサポートするための行動へと促される。これは火星が求めるものとの間に葛藤を生み出すことになる。というのも、火星の主要な機能は個性を擁護し打ち出すことである——そしてそれは、しばしばグループの利害と相反する可能性がある。水瓶座の火星にとって最も快適なのは、集団を助けるために行動を起こすことができるときである。水瓶座の火星は、集団の独自性(アイデンティティ)を守ることとは別に、個としての独自性(アイデンティティ)を守っていこうとすることから、これまでとはまた異なる種類の自我(エゴ)の葛藤がある。水瓶座の機能のひとつは、社会の構造や規範が価値あるものかどうかを査定し、その結果、その集団の最も重要な利益を支持し続けていくべきかどうかを決定することにある。仮にそれらが時代遅れとなった場合、水瓶座はそれらを解体し取り壊し、集団をよりしっかりと支えることができる新たな構造と入れ替えようとする。水瓶座の火星にとって、変化や変革のための運動を起こしているときが最も充足を感じるときである。だが、水瓶座は行動することがすべてではなく、また絶えざる革命と変革を求めているわけでもない。一旦、新しいルールが整えられたら、水瓶座はそれを維持していこうとする。だが、そのとき火星は不満を蓄積していくことにもなる。水瓶座での火星のペレグリーンは、集団の理想を防御し戦うための理由を探し求める。最終的に水瓶座の火星は、社会を代弁しての行動だけでなく、個人としての行動も認めていけるようになる必要がある。

木星
Jupiter

ルーラーシップ	：射手座、魚座
エグザルテーション	：蟹座
トリプリシティ	：火（夜）
デトリメント	：双子座、乙女座
フォール	：山羊座
ペレグリーン	：牡羊座（昼、6°-30°）、牡牛座（1°-15°、22°-30°）、双子座（14°-30°）、獅子座（昼、1°-10°、26°-30°）、乙女座（1°-13°、18°-30°）、天秤座（1°-11°、19°-20°）、蠍座（1°-6°、14°-30°）、山羊座（12°、19°-30°）、水瓶座（1°-20°、25°-30°）

　木星はダイアーナルであり、本質的には表現力に富み、発展的である。木星はノクターナルの火のトリプリシティのルーラーである。そのため火のサインに適している木星は、火のサインの喜びや楽観性を強め表現へともたらすことができる。また、木星は極めて霊的な性質を持っているため、霊的な方向へと向かう水のサインにおいて、非常に好ましい機能を発揮する。だが、土のサイン（それらは本質的に制限を与える性質であり、木星は生き生きと過ごすことができない）、及び空気のサインにおいて、木星は快適さを失っていく。

火のサインの中の木星
Jupiter in Fire Signs

　火のサインと木星の親和性は、ほとんどの場合、たまたまの幸運な状況によるもの、すなわち木星が火のノクターナルのトリプリシティのルーラーであるためである。木星にしてみれば、火のサインはあまりにも一点へと集中しすぎる（本来、木星が求めているのは全体像を見るこ

とである)。しかしながら、喜びや興奮を表現することを大いに好む火のサインは、「陽気」であることでよく知られている木星と強く共鳴し合う。

♈ 牡羊座の木星 ——————————————— Jupiter in Aries

　木星が最も困難を感じるのは、牡羊座の極度に衝動的で、素早く、自己中心的なエネルギーである。夜のチャートでの木星は、トリプリシティによってディグニファイドされる。だが、昼のチャートでの木星は牡羊座の始めの6°を除いてペレグリーンとなる。牡羊座の衝動的なエネルギーと木星の拡張的で楽観的なエネルギーが結びつく場合、あまりにも素早くなりすぎるため、物事を熟考することができない。その結果として、失敗やさまざまなトラブル（そうでなければ避けられるはずの失敗やトラブル）へと至る。木星がトリプリシティによってディグニファイドされる場合、木星は幸運に恵まれるようになる――木星はいまだ衝動的で不注意であっても、失敗の代償は小さくなるように思われる。木星はソーシャル・プラネットであり、社会や宇宙との関係へともっぱら向かっていく。一方の牡羊座の全エネルギーは完全に個人との関係に向かう。そのため木星と牡羊座との間には、本質的に非常に大きな問題が生じることにもなる。

♌ 獅子座の木星 ——————————————— Jupiter in Leo

　獅子座の中の木星は、牡羊座の中よりも、わずかにうまくやっていける。というのも、木星がペレグリーンとなるのは、昼のチャートでの獅子座の1°から10°、及び26°から30°のみである。獅子座は牡羊座より、はるかに社交的なサインである。そのため獅子座は集団意識にも目を向ける。ただし、獅子座は集団の承認や注目を集めることを根本的に動機づけられている。獅子座の木星は、その寛大さやカリスマティックな能力を発揮する。実際それは、木星に非常に適している。獅子座の木星は物語や逸話で友人たちを（また知らない人さえも）楽しませながら、「注目を浴びる」ことを好む。一般に獅子座の木星は、パーティー

の主役であることを期待される。だが、獅子座に惑星がある場合はたいがいそうなるが、自我(エゴ)がその妨げとなりがちである。獅子座の木星は、自信を得るために他人からの注目、関心、賛同をなくてはならないものとして求めるようになることもある。木星がトリプリシティによってディグニファイドされているとき、木星は幸運に恵まれ、大概はこの上ない賞賛を得られる状態にいる。しかしながら、木星がペレグリーンである場合、他人の承認を求めることが、木星の本来の霊的なものへと向かおうとする欲求を惑わしてしまう可能性もある。多くの場合そうであるように、タームないしはフェイスのどちらかによるディグニティは、その惑星に対して、その課題のための集中力と理解力を与えるには十分であっても、実際に惑星がその課題を学ぶことをできるほど十分な強さの力であるとは限らない。昼のチャートの場合、木星は獅子座のほとんどの部分で、他者の承認と注目によって自分を確認することから離れて、内なる霊性を見出していかなければならないことに気づいている——ただし、獅子座の木星にとって、このパターンから抜け出すことは困難である。

♐ 射手座の木星 ── Jupiter in Sagittarius

　だが、射手座の木星は話が別だ。木星は射手座を支配している。また、木星に与えられる射手座の変化のエネルギーは、探究へと向かわせるのに十分である。射手座は哲学、高等教育、さらに宇宙の中での自分の場所を、よりよく理解する助けとなるどんなものとも関係している。射手座における木星は、より計画的かつ的を絞った方法で霊性を追求していく。射手座の木星は組織化された宗教に非常に魅力を感じる（一方、魚座の木星は霊性に対して心身一体的(ホリスティック)なアプローチを取る傾向がある）。射手座の木星は、普遍的な法則や真実の探求によって動かされる。しかしながら、射手座のエネルギーはやはり火であることから、それがどれだけ変化しやすく柔軟であるかに関係なく、その根本的に一点へと集中する性質を保持し続けている。また、この一点へと集中する性質の最も顕著な副作用のひとつは、独断的に活動する傾向である（この

ことによって、機転がまったく利かなくなることは言うまでもない)。「何よりも真実を優先すること」が射手座の木星のモットーである。しばしばこれは感情を傷つける結果(または激論)となることもある。木星が夜のチャートでトリプリシティによってディグニファイドされる場合、いまだ木星は自我の罠にはまりやすいとは言え、かなり幸運に恵まれ、大きな罠を避けることができる要領の良さが備わることになる。

水のサインの中の木星
Jupiter in Water Signs

木星は3つの水のサインの内のふたつのサインでは、うまくやっていける(蠍座は木星が自由に自己表現するには、あまりにも組織化され制限されすぎている)。水のサインは境界線に関する問題で苦しむ傾向がある——これはあらゆる形の拡張を支配する惑星にとっては、非常によく適している。水のサインにおいて、木星は霊的な性質をよりよく発揮することができ、そして根源との強い結びつきを示すものとなる。

蟹座の木星 ——————————— Jupiter in Cancer

木星は蟹座でエグザルテッドされ、さらに6°から13°でタームによってディグニファイドされる。蟹座のエネルギーは、感情的欲求と霊的欲求を発見し表現し、可能であれば、それを満たそうとする。究極的に言えば、蟹座は根源へと再びつながることへの切望と、すべての創造物とのつながりを体験することができていたときの記憶を表している。そして、そのときわたしたちはそれらの一部であるため、どんな欠如も感じることなく、すべての欲求は満たされていたことを思い出させるのである。蟹座の中の惑星は、この人生の時間では自分の欲求が満たされないかもしれないという恐れから、しばしば行動を起こすことがある。また、他者を養育しようとするか、または他者から養育されることを求め、生きていくために他者へと頼るようになることもある。木星は蟹座の欲求すべてを真に満たすために、大きな寛大さを示すことのできる唯一の惑星である。蟹座には宇宙に行きわたる溢れんばかりの愛があるた

め、そこにいるときの木星は、自分の感情的欲求が真に満たされることを感じ表現することができる。確かに蟹座の木星は、包み隠すことなく、愛情に満ち、他者を（また自身をも！）養い育むことができる。だが、同時に木星は常に学びを与えてくれる。わたしたちは全宇宙とひとつであり、そのためすでに満ち足りていて、真に愛され守られているのだということ。それに気づくための方法を、蟹座の木星は教えてくれようとしているのだ。

♏ 蠍座の木星 ——————————————— Jupiter in Scorpio

　蠍座の中で木星はあまり快適ではない。なぜなら木星は非常に表現力に富み、外向的な惑星であるのに対して、蠍座のエネルギーはおそらく最も外向的な表現に欠け、また間違いなくすべての中で最も内省的で内面へと向かっていくサインのひとつだからだ。もちろん、これは単なる蠍座の欠点ではない。というのも木星は、どの固定のサインの中であっても、あまり居心地の良さを感じない。蠍座の木星は、タームによってディグニティを獲得する6°から14°以外ではペレグリーンとなる。木星の霊的な探究は、蠍座の中では非常に個人的で私的な道をたどる。変容を促す感情的経験は、成長する機会、また真の霊的なつながりへと近づいていくことを可能にする機会となるため、喜んで受け入れられる。木星は常に過剰になりすぎるという問題を抱えている。だが、ときとして蠍座での木星と共に、わたしたちは個人的な発見、ヒーリング、変容のプロセスを少し先まで進めていくこともできる。蠍座にある木星の罠のひとつは、常に転機と変化だけを追い求めてしまうことにある。霊的なレベルにおいて、蠍座のエネルギーはあらゆる隠された神秘的な物事と関連している。そのため蠍座の木星は、超自然的な力、ないしは宗教の覆い隠された秘教的な面へと入り込んでいくことで、自らの信仰と霊性を探し求めようとする傾向もある。蠍座のペレグリーンによって迷い続ける木星は、成長が目に見える形でも起こりえること、そして喜びを味わいながら安定したペースでも起こりえること——必ずしもそれが精神的なトラウマを引き起こすわけではないこと——を、最終的には学ん

でいく必要がある。

♓ 魚座の木星 ——————————— Jupiter in Pisces

　水の変化のサインである魚座を、木星はルールする。さらに魚座の8°から14°でタームによるディグニティを、そして10°から20°ではフェイスによるディグニティを獲得する。魚座は獣帯の中で最も組織化の度合いが少なく、最も流れやすいエネルギーである。そのため、必然的にそこでの木星は、非常に力強く満足いく状態となる。境界？　どんな境界があるというのか？　魚座のエネルギーは霧のように、どんな障害物をも通り抜け、またそれに気づくことすらなく、上に下に前後へと動き回る。魚座の木星は、すべての境界、分離、差異が単なる幻想であるという真実を見抜き、わたしたちすべてはつながっていて、根源の一部であり、宇宙の一部であることを知る。魚座の木星はすべての創造物への深い同情で満ち溢れ、他者が感じる痛みや不快への強い感受性も持っている。木星の魚座は直接的で個人的な方法で霊性へと近づいていこうとする——組織化された宗教の儀式それ自体には何ら興味を示さない。重要なのは霊(スピリット)であり、意志することであり、突き詰めていくなら、創造主とすべての創造物とのつながりを体験するために、組織化された宗教を必要としないのだ。魚座の木星にとっての最大の困難となるのは、境界に関連する問題であることは言うまでもない。常に善意から、どうにかして他者を助けようとすることで、他人の問題に巻き込まれてしまいがちな傾向がある。また、その意図がどんなに善意によるものであったとしても、その木星の援助が歓迎されない場合もある。

空気のサインの中の木星
Jupiter in Air Signs

　木星は基本的に一点に集中する性質である（たとえ広い視野を持つことができるにしても）。そのため、空気のサインの二元的な性質のエネルギーは、あまり居心地が良くない。

♊ 双子座の木星 ——————————————— Jupiter in Gemini

　双子座の最初の 14°で、木星はターム及びフェイスによるディグニティを獲得する。だが、木星は双子座においてデトリメントである。双子座はあらゆる可能性を追い求めようとするサインである。一方、木星は最終的にひとつに統合される真実を発見し伝えていこうとする惑星である。この場合も、惑星は力を増す場所にあるが、それを完全に間違った方向へと向かわせてしまう。木星は大きく手を広げすべてを追い求めようとするものの、現実に一度に扱えるのはひとつのアイデアや構想だけとなる。双子座のエネルギーはひとつに統合された真実という考えに向かって努力する。だが、物事がどのように関係しているかを見つけ出そうとして反対の側を調べ、最も遠い逆側の領域のみへと注目してしまうことになる。双子座は狭い概念を扱い、木星はすべての概念を大きく広げていく。双子座の木星は、特にペレグリーンである場合、あたかもそれが答えであるかのように新たな考えに入れ込んでいくかと思えば、その後、同量の確信と熱意を傾け正反対の考えへと傾いていく。木星がフェイスとタームにディグニファイドされている場合、そのやり方がうまくいかないこと、そしてより統合したアプローチが必要であることを少なくとも理解している。最終的に双子座の木星は、ふたつの正反対の概念のどちらかにではなく、その中間へと注意を向けていくための方法を学んでいかなければならない。そこにこそ真実へと至る道がある。

♎ 天秤座の木星 ——————————————— Jupiter in Libra

　天秤座の木星は、空気のサインの中にあるため快適である（11°から19°と 21°から 30°は少なくとも弱いディグニティがあり、ペレグリーンとなるのは 12°のみである）。天秤座は空気のサインで最も集中力が増し、一対一の関係へと特化していく。また、始動のサインであることからも、木星は活発となり、何か価値あることを始めようとする。とはいえ、自由を愛し、独立心があり、拡大を好む木星にとって、結局のところ一対一の関係からなる制約は、あまりにも窮屈できっちりとしすぎ

ている。双子座ほどの極端さはないものの、天秤座も二元性と関連している。特に普遍的な法則と関わっていく場合、木星は天秤座の持つ公正さや正義を活用することができる。また、天秤座の木星が、人間関係を実に楽しいものにすることは言うまでもない。タームまたはフェイスによるディグニティを獲得する場合、木星は目的意識を持ち、関係性、バランス、調和を通して真実を学び、成長し、経験していこうとするようになる。ペレグリーンとなる場合、この方向性をあえて模索していかなければならなくなる。いずれにしても、木星は単独でいることで最も好ましく機能する。常にパートナーのことを考えなければならず、その行動が他者にどのように影響するかに気を遣わなければならないことは、木星にとっては困難な状態である。

♒ 水瓶座の木星 ― Jupiter in Aquarius

たとえ水瓶座が自由と個性を支援するものであっても、水瓶座の中の木星は、個人よりもむしろ集団を相手にしなければならない。木星は水瓶座の 1°から 20°と 25°から 30°でペレグリーンとなる。水瓶座でペレグリーンとなった木星は、迷い続けながらその真の目的を探求しているということさえわからなくなるかもしれない。水瓶座は非常に理想主義的であり、また社交的でもある。このふたつの性質は木星も持っているものだ。また、精神的・理論的な面に作用する水瓶座は、木星の哲学的姿勢とも非常によく共鳴する。では、なぜ水瓶座で木星はペレグリーンとなるのか？ それは水瓶座が支援する真実と自由は、普遍的な真実ではなく、ただ集団のメンバーにのみ当てはまる真実だからである。確かに木星は水瓶座の境界と領域の中で自由に動き回ることができるし、非常に満足できる状態にいる。ただし、それは木星が集団の理想となじまない考えや見解を思いつかない限りである。ここで思い出すべきは、水瓶座は土星によってルールされている――境界を侵害するか、規則を破るかしたときには責任を負わなければならない――ということだ。水瓶座が実際には境界を持っていることに、一度、気づいてしまったなら、木星はもはや満足した状態ではなくなり、自由になろうとする。水

瓶座（20°から25°）でタームによるディグニティを獲得するとき、木星はその境界に気づく。その結果、その範囲内で何とか務めを果たそうとすると同時に、境界を拡大する方法も見つけようとする。水瓶座での木星のペレグリーンは、その状況の本質に気がつかないため、抵抗に出会ったとき、完全に驚かされることになる。

土のサインの中の木星
Jupiter in Earth Signs

木星は土のサインにおいて、まったく快適ではない。土のエネルギーは木星を落ち込ませる――言うならば、地上へと引き戻す。これは木星を制限し閉じ込める。そして、木星の基本的に霊的な性質に対し、大きな障害となるものを突きつけてくる。土のサインは実際的、物質的、具体的である。そのため、存在のより高次の面を受け入れることを理解することもない。

♉ 牡牛座の中の木星 ― Jupiter in Taurus

牡牛座の1°から15°及び22°から30°において、木星はペレグリーンとなる。また、15°から22°でタームによるディグニティのみを獲得する。水瓶座での場合のように、牡牛座での木星は、さほど不幸ではないかもしれない。しかし、牡牛座の木星は、物質的豊かさの面へと集中してしまう傾向がある。牡牛座は最も官能的で感覚的なサインのひとつである。そのため牡牛座の中の木星は、「豊かな暮らし」へと強く固執するようになり、またあらゆる面で物質的なものに耽溺していく傾向を持つようになる。もちろん、物質的な面によって、木星が最終的に満足させられるようなことは決してない。木星は単に物質的なことだけでなく、あらゆるレベルで宇宙とつながろうとする根本的な欲求がある。牡牛座でペレグリーンとなるときさえ、木星は物質界へと関心を向け、それを楽しみながらも、何か非常に大切なものが欠落していることは知っていて、迷い続けることになるだろう。タームによるディグニティを獲得する場合、木星は自分が霊的な真実を探し求めていることを知ってい

る。しかしながら、牡牛座のエネルギーは、そもそも物質界の中で霊_{スピリット}を探し求めることへと木星を制限してしまう。もちろん、そこで霊を見つけることはできるが、それは曲がりくねった長い道となる。

♍ 乙女座の木星 ———— Jupiter in Virgo

　乙女座で木星は、デトリメントとなり、さらに1°から13°と18°から30°でペレグリーンとなる。簡単にいうと、乙女座の木星は確信を必要とする惑星である。そのため乙女座の中での木星は、証明を要求するようになる。また、デトリメントの惑星は精神的・感情的な面にも影響を与えるため、乙女座の木星を持つ人は霊的なつながりとの葛藤が生じやすくなる——霊的なつながりへの確信は容易に得られるものではない。また、そうした人は確信を得るために、何らかの確実な証拠を常に求め続けることになる。乙女座の木星は、全面的に物質面を完全なものにし、改善するよう動かされる。そのポジティヴな面における乙女座のエネルギーは、木星をさらに綿密で注意深くすることにある。そして乙女座の分析的で実際的で細部にまで気を配る生き方は、木星がその大きな夢やアイデアから具体的なものを実際に作り出すための助けとなる。しかしながら、乙女座の木星は、理想と完成品との間のギャップによって欲求不満を感じやすくもなる。乙女座の木星は、物質的次元において完全なものを作り上げることで、宇宙、霊_{スピリット}、創造主とのつながりを求めようとする。この場合も、霊的な次元というより、物質的な次元において霊性を見出し、つながりを作っていこうとすることになるが、それは実にたどり着くのが困難な道となる。乙女座の木星は、常に生命の活力と聖なるインスピレーションがそこにあるにも関わらず、それを探し求めようとする。そのため、物質的次元の本質的な不完全性と苦闘し続けることになる。

♑ 山羊座の木星 ———— Jupiter in Capricorn

　山羊座での木星は、フォールとなる。ただし、ペレグリーンは12°と19°から30°においてのみである（この場合も、山羊座の始動の性質が

有益となる)。蟹座の中の木星(エグザルテーションにある)は、限りない豊かさと安心感を経験し表現することになるが、山羊座の木星は欠如に関連する問題に苦しむことになる。山羊座の木星は、物事を具体的に表現するすばらしい技能を持っている。そしてこのことは、まさに成功へと向かわせる。もちろん、これは非常に有益な力となる。だが問題となるのは、山羊座の木星が十分すぎる安心をさらに手に入れるために、常に成功へと駆り立てられてしまうことだ。達成、業績、金銭、名声――これらが山羊座の木星にとってはたやすく得られるものであっても、十分だと感じられることはない。山羊座のエネルギーは霊的な次元よりも、物質的な次元に作用する。そのため山羊座は、感情的欲求や魂の欲求に取り組んでいくことに苦労する。物質的な世界を構造化し、組織化し、征服し、現実の責任を引き受けること、また自分自身だけではなく他人の物質的欲求をも満たすことを通して、山羊座の木星は霊的空虚を満たそうとする。蟹座のように、山羊座の動機は、他者を保護し、最終的に自給自足できるようになるよう援助することにある。だが、山羊座はそこに自我(エゴ)を関与させるようになり、この目的を見失ってしまうこともある。山羊座でペレグリーンとなる場合、木星は山羊座の真実の課題(物質的な欲求を満たすことと現実の責任を引き受けることは問題の半分でしかなく、霊的な欲求にも取り組んでいかなければならないという課題)を見出すことが最も困難となる。木星がタームないしはフェイスの中にある場合、何かが欠如していることにはっきりと気づいている。だが、失われているものが何であるか、あるいはどのようにその欲求を満たすべきかをわかっているとは限らない。

土星
Saturn

- ルーラーシップ ：山羊座、水瓶座
- エグザルテーション ：天秤座
- トリプリシティ ：空気(昼)
- デトリメント ：蟹座、獅子座
- フォール ：牡羊座
- ペレグリーン ：牡羊座(1°-26°)、牡牛座(1°-20°)、双子座(夜、1°-20°、25°-30°)、蟹座(1°-27°)、獅子座(11°-30°)、乙女座(1°-18°、24°-30°)、蠍座(1°-27°)、射手座(1°-19°)、魚座(11°-26°)

　土星はダイアーナル、制限、境界、集中力、またあらゆる形や構造と関連している。土星は昼のチャートで空気のトリプリシティのルーラーであり、さらに空気のサインのひとつ（水瓶座）をルールし、別の空気のサイン（天秤座）においてエグザルテッドされる。空気の本来の客観的で公正な力は、土星にとって最も有益なエネルギーである。だが、他のサインにおける土星は、非常に高圧的になる。土星はすべてを具体化していくため、土のサインを好む。だが、土星にとって、火と水のサインはかなり居心地が悪い。火のサインにおける土星は攻撃的になり、公正さをほとんど失ってしまう。また、土星は水のサインの感情的な性質をひどく嫌う。

空気のサインの中の土星
Saturn in Air Signs

　土星は、空気の元素に関するダイアーナルのトリプリシティのルーラーである。本来の空気は客観的であり、元素の中で最も大きな視野を持っている（そして、最も感情的にならない）。こうしたことは良き裁

判官(公平で客観的)となるのに、ふさわしい性質である。ただし、この恩恵を土星が受けるのは昼のチャートにおいてである。トリプリシティによるディグニティとなる惑星は、何か特定の技能を示すわけではなく、単に幸運に恵まれているに過ぎない。空気のサインの中での土星は、土星であることに変わりはなく、適切と思われる裁定や判断を行う。だが、ダイアーナルのチャートでの土星の決定は、さらに公正で適切なものとなる。

♊ 双子座の土星 ——— Saturn in Gemini

　昼のチャートにおいて、土星の決定がより公正で適切である傾向は、双子座の土星にとって非常に重要だ。なぜなら、21°から25°のタームによるディグニティを除いて、双子座での土星は幸運であることがすべてだからだ。特にペレグリーンの場合の双子座の土星は、双子座の二元的な性質によって、行動がダブルスタンダードとなっていくこともある。双子座の土星は、そのままの規則をただ受け入れるのではなく、そこに自分の欲望や行動を合理化することを可能にする別の解釈を見つけようとすることもある。双子座は最も一貫性を欠いたサインである。両極の間を素早く動き回りながら、素早い判断と評価を下す。そして、あからさまな表層を越えて、物事を探究しようとは決してしない。双子座の土星は、恣意的な規則や規制をしばしば定めることがある——常軌を逸した裁判官の判決は、決して予想も予測もできないものだ。しかしながら、昼のチャートでは、そうした判決も偶然にうまくいく(しかも驚くほど十分にうまくいく)。しかしながら、夜のチャートにおいて、土星が双子座でのペレグリーンとなる場合、その規則や規制は、ほとんど正当化できないものとなる。双子座での土星のペレグリーンは、他方を断罪し二元性の片方の面だけの正当性を認めるのではなく、その領域の両極を最終的には容認し支持することを可能にする体制や制度を、迷い続けながらも探し求めることになる。

♎ 天秤座の土星 ——— Saturn in Libra

　天秤座の土星は非常に強力である。天秤座でエグザルテッしているだけでなく、最初の6°でタームによるディグニティを獲得し、中間の10°でフェイスとなる。さらに昼のチャートでの土星は、トリプリシティのルーラーとなる。実際、昼のチャートにおける土星は、天秤座のルーラーである金星以上に多くのディグニティを持つ。天秤座の土星は、最高裁判所の裁判長のようだ。そこでの土星は自分自身の規則を作らない（エグザルテッドされた惑星は自身の課題を設定しない）。だが、強く支持され、情報にも通じている。また、任された問題に対して公平で偏らず、適切で公正な判決を行うことのできる立場にいる。天秤座の土星は、関係性についての本質や個人の責任における真の課題を理解している。わたしたちは関係性における片側の役割を完全に果たし、また自らの行動、意図、さらにそれらが及ぼす直接的な影響力に対しても責任を引き受けていかなければならない。同時に、いつどこで自分の責任が終わることになるかも知っておく必要がある——たとえば、わたしたちは他人の気持ちへの責任はない（だが、自分自身の気持ちに対しては責任がある）。始動のサインである天秤座の中の土星は、自分らしさ（アイデンティティ）への問いとも関連している。そして、排他性と関係性を通じて、すなわち「ここはあなたが始まるところであり、それゆえそこはわたしが終わるところでなければならない」という形で、個としての自分が何者であるかを明確化していく。昼のチャートにおいて、土星の抑制力、決断力、そして責任についての自覚は、夜のチャートよりもしっかりと定まっている。しかしながら、天秤座における土星は幸運でないときでさえ、そしてその行動と選択の結果が期待していたほど最終的には成功しなかった場合でも、常にその責任を引き受けていく覚悟ができている。

♒ 水瓶座の土星 ——— Saturn in Aquarius

　土星は、水瓶座の中でも非常に強力だが、ここでは土星が場を取り仕

切る——土星は規則を作り、さらにそれを強制し、解釈もする。水瓶座の土星は、整えられた規則や体制がよく機能しているか、また不備なく安全に集団を保護しながらも、その体制内で最大限の個人の自由が許されているかどうかということに非常に気を遣う。規則がその有用性を失い始めたなら、土星はすぐさま古いものを取り壊し、その代わりに新たなより有益な規則を作り出していくだろう。もちろん、水瓶座はその非常に柔軟なアプローチでグループを形作っていくことでもよく知られている。水瓶座の土星は、単に年長で権威的であるというだけの人物に敬意を示すことはない。だが、選り抜きの優れた集団と関係している権威的人物にだけは敬意を示す。昼のチャートでトリプリシティによってディグニファイドされているときの土星は、権威を認め敬意を示すことに対して、わずかに慣例に従うようになる。しかしながら、夜のチャートで水瓶座にある土星は、全体への利益をもたらさないと思われる社会の規則、体制、法律であれば、それを犯すことも完全に正当化されるものと感じるようになる。水瓶座の土星は、反逆者や無法者にも見えることがあるかもしれない。しかしながら、土星は常に自分の中の倫理観に忠実であり、またその振る舞いや行動に対する非常に厳格な規則やガイドラインに従っている。ただ、そうしたガイドラインが、常に他者から理解され、広く受け入れられるとは限らないということだ。

土のサインの中の土星
Saturn in Earth Signs

土のサインでの土星は、空気のサインほど良好ではない。大地とのつながりを作る実際的で現実的な土のサインのエネルギーは、確かに土星の機能の仕方と合致している。だが、土星が真に公正であるためには、土のサインが供給することのできない広い視野が必要となる。

♉ 牡牛座の土星 ——— Saturn in Taurus

牡牛座の土星は、最初の20°でペレグリーンとなる。そして、牡牛座にある他のほとんどの惑星のように、ここで土星も物質的で感覚的なも

のへと向かっていくことになる。土星の労働に対する価値観は、どんな場合でも、物事に熱中することを抑制してしまう。そのため牡牛座の土星は、娯楽から楽しさをすべて取り除いてしまう。確かに牡牛座の土星は、この世の美しい事物の価値を認める。だが、それは重労働と忍耐を通して獲得されるべきであると信じている。牡牛座の土星は、仕事が完了した後でさえ、自分自身が重労働から獲得した報酬を享受するための休暇を取ることにも気が咎める。牡牛座でディグニティを獲得するときの土星（特に牡牛座の22°から26°では、タームとフェイスによるふたつのディグニティを獲得するため、土星はそれほど悪い状況ではない）は、時間をとって実際に楽しむべきであり、そうすることに自分が値することを少なくともわかっている。しかしながら、牡牛座でペレグリーンとなる土星は、「遊ばず働いてばかりいるとだめになる」という昔の諺を学ぶまで、迷い続けることになる。

♍ 乙女座の土星 —————————————— Saturn in Virgo

　乙女座の土星は、1°から18°と24°から30°でペレグリーンとなる。土星の規則、体制、権威、責任、指揮系統に対する順守と、乙女座の几帳面さとが結びつけられると、その結果は、法律的な事柄の判断に必要とされるきめ細かな判断力から、地域の車両管理局の典型的な職員までと多岐にわたる。おそらく乙女座のエネルギーに最も向いていないのは、広い視野を持つことである。乙女座の土星は、あまりにも細部を重要視することにこだわるため、目の前のより大きく、より重要な仕事を達成することができなくなる。もちろん詳細は大事である。だが、乙女座の土星は個々の細部をどれも等しく重視してしまう傾向がある（結果として、車両管理局の型通りにしか考えられない係員は、あなたが1時間も列に並んで待った後でも、なお次のように伝える。あなたは間違った色のインクで違う書類に記入している。正しい書類をもらうためには、他の列でもう1時間待たねばならない。その後でまた戻ってきて、運転免許を更新するために、もう一度列に並ぶこと）。乙女座の土星にとって、手段は決して結果によって正当化されない。乙女座の土星

は、必ずしも気難しいわけでも、混乱を引き起こすわけでもなく、単になじみの薄い領域にいるというだけだ。特にペレグリーンの場合、乙女座の土星は、定められた手順に従って行うより、とにかく完了させることのほうが重要なときもあるということを学ぶまで、迷い続けることになる。

♑ 山羊座の土星 ── Saturn in Capricorn

　一方、山羊座での土星は、自らが支配するサインにいるため非常に強力となる。山羊座のエネルギーは、集団の好ましい状態を守り強化するために、体制や規則を作り上げることを目指す。また、山羊座のエネルギーは、行動に対する個人としての責任を引き受けようとする。また、自分の生活に役立ち実用的であろうとする。さらに物事を完成させること、個としての自分らしさを具体的で永続的なものとして形作っていこうとする。山羊座における土星は非常に満足し、完全に自主的な行動を取る。水瓶座の土星はトリプリシティによってもディグニファイドされ、その決定を支持する従者を持つ特別な幸運に恵まれる。それに対して、山羊座の土星にはそのような援助はない。山羊座のエネルギーは現実的で実際的で非常に因習的である。山羊座の土星は、水瓶座の土星のような広い視野を持つことはない。そのため何にもまして伝統を保持していこうとするだろう。山羊座の土星は規則を疑うことなく、またその規則が人々の役に立っているかどうかなど結局は気にかけようともしない。山羊座の土星の関心を占めているのは、規則が守られているか、またわたしたちの誰もが自分の行動に対して責任感を持っているかということだ。山羊座の土星は、常に先例に基づいて判決を下す裁判官である——これまでいつもそうしてきたし、これからもそのやり方で続けていこうとする。もちろん土星は、この状態に対して非常に満足している。ただし、それが必ずしもわたしたちにとって最も恩恵を与える状況であるとは限らない。

火のサインの中の土星
Saturn in Fire Signs

♈ 牡羊座の土星 ───────── Saturn in Aries

　火の衝動的で積極的で焦点を絞り込んでいくエネルギーは、土星にとって好ましい影響ではない。たとえば、牡羊座の土星を見てみよう。牡羊座の中で土星はフォールとなる。さらに最後の4°を除いて、すべてペレグリーンである。天秤座の土星が公正で公平な裁判官であるなら、牡羊座の土星は個人的な確執を持った裁判官だ。牡羊座の土星の最終的な課題は、自分の行為や衝動の責任を引き受けることと関係している──牡羊座の土星 (フォールとなる) は、物理的な面へと特化して作用するため、特に肉体的な行為と関係する。占星術家 J・リー・リーマンが言ったように、「牡羊座の土星は苛立っている！」のである (実際に彼女は、正確にそう述べてはいないが、その概ねの大意としてそうである)。もっと個人的なレベルでは、牡羊座の土星は、その個としての自分らしさ (牡羊座) を表現するよう駆り立てられるが、同時に、その行動が及ぼす影響に対しての責任を持とうとする。ここで思い出して欲しいのは、宇宙の中の自分以外の別の存在に対して、意識を向けることが最も少ないのが牡羊座であるということだ──牡羊座は個人として集団から離れていくことへとすべての関心を向ける。牡羊座の土星を持つ人は、権威を持つ人物のことを衝動的で独断的で攻撃的な傾向を持っていると思い込んでしまう。また、権威者と接触しているうちに、あるいはその見本にならって権威者の立場になることで、そうした性格を形成していく可能性もある (また、いくぶん外交手腕や社交術が欠如していることを、ここにつけ加えてもいい)。牡羊座の土星が他の人々にも目を向けていくためには、自分を抑制し、強烈な個性を和らげていくことを、最終的に学んでいかなければならない。

♌ 獅子座の土星 ───────── Saturn in Leo

　獅子座の土星は、デトリメントであり、主に精神的・感情的な面に作

用する。また、最後の20°ではペレグリーンになる。デトリメントの惑星には力がある。だが、不適切なやり方でその力を使ってしまう傾向がある。獅子座の土星は、完全に自己中心的になり、「ナンバーワンに気を遣う」よう世の中の人々に対して求める（広い視野を持ち、個人ではなく集団の利益に配慮する水瓶座の土星とは対照的である）。実用的で計画的で制限を設けようとする土星の性質は、獅子座の開放的で温かく寛大なエネルギーには特に適さない。土星が獅子座にあるとき、暖かさや寛大さは乏しく、承認され注目されることへの獅子座の欲求のみがさらに現れてくるようになる。獅子座の土星を持つ人は、その固有の能力を、他者へと惜しみなく与え、表現し、分かち合うことは困難である（獅子座の土星は、「チケットを人に買わせよう」と考える）。獅子座のエネルギーは自己イメージに焦点を合わせ、さらに土星が最終的な監督役となるため、精神的・感情的な面に作用するようになる。その結果、獅子座の土星を持つ人は、自尊心や個としての評価について、かなり気にするようにもなる。獅子座の始めの6°で、土星はタームとフェイスによってディグニファイドされる。そこでは困難な課題への土星の献身が、実際に個としての最大の潜在的能力を、より多く気づかせていくことになるならば、それなりにうまく機能しているとも言える（けれどもこれは、デトリメントのディビリティを打ち消すには十分ではないため、依然として土星は、物事に対する根本的に自己中心的なやり方によって困難を経験することになるだろう）。しかしながら、獅子座でペレグリーンとなる場合の土星は迷い続ける。そのため、本当の才能の多くは秘められたままとなり、自分の個としての価値についての不安で苦しむことになる。獅子座に土星がある場合の到達点は、自分自身よりも大きな何か、自分の100%の力を与えることが必要となる何かとつながることを学ぶこと、そして個としての潜在的な能力を完全に理解する（そして実現化する）ことを可能にすることなのだ。

♐ 射手座の土星 ── Saturn in Sagittarius

　射手座の土星は、火のサインにいるときと同じぐらい満足を得る。射

手座での土星は、エッセンシャル・ディビリティとは無縁である。また、最後の11°でタームとフェイスによるディグニティを獲得する。土星と射手座が共有する分野は、普遍的な法則という主題にある。射手座が関心を向けるのは、真実の探求、ならびにすべての創造物や創造主との関係を見出すことだ。土星の感覚からすると、射手座はあまりにも抽象的である。だが、射手座の宗教的で哲学的な理想の形を、土星は確かに理解できる。しかし、土星が境界や制限を設定するのに対して、基本的に自由を愛するのが射手座のエネルギーである。また、火のサインとして（また変化のサインとしても）射手座が求めるのは、当然のことながら衝動である。だが、そのエネルギーは土星の熟練した実務能力にとって概して有益ではない。射手座の土星は、哲学を活用し、より具体的で実際的な人生の領域で生かしていこうとする。ときにこれはうまくいくこともあれば、そうでないときもある。理論と応用との間のギャップはかなり大きい。そのため、通常、理論を現実に対応させるため、どこかで調整していく必要がある。射手座の土星はそのことに不満を感じる——純粋な最初の理想を神聖視する。射手座の土星は、哲学自体を強制しようとするばかりか、異なる信条を持って生きている人を完全に間違っているとみなし、改宗することを求めることもある。射手座の土星は迷い続けながら、普遍的な真実の具体的な指標を探し求める。そして最終的には、普遍的な真実が客観的というよりも、はるかに主観的であり、誰かの真実が他の誰かの真実になるとは限らない場合があるのだということを、より柔軟に受け入れていくことを学んでいかなければならない。

水のサインの中の土星
Saturn in Water Signs

概して土星は、水のサインで特に居心地が良くない。水のサインは感情の領域に作用する。感情表現をする際、いくばくかの形式を与えることや抑制を利かせることは間違ったことではない。だが、水のサインにある土星は、あまりにも抑圧的になりすぎてしまう可能性がある。

♋ 蟹座の土星 — Saturn in Cancer

　土星は蟹座でデトリメントとなり、最後の3°を除いてペレグリーンとなり、非常に大きな困難に陥る。蟹座のエネルギーは、創造すること、新たに始めること、感情と魂の固有性(アイデンティティ)を表現することを求める。蟹座のエネルギーは、養い育て、保護するものだが、自分自身の感情的欲求も、また自分の家族の感情的欲求も満たそうとする。感情や気持ちというものは、本来、不合理で形がなく非実用的である――しかしながら蟹座の土星は、それらをしっかりとした実用的で整理されたものにしようと試みる。蟹座の土星は、あいまいな感情的欲求を満たすための具体的な方法を見つけようとする。また、自分の欲求や感情すべてに対して、責任を引き受けていこうとする。蟹座にとって土星の自立した性質は悪いものでない。最終的には、蟹座も多少の独立心を学ぶことが必要である。しかし、蟹座のエネルギーは与えるのと同様、他者から養い育てられることを求める。ここにおいて土星は困難にぶつかる。蟹座の土星の精神的・感情的な部分は、他者の気持ちを心配することとして現れることもある。また、自分の行動に対する他人の反応や態度へと、自らが責任を負っていこうとすることにもなる。蟹座に土星を持つ人は、自分自身の気持ち、情動、反応（これらは自分に責任がある）と、他者の気持ち、情動、反応（これらは自分に責任がない）との間に線を引き、それらを区別していくことを学ぶ必要がある。

♏ 蠍座の土星 — Saturn in Scorpio

　全体的に見て、蠍座の土星は蟹座の土星よりも良好である。蠍座での土星は、単にペレグリーン（1°から27°）となるだけで、デトリメントではない。すなわち蠍座の土星は、単になじみのない領域にいるということだ。蠍座のエネルギーは、すべてのサインの中で最も深く強い感情を体験する。また、自分自身を表に表わすことを最も苦手とする。一見したところ、抑制され、制限され、型にはめられ、制御されたエネルギーは、蠍座にとって合致しているようにも思われる。蠍座の土星に

とっての大きな問題は、結局のところ、蠍座のエネルギーが自己を表現することを強く求めているということだ。そして、いざ自らを表現するときは、しばしば大きな変容を余儀なくさせ、非常に破壊的にさえなる。蠍座の土星は、こうした蠍座の性質を受け取ってしまう傾向があり、そして巧みな偽装とコントロールを覆い隠した方法で、自らの主張を強く押し出そうとする。蠍座の土星を持つ人は、あらゆる面で他者との結びつきを求める最も深い感情と魂の欲求を、いかにして形にしていくか、またそれを自ら引き受けいくための方法を、最終的には学んでいかなければならない。だが、その一方で蠍座の土星は、繊細さを欠いた高圧的な方法によって、他者との結びつきを作り上げていく恐れもある。

♓ 魚座の土星 ──────── Saturn in Pisces

魚座の土星は、11°から26°でペレグリーンとなるだけだ。また、蟹座と蠍座にいるときより、魚座での土星の基本的な居心地の悪さは、いくぶん軽減する。魚座での土星は、博愛的な同情心によって穏やかになる。確かにこれは、土星が受け取って悪い性質ではない。だが、魚座のエネルギーが本質的に境界や構造を嫌うものであるため、土星は効力を発揮しづらくなる。土星は責任を引き受けていくことを教えようとする。だが、わたしたちは誰もがすべての創造物の欠くことのできない一部分であるとみなす魚座では、誰が何に対して責任があるかを正確に区別し見つけ出すことが難しくなる。魚座の土星は、その境界線に関して悩み続ける。そして、体制が守られ支えられるほど十分にしっかりしていると同時に、同情と慈悲を可能にするだけの柔軟性を持つようなバランスの取れた状態を探し求めることになる。これは想像通り、土星にとって容易な課題ではない。魚座はエネルギーに満ちた霊的なレベルに影響を与える。一方、土星は具体的な結果を求める。土星が牡羊座に移動するころには、そうしたことが苛立ちや欲求不満を生み出してしまったとしても不思議はない。

サインの中でのアウター・プラネット
The Outer Planets Through the Signs

カイロン、天王星、海王星、冥王星を含むアウター・プラネットは、インナー・プラネットのようなやり方で個人のレベルには作用しない。また、それらはエッセンシャル・ディグニティのシステムにも当てはまらない。天王星、海王星、冥王星は、各サインで非常に長い時間を過ごすため、個人ではなく世代全体を特徴づける。カイロンはそれぞれのサインを約1年で通過するが、その軌道の終わりがやってくるのがより短くなる乙女座・天秤座を、わずかにより早く通過していく。だが、魚座と牡羊座ではそれぞれ約8年を過ごす。しかしながら、それでもやはりカイロンは個人の問題よりも、集団の問題と関連している。

ひとつないしはいくつかのパーソナル・プラネットがアウター・プラネットとアスペクトとなるとき、わたしたちはアウター・プラネットを個人のレベルで経験する（アスペクトについては8章で詳細を解説する）。そうでなければ、チャートの中のアウター・プラネットは、背景において作用し、文化または世代の独自性や価値を特徴づける。

サインの中でのカイロン
Chiron Through the Signs

カイロンは心の奥底にある傷、この生涯において探求し回復していく霊的な問題を象徴する。わたしたちがどのように傷つけられ、そして（自身の傷ついた状態の結果として）どのように他者を傷つけてしまう傾向があるのかを、カイロンは表している。

♈ 牡羊座のカイロン —————————————— Chiron in Aries

牡羊座にカイロンがある人は、自分らしさ（アイデンティティ）とリーダーシップに関して傷つけられた感覚を持つ。牡羊座が求めるのは、単に自由に衝動的に制限されることなく自己表現できることだけだ。だが、ときとして牡羊座のカイロンは、こうした形での自己表現が難しいことを知る。そして、痛みをともなう感情や霊的なつながりをたびたび経験することになる。

衝動的で制限されることのない自己表現が困難となることに加えて、さらに牡羊座のカイロンは、霊的なレベルにおいて深く根源的な自己の存在意義の危機を経験することもある。そして、自分が本当は誰であるのかを見つけたいという永続的な深い欲求があると同時に、個を表現することに関する無意識の恐れに悩んでいることもある。自己の存在意義の危機の苦しみが恐れを上回るとき、回復の旅が始まる。そして、真の自己探求が始まる。このプロセスを通じて、意識的あるいは無意識的に、リーダーシップを取る才能を発見する。なぜなら自分が誰であるのかを追い求め、そして真の霊との同一性を発見し取り戻すための努力こそが、自己探求へと向かってく人々のための模範となり、輝かしい道を敷くことになるからだ。牡羊座にカイロンを持つ人は、自分自身の答えを見つけること、そして自分らしさを回復することへと献身することで、他者のための道を照らし、自分自身の傷を癒していくのである。

♉ 牡牛座のカイロン ——— Chiron in Taurus

牡牛座のエネルギーの中にあるカイロンは、物質的な面での価値に関する傷と関係している。牡牛座にカイロンがある人は、価値、評価、物質的な面での忍耐力に関して、さらには自身の体、個人としての価値、自己イメージに関して、重要な問題を抱える。また、牡牛座のカイロンは、肉体や感覚の喜びを楽しむことと関連した痛みを示すこともある。この傷に向き合い癒やすことは、物質的次元における真の霊的要素を発見していくことへとつながり、そして制限され限界ある変わりゆく肉体というものに対しての不安を乗り越えていくことにもなるだろう。

♊ 双子座のカイロン ——— Chiron in Gemini

双子座のカイロンは、二元性と関連する傷、好奇心や興味と関連した傷を示す。また、双子座のカイロンは、選択を行う能力に関連した傷を示すこともある。ただひとつの選択肢、ただひとつの真実の道しかないという考え方は、双子座にはまったく相容れないものだ。だが、仮にも

うひとつの選択肢が常にあるということを認めるなら、わたしたちは「間違った」選択をするリスクを負っていることになる。双子座のカイロンの根底には、こうした恐れが横たわっている可能性もある。双子座のカイロンとつき合っていくということは、再び遊び方を学ぶこと、探究する方法を学ぶことを意味している。結局のところ、双子座のカイロンの恐れと傷は、個人の根本的な世界のとらえ方、及びこの世界がどのように動いているのかということと関連している可能性もある。別の可能性、別のとらえ方、別の選択肢へと自ら心を開いていくことによって、その人はカイロンの傷を癒やし始めることができる。そして最終的には、より強くより豊かな霊的つながりを見つけ出すことになっていくことだろう。

♋ 蟹座のカイロン ── Chiron in Cancer

　蟹座のカイロンは、養育すること、養育されることと関連した傷を示す。また、生存欲求が満たされないことへの根本的な恐れと関連していることもある。蟹座は一般的に女性、特に母性と強く関係している。だが、蟹座のカイロンが母親との問題を抱えていることを、必ずしも意味しているわけではない。蟹座のカイロンが過度の貧困をもたらし、絶えず他者のサポートや注目を要求することもある。しかしながら、どれだけの愛や支援が与えられたとしても、決して満たされることはないだろう。なぜなら、蟹座のカイロンは傷が癒されるまで、この愛や支援を本当の意味で受け入れることはできないか、または安心や安全を真に感じることができないからだ。蟹座のカイロンのエネルギーは、誠実な介護者や世話人となり、また他者から見返りを決して受け取らないという形となって現れることもある（もし自分が与えるのをやめたなら、他者も見返りを与えてくれなくなるだろうという恐れを持つ代わりに）。蟹座のカイロンの傷とつき合っていくために、根本的な生存の恐れと向き合っていくことが求められる。また、それが幻影に過ぎないことを完全に理解していかなければならない。わたしたちは宇宙とひとつである。それゆえ、わたしたちの求めるものは常にいつまでも満たされていくこ

とだろう。その理解が得られるとき、蟹座のカイロンは真の豊かさのための霊的な法則を学ぶための機会を与えてくれるのである。

♌ 獅子座のカイロン ———————————— Chiron in Leo

獅子座のカイロンは、自分が特別であることや自己の価値と関連した傷を示す。獅子座は自己の創造性を表現する場所であり、わたしたちが自己を惜しみなく分け与える場所であり、自分の固有の能力を認めるよう他者に要求する場所である。獅子座のカイロンは、自分という存在を他者が認めてくれないという恐れを表すこともある。これは結果的に、独創的であろうとすること、また自分を過剰に捧げすぎてしまっていることと関連する困難や痛みをもたらすことにもなりえる。獅子座にカイロンを持つ人は、そのエネルギーとつき合い、そして自らの心を開き、本当の自分を他者と共有するため、意識的な努力を行っていくことによって、自らの独創性と独自性がある場所を見つけ始めることが可能となる。しばしば獅子座のカイロンが出会う恐れや躊躇は、信頼という問題と結びついている。もし恐れを克服し、心を率先して開き、そして他者が自分の助けとなり、勇気を認め受け入れてくれることを信頼できるならば、そのとき同時に、どうやって信頼と愛に心を開いていけばいいのかを他者に対しても示すことになる。

♍ 乙女座のカイロン ———————————— Chiron in Virgo

乙女座のカイロンは、識別と奉仕と関連した傷を示す。乙女座は物質的な面の完成と完全性、また人の役に立ち奉仕することを求める。乙女座のそもそもの機能は、識別する能力——分析し、査定し、言うならば、もみ殻から小麦を取り出すように分離する能力——である。乙女座のカイロンを持つ人は、こうした一連の手続きがわずらわしく不快だと思うかもしれない。おそらくそこには自分が世間の人々の価値を評価し値踏みしたなら、次に自分の価値も世間の人々から値踏みされる——また彼らはそうしようと待ち構えている——のではないかという恐れがある。乙女座のカイロンの問題は、肉体的な困難、またしばしば慢性的な

健康問題として現れることもある。こうした人たちは、自分の体を癒し、理想的な状態にするための方法を学ぶ必要がある。そのため、自分の肉体に対して、まさに自分自身がしっかりと注意を向けていかなければならなくなる。本当の意味で奉仕するということは、乙女座のカイロンにとって、当初は困難なことかもしれない。というのも、乙女座のカイロンを持つ人は、償いの気持ちと忍耐心によって奉仕に取り組み始め、殉教や自己犠牲という乙女座特有の状態へはまっていってしまうかもしれないからだ。乙女座にカイロンを持つ人は、傷の核心部分に目を向けていくことによって、他者に奉仕する本当の意味と目的を見出すことができる。わたしたちは皆ひとつであり、あらゆる分離は幻想である。それゆえ、自分自身を惜しみなく他者に与えるとき、実際は自分自身へと与えていることになるのだ。

♎ 天秤座のカイロン —— Chiron in Libra

　天秤座にカイロンがある人は、人間関係と関連した傷を持つ。個としての自分らしさ(アイデンティティ)に関する問題は、天秤座のカイロンの核心となる問題となる。ただし、一対一の関係性、特に個々人の間の境界線が、この問題の背景にはある。人間関係において真のバランスと調和を維持することは、天秤座にカイロンがある人には特に難題である。なぜなら、天秤座のカイロンの傷に目を向けて乗り越えていくまで、不確かで不均衡な関係性の中でしか安心感を得られないだろう。天秤座にカイロンがある人は、境界線を侵害するようなパートナーに惹きつけられ、さらにそのパートナーの望みに合わせて従っていくため、自分自身が求めるものや自分らしさが否定されてしまうこともある。また、関係性の中で自分が支配的な立場になることで、カイロンの傷を表出しようとするかもしれない。カイロンの傷に目を向け、不均衡で境界を侵害する関係性を繰り返してしまうパターンに向き合っていく勇気を持つことを通してのみ、恐れと痛みを通り抜け、真に健全で協力的でバランスの取れた関係を作り出し維持していくための方法を見出すことができるのだ。

♏ 蠍座のカイロン ━━━━━━━━━━━ Chiron in Scorpio

　蠍座にカイロンがある人は、深い変容を促す感情の問題と関連する傷を持つ。また、突き詰めていくと、自己の価値に関する感情的な問題とも関連する。この傷のために、彼らは自分自身の心の中へと深く入っていくことを避けるようにもなる。蠍座は表面下の奥深くに作用する。だが、より喜びに満ち安定した経験にのみ目を向けていくことで、蠍座のカイロンを持つ人は、自分の傷の誘発を避けることができるかもしれない。しかしながら、回復(ヒーリング)と霊性への鍵は、心の奥底の根源的なレベルにある。一旦、彼らが感情の最も深い部分や無意識の深層へと向かっていくことを選び取るなら、現生と過去生の両方からの並外れて強力なパターンや傷を癒し、取り除いていくことができるだろう。結果として生じる変容は、他者との真の感情的つながりを経験させ、また真の霊性との再結合を回復するための力となるだろう。

♐ 射手座のカイロン ━━━━━━━━━━━ Chiron in Sagittarius

　射手座にカイロンがある人は、自分らしさ(アイデンティティ)と関連する傷を持つ。また、世界の中での自分の居場所を理解し受け入れていくことへの根本的な苦悩もある。射手座は真実の探求と関係し、通常はそれを高等教育、宗教、哲学の領域を通して表現していく。また、射手座は個人の自由を支持し大きくしていく教え、宗教、信念と関わっていくよう強く促される。射手座のカイロンは、信じていたこと全体が根本的に傷つけられてしまっていることを示すこともある。また、従うべき大義を絶えず探し求めているものの、理想や必要となる行動の方向へ完全に身を捧げていくことができない状態の人を現すこともある。さらに、自分の霊性や世界の中での居場所を探し求めようとする必死の欲求を感じると同時に、仮にそうしたならば、個としての自分が重要ではなく無価値であるということを見出してしまうのではないかということへの激しい恐れを感じる人を示すこともある。射手座のカイロンの傷とつき合っていくには、自分の個としての価値や意義、及びわたしたちが創造物の真に欠くこと

のできない本質的な部分であるという究極の真実へと信頼を置くことが求められることになる。

♑ 山羊座のカイロン ─────────── Chiron in Capricorn

　山羊座にカイロンがある人は、責任と関連した傷を持つ。このことはその人たちが無責任であることを意味しない。むしろ山羊座のカイロンは、責任ということの真の意味を学んでいくことを指し示している。責任に関する最も大きな難題は、本当に自分が責任を負わなければならない領域とそうではない領域の間をはっきり区別することを学んでいくことにある。わたしたちは自分自身に、自分の選択に、自分の行動に、そしてその行動の結果に責任があるということを学ばなければならない。もちろんわたしたちは、自分の行動が他者に影響や効果を与えていることに対しての責任を引き受けていくことを学ばなければならないことは言うまでもない。だがその一方で、わたしたちの責任が終わり、あきらめなければならない場所があることも認識していかなければならない。山羊座にカイロンがある人は、他者の責任を自分の人生の中で重荷として背負いこんでいると感じるかもしれない。そして、その人間関係の領域に、ちょうど良い境界線を確立し維持することに苦労するかもしれない。しかしながら、山羊座にカイロンがある人の多くは、自分自身の人生を見つめ、それに対して責任を引き受けていくことを避けるための方法として、他者を助けることへと夢中になっていく傾向がある。こうした人にとっては、自分自身の人生への責任を受け入れ、そして他者にも同じことを行う機会を与える勇気を持ったときこそが、傷の回復(ヒーリング)の始まりとなる。

♒ 水瓶座のカイロン ─────────── Chiron in Aquarius

　水瓶座にカイロンのある人は、集団との同一性(アイデンティティ)に関連した傷を持つ。この傷は、社会で受け入れられた基準に従わなければならない状況、個人の自由を表現することへの障害、他者の前で自分の独自性を見せることへの躊躇として経験されることもある。基本的に水瓶座のカイロン

は、社会的価値が傷つけられたという感覚を持つ世代の人たちを示す。この傷を癒すことへの鍵は、特に人道的な思想を追求するような集団での活動にある。何か偉大なことの目的のために、個の自我(エゴ)を取り払っていく必要がある活動に従事することは、自らを癒すための極めて優れた方法となる。社会との交流を通過していくことにこそ、回復と霊的なつながりへの道があることを、水瓶座のカイロンは示している。水瓶座のカイロンを持つ人は、自ら選んで加入した集団内で、対等なメンバーとしての適切な場所を獲得していく。それによって、集団意識とつながり、自我の制限から自分を解放するための方法を学んでいくことができる。

♓ 魚座のカイロン ── Chiron in Pisces

　魚座のカイロンを持つ人は、霊性と同情を通して自らの傷と出会うことになる。魚座は否定的な感情を吸収し、変化させていくことと関連している。変化の水のサインとして、また獣帯の最後のサインとしての魚座の使命は、感情と魂のレベルで起こる回復(ヒーリング)の最終段階を完成すること、そしてすべては集合的なものの一部であり、本当は境界などなく、愛と生命の究極の根源から切り離されているわけではないという認識へと再び達することにある。ときとして魚座は、殉教者的な性質を表すことがある。魚座にカイロンを持つ人は、魚座のこの面に強く気づいているかもしれない。彼らは同情心に溢れ、他者を助け癒すことに惹きつけられるだろう。しかし、彼らはこの癒しを達成するために、大きく不快な思いを個人的に経験することになるかもしれない。神話の中でのカイロンは、最も偉大な治療者(ヒーラー)のひとりだった。だが、最終的には自分自身を癒すことはできなかった。そのため実際には、自らの不死をあきらめ、自己犠牲を通して、痛みから逃れることしかできなかった。最後に、彼は天の星へと高められ、それによって自分自身の痛みを乗り越えることになった。魚座のカイロンを持つ人は、生まれながらに他者を癒すことができる。それと同様のやり方で、自らの傷の痛みを昇華し、変容させ、乗り越えることで、自分自身を癒すための方法を学んでいかな

サインの中での天王星
Uranus Through the Signs

天王星は、意識や物質的な領域に現れようとしている新たな考えや革新的なものを表す。天王星はそれぞれのサインで約7年間を過ごす。そして、特定のサインの場所にいる間、そのサインに支配された領域での重要な変化や進歩に関与していく。それは必ずしも永続的な変化をもたらすことにはならないかもしれない。しかしながら、常にそれは新たな思いもよらない視点を導き入れる。それによって、海王星と冥王星によってもたらされる終局の回避不能な変化の先駆けとなることを意味している。

♈ 牡羊座の天王星（1927-1935） ── Uranus in Aries

最後に天王星が牡羊座にいた時期の1929年、アメリカ合衆国は株式市場の暴落で大恐慌に陥った。この経済の完全なる崩壊によって必要となったのは、牡羊座の中の天王星によってもたらされた個の独自性やエネルギーを表現するための新たな革新的方法だった。この新たな革新的方法を世界のために生かすことができた人々にとっては、大恐慌は非常に大きな好機の時期となった。自らのビジネスを築くのに必要なことは何でも進んで行った企業家たち——自らのやる気と決意を状況や他のものからの制限によって抑えつけられることを拒んだ人たち——によって、この時期に多くの富が生み出された。牡羊座の天王星は、アメリカ合衆国に開拓者精神を再導入することとなった。国自らが建て直しを始めたため、この新しいパラダイムは大衆による支持を獲得した。だが、この新たな開拓者精神とともに、ビジネスや一般的な世界には、これまで以上に無情なやり方——天王星の予測できない影響の直接的な結果である「自分の身は自分で守らなければならない」といった態度——が現れてくるようになった。

♉ 牡牛座の天王星（1935-1942） —— Uranus in Taurus

　牡牛座の天王星の最後の世代は、世界がしっかりと落ち着き、また新たに安心できる安定した社会を築くことへと関心が向かった時代に生まれた。アメリカの大部分では、いまだ大恐慌の影響が残っていた。また、きつい仕事は1920年代の過剰と軽薄な時代の最高の解毒剤となったようだ。しかしながら、天王星は非常に動きの速いエネルギーであり、牡牛座のゆっくりと安定した重い足取りのサインの中では居心地が良くない。牡牛座の天王星に生まれた世代は、自分たちの生活に新しい安定した仕組みを築くことを求め、それと同時に、その仕組みに反抗せずにはいられなくなる。

♊ 双子座の天王星（1942-1950） —— Uranus in Gemini

　双子座の天王星の世代は、新しい情報やテクノロジーが国家の非常に大きな関心事だったころに生まれた。双子座は二重のサインであり、常に世界の二元的な性質に意識的である。天王星が最後に双子座を通っていくときに世界が目にしたのは、新しいテクノロジーと発見がもたらす恩恵と、核戦争の脅威がもたらした壊滅的な破壊の両方だった。双子座の天王星生まれの人々は、通信と電子機器における革新を進展させ、新技術との特別なつながりを（また、おそらく特別な感性も）持っている。

♋ 蟹座の天王星（1950-1955） —— Uranus in Cancer

　蟹座の天王星の最後の世代は、社会における女性の役割、特に母の役割が変わり始めたころに生まれた。戦争の間、女性は仕事に就き、労働力の一員となり、それまで経験したことのなかった自立と力の感覚を味わった。これらの女性の多くにとって、主婦や母としての以前の役割に戻ることは、もはや満足できる生き方と思われなくなった。働く母親が普通のこととなるのは、何年も後のことだが、その変化はこの時代に始まった。こうした結果、蟹座の天王星に生まれた人は、前の世代とは異なる種類の育てられ方を経験した。この世代は初めて核家族の崩壊を経

験し、成年に達すると、社会の中での女性の役割に対して挑戦し、それを変えていった最初の世代となった。

♌ 獅子座の天王星（1955-1962） Uranus in Leo

獅子座の天王星の最後の世代は、自己表現と個性についての新しい考えを具体化した。この世代は、「ミー」の時代が最高度に達した1970年代から1980年代初期に成年に達し始めた（訳注[44]）。しかしながら、獅子座のエネルギーは自己中心的になることではなく、心を開放し、愛と寛大さを持って個々の才能をいかにして分かち合っていくかを学ぶことを目的とする。獅子座の天王星を持つ人は、愛に満ちた真の自己を表現していく方法を学ぶため、他者のために道を準備していくことが必要である。

♍ 乙女座の天王星（1962-1968） Uranus in Virgo

乙女座の天王星の最後の世代は、健康管理や一般の職場での根本的な改革をもたらすのに適している。乙女座の目的は、すべての人の生活の質を改善するために、足りないものを補い、努力を惜しまず、検討を重ね、正しく判別することにある。乙女座の天王星の世代は、他者にも、この惑星のどちらにも、異なった貢献の仕方を見つけ出す。乙女座の天王星で生まれたごく最近の世代は、実は乙女座の冥王星世代の一部でもある。また実際、これらのほとんどの人は、天王星と冥王星がコンジャンクションしている（訳注[45]）。このことは乙女座の天王星のエネルギーを強め、さらに破壊的で変容を余儀なくさせる要素を加えることになる。乙女座の天王星世代が真に大きな影響を及ぼす場合、既存の体制は根本から引き抜かれ、新たな異なるパラダイムと完全に入れ替えられることになるだろう。

---

‡訳注44‡「ミー（Me）の時代」というのは、社会的なことへの関心を失い、個人的幸福や満足を追求することだけに価値を置く生き方をする人たちが多くなった時代のこと。

‡訳注45‡「コンジャンクション」は惑星同士が獣帯の同じ場所、ないしは近接した場所に位置している状態のこと。詳しくは、8章のアスペクトのところで説明される。

♎ 天秤座の天王星（1968-1975） ───── Uranus in Libra

　天秤座の天王星に生まれた現在の世代は、人間関係とパートナーシップについての伝統的な考えの混乱に対処している。彼らは両親が離婚した世代である。そのため、この世代が取り組んでいかなければならない問題のひとつは、個人の自由を認めることのできる安定した人間関係を維持していくことにある。天秤座に天王星がある間に登場した重要な問題のひとつは、関係性の中での個人の責任に関することだった。牡羊座の天王星は、個人として自分自身を表現していく方法を変化させた。それとまさに同じく、天秤座の天王星は、何があっても人間関係に調和を維持しなければならないという考えを打ち壊し、そしてそれを個としての在り方を人間関係の中で探求し表現していくという考え方——また最高度の幸せに貢献しない関係性に留まる必要はないという考え方——と取り換えていった。上流社会では避けられるべき話題であった離婚は、日常の出来事の一部へと速やかに変わっていったころ、天秤座の天王星によって、制度としての結婚は最も強烈な打撃を受けることとなった。これに1960年代後期から1970年代初期に起きた性革命のエネルギーが加わり、天秤座の天王星は人間関係の在り方についての考えを、まさに混乱させ変化させていったのである。

♏ 蠍座の天王星（1975-1982） ───── Uranus in Scorpion

　蠍座の天王星で生まれた現在の世代は、性革命の余波と影響に対処している。蠍座の天王星は、恋愛関係や性的な面での他者とのつながり方を崩壊させた。1960年代からの「自由恋愛」の理想は、1970年代にはシングルス・バー（訳注[46]）や「一晩だけの関係」へと向かっていった。「ミー」世代は、性的および物質面の両方において、自分を満足させることだけに関心を向け、他人との深く強い感情的つながりを作っていく能力を急速に失い始めた。蠍座の天王星は、自分自身をより深く見

---

‡訳注46‡独身者が相手を求めて集まるバーのこと

つめさせたが、それによってさまざまな種類のセラピーが急激に成長することとなった。精神医学や心理学は、わたしたちの心のより暗い面を明らかにし変容させるための最先端のツールだった。そして、天王星が蠍座を通過していくに連れて、精神分析医に見てもらうことは、私的な事柄を越えて地位の象徴(ステータス・シンボル)にもなっていった。また、エネルギー危機と共に蠍座の天王星は、わたしたちの自然資源への見方を変えさせ、リサイクルや自然保護と関連する技術革新を促した。

♐ 射手座の天王星（1982-1988） — Uranus in Sagittarius

射手座の天王星は、究極の真実への洞察を求め、その力は理想を追求し、手に入れることへと向かう。アメリカ合衆国ではロナルド・レーガンが、国家威信の意識を掻き立て、ロシアを敵（「悪の帝国」）とみなすことで、このエネルギーを用いた。射手座は理想や哲学的な面へと影響を与えるため、冷戦はまさに我々の真実(資本主義)と彼らの真実(共産主義)の間の不一致についての争いだった。共産主義の信条は、絶対に正しいと信じる自分たちの信条とは異なるものであるため、射手座の典型的なひたむきさに焦点を絞るやり方においては、明らかに間違っているとみなさなければならなかった。また、増大するコンピューターの大衆化と普及の大きな恩恵によって、射手座の天王星は高等教育に革新や向上をもたらした。

♑ 山羊座の天王星（1988-1996） — Uranus in Capricorn

天王星が山羊座を通過するとき、政治のみならず企業や産業を含む社会の主要な制度は混乱する。そして社会はまったく異なる観点から物事を考え始める。山羊座の天王星がこれらの制度に対して大きな変化や改革を必ずしも引き起こすというわけではない。だが、山羊座の天王星はその基盤の最初の亀裂を作り出す。そして、天王星が始めたことを、海王星と冥王星が間違いなく完了させることになるだろう。最後に天王星が山羊座にあったとき、海王星も山羊座にあり、水瓶座へ移動しようとしていた。ふたつの惑星は互いに近接して長年を過ごし、協調し合い作

用した。天王星の破壊的なエネルギーは、海王星の覚醒プロセスを加速させた。そして、社会の基盤や構造が巨大な変化を必要としていることに対して、世の中は強く気づき始めた。山羊座の天王星は、アメリカ合衆国においてレーガン政権の大規模な大量消費主義と物質主義に対する最初の反発の布告となった。イラン・コントラ事件やその他の偽装は、指導者たちに対する国の信頼を打ち壊した（訳注[47]）。そして、金と力のある者にとって一番の利益となるだけの政策や法律に対して、さらに多くの人々が抗議し反対意見を述べ始めることとなった。

♒ 水瓶座の天王星（1913-1920、1996-2003） Uranus in Aquarius

　水瓶座の天王星は、社会的な面や人道主義の面において、世界規模の大変動を引き起こしていく可能性がある。以前に天王星が水瓶座にあったとき、第一次世界大戦によって、社会の根本的な混乱と変化を目のあたりにすることとなった。だが、少なくとも建前上、その戦争は自由と平等の名の下で行われた。天王星が水瓶座に戻ったことで、人権や自由が再び主要な関心事となった。そして、ボスニアやユーゴスラビアでの迫害から、自由と命を守ろうという努力の中、世界は実質的に戦争状態に戻ってしまった。水瓶座は理想の社会という考え方と関連している。そこでは社会全体の安定した体制に対して脅威を与えない限り、誰もが平等であり個人の自由は、いかなる努力を払っても守られる。水瓶座の天王星は、社会の規則や体制のどこが機能しなくなっているのか、またどこを変えなければならないのかを、改めて気づかせようとする。天王星が水瓶座を通過した最近の時期では、コンピューターとインターネットを通して、まったく新たなコミュニティが形作られていった。

♓ 魚座の天王星（1920-1927、2003-2010） Uranus in Pisces

　天王星が魚座にいた前回のころ、多くの新聞や雑誌上に太陽星座のホ

---

‡訳注47‡イランに武器を売却したアメリカが、その代金をニカラグアの反政府武装勢力コントラに密かに横流ししていた事件。

ロスコープ・コラムが登場したことにより、占星術に対する関心が大きく復活を遂げた。この種の動きは、霊性へアプローチするための新しく異なった方法を見つけ出させようとする魚座の天王星のエネルギーを象徴する。よくあることだが、わたしたちは大きな悲劇の発生の後（この場合は、第一次世界大戦）、その損失に対処する方法を、霊的指導者の導きに求めるようになる。魚座の天王星とともにわたしたちは、その拠り所となるものの崩壊を経験した——伝統的な霊的な実践は、制限と制約が多すぎると感じ始め、多くの人々は別のところに指導や拠り所となるものに目を向け始めた。2003年に天王星が再び魚座へ移動するとき、ほぼ同じ種類の変化が予想される。世界はすでに20世紀から21世紀への移行による幻滅と混乱を感じている。いまや20年以上もの間、大衆の人気と公共の認知を広げてきた「ニューエイジ」のムーヴメントが、このエネルギーの影響によって大きく動かされることになるだろう。それによって再び天王星が、わたしたちの信念体系の在り方と基盤を見直さざるをえないような、新たな混乱を生じさせる要因を導き入れることになるだろう。

サインの中での海王星
Neptune Through the Signs

海王星は集団の夢、すなわち集合無意識の理想や望みを表す。海王星はわたしたちの幻想や欲望、またひとつの社会が持つ希望や大志と関連する。海王星のサインの位置は、さまざまなやり方で、時代思潮ないしは特定の時代の精神（ツァイトガイスト）と直接関連する。そして、海王星がサインを移動するとき、世界の夢は根本的に重要な変化を遂げる。海王星の動きは非常に遅いため、わたしたちは20世紀の海王星のサインの位置のみを見ていくこととする。

♋ 蟹座の海王星（1901-1914） ———— Neptune in Cancer

蟹座の海王星に関連する夢や理想は、感情および物質の両面で欲求が満たされながら、養い育てられ守られることと関係している。蟹座は常

に社会での女性の役割と関連する。また、蟹座の海王星の夢は、主婦や母親として、ゆとりある生活を送る女性へと影響を与えた。初めて男性は、自分自身の商売というよりも勤務先での仕事のために、日中の間、外出するようになった。そして、女性はそのほとんどを自分の好きにすることができるようになった。この時代、食べ物は非常に重要だった。良い栄養を与えられることは、同時にわたしたちの欲求が満たされることをも意味していた。この願望と関連する極端な例でいうと、蟹座に海王星があるとき、140kg もあるウィリアム・タフトが大統領に選ばれた。また、食肉検査法および純正食品・薬品法が導入され通過した。

獅子座の海王星（1914-1929） ── Neptune in Leo

　獅子座を通過する海王星の時代、社会の夢の焦点は個人へと向かった。獅子座のエネルギーは、分け与えること、寛大で愛情深くなること、そして何よりも、その見返りに認められ評価されることを求める。海王星が獅子座にいる間、わたしたちは認められ評価され、スポットライトを浴びることを夢見た──たとえそれが、たった 15 分の間の名声であったとしても。戦時経済と第一次世界大戦への参戦により、アメリカ合衆国は先例のない繁栄と余暇の時代を経験した。これはスピークイージ（訳注[48]）と自家製のジン、フラッパー（訳注[49]）、ファッション、魅惑の時代だった── それらすべて(おそらくフラッパーを除いて)が、海王星と密接に関連している。当然のことながら、映画産業はこの時代、その最も著しく急速な発展を遂げた(言うまでもなく、海王星はフィルムや写真、魅惑や幻想のさまざまな形を支配している)。獅子座の象徴的なやり方で、映画スターが誕生し、我が国の王や女王のごとくになった。獅子座の海王星が王の身分を夢見ることは言うまでもない。そして、映画産業を通じて、多くのスターが作り出され、崇拝の

---

‡訳注 48‡ 禁酒法時代に、密かにアルコールを販売していた場所。

‡訳注 49‡ 1920 年代のアメリカで、突飛な行動や服装などをすることで、規制の価値観からの自由を求めた若い女性たちのこと。

対象に祭り上げられたが、最終的には破滅へと至った。

♍ 乙女座の海王星（1929-1943） ——— Neptune in Virgo

　乙女座のエネルギーは、世界をすべての人にとってより良い場所にするために、惜しみなく与え奉仕せずにはいられない。海王星が乙女座にあったとき、労働組合が団体交渉の権利を勝ち取り、労使関連は大きな進歩を遂げた。しかしながら、より大きな利益のための奉仕の上に築かれていく完璧な社会という夢は、ドイツではヒトラーを権力の座につかせ、結果として大虐殺を生み出すことを許してしまった。乙女座の海王星を持って生まれた世代は、完璧な世界を築くという夢を持ち続ける。それは個人がより大きな利益のために無私無欲に貢献し、また個人の貢献が真に重要な違いを生み出していく世界である。彼らの多くは、より良い方向に世界を変えようと試みる他の世代と一緒になりながら、1960年代のさまざまな市民権運動で非常に活発な動きをした。

♎ 天秤座の海王星（1943-1957） ——— Neptune in Libra

　天秤座の海王星に生まれた世代は、バランス、調和、関係性に関連した夢を見る。海王星は分離を生み出すあらゆる枠組みを解体し、さらに普遍的な力との融合を助長する。そのため天秤座の海王星を持つ人は、特に人間関係において、適切な個人の境界を築き維持する方法を学ぶという世代の欲求を共有している。海王星は自己を無にし、完全に他者と融合していくべきだという人間関係の在り方についての信念を強めていく。だが、これは天秤座のエネルギーが求めるものではない。天秤座のエネルギーは、個としての固有性(アイデンティティ)と別の個人との間のバランスを図りながら、一対一の関係を形作り維持していこうとする。ただし、天秤座は個人的な関係に制限されるわけではない。天秤座にとっての関係性は、自分自身と世界との間に調和を見つけ、芸術、音楽、霊性を通して表現することの中にもある。その最も高次の面において天秤座は、個としての自己の感覚と宇宙の創造的な力との間にバランスと調和に満ちた一対一の関係を見出すよう動かされる。天秤座の海王星とともに生まれた世

代は、この霊的な衝動を宇宙と再びつながるために生かしていく。

♏ 蠍座の海王星（1957-1971） —— Neptune in Scorpio

　海王星が蠍座を通過する間、わたしたちの性的欲求の表現や無意識や潜在意識の本質への探究を抑えつけていた制限や境界が取り除かれ始めた。蠍座のエネルギーは、深い感情の変容を促すやり方で別の人とつながり、そして少なくとも束の間は、分離の感覚、個の感覚、自我の感覚といったことすべてを忘れるために結びつきたいという欲望や、そのための能力と関連している。海王星は理想に関連する一方で、幻滅にも関連する。そのため蠍座の海王星に生まれた世代は、性的な自己表現の能力については間違いなく幻滅を経験した。この世代は、逃避として、また中毒のように、セックスを乱用した最初の世代である。また、エイズ・ウイルスが登場した1980年代に冥王星が蠍座に入ったとき、この逃避の形に潜在していた結果があからさまになって真に衝撃を受けた最初の世代である。ただし、蠍座はただ単にセックスに関連しているのではない。無意識をいかにして深っていくか、また情動によって自分が大きく変容していくことをいかにして可能にするかを学ぶこととも、蠍座に関連している。最も高次の面において蠍座の海王星の世代は、直接的な霊的つながりを見つけるために、自分自身の内側の奥深くへと目を向けていくことを学んでいくことになる。

♐ 射手座の海王星（1971-1984） —— Neptune in Sagittarius

　射手座の海王星に生まれた世代は、組織的宗教が作り上げてきた枠組みの崩壊を目の当たりにする。制度化された枠組みを通して霊的なつながりを見出すことは、この世代にとっては特に難しい。この世代がより関心を向けるのは、宇宙との関係を説明し理解するための創造的な方法を見つけていくことだ。射手座の海王星は、他の人が作り出した霊性に関する理論、教義、指導への信仰を消し去っていく。射手座は惑星に真実を探させようとする。だが、すでにして海王星がその真実そのものなのである。射手座の海王星は、わたしたちから真実を隠している自我（エゴ）と

分離の幻影を消去していくことで真実を見出すことになるだろう。また、射手座の海王星のエネルギーは、多くの偽予言者たちや自称霊的指導者たちを生み出す原因ともなった。真実を見つけたと十分に大きな声を上げて宣言すれば、誰の周りにも「絶対的な答え（商標登録申請中と記された）」を求める人々や悟りを求めてグルの教えになら何でも従おうとする人々が群がってくることだろう。射手座の海王星で生まれた人は、こうしたエネルギーを持っている。そのため真実を求める一方で、指導者や師の選択の際には、しっかりと偽物を識別できるようになる必要もある。

♑ 山羊座の海王星（1984-1998） ── Neptune in Capricorn

　山羊座の海王星の集団的な夢は、現状を維持することと同時に冷酷な野心家となり、人間として可能な限りの物質的富や社会的地位を積み上げていくことと関係している。この時代は、ロナルド・レーガンやジョージ・ブッシュによるアメリカ合衆国のリーダーシップが良い例となる。海王星が射手座の終わりに近い地点にいたとき、国民は富と経済成長というレーガンの夢に賛同し、彼がどこへ連れて行こうとも従うことを誓った。レーガンは富と繁栄という夢に国民の多くを誘った。だが、この夢は金持ちをさらに裕福にするだけの結果となった。また、それ以外の国民は、レーガンの虚構の理論「トリクルダウン政策」から、ほとんど何も得られるものはなかった（訳注[50]）。山羊座のエネルギーは伝統に基づく社会のルールや体制を維持しようとする。そのためアメリカ合衆国でも海外でも、保守派の政治家が勢力と支配力を大きく増大させることとなった。アメリカ合衆国では、いわゆる「宗教右派」に強く影響された共和党支配の議会が、富裕層の富を保証する一方で、多くの人々の権利を制限する法律を制定し、大いに前進を遂げた。妊娠中絶やゲイの権利のような物議を醸す問題が再び討論の中心に上がった。だ

‡訳注 50‡経済的資金を福祉事業や公共事業より、企業に分配するほうが経済成長を刺激するという考えに基づく大企業優先の経済政策。

が、議会が国民の恐れを刺激しながら、いかなる努力を払っても安全、制度、保護を求めようとする山羊座の海王星の夢を巧みに利用したため、そのほとんどは大きな敗退を余儀なくされた。

水瓶座の海王星（1998-2011） ── Neptune in Aquarius

しかしながら、海王星が水瓶座へ移動した今、社会の集団的な夢に変化が起こり、現政権の座にある保守派は、すでにその波紋を感じている。今やその夢は、個人の権利と自由を保護することにある。水瓶座の海王星は理想(ユートピア)の社会を夢見ている。それはすべての人々が真に平等となり、自分の人生をどう生きるかを選ぶ基本的な権利が神聖なものとして守られるような社会である。アメリカ合衆国では、クリントン政権の弾劾手続に対する保守派の共和党への反発は、重要な変化のほんの最初の徴候に過ぎない。すでに共和党は右翼の保守派から距離を置き、個人の自由と選択を大きく考慮する、より穏健な政治綱領を採用しようとしている。海王星が水瓶座を動いていくにつれて、水瓶座のエネルギーが現行の法や政策を審査し、もはや社会に大きな利益をもたらさないものを取り壊すことで、世界規模での根本的な人権の変化を目にすることになるだろう。

サインの中での冥王星
Pluto Through the Signs

冥王星は、いわば最後の辺境の地である。冥王星は究極の破壊者であり、もはや役に立たなくなったありとあらゆる体制を取り壊す。そして、すべての幻影を最終的に破壊し、わたしたちがすべての創造物とひとつである永遠の存在であるというただひとつの真実だけを残していく。冥王星のサインの位置は、強力かつ大きな転換が促され、また戻ることのできない変化を被ることになる社会の特定の領域を示す。冥王星はサインを非常にゆっくりと動いていくため、わたしたちが見ていくのは20世紀の間の冥王星の道程のみとする。

♊ 双子座の冥王星（1885-1913） —— Pluto in Gemini

　前回、冥王星が双子座にいたころ、わたしたちの旅行や通信の手段に、急激で根本的な変化が起きた。それは新たなテクノロジーまたはアイデアを夢見るということばかりか、まったくそれとは別に一度その新しいアイデアが実現されるなら、元には戻れない変化を経験することにもなる。この時代、最初の地下鉄がロンドンで建造され、最初の電話交換機が誕生し、マルコーニがラジオを発明し、そしてツェッペリンは飛行船を発明した。今日ではまったく生活の一部として当たり前になったこれらの変化を、わたしたちは利用している。だが、最初に登場したとき、それらは大きな激変であり、根本的な枠組みのシフトを意味していた。双子座の冥王星は、かつて経験し見慣れていた通信と旅行の手段を、完全に変えてしまったのである。

♋ 蟹座の冥王星（1913-1939） —— Pluto in Cancer

　蟹座のエネルギーは、わたしたち自身をどのように養育し保護していくか、そして一般女性や特に母親の社会での役割と関連している。蟹座に冥王星が最後にいたとき、アメリカ合衆国では欲求を満たすための方法に最も劇的な変化が起きた。第一次世界大戦に関与することで、アメリカの経済は急上昇し、そして国民は先例のないほど贅沢で快適な時代を謳歌した。もちろんこの後、例によって冥王星の逆行が起き、1929年10月に株式市場は暴落し、アメリカは史上最悪の経済の時代へと一夜にして突入した。瞬く間に人々は、キャビアから無料配給を受ける列へと移っていったのである。突然、国民の欲求は満たされなくなった。そしてこの経験は、今日でも未だにぬぐえないほどの影響を国民に残すこととなった——あっという間に必需品が不足したため、豊かさを当然と思ってはならないと教えられた。こうした影響は、人生に対して健全で前向きな態度を取らせることにはならないものの、それが蟹座の冥王星が残した消えることのない残響であり不安のひとつであることは確かである。

♌ 獅子座の冥王星（1939-1958） —— Pluto in Leo

獅子座のエネルギーは、無条件の愛を伝え、また受け取るために、心(ハート)を開くことを求める。獅子座の冥王星の時代は心に大きな注目が集まった。そして、そこには冥王星的な心の死と再生がしばしばともなった。粗悪な食生活や運動習慣（言うまでもなく、これは冥王星が蟹座にあったころに通過した重要な変化である）によってもたらされた心臓病が、史上初めて深刻な健康問題になった。また、特に男性が気持ちや感情を抑え込む傾向が強くなった。真に獅子座的なやり方で、この時代の男性は「自分の城の王」になることが当たり前と考えられていた。男は家族を養い、日々の責任を果たさなければならなかった。また、戦時中は国を守るために家族を残していく覚悟をしていなければならなかった。感情を公然と表すことは、いわゆる真の男として、絶対に容認できる振る舞いではなかったのだ。獅子座の冥王星に生まれた世代は、個人にも集団にも、男性にも女性にも、自分の心を開くための方法を学ぶように働きかけるエネルギーを持っている。

♍ 乙女座の冥王星（1958-1971） —— Pluto in Virgo

変化で土のサインである乙女座の中の冥王星とともに、地球の健全さや天然資源の保護に関する考え方の変化や利権争いを引き起こした。乙女座の冥王星の時代、環境に関わる団体の設立や、わたしたちがどれほど地球を毒し汚染してきたかという認識が起こってきた。現在の乙女座の冥王星世代は、健康管理を改善すること、または共同体に貢献し支援していく方法面での変化にも、深い関わりを持っている。

♎ 天秤座の冥王星（1971-1984） —— Pluto in Libra

天秤座は一対一の関係、そして関係性の中での境界、責任、バランスや調和の必要性と関連している。冥王星が天秤座を通過したとき、対人関係の古い規範や考え方に対する最終的な打撃となった。天秤座の冥王星に生まれた世代は、他者と関係していく新たなやり方を築いていくこ

とを学ばなければならない。この世代が生まれたのは人間関係の混乱した世界だった。天秤座の天王星は、頻発する離婚や個人の自由への願望の火つけ役となった。天秤座の海王星は、共存のための思想、必要不可欠な人との間の適切な境界線を生み出した。天秤座の冥王星は、古い時代遅れの人間関係の規範となっている最後の遺物を消し去った。

♏ 蠍座の冥王星（1984-1996） ── Pluto in Scorpio

　蠍座の冥王星は、わたしたちのセックスに対する見解を永遠に変えた。蠍座の冥王星は、世界にエイズ・ウイルスをもたらした。また、エイズがわたしたちの性行為に根本的な変化、そしてしばしばトラウマ的な変化をもたらしたことに異議を唱える者はいないだろう。1960年代に最初に表面化した性的乱交と「自由恋愛」の理想は消え去った。ただ病気の予防策という観点からのみ、一夫一婦制が再び好まれるようになった。冥王星と蠍座はどちらも死と再生のプロセスと関連している。そして、どちらもそのプロセスによって、自分の中の恐れや不安と向き合い、対決し、それらを変容させていくことと関連している。エイズは20世紀の重大な病である。また、20世紀は多くの優れたものをもたらしたが、その一方、いくつかのわたしたちの最大の残虐さを露見させることにもなった。蠍座の冥王星は、わたしたちが核心部分にある感情の本質に至るまでさらけ出させた。そして、ようやく今になってわたしたちは、破片を拾い集め、再び建て直すことが始められるようになったのである。

♐ 射手座の冥王星（1996-2009） ── Pluto in Sagittarius

　冥王星の蠍座通過による荒廃を経験した後、多くの人はこの破壊に対処するため、より高次の力の助けを求めた。わたしたちは教会、学校、そして医者や哲学者に導きを求めた。そして、冥王星が射手座にいる今、わたしたちは彼らが提供してくれるアドバイスが、ときとして非常に物足りないものであることに気づいている。前回、冥王星が射手座にあったのは1749年から1762年である。それは啓蒙の時代として知ら

れている。新聞や一般の人々への教育の普及は、考え方の非常に急速な変化と変容をこの時代にもたらした。それは「理性の時代」であり、頂点の座を巡って、科学が宗教や迷信と戦う長い道程の中で、最初の足掛かりを得たときだった。今日、組織的宗教は困難な時代に向かっている。というのも、ますます多くの人が、より直接的な霊的な道を探し求めているためだ。再び教育が最優先事項となった。射手座に冥王星があった前回は、新聞が一般大衆の教育の一翼を担った。今日、コンピューターとインターネットを使って誰もが、ほぼ無限ともいえる大量の知識へとアクセスしている。いま一度、射手座の冥王星は古い信条や哲学を取り除き、自分自身で考えていくことを学んでいくよう促しているのである。

CHAPTER 6

アングルとハウス、及びパート・オブ・フォーチュン

CHAPTER 6
The Angles, the Houses, and the Part of Fortune

アングルとハウス、及びパート・オブ・フォーチュン

わたしたちはすでに役者たちと出会い、そして彼らの役割と衣装にも親しんできた。また、わたしたちは各々の役者が、それぞれの役割をどのように上手に演じるかについても見てきた。そして今や、役者たちがそれぞれの場面を演じる場所——チャートの中のハウス——を見ていく段階にまでやってきた。しかし、ここで個々のハウスがどのような性質を持つかを明らかにしていく前に、ちょっと寄り道となるが、ハウスの歴史、及びその数学的な面についても見ておきたい。

ハウス・システムについての概要
A Brief Overview of House Systems

今日、さまざまなハウス・システムが使用されている。だが、それらはすべてイコール（Equal）、タイム（Time）、スペース（Space）、クアドラント（Quadrant）という異なる4つのカテゴリーのどれかに分類することが可能である。これらのシステムのほとんどは、その参照点やハウスの境界線(カスプ)として、少なくともアセンダントもしくはミッドヘヴンのどちらかひとつを用いている（訳注51）。中間のハウス（2、3、5、6、8、9、11、12）の場所と大きさに関しては、異なるハウス・システムの間で大きな違いが生じてくる。どのハウス・システムが「ベスト」であるかという問題を考える際に、まず覚えておくべきことは、す

---

‡訳注51‡「アセンダント」と「ミッドヘヴン」については本章(274頁)で説明されるが、ひとまずここで簡単に説明しておく。アセンダントは太陽が上昇する東の地平線。ミッドヘヴンは太陽が最も高く上る位置。

べてのハウス・システムが有用であるということだ。確かにハウス・システムのいくつかは、ある特定のタイプの占星術において、より効果的に機能するように思われる。しかし、究極を言えば、どのハウス・システムを採用したとしても問題はない。わたし個人に関して言えば、出生チャートの場合にはコッホ・ハウス、ホラリー占星術やイレクショナル占星術を行う場合にはレギオモンタヌス・ハウス、そしてリターン・チャートのためにはキャンパヌス・ハウスを使用している。

イコール・ハウス・システム ─── Equal House System

ハウス・システムの最も古いものは、イコール・ハウス・システムである。その名前から推測できるように、イコール・ハウス・システムにおいては、すべてのハウスが等分(イコール)のサイズ、すなわち30度となる。また、イコール・ハウス・システムでは、インターセプトするハウスは存在しない（訳注[52]）。古代ギリシャで使われた最も古いハウス・システムは、ホール・サイン・ハウスによるイコール・ハウス・システムだった。このシステムの中では、アングルが必ずしもハウスの境界線とはならない（このシステムが使われた時代は、時間と距離の計測のためのツールが十分なほど進歩していなかったため、アングルを正確にリーディングのために用いることができなかった）（訳注[53]）。その代わり、東の地平線を上昇しているサインは何であれ1ハウスとなり、残りのハウスは順に従い、それぞれのハウスはひとつのサイン全体と等しくなる。このハウス・システムのひとつの目立った特徴は、東の地平線を上昇しているサインの度数が終わりのほうである場合、12ハウスとなるべき場所である地平線の上が、1ハウスの多くの部分によって占めら

‡訳注52‡「インターセプト(intercept)」というのは、ひとつのハウスの領域内に、ひとつのサインの領域全体が完全に包含される場合のこと。インターセプトについては本章 271頁で説明される。

‡訳注53‡「アングル」については本章の 271-272頁で説明される。これも簡単に説明しておくと、ここで「アングル」と言っているのは、訳注 51で説明したアセンダントとミッドヘヴンに加え、「ディセンダント」と呼ばれる太陽が沈む西の地平線の場所、及び「イムム・コエリ」と呼ばれる太陽が地球の下の最も低位置となる場所のことである。

てしまうことになることだ。現代の占星術家たちの中で、主にこのシステムを用いているのは、新たに再発見された古典のテクニックを使用する人々である。

　今日、より一般的に使用されているイコール・ハウスの変種はふたつあるが、それらはアングルに基づいたものとなっている。最もポピュラーなシステムは、アセンダントを1ハウスの境界線として、さらにその後のそれぞれのハウスの境界線を30度の間隔としていく。このシステムの場合、ミッドヘヴンが必ずしも10ハウスの境界線となるわけではない。もうひとつは、ミッドヘヴンに基づくイコール・ハウス・システムである。こちらではミットヘヴンの場所を10ハウスの境界線として始まりのポイントにする。そして残りのハウスは、そこから30度の間隔で作られる。このシステムでは、必ずしもアセンダントが1ハウスの境界線となるわけではない。

　今日、イコール・ハウス・システムが最もよく用いられるのは、極端に緯度が高かったり低かったりする場合のチャートを計算するときである。というのも、イコール・ハウスではなく他のハウス・システムを採用した場合、赤道から離れていくに従い最終的にいくつかのハウスが、ほんのわずかな広さしかなくなり、逆に残りのハウスが3つのサインの領域をまたぐ不均衡なチャートとなってしまうからだ。

> 注意！　この先しばらくは、異なるハウス・システムをどのように計算するかを説明していくことになる。そこでは球面幾何学、天文学、三角法に関する多数の専門用語を用いることになるが、ここではそれらの用語についての解説は行わない。それらについては、NCGRのレベルⅡの参考書で調べることができる（訳注[54]）。ここではさまざまなハウス・システムが存在するということの紹介にとどめる。もしあなたが強い数学アレルギーの持ち主だとしたら、この先をしばらく読み飛ばしてしまっても構わない。再び注意を向ける必要があるところまでいったときには、改めてそれをお伝えする。

---

‡訳注54‡　NCGRというのは、占星術家の認定も行っている本書の著者が属している団体。NCGRについて詳しくは、本書の「付録B」483頁参照。

CHAPTER 6　アングルとハウス、及びパート・オブ・フォーチュン

クアドラント・システム ─────── Quadrant Systems

　クアドラント・システムは、基本的にアセンダントとミッドヘヴンの軸を基にして、チャートを4分円(クアドラント)に分割する。それ以外の中間の境界線を計算するためには、いくつかの異なる方法が存在する。

・**カンパヌス**（Campanus）

　両極が地平線の北と南のポイントにある卯酉線(プライム・バーティカル)が、三日月形（球面の区画）によって12の等しい弧へと分割される。三日月形が黄道を切断する場所がハウスの境界線となる。

・**レギオモンタヌス**（Regiomontanus）

　天の赤道が東のポイントから12の等しい部分に分ける。ハウスの境界線は黄道に沿った半円のハウスの交点によって形作られる。地平線の北のポイントと南のポイントの軸に対して赤道は垂直でないため、ハウスは等しくならない。

・**ポルピュリオス**（Porphyry）

　中間のハウスの境界線は、それぞれの4分円の径線の弧を3等分することによって決定される。ミッドヘヴンとアセンダントの間の弧は3等分されることで、11ハウスと12ハウスの境界線が作られる。他の4分円に対しても同じことを行う。

・**アルカビティウス**（Alcabitius）

　弧の分割はアセンダントの度数の動きによって描かれる。アセンダントの度数によって作られた昼のサイクルの等しい分割は、両極からの時圏(アワー・サークル)によって決定される。これは現代のハウスのシステムの最初の形となったものである。

タイム・システム　　Time Systems

タイム・システムは、いくつかの地上の主要な感受点(センシティヴ・ポイント)の半円弧を採用し、それを3分割する。その3分割がハウスの分割のための基礎となる。

- **プラシダス**（Placidus）

ハウスの境界線の曲線は、それぞれがそれ自身の昼と夜の半円弧を3分割するポイントによって形成される。これらの複数の曲線が黄道と交差する場所が、プラシダスのハウス表で与えられた黄道の境界線を決定する。

- **コッホ**（Koch）

ミッドヘヴンの昼の半円弧が3分割される。半円弧「x」の3分割を求めることで、ミッドヘヴンは昼の半円弧を通って後方へ回転させられる。このポイントでミッドヘヴンは地平線に達する。次にミッドヘヴンは地平線からx度、回転させられる。新しいアセンダントは11ハウスの境界線となる。もう一度x度、ミッドヘヴンを回転させることで、12ハウスの境界線がアセンダントに移動する。さらなるx度が1ハウスの境界線（最終的なアセンダント）をアセンダントへ移動する。さらなるx度が2ハウスの境界線をアセンダントに移動する。そして最後に別のx度が3ハウスの境界線をアセンダントに移動する。

スペース・システム　　Space Systems

- **メリディアン（赤道儀のハウス(イークワトリアル)）**（Meridian (Equatorial House)）

天の赤道の両極から三日月型によって、天の赤道が12の等しい弧に分けられる。黄道と三日月型の交点がハウスの境界線とみなされる。個々のハウスは正確にふたつの恒星時の長さである。ミッドヘヴンは10ハウスの境界線である。そして赤道儀のアセンダント（赤道で計算されたチャートである場合のアセンダント）が1ハウスとなる。チャート上のアセンダントはハウスの境界線とはならない。

CHAPTER 6 アングルとハウス、及びパート・オブ・フォーチュン

> さて、複雑で面倒な説明はここで終了し、話題を元に戻そう。

4分円と半球
Quadrants and Hemispheres

これから個々のハウスを見ていくことになるが、まずはその全体像を眺め、そしてその構成要素を見ていくとしよう。サインが元素（エレメント）と様相（モダリティ）からなるように、ハウスも図8のように半球と4分円からなる。

ここですぐに気がつくのは、普通に予想される4方位の位置がハウスの方位と一致していないということだろう。図では、上方の半球が南半球で、下方の半球が北半球となっている。また、左側の半球が東半球で、一方の右側の半球が西半球となっている。

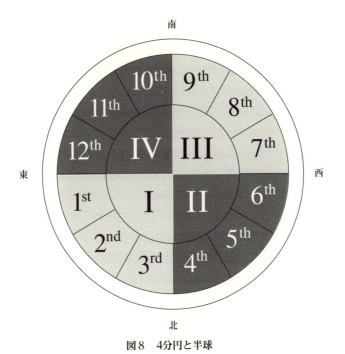

図8 4分円と半球

南半球 — The Southern Hemisphere

図の南半球には、7ハウスから12ハウスがある。これらのハウスは地平線の上方にある。したがって、これらのハウスの中の惑星は、天の方向に見ることができる（もちろん、そのときにこれらのハウスの中に太陽がなければではあるが！）（訳注55）。南半球の中の惑星は、その表現をより華やかで、より外向的にしていく傾向がある。南半球のハウスは、他の人々によって見られることが重要であり、またその中の惑星も自分自身をよりオープンに表現しようとする傾向となる。

北半球 — The Northern Hemisphere

図の北半球には1ハウスから6ハウスがあるが、そこは地平線の下方にあり、見ることはできない場所である。図の北半球にある惑星は視界から隠されているため、それらは自らの表現を、より内向的で目立たないものとする傾向がある。また、これらのハウスは個人的な場所であり、そのため他者と分かち合うことは重要ではない。

東半球 — The Eastern Hemisphere

図の東半球には1、2、3、10、11、12ハウスがある。これらのハウスは、チャートの中で個の表現へと最も集中するポイントであるアセンダントを囲んでいる。東半球のハウスの中の惑星は、自立心が強まり、自発的で活動的になっていく傾向がある。

西半球 — The Western Hemisphere

図の西半球には、4、5、6、7、8、9ハウスがある。これらのハウスは、チャートの中で他者との関係へと最も集中するポイントであるディセンダントを囲んでいる。西側のハウスの中の惑星は、より受動的にな

---

‡訳注55‡ここで言っているのは、太陽がこれらのハウスに入っているということは、時間帯は昼であるため、肉眼では他の惑星を観察することができないという意味である。

り、他者を思いやることへ熱意を向けていく傾向がある。

4分円 — The Quadrants

どの4分円も、ふたつの半球の特質を含む。4分円Ⅰ（1、2、3ハウス）は内向的（北半球）と自立的（東半球）という両方の面を持つ。同様に、4分円Ⅱ（4、5、6ハウス）は内向的（北半球）と反応的（西半球）、4分円Ⅲ（7、8、9ハウス）は外向的（南）と反応的（西半球）、4分円Ⅳ（10、11、12ハウス）は外向的（南）と自立的（東半球）といったように、それぞれ両方の面を持つ。

ハウスを理解する
Understanding the Houses

出生占星術において、ハウス（ハウス）は実際の家としてというよりも、わたしたちそれぞれの内側にある部屋（ルーム）と考えるほうが、むしろ理解の助けとなることもある。個々の部屋には特別な目的があり、特定のタイプの経験が待ち構えている。それをこう考えてみよう。お腹が空いて何かを食べたくなったとき、わたしたちはベッドルームや書斎ではなくキッチンへ行く。また、通常わたしたちはバスルームやダイニング・ルームで睡眠を取るわけではない。それは出生チャートの中のハウスにも同じことが言える。たとえば6ハウスは、わたしたちが仕事を行うための場所、すなわちオフィスである。一方で、わたしたちが外に出かけて楽しみたいときは5ハウス、友人と出会うのは11ハウス、家族と会うのは4ハウスということになる。

ハウスの境界線に接するサインは、それぞれの部屋がどのように飾られているかを示す。チャートごとにサインは異なる「部屋」と関連しているとはいえ、わたしたち全員がチャートの中に12のサインすべてを持っている。わたしたちは全員、本、おもちゃ、ゲーム、気晴らしが見つかる場所である「双子座の部屋」を持っている。また、わたしたちは全員、非常に実際的でビジネスライクな設備のあるしっかりとしたマホガニーで作られた「山羊座の部屋」を持っている。わたしたちそれぞれ

の違いは、どの部屋が「双子座の部屋」となり、どの部屋が「山羊座の部屋」となるかにある。たとえば、「双子座の部屋」が人間関係を示す7ハウスにある人は、「山羊座」で飾られた人間関係の部屋を持つ人とは非常に異なるやり方で、人間関係へアプローチしていくことになるだろう。

　では、それぞれの部屋は誰によって飾られるのか？　それはサインをルールしている惑星である――彼らは現在演じている役割のスタイルに応じて、部屋を飾るのである。「山羊座の部屋」は、蠍座の中に土星があるときよりも（その場合、部屋の装飾はおそらく黒い革となるだろう）、双子座の中に土星があるときのほうが、より明るくオープンな感じとなるだろう（訳注56）。「蟹座の部屋」は、射手座の中に月があるときよりも、牡牛座の中に月があるときのほうが、より豪華で居心地の良いものとなるだろう。ハウスのルーラーである惑星は、彼らの部屋の上の飾りつけに注意を払う。ハウスのルーラーである惑星が別のハウスにあるときは、それぞれのハウスに関連する事柄が相互に結びつけられることになる。たとえば、仮に2ハウスの境界線が牡羊座にあり（牡羊座は火星を支配する）、火星が9ハウスにあるなら、わたしたちの金銭面（金銭面は2ハウスと関連する）は、9ハウスの事柄（旅行、高等教育、宗教など）と結びついたものとなるだろう。

　ハウスの中に惑星が入っている場合に、わたしたちがそのハウスのテーマと関係するときは、常にそのハウスにいる惑星のエネルギーを経験し表現することになる――また、わたしたちがそのハウスのテーマと関係するときはいつでも、そこにいる惑星とつき合って行かなければならない。もし、わたしたちが7ハウスに土星を持っているなら、わたしたちは人間関係を通して土星のエネルギーと出会うことになるだろう。9ハウスの火星は高等教育や宗教的な分野の研究において、他者よりも優位に立とうとするかもしれない。一方、惑星なしのハウスは単な

---

‡訳注56‡ここでの説明は、少々わかりづらいかもしれない。まず、次のことを思い出していただきたい。そもそも山羊座のルーラーは土星である。それを前提にここで述べられていることを言い換えると、「山羊座の部屋」は、そこをルールしている土星がどこのサインに位置しているかによって、その影響を受けて、そのテイストが変化するということである。次の蟹座の説明のところも、蟹座のルーラーが月であるということに基づいて書かれている。

る空っぽの部屋である。わたしたちはそこに行き、（当然のことながら）ひとりになることができる。だが、わたしたちが空っぽの部屋にいるときですら、ハウスの中に実際に惑星がいるときほど強くはないとはいえ、やはりそのハウスのルーラーである惑星のエネルギーによって影響を受けることになる。

　ときとして、あなたはハウスがサイン全体を含んでいるチャートと出会うこともあるだろう。たとえば、2ハウスの境界線が双子座の28度、3ハウスの境界線が獅子座の4度にあるチャートの場合、蟹座のサイン全体は2ハウスにインターセプトされることとなる（訳注57）。占星術家キム・ロジャース＝ギャラガーは、こうしてインターセプトされたサインの状態を、控えの間のある部屋として、あるいは部屋の中にある部屋として説明している。先ほどの例で言うなら、双子座はそれでもやはり2ハウスのルーラーあり、水星がやはり飾りつけを行う。しかし月（そして蟹座）も、その作業に関与する。そして実際に、部屋の設備や構造は、すべて月に関連するものとなる——水星と双子座は壁紙、色、ファブリックを単に選ぶだけとなる。それは水星と双子座と関連しているように見えるかもしれない。だが、一度部屋の中に落ち着いたなら、実際には月と蟹座と関連しているように感じるだろう。

アングルを理解する
Understanding the Angles

　アングルはチャートの中で非常に重要なポイントである——それらはたいがいハウスの境界線にある（使用するハウス・システムによって、常にそうなるとは限らない）。アングルはわたしたちが外の世界へと見せる外観——それによって他の人々がわたしたちをどのように見るか——

---

‡訳注57‡ 263頁の訳注52でも述べたが、「インターセプト(intercept)」は、ひとつのハウスの領域内にひとつのサインの領域全てが完全に包含されている状態のことである。ちなみに、interceptを普通に日本語訳にするならば、たとえば「遮断する」、「妨害する」、「封じる」といった言葉となるだろう。だが、こうした訳語の持つニュアンスが、ここで述べられているような占星術における解釈上の意味としっくりこないため、そのまま「インターセプト」と片仮名の表記にした。

ーを象徴している。もっと重要なことは、わたしたちのチャートの中で、アングルは外の世界へと開かれる主要な「扉」を示しているということである。アセンダントはわたしたちの正面玄関である。それはわたしたちが他の人々と交流するため、世界のどこへ出かけ、いつ出発すべきかを表している。ディセンダントは裏口である。そこは知人の訪問を迎え入れる場所である。ミッドヘヴン（あるいはMC）は屋上への扉である――そこは家の最も見晴らしの良い場所であり、概してそこでわたしたちは、世界に対する影響力を欲するようになる。イムム・コエリ（あるいはIC）は完全に隠された秘密の戸口であり、親しい友人や家族によってのみ使われるプライベートな入り口である。

ハウスの3つのタイプ：アンギュラー、サクシデント、カデント
The Three Types of Houses: Angular, Succedent, and Cadent

ハウスはアンギュラー、サクシデント、カデントと呼ばれる3つのどれかのタイプに分類される。通常、アンギュラー・ハウス（1、4、7、10）は各アングルと関連するハウスである。アンギュラー・ハウスは外の世界へと向かう重要な「扉」（アセンダント、ミッドヘヴン、ディセンダント、イムム・コエリ）と接していることから、その中の惑星の力は「強く」なるとみなされ、またより外向的で目立つやり方で自分自身を表現する傾向となる。アンギュラー・ハウスは行動を重視し、始動のサインと似た性質を持つ。アンギュラー・ハウスの中にある惑星は、通常、ディグニファイドされると考えられている。アンギュラー・ハウスの隣にある（後に続く）のがサクシデント・ハウス（2、5、8、11）である。そこは比較的ニュートラルな性質を持つ。サクシデント・ハウスの中の惑星は、チャートの前景に出てくるわけでもなく、背景に引っ込むわけでもない。サクシデント・ハウスは安全と持続と関連している。その点において、サクシデント・ハウスは固定のサインと似ている。カデント・ハウス（3、6、9、12）は、サクシデント・ハウスの次に来る。チャートの中では表現の最も乏しい場所である。カデント・

ハウスの中の惑星、特に3ハウスと6ハウスの惑星は、自分自身に注意を向けることが非常に困難となる。そのため、ときとしてディビリテッドされるとも考えられている。カデント・ハウスは学ぶことと適応することと関連し、変化のサインと似た性質を持っている。しかしながら、カデント・ハウスの最後の数度（通常アングルの前の4度から6度）だけは非常に強くなる。したがって、アングルの6度内にあるカデント・ハウスの中の惑星は、アンギュラーとなり、ディグニファイドされると考えられている。

ハウスとアングルを巡回する
A Tour of the Houses and Angles

これまではハウスの概略を大まかに見てきた。次にそれぞれの「部屋」の中身がどうなっていて、わたしたちはどんなときにどのような理由から、それぞれの部屋で過ごすことになるのかといったことをひとつひとつ見ていくこととする。図9には、全体を見渡すことができるように、それぞれのハウスとアングルの位置を示してある。

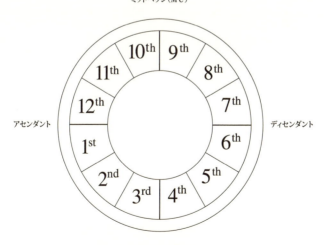

図9　ハウスとアングル

アセンダント ———————————————————— The Ascendant

　ほとんどのハウス・システムにおいて、アセンダントは1ハウスの境界線として用いられる。「上昇サイン」としても知られるアセンダントは、誕生の瞬間に誕生の場所から「見える」東の地平線上にある黄道の度数（言い換えるなら、上昇していくサインの度数）のことである。アセンダントはチャート上で最も重要なポイントのひとつである。それは単に1ハウスの「扉」というだけでなく、「正面玄関」でもある。アセンダントは人が世界へと出ていくときに通る扉である——そこで人々は最初にその人のことを知り、非常に重要な第一印象を持つのである。

　そればかりか実際のところ、アセンダントが示しているのは、世界に対するわたしたちの第一印象でもある。アセンダント上のサインは、世界と接触し、世界を経験するに際して、わたしたちがそれをどのようなものとして期待しているかを示している。双子座が上昇している人は、世界が好奇心をそそり、探検する価値のある場所だという核となる信念を持つ。一方、蟹座が上昇している人は、それとはまったく異なる世界の見方を持ち、世界に対して恐れや孤独を感じ、そこは自分の欲求を満たすことのできない場所であると考えるのである。そのため彼らは自分を守るために、他の人々との間に感情的なレベルでのつながりを作ることを求めることになる。アセンダントはわたしたちが他の人々と関わっていくときに、「わたしたちが身につける仮面」であるとも考えられている。だが、アセンダントはこの仮面であるということ自体において、わたしたちの世界の見方へと影響を与えることになるのである。

1ハウス ———————————————————— The First House

　アセンダントは1ハウスへの「扉」でもある。それはかけがえのない個人として、自分が誰であるかを構成するすべてのものを維持する場所である。1ハウスとは、「これがわたしである」という部屋である。それはわたしたち固有のパーソナリティーの本質を構成するすべてのものだけでなく、わたしたちの外見（さらに通常、自分自身の姿を装飾す

るもの）にも関係する。また、1ハウスは肉体、さらに健康や活力全般も表す。

2ハウス — The Second House

　2ハウスは、わたしたちがすべての「もの」を保持する場所である。1ハウスが「わたし」であるのに対し、2ハウスは「わたしのもの」に関連する。2ハウスは肉体を維持し、物質的な所有物を保存するだけでなく、そこに才能、能力、技能も蓄えている。また、2ハウスは「金銭」のハウスのひとつ（6ハウスと10ハウスと共に）であり、わたしたちが金銭をどのようにしてかせぐのかを示している。また、2ハウスは肉体の感覚、自分が価値を認めるもの、物質的世界をどのように経験していくかと関係している。

3ハウス — The Third House

　3ハウスはメールや電話の部屋である──チャートの中でコミュニケーションの中心となる場所である。周囲の環境、兄弟姉妹、隣人へと注意を向けようとするとき、わたしたちの向かっていく場所となるのがここである。3ハウスは短期の旅、手紙、書くこと、幼いころの教育にも関連している。もちろん、カデント・ハウスである3ハウスは学ぶこと、そしてとりわけ、わたしたちが自分の環境とどのように関わっていくかも表す。3ハウスは宗教や霊性とも関連している。ただし、それはその時代に広く受け入れられていない宗教とより関係しているようである（というのも、古典の占星術では、3ハウスは異端のハウスだった）。

イムム・コエリ — The Imum Coeli

　一般的にICとして知られているイムム・コエリは、チャートの中で最も私的で隠された場所である。それでも、そこは外の世界への「扉」である。だが、そこはわたしたちの親しい友人たちや家族によってだけ使われる秘密の隠された入口である。なぜなら、そこは人生の中で最も

私的で保護された個人的な面へと通じる場所だからである。ICはチャートの中で最も隠された場所でありながら、宇宙との最も重要なつながりを経験する場所でもある——ICを通じて、自分の過去、伝統、そして究極的にはすべての創造物の一部であったことの記憶とつながることができるのである。ICはチャートの中でのすべての始まりと終わりに関係する。また、魂がわたしたちの肉体に入ってくるときに通る場所でもある。

4ハウス ── The Fourth House

4ハウスは家族の部屋である——それは隠されていて、チャートの残りから、やや閉ざされている。そのためほとんどの人は、決してそれを理解することなく、そこにそれがあることの意味もわからないままであり続ける。このハウスは、わたしたちのプライベートで個人的な時間を確保するための場所である。また、わたしたちが自分の家族（もともとの家族も、選んだ家族も）や親しい友人たちと共有する場所でもある。わたしたちは孤独になりたいとき、そこへ行くこともあるが、自分が愛する人たちとのつながりや親密さを感じたいときにも、たいがい4ハウスへと向かう——4ハウスはチャートの西の半球の側にあるため、そこではわたしたちが孤独でいることや自足した状態よりも、他の人との関係と交流に焦点が置かれることになる。また、4ハウスは不動産や資産とも関連し、チャート上での父を示す（現代の占星術では4ハウスを母と関係づけているけれども）。4ハウスはアンギュラー・ハウスであり、それゆえ行動指向である。だが、そこはチャートの中で最も隠されていて、ごくわずかしか目に見えない場所であるため、4ハウスの惑星は、公的な場面において自分自身を表現しようとしない傾向がある。

5ハウス ── The Fifth House

5ハウスはパーティールームである——くつろぎ楽しむための時間がやってきたとき、わたしたちが向かう場所である。創造性、自己表現、ゲーム、投機、あらゆる種類のギャンブルは、5ハウスの中で見つけら

れる。また、セックスも（そして子どもも）5 ハウスである。5 ハウスは恋愛にも関係する——それは契約上の義務を含まないあらゆるロマンティックな人間関係、また同じ屋根の下で生活していない人間関係の場所である（ふたりが結婚し引っ越しをしたなら、それは 7 ハウスの人間関係になる）。それにしても、こうしたさまざまな事柄には何か共通しているものがあるのだろうか？ 言うならば、本質的に 5 ハウスは、自分が特別でかけがえのない存在であると感じることを求めるときに向かう場所である。5 ハウスで経験するすべては、わたしたちに気分の良さ——一般的なことに関してもそうだが、特に個人的なことに関して——を与えてくれる。

6 ハウス ── The Sixth House

　6 ハウスはオフィスである——わたしたちが日々の仕事を行うために向かう場所である。また、わたしたちは 6 ハウスにおいて、物質的な世界で生きていくために日々やらなければならないありとあらゆる日課や業務と出会うことになる。6 ハウスはカデント・ハウスであり、ここでわたしたちは物質的世界に関する学ぶべき事柄へと関心を持つ。6 ハウスは、仕事（ただし、必ずしもそれはわたしたちのキャリアあるいはライフワークとは限らない）、仕事仲間、仕事の環境と関係している。また、6 ハウスは肉体や健康にも関係しているが、そのためそこは病気に関連するハウスでもある（少なくとも古典の占星術では）。6 ハウスの中に惑星があること自体が、健康に関する問題を抱えてしまうことを意味するわけではない。だが、6 ハウスの惑星は、健康に関する問題を予防するために、すべきことがどのようなものであるかを示している場合もある。

ディセンダント ── The Descendant

　ディセンダントは、チャート上での裏口である——そこはわたしたちが他者を惹きつけ、交流を持つ場所である。アセンダントは他者がどのようにわたしたちを見るか、またどのようにわたしたちが世界を眺める

かということへと影響を与える一種の仮面として働くが、その一方のディセンダントは、わたしたちがパートナー（何といってもそれは恋愛に関するパートナーではあるが、それだけを意味するわけではない）へと期待するものが何であるかを示す。ディセンダントはアセンダントとまさに反対側にある。そのことは、他者の中でわたしたちが最も惹きつけられる性質が、自分自身に欠けていると感じている性質であることを意味している。なぜなら、そもそもわたしたちはアセンダントを通して、そうした性質を理解し、表現することはできないからだ。また、ディセンダントによる影響があるときはいかなるときでも、一対一の形で他者と関わっていくことになる。

7ハウス —— The Seventh House

7ハウスはゲストルームである——わたしたちは一般的に他者と関係する活動のために7ハウスを用意している。そのため、わたしたちは現に7ハウスが自分の一部であるということを忘れてしまう傾向がある。7ハウスは1ハウスの反対にある。1ハウスが「わたし」であることのすべてであるならば、7ハウスは「わたしではない」ことのすべてである。わたしたちは人間関係を通して7ハウスを経験するのである。また、7ハウスは結婚のハウスであると同時に、敵を招き入れるハウスでもある。わたしたちは7ハウスの中で常に他者を相手にするため、7ハウスの中の惑星を他者へと引き渡してしまう傾向を持っている。そのため、わたしたちはしばしば7ハウスの性質と惑星を欠如していると感じてしまう。したがって、それらが実際には自分の一部であることを受け入れ学ぶまで、わたしたちは人間関係を介し、それらを外的なものとして経験することになってしまう。

8ハウス —— The Eighth House

これまでのアナロジーに従うなら、8ハウスはわたしたちのゲストが自分たちのものを蓄積していく場所である。「わたしのもの」を意味する2ハウスとまさに対立する場所にある8ハウスは、「わたしのもので

はない」すべてのものを意味する。8ハウスは単なる金銭よりも重要なものと関係する——とはいえ、8ハウスは死、税、遺産とも関係している。サクシデント・ハウスである8ハウスは、安心感——感情的でも魂のレベルでも安らぐこと——とも関係する。南半球の地平線の上にある8ハウスは目に見える場所である。また、チャートの西半分にあるため、他者とも関係する。それにも関わらず、8ハウスは非常にプライベートな部屋である——それはわたしたちのさまざまな秘密や恐れを保存する場所である。8ハウスは隠されたもの、ないしは埋められて秘められた物事と関係しているため、ここは心理学やサイコセラピーの場所でもある。しかしながら、フロイトや現代の心理学者の影響によって、8ハウスは次第にセックスとも関係づけられるようになっている（おそらくフロイト派がセックスと死の間を関係づけたためである）。古典の占星術家たちは、このことをほとんど理解してはいなかったようだ——彼らはセックスが喜びであると考えていたため、5ハウスと関連するものと考えていた。

9ハウス ———————————————— The Ninth House

　9ハウスは学術図書館と旅行代理店の組み合わせである。幼いころの教育や短期の旅行と関連する3ハウスの反対に位置する9ハウスは、高等教育と長期の旅行——時間的にも距離的にも——に関連する。9ハウスはわたしたちが世界を探検し、新鮮で見知らぬ文化、観念、人々と出会い経験する場所である。また、9ハウスは組織化された宗教や聖職者とも関係している。さらに、わたしたちが夢を見て空想するときにも、9ハウスへと向かう。9ハウスで学び身につけることは、あくまで自分自身の個人的な成長と啓蒙のためのものである。したがって、キャリアあるいは専門的職業のレベルで役に立つすべての学ぶべきことは、次の扉である10ハウスで出会うことになる。

ミッドヘヴン ———————————————— The Midheaven

　ミッドヘヴンは最後のアングルである（だが、決して重要度が低いわ

けではない)。ミッドヘヴンはわたしたちの建物の屋上への扉である――それは自分の立場をはっきりと表す場所であり、外の世界へとわたしたちが最も見えやすくなる場所である。ミッドヘヴンは、個人として社会によって認められることを、どのようにして求めていくかという意味でのキャリアや人生の方向性と関係する。ミッドヘヴンはチャートの中で最も公的で目立つ場所であると同時に、最大の孤立と孤独の場所でもある。その屋上は一度にひとりの人のためだけの大きさしかなく、しかもそこに到達するためには長く狭い上り坂がある。最も不可視であり、自分のルーツや根源と最も結びついているICの反対にミッドヘヴンは位置している。ミッドヘヴンは個人としてのわたしたちの最高の到達点である。それはわたしたちの公共の顔であり、そして社会の中で自分の役割に応じた責任を引き受けていく場所でもある。

10ハウス ― The Tenth House

10ハウスは企業のオフィスである――これはすべての公式の行事が予定される場所であり、また人生の中で個人の偉業を達成するために計画を立て、そしてそれが認められる場所である。10ハウスはわたしたちの人生の生き方に関係している。また、仮にわたしたちが運に恵まれるならば、それはわたしたちの選んだ職業とも関連する。10ハウスは権威を持った人や方針を作る人にも関連している。伝統的には、最高の権威を持ち、方針を作る人である母と関係づけられている。現代の占星術は、父が10ハウス、また母が4ハウスによって象徴されるべきと決めつけてしまっているが、古典の占星術においては、父は人生の土台が形作られる場面の背後にいるだけであり、母こそが実際に人生を形作り、わたしたちがどのように公の場へと登場するかを決定するより重要な役割を引き受けていると考えられている。

11ハウス ― The Eleventh House

11ハウスはクラブハウスである――そこはわたしたちが友人や同僚と一緒に過ごすために向かう場所であり、集団で物事を行うための場所

である。11ハウスの場所は、ゲームの部屋である5ハウスの反対にあるが、このふたつのハウスは共通のものを多く持っている（どちらもそれ自体が非常に楽しい場所である）。ふたつの間の主な違いは、11ハウスが人々や集団と一緒に時間を過ごすことになるのに対して、5ハウスではひとりでいるか、あるいはたいがいもうひとりの誰かと、慣れ親しんだ環境で過ごすことになる。11ハウスは、友情ないしは友人との関係を示している。また、それはわたしたちの希望や願望とも関係している（注意して欲しいのは、わたしたちの空想的な夢は9ハウスであり、それは希望や願望とは異なるということだ）。

12ハウス ———————————————————— The Twelfth House

　12ハウスは瞑想の部屋である（かつて12ハウスはもっと悪いものとみなされてきたけれども）。肉体を維持するためにしなければならないことと関連する6ハウスの反対の場所にある12ハウスは、魂と霊的な本質を維持するためにしなければならないことと関連している。また、12ハウスは刑務所と関係している——このことは永遠の魂という観点から見て、魂が肉体の中に住まうことは囚人の状態と似ていることも意味している。ひとりになる時間を必要とするとき、また日々の生活の要求やストレスから一息入れたいとき、わたしたちは12ハウスへと向かう。12ハウスに関係する物事は、わたしたちからは見事に隠されていてプライベートなものであると思われたとしても、それは地平線の上にあり、世界の他の人に対して完全に見えているものでもある。12ハウスに関する物事を知るのは、常に自分が最後となる（それは12ハウスが隠れた敵と関係していることも、その理由のひとつである）。12ハウスがわたしたち自身の影(シャドウ)の部分であるとするなら、常にわたしたちはそれを自分自身であると思わず、誰か他の人にそれを見てしまうことになる。また、12ハウスは目に見えない心的(サイキック)で霊的なものと関連している。わたしたちはいつも12ハウスの影響を意識的に気づくことがないため、それらは舞台の背後で作用することにもなる。

パート・オブ・フォーチュン（及びパート・オブ・スピリット）について
The Part of Fortune (and the Part of Spirit)

　フォルトゥーナとしても知られているパート・オブ・フォーチュンは、数学的に計算されたポイントである。それはチャートの中の3つのポイントの間の弧の距離を比較することによる計算で導き出される多くのアラビアの「パート」（ギリシャでは「ロット」と呼ばれる）のひとつである（訳注58）。パート・オブ・フォーチュンは、太陽、月、アセンダントを統合するポイントである。そのため、それは非常に重要なものであると考えられる。ただし、それが意味していることについて、現代の占星術の文献の中では、ごくわずかな情報しか記載がない。その意味に進んでいく前に、まずそれがどのように計算されるのかを正確に理解しておく必要がある。

　パート・オブ・フォーチュンの計算は、チャートがダイアーナル（地平線の上の7ハウスから12ハウスに太陽がある場合のチャート）か、ノクターナル（地平線の下の1ハウスから6ハウスに太陽がある場合のチャート）かによって異なってくる。

　　ダイアーナルのチャート　アセンダント＋月－太陽
　　ノクターナルのチャート　アセンダント＋太陽－月

　では、この計算は一体何を意味しているのか？　この問いはあなたがその公式の背景にあるものを考えていくのに有効である。ダイアーナル

---

‡訳注58‡ここで述べられているように、パートはしばしば「アラビアのパート」、すなわち「アラビック・パート」と呼ばれる。かつてはパートという概念をアラビア人が発展させたと考えられていたためである。というのも、古代の占星術の権威的な書物とされていたプトレマイオスの『テトラビブロス』の中では、パート・オブ・フォーチュン以外のパートへの言及がなかった（本書ではパート・オブ・フォーチュンとパート・オブ・スピリットだけを取り上げているが、実際には他にも数学的な計算によって導き出される無数のパートが存在する）。しかしながら、プトレマイオスの同時代の他のヘレニズムの占星術家たちは、さまざまなパートに対しての言及を残している（パートはヘレニズムのテキストの中では「ロット」と呼ばれていた）。すなわち、パートはヘレニズム期の占星術の中にすでに存在していたもので、アラビア人たちは単にそれらの用途を大きく拡張したというのが本当のところである。

のチャートの公式を取り上げるなら、それは太陽と月の間の距離（度数）が、アセンダントとパート・オブ・フォーチュンの間の距離と同じであることを意味している。その度数は常にサインを通じて（チャートの反時計回りで）測定される。

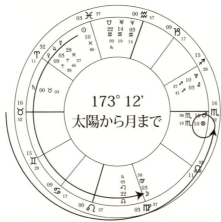

173°12' アセンダントとパート・オブ・フォーチュンの間
ダイアーナルのチャートでのパート・オブ・フォーチュンの計算
アセンダント＋月ー太陽

180°46' アセンダントとパート・オブ・フォーチュンの間
ダイアーナルのチャートでのパート・オブ・フォーチュンの計算
アセンダント＋太陽ー月

図10　計算で導き出されたパート・オブ・フォーチュン

パート・オブ・フォーチュンを解釈するのは非常に簡単だ。それは個人の幸運の増大と関連するポイントである。パート・オブ・フォーチュンは出生チャートの最も重要な3つのポイントである太陽、月、アセンダントを統合するものであるため、このポイントは多くの重要なものをもたらすことになる。これらの3つが共同で作用するとき、わたしたちの真摯な試みは大きな幸福と成功を必然的に獲得することになる。

パート・オブ・フォーチュンのサインとハウスの場所を見ることで、成功へと向かってどのように動かされ、どのような種類の活動が幸運をもたらし（これらはサインで見る）、人生の中でこれらの活動を満たすことが可能な場所（これはハウスで見る）が明らかとなるだろう。チャートの中の他のポイントと同様に、さらに一段階掘り下げて見ていくこともできる。どこでどのようにして成功を追い求め、成功と巡り合うことができるかを知るためには、パート・オブ・フォーチュンのルーラーとそのディグニティとディビリティ、チャートの中での位置、チャートの残りとの全般的な関係を見ていく必要がある。

続けてわたしが取り上げておきたいのは、パート・オブ・フォーチュンと同類のパート・オブ・スピリットについてである。ただし、パート・オブ・スピリットは、霊的つながりや霊性をいかに表していくかを象徴するものだ。それは時折、熟考してみるべき興味深いポイントである。だが、正直に言って、大部分の人は人生のより目に見える要素に関心がある。そのため、これまでの占星術の伝統では、パート・オブ・スピリットよりもパート・オブ・フォーチュンのほうが圧倒的に重要であるとされている。

CHAPTER 7

基礎的な解釈

CHAPTER 7
Basic Interpretation
基礎的な解釈

　これまでわたしたちは、占星術の基本——惑星、サイン、ハウス——を取り上げてきた。いよいよここで占星術の解釈上、それらがどのように組み合わされていくのかを見ていくことができる。総合的な解釈に辿り着くことができるようになる前に、さらに取り上げていかなければならないことは、いまだ数多く残されている。けれどもこの段階で、惑星、エッセンシャル・ディグニティ、ハウス、ハウスのルーラーをシンプルに用いていくだけでも、チャートの中にかなり多くの情報を見出すことが可能となる。

解釈例1：シルベスター・スタローン
Interpretation Example 1: Sylvester Stallone

　5章でシルベスター・スタローンをからかってしまったため、ここで彼のチャートを見ることから始めてみよう。スタローンの出生については彼の母からの情報であるため、非常に正確であると考えられる。スタローンはニューヨークのスラム街で生まれた。彼はふたり兄弟の兄で、父は美容師、母ジャクリーン・スタローンは元コーラスガール、後に占星術家となる。スタローンは不幸な幼少期を過ごした。5歳まではクイーンズのある女性のもとに預けられ、両親には週末に会うのみだった。両親はメリーランドに引っ越し、彼が11歳のときに離婚。そして、スタローンは母と新しい義父とともにフィラデルフィアに移り住んだ。15歳になるまでに、暴力行為や学業の問題によって14の学校を退学となっているが、最終的にその攻撃性はスポーツへと向けられるよ

うになる。卒業後、美容学校に進んだ——だが、言うまでもなく、うまくはいかなかった！ 彼は演劇を学ぶために奨学金を獲得し、スイスのアメリカン・カレッジへ進んだ。そして、ステージでの彼の演技に向けられた称賛と拍手喝采は、彼に俳優となることを決意させた。

アメリカに戻ったスタローンは、マイアミ大学に入学したが、あまり有益な経験とはならなかった（彼の教師たちは、あまり熱心ではなかった）。大学での課程を修了するまさに直前で退学し、俳優を目指してニューヨークへと移り住むことになった。スタローンの母は（このころまでには、熟練の占星術家となっていた）、彼が作家として成功するまで、7年間は苦労するだろうと予言をしていた。そのためスタローンは、執筆や脚本のほか、どんなに変わった仕事でも（動物園のライオンの檻を洗うことを含め）引き受けた。その後、ついに映画の端役を勝ち取るが、最終的に彼はニューヨークを離れ、ハリウッドで運を試すことを決意した。そして、そこで観戦したモハメド・アリとチャック・ウェプナーのボクシングの試合に触発されて、映画『ロッキー』の脚本を書くことになるのである。

だが、誰も彼を主演にしようとはしなかったため、スタローンは『ロッキー』をプロデュースする後援者を見つけるのに苦労した（明らかに映画会社は、ライアン・オニールを起用したかった）。最終的にスタローンは後援者を見つけ、映画を製作し、そして言うならば歴史を作ることになる。ロッキー・バルボアの役は、作家として、また俳優としてのシルベスター・スタローンの経歴の始まりだった。そして、後のさまざまな役（例えばジョン・ランボー）で、ハリウッドのアクション・ヒーローの第一人者としてのスタローンの名声は築き上げられていくのである。

さて、シルベスター・スタローンのことを少し知ったところで、彼のチャートから、どれだけのことが読み取れるのか見てみよう。わたしたちが本書で以後取り上げていく他の解釈は、すべて付録Aにある「出生チャート解釈ワークシート」のステップに従うことにする。

Basic Interpretation

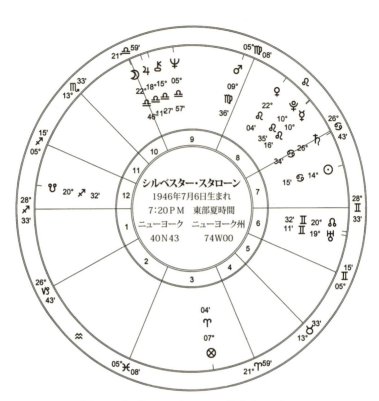

図11 シルベスター・スタローンの出生チャート

288

パート1：元素と様相

元素／様相	パーソナルプラネット	パーソナル・ポイント（アングル）	アウター・プラネット
火	☿ ♀	AS ⊗ ☊	♇
土	♂		
空気	☽ ♃	MC ☊	♄ ♅ ♆
水	☉ ♄		
始動	☉ ☽ ♃ ♄	⊗ MC	♄ ♇
固定	☿ ♀		♇
変化	♂	AS ☊ ☋	♅

パート2：気質

半球	惑星	4分円	惑星
北半球（1-6ハウス）	♅	4分円Ⅰ（1-3ハウス）	
南半球（7-12ハウス）	☉ ☽ ☿ ♀ ♂ ♃ ♄ ♄ ♆	4分円Ⅱ（4-6ハウス）	♅
東半球（10-12, 1-3ハウス）	☽	4分円Ⅲ（7-9ハウス）	☉ ♀ ☿ ♂ ♃ ♄ ♄ ♆
西半球（4-9ハウス）	☉ ☿ ♀ ♂ ♃ ♄ ♄ ♆	4分円Ⅳ（10-12ハウス）	☽

解説：気質と基本的な（単純な）性格の要約

　すぐにスタローンのチャートで気がつくのは、彼のほとんどの惑星が4分円Ⅲの7、8、9ハウスにあるということだ。ここからスタローンには、非常に外向的な傾向があり、非常に関係志向であることを、確かにすぐに見てとることができる。彼は非常に表現力豊かではあるが、人生において他人の支援や情報に依存する。チャートの他の領域でも、こうした傾向が繰り返し現れているかどうかを、見ていかなければならない。しかし今のところは、もしかするとかなり重要なものとなりえる情報として、念頭に置いておくとしよう。基本的なレベルでいうと、特にアングルとアウター・プラネットを含めてみるとき、スタローンは火と空気に最も強い影響を受けている。火と空気は非常に表現力豊かで、外向的なエネルギーとなる傾向がある。そのため、これはスタローンのよ

り外向的な世界へのアプローチをサポートするように思われる。また、スタローンのチャートは始動のエネルギーがかなり強調されている。それが他の何にもまして、彼の活発さ、積極性、開拓者的で活力に満ちた性質を作り出す要因となるのだろう。強い始動のサインがチャートにある人物は、根本的に個としての自分らしさ（アイデンティティ）を見出すこと、探し求めること、表現することに関心があることを思い出して欲しい。

スタローンのチャートの中で、唯一の土の元素は乙女座の火星だ——乙女座は土のサインとして力を発揮するほど大地とのつながりが強くなく、土のサインの中では最も精神的で空気のような性質に近づいていく傾向がある。スタローンはチャートの中で始動、火、空気が強調されているため、夢想家の気質を持つ。スタローンは新しい考えを思いついたら、すぐさま行動する人物——また、自分の夢を現実化するために、通常は求められる実際に考慮すべきことの多くを、見落してしまいがちな人物——のまさに典型に当てはまる。スタローンは意識的に彼の土のエネルギーを求め、夢を実現するためのしっかりとした基盤を築くために、地に足をつけて留まることを学んでいかなくてはならないだろう。

パート3：エッセンシャル・ディグニティ

惑星	ルーラー	エグザルテーション	トリプリシティ	ターム	フェイス	デトリメント	フォール	得点
☉（in ♋）	☽	♃	♂	☿	☿	♄	♂	-5p
☽（in ♎）	♀	♄	♄	☿	♃	♂	☉	-5p
☿（in ♌）	☉	―	☉	☿+	♃	♄	―	+2
♀（in ♌）	☉	―	☉	♃	♂	♄	―	-5p
♂（in ♍）	☿	☿	♀	♀	☉	♃	♀	-5p
♃（in ♎）	♀	♄	♄	♃+	♄	♂	☉	+2
♄（in ♋）	☽	♃	♂	♀	☽	♄−	♂	-10p
AS（in ♐）	♃	☋	☉	♂	♄	―	―	―
MC（in ♎）	♀	♄	♄	☿	♃	―	―	―
⊗（in ♈）	♂	☉	☉	♀	♂	―	―	―

パート4：ディスポジター・ツリーの図式

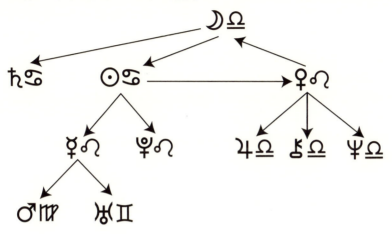

　スタローンのチャートは、エッセンシャル・ディグニティが人生における最終的な成功や幸せと、どれほど関係がないかを示す理想的な例となっている。スタローンが非常に成功した人生を送ってきたことについては、誰もが同意できるものとわたしは思う。彼の惑星のほとんどはペレグリーンであり、何らかのエッセンシャル・ディグニティを持つのは、わずか2つの惑星（水星と木星）しかなく、しかもタームのみである。スタローンの伝記からは、ペレグリーンの惑星の迷い続ける性質が、彼の人生に反映されていることを読み取ることができる。だが、それは彼が成功を収めることを、もちろん妨げはしなかった。

　彼のディスポジター・ツリーを見てみると、スタローンには彼の太陽、月、金星の間に面白い関係があることがわかる。この惑星のトリオは、(おそらくある種の委員会（コミッティ）として)彼のチャートの残りを管理している——彼のチャートの中のすべての惑星が、これら3つの惑星に対して最終的に従っていかなければならないことを見てとることができる。スタローンは個としての自己表現（太陽）の欲求、安全や感情の欲求（月）、他者と関係したいという望み（金星）によって支配されているとも言えるだろう。ディスポジター・ツリーにおける、これら3つ

の惑星間の非常に強いつながりのため、スタローンは自分の固有性（アイデンティティ）について３つの異なる面を認めていくことが困難だった時期を経験したことがあるかもしれない。それらはそれぞれ異なるサインにあるため、ひとつとなって動くわけではない。しかしながらスタローンが、これら３つの惑星のひとつを表現しようとするときはいつでも、他のふたつがそのやり方をどうするかについて、非常に強い意見を主張することになるだろう。

　少し時間をかけて、スタローンのチャートの中の人間関係についての主題に目を向けてみよう。チャートを解釈するときに重要なのは、チャートの異なる領域においてさまざまなやり方で何度も繰り返される共通のテーマや概念を探してみることだ。何度も繰り返されるテーマであればあるほど、その個人にとってそれが明らかに重要なものとなるだろう。確実にスタローンは他者と関係していく必要がある——これは彼のチャートの中の根底にある非常に重要な部分である。

　チャートの４分円Ⅲ——外向的で関係性を指向するハウス——の中には９つの惑星がある。まずそのことから、スタローンにとって人間関係がどれほど重要であるかという手がかりが得られる。関係性のハウスの中にあるこれらの惑星の間で、３つのうちふたつ、すなわち太陽と金星は、スタローンのチャートの中で鍵となる惑星である。また、月と金星の両方とも、さらに言うまでもなく天秤座も、対人関係と強く関連する（スタローンは天秤座に４つの惑星——月、木星、カイロン、海王星——を持っている）。こうしたことは、すでにわたしたちが得た見解、すなわち彼のチャートで４分円Ⅲが大きく強調されていることから、スタローンが強く関係性を指向していくということと非常によく合致している。また、スタローンは人間関係の７ハウスの蟹座に太陽を持っている。７ハウスの太陽は、他者の視点から自分というものを明確に意識していく人をしばしば示す。感情的つながりを形作っていくことを動機とする蟹座の影響も考慮に入れた上で、さらにわたしたちの見解を支持する別の有力な指標もある。スタローンの水星、金星、冥王星が獅子座に入っているが、そのエネルギーは他者の注目と承認を得ること

へ関心を向けるという点では、関係性を強く指向している。最後に、スタローンの天秤座の月は、ミッドヘヴン——チャートで最も目立つ公共性と関連するポイント——とコンジャンクトしている（訳注59）。自分の欲求を広く世界に知ってもらうことに関して、スタローンが苦労することはないだろう。天秤座に月を持っているスタローンの守られることへの欲求は、調和、バランス、芸術的な表現、また言うまでもなく一対一の人間関係を中心に展開する。すべてのこれらの要素を考慮すると、スタローンは他者からの応援、評価、承認へと強く依存している、と間違いなく言えるだろう。

　ところで、こうしたことが意味しているのは、スタローンが強い欲求を持ち、共依存的であるということでは決してない！　彼はこのエネルギーを用いて、彼の全人格の基礎のひとつである世界へとアプローチしていっただけである。そして、それをより高次の性質の多くを表現し分かち合える領域である天秤座、獅子座、蟹座において生かしていったということだ。彼は世界中の何百万人もの映画ファンに感情的つながりとカタルシスを与え共にすることができる俳優として、アーティストであろうと努力し続けている。それによって彼はファンたちからの憧れ、注目、承認を受けているのである。

　さて、スタローンの太陽、月、アセンダント、パート・オブ・フォーチュンを組み合わせ、そして統合してみよう。そうすることで、彼の独自性や世界へのアプローチがどういうものであるかを見ていくとしよう。スタローンは上昇する射手座を持っている。そのため彼のチャートは、ミッドヘヴンにコンジャンクトした天秤座の木星によって支配されている。このことは彼の木星が、効力を備えた10ハウスの惑星であることを意味している（厳密にいえば、木星は彼の9ハウスにあるけれども）。射手座は変化の火のサインであり、彼のチャートでは数少ない柔軟性を示すポイントのひとつである。これは彼が実際にそうであるよ

---

‡訳注59‡「コンジャンクト」は、文字通りには「結合する」という意味。この占星術上の意味は、8章の「アスペクト」で扱われる。

り、はるかに柔軟な見せかけを作り出す要素として解釈できるかもしれない。もちろん天秤座、また特にミッドヘヴンや10ハウスのような公的な領域が強調されている人は、何らかの高度な交渉技術を自然と身に着けるようになるだろう。そのおかげで、独創的なアイデアを進めていこうとする際、実のところ単純に障害を取り除こうとしているだけのスタローンも、融通が利き柔軟であるように見られることにもなるだろう。射手座のエネルギーには、発展的で未知なものへと向かっていこうとする感覚がある。射手座はいつも究極の真実を探す任務の途上にある。半分人間で半分馬であるため(火のサインであることは言うまでもなく)、射手座のエネルギーは肉体的にも非常に活発となる。支配的な惑星(木星)が天秤座にあることは、スタローンの外観と強く関連しているかもしれない——結局のところ天秤座のエネルギーは、常に最も魅力的に見えることを求める。ミッドヘヴンにコンジャンクトしたアセンダントのルーラーを持つことは、より大きな公共の舞台で他人によって注目されるようになっていく人であるための非常に好ましい指標である。最後にアセンダントに関して目を向けるべき点として残されているのは、そのタームに関してである。ウィリアム・リリーは、アセンダントのタームを個人の全体的な身体的特徴の説明を付加するためにしばしば用いていた。スタローンのアセンダントは火星のタームにある。それは戦士、勇士、アクション・ヒーローの姿として最もよく知られている男性にとって、まさにふさわしいものであるように思われる！

スタローンは感情的つながり(蟹座の太陽)を通して、自分らしさ(アイデンティティ)を表現する人物である。また同時に、深い感情には居心地が悪い。そして、物事のバランスと調和が保たれ、また誰もがお互いにうまくやっていけるとき、安らぎや安心を感じる(天秤座の月)。彼の上昇する射手座のおかげで、世界への彼のアプローチは非常に直接的であり、焦点が絞られ、真実を見出すことへの確信、また自分の意見や信念が正しいのだという確信は疑いのないものになる。彼は木星の影響によって、実物よりも並外れた人物として見られる傾向がある。また、ときとして太陽と月のいくぶん矛盾する性質にも、おそらく無自覚となるだろう。

CHAPTER 7　基礎的な解釈

　パート・オブ・フォーチュンは、チャートの中の太陽、月、アセンダントのエネルギーを結合するポイントである。それはどこでどのようにして、その人が最も統合され焦点が絞られるかを示す。したがって、そこは人生の中で最も大きな成功と繁栄を体験できるかを示す場所となる。スタローンのパート・オブ・フォーチュンは、3ハウスの牡羊座にあり、そこをルールしている火星は乙女座にある。もちろんスタローンは、ロッキー・バルボアからランボーまで戦う人という姿によって最も知られている——言い換えるなら、確かに彼の成功と幸運は、火星と関連した活動に多くが由来する！　スタローンの乙女座の火星は、水星（ルーラーシップとエグザルテーション）によって最も強く影響を受け、次に金星（トリプリシティとターム）からの影響も受けている。このことからすると、水星と金星が彼の成功に大いに影響しているのだろう。スタローンの最初の大きな分岐点は、作家（彼は『ロッキー』の作者だった）としてのものだった。もちろん、書くことは水星によって支配される。また、3ハウスも書くこととコミュニケーションのさまざまな形態と関係する。3ハウスを活用することで、スタローンは彼の公的な立場を確立し、完全なものにすることができた。水星と金星はどちらも獅子座にある。そのため彼の名声は、自分の才能や能力を、他者から評価してもらいたいという欲求に由来する。

　こうした基本となるわずかな事項を用いただけの説明が、どの程度の情報となっているかに目を向けてほしい。わたしたちはいまだチャートを深く見てさえいない（10章でスタローンのチャートを、別の観点で取り上げる）。だが、わたしたちはスタローンの気質と性格に関して、まさに確かな基礎と理解を獲得した。さらに解釈される他の要素は、この枠組みに、おおよそ合致していくことになるだろう。この基礎を覚えておくことが、チャートのエネルギーをスタローンがどのように体験し表現していく傾向があるかを、より正確に解釈していくための指針となるだろう。

解釈例2：メリル・ストリープ
Interpretation Example 2: Meryl Streep

　次にメリル・ストリープのチャートを（彼女のことも、からかってしまったので）、簡単に見てみよう。ストリープは、おそらく現在生きている中で第一級の映画女優だ。彼女は演技力で名高い（ヴァッサー大学、エール大学演劇大学院、ニューヨークのパブリック劇場で演技を学び磨いた）。ストリープは、映画『ディア・ハンター』でアカデミー賞にノミネートされ、その同じ年、短期連続ドラマ『ホロコースト』の役でエミー賞を受賞した。こうした仕事上での称賛を受けながらも、彼女は恋人のジョン・カザールが骨肉腫にゆっくりと蝕まれていたため、個人的には悲劇を経験していた。

　恋人を失った後、ストリープはそのエネルギーを仕事に向け、ふたつのオスカーを受賞し、7つのオスカーにノミネートされた。また、ストリープは結婚し時間を作り、4人の子どもを授かった。さらに女優のキャリアが40歳で終わる必要はないということを証明した。彼女のすばらしい演技力と同様に粘り強さは、今日まで注目すべき演技を生み出し続けている。

　ストリープが映画経歴において非常に大きな範囲での活躍を果たす一方、彼女の過度に技巧的な面は、自然で自発的に見せることが可能なはずの演技に水を差してしまっていると感じる人々による非難をしばしば受けてきた。また彼女は、その映画にふさわしいか否かに関わらず、各キャラクターに新しいアクセントをつけたがるということから好ましくない評判もある。

解説：気質と基本的な（単純な）性格の要約

　わたしたちがストリープのチャートを見て最初に気がつくことは、火にパーソナル・プラネットがひとつもないということだ——それらはすべて土、空気、水でバランスが保たれている。ただし、ノース・ノード（訳注60）とミッドヘヴン（彼女の公的な表向きの人格(ペルソナ)）は両方とも牡羊座にある。だとしても、それだけでは特に火のように活発で情熱的な

タイプにはなりそうもない。だが、彼女が火の少なさを不釣合いなものとしてみなし、それを埋め合わせるために肉体の行使や競争などといったさまざまな形で、火の活動を積極的に行うようになる可能性はある。ストリープは、始動、固定、変化のどれかに著しい偏りがなく、様相(モダリティ)に関しては非常にバランスが取れている。

　ストリープの惑星は北半球と南半球の間でも、非常にバランスが取れている。これは彼女が内向性と外向性の傾向が等しいものであることを示している。だが、チャートの東半球への集中は、彼女が極端に自発的で自立的であり、他人の考えや援助に依存しようとしないことを示している。しかし、ストリープのインナー・プラネットの全てが4分円Ⅳにあることから、彼女は自律的な外向型として、よりいっそう見られる傾向がある。

　確かにここまでの情報でも、それなりの妥当性はあるものの、わたしたちはいまだ「留め金(フック)」となるようなものを手に入れていない。まだ鍵となる主題は表れてきていないが、次の解釈の段階に移り、ストリープのエッセンシャル・ディグニティとディスポジター・ツリーを見ることとしよう。

---

‡訳注60‡「ノース・ノード」については、10章で解説される。

Basic Interpretation

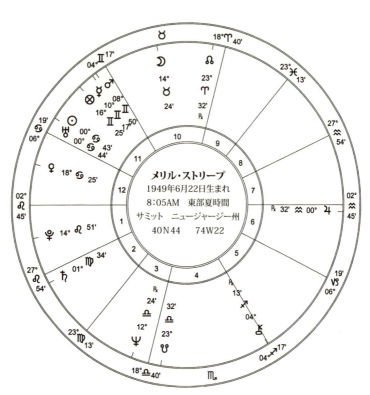

図12 メリル・ストリープの出生チャート

CHAPTER 7 基礎的な解釈

パート1：元素と様相

元素／様相	パーソナルプラネット	パーソナル・ポイント（アングル）	アウター・プラネット
火		AS MC ☊	♇ ♇
土	☾ ♄		
空気	☿ ♂ ♃	☋ ⊗	♆
水	☉ ♀		♅
始動	☉ ♀	MC ☊☋	♅ ♆
固定	☾ ♃	AS	♇
変化	☿ ♂ ♄	⊗	♇

パート2：気質

半球	惑星	4分円	惑星
北半球（1-6ハウス）	♃ ♄ ♇ ♆	4分円Ⅰ（1-3ハウス）	♄ ♆ ♇
南半球（7-12ハウス）	☉ ☾ ☿ ♀ ♂ ♅	4分円Ⅱ（4-6ハウス）	♃ ♇
東半球（10-12、1-3ハウス）	☉ ☾ ☿ ♀ ♂ ♃ ♄ ♅ ♆	4分円Ⅲ（7-9ハウス）	
西半球（4-9ハウス）	♃ ♇	4分円Ⅳ（10-12ハウス）	☉ ☾ ☿ ♀ ♂ ♅

パート3：エッセンシャル・ディグニティ

惑星	ルーラー	エグザルテーション	トリプリシティ	ターム	フェイス	デトリメント	フォール	得点
☉ (in ♋)	☾	♃	♂	♂	♀	♄	♂	-5p
☾ (in ♉)	♀ m	☾+	♀	☿	☾+	♂	—	+5
☿ (in ♊)	☿+	☊	♄	♃	♂	♃	☋	+5
♀ (in ♋)	☾ m	♃	♂	☿	☿	♄	♂	-5p
♂ (in ♊)	☿	☊	♄	♃	♃	♃	☋	-5p
♃ (in ♒)	♄	—	♄	♄	♀	☉	—	-5p
♄ (in ♍)	☿	☿	♀	♀	☉	♃	♀	-5p
AS (in ♌)	☉	—	☉	♄	♄	—	—	—
MC (in ♈)	♂	☉	☉	☿	☿	—	—	—
⊗ (in ♊)	☿	☊	♄	♀	♂	—	—	—

Basic Interpretation

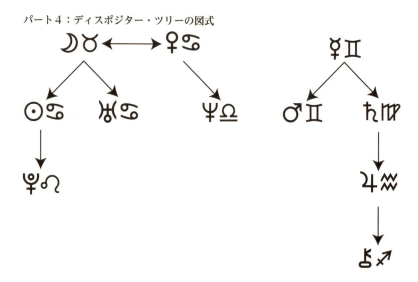

パート４：ディスポジター・ツリーの図式

　ここからわたしたちは、興味をそそるものを目にすることになる。ストリープのチャートは、月と金星のミューチャル・リセプションに従う惑星と、双子座の水星に従う惑星の間で分裂している。この分裂は、ストリープの並外れたテクニックの活用、及び彼女の技巧が真に自然で自由な感情の表出を曇らせているという、しばしば上がってくる非難の両方を、まさに説明するものとなっているかもしれない。

　まず月と金星のグループを見てみると、牡牛座の月と蟹座の太陽と金星によって、ストリープが自分の気持ちに非常に支配されやすいことがわかる。彼女の愛情面は、育み、保護し、母親的なアプローチをするというはっきりした傾向を持っている。また、それは彼女の恋愛関係の場面においても、あふれ出てくるかもしれない（蟹座での金星のペレグリーンのため）。ストリープのチャートは、たとえ現実的であっても、非常に強く深い感情が根底にあることを示している。世話係や介護者といった役割に引き寄せられていきやすいタイプの人であることを示している（このことは４人の母親であることと非常にうまく合致している）。一方、天王星、海王星、冥王星の存在も、無視すべきではない。

ストリープのアスペクト(10章参照)を見るとき、それらの影響はさらに明らかなものとなっていく。だが、ここではストリープの感情は少々独特で、またかなり強烈なものとなる可能性があることを念頭に置いておくとしよう。

また、双子座の水星にルールされたストリープの知的で活発な側面も見られる。ストリープの水星はディグニファイドされた非常に素晴らしい状態にあり、また友人や同等の立場の人間関係に関する11ハウスにある。ここでストリープを非常に頭の回転が早く、恐らく他人に対して飽くことのない好奇心を持っているとみなしても、おそらく間違いないだろう。ストリープの水星は、直接、双子座の火星と乙女座の土星を監督している。火星と土星はどちらも最も過酷に働き、最も生産的な惑星である。実際のところ、火星と土星は些細なことでは収まらないトラブルを引き起こす可能性もあるため、かなり慎重に見守る必要がある。しかし、仮に何かを達成するとしたら、火星(行動)と土星(顕在化と構造)は当てにしてもいい。これらのエネルギーが双子座の水星のフィルターを通った結果、並外れたテクニックと技能を持ち、また勤勉で完璧を追求し、複雑で円熟したキャラクターを作り上げ、さらに水星の鋭敏な擬態の能力のおかげで第一級の演技をすることで知られる俳優または女優となる可能性は確かにある。それにしても、これぞまさにストリープそのものではないだろうか？　水星はあらゆる言語(そして方言も)を支配していることも忘れないように。それゆえ双子座の水星は、自分の技量の一部として、キャラクターごとに新しいアクセントを作り出さずにはいられない一流の女優であるとも言えるだろう。双子座の水星はルーラーシップの惑星(そして一流の女優)である。とすれば、誰がそれに対して「ノー」と言えるだろうか？

火星と土星を含む双子座が支配する惑星を通じて、ストリープが自分の技能を用いていることへ疑いがあるなら、次のことに目を向けてみてはどうだろうか。演技についての彼女の有名な言葉のひとつを引用する。「たとえ何があっても、仕事は続くのよ」。これはまるで土星と火星の言葉のようではないか？

このことは自分の仕事で、ストリープが本当の感情を感じていないことを意味するのだろうか？　もちろん、そうではない。演技の中で「メソッド」を用いる際には、キャラクターのための現実世界を作り上げること、そして役者自身の個人的な経験から感情的反応や感情の記憶を引き出すことが不可欠だ。ストリープは月と金星の配置のおかげで、引き出されうる豊かな感情がある。そして、彼女の感情の性質は、10ハウスの牡牛座の月を通り、プロとして生きる中で、確かにはっきりと目に見ることができる。しかし、演技をするときの彼女は、自分の経験した感情を、さらに明確に意識的にコントロールして再現し模倣するため、双子座の水星を（もちろん、双子座の火星と乙女座の土星に支援されながら）活用しているのだ。

　ストリープのチャートのこの分裂は、彼女の仕事の面に当てはまるだけでなく、人生の他の領域にも影響を与えている。後ほどストリープの惑星のアスペクトを見るときに、彼女が月と冥王星のスクエアによって経験するだろう非常に激しい感情を発散するための防衛メカニズムとして、この分離を彼女がいかに発展させたかを見ることになるだろう。またアスペクトは、ストリープが感情を経験することと、そしてそれとは逆に感情を深く理解し（それによって意のままに感情を再現できる）、安全な距離を十分に開けて感情を克服していくこととの間のつながりを、どれほど容易に作っていくことができるかも示している。

　最後（少なくとも今の段階での最後）に、ストリープの太陽、月、アセンダント、パート・オブ・フォーチュンの関係を見てみよう。ストリープの蟹座の太陽と牡牛座の月は、一致協力して素晴らしい働きをするだろう。ただし、ディグニティとディスポジターから見ると、月こそがこの関係におけるボスであることがわかる。また、ストリープは他者を育み保護し、同様に自分が育まれ保護される（蟹座の太陽）という感情的なつながりを通して、自分自身を確認し、個性を表現していく。牡牛座の月は、彼女があらゆることに安定性と確かな基盤を求め、彼女の人生を織り成す激しい感情を落ち着かせるように働きかける。しかしながら、ストリープが私事的な事件を落ち着かせ安定させようとしても、

獅子座にある彼女のアセンダントは、外の世界から素晴らしさが評価され認められることによって、注目を集め特別な関心を持ってもらえることを非常に強く期待している。ストリープは実際の彼女がそうであるよりも、ずいぶんと自己中心的に見られてしまうことが、ときとしてあるかもしれない――彼女の太陽と月はどちらも非常に開放的で愛情深く、一方で上昇している獅子座は寛大であるように思われることを望んでいたとしても、どんな状況であれ注目の的になることだけを望んでいるようにも思われてしまう。しかし、この獅子座のアセンダントこそが、スポットライトの中にいるときのストリープを、役者として輝かせているのだ。

　身体的な面について言えば、ストリープのアセンダントは土星のタームにいる。また、土星は彼女のチャートの乙女座にいる。ストリープの見た目には、しっかりとした自制心と落ち着き、控えめときまじめさが現れている――要するに、非常に土星的である。たとえ彼女がどんなに自発的になっても、彼女の外観が常に影響を受け続けるのは、乙女座の土星の堅苦しく、用意周到で、分析的で、系統立てていくエネルギーなのである。

　ストリープのパート・オブ・フォーチュンは、太陽、月、アセンダントの3つの異なるエネルギーを、彼女がどのように統合していくかを理解させてくれる。彼女のパート・オブ・フォーチュンは、11ハウスの双子座にある。双子座のエネルギーは、好奇心旺盛で、遊び心があり、二面性があり、気まぐれで、きわめて観念的であり、深い感情を経験することをあまり好まない。ストリープの双子座の水星（彼女のパート・オブ・フォーチュンを支配する）が、さまざまな状況で変化に富んださまざまな人物に変化できる能力を通して、また彼女の習得した並外れた演技のテクニックを通して、いかに自分を表現していくかについては、すでに見た通りである。ストリープが自分の独自性、感情、世の中に対する姿勢を統合していくための重要な鍵となるのは、この双子座のエネルギーとつき合っていくことにある。

Basic Interpretation

　これまでのところは、シルベスター・スタローンとメリル・ストリープのチャートの表層を軽く触れた程度に過ぎない。わたしたちはこれまで学んできた情報と共に、さらに先へと進んでいくことができる。そして、より具体的かつ詳細にチャートを分析し調べながらディグニティ、サイン、ハウスによって個々の惑星を解釈していくことも可能である――そうすることをぜひともお勧めする！　チャートを解釈する方法を学んでいくためにどうしても通らなければならない道は、実際に腰を据えてじっくりと取り組んでいくことだ。

　いずれにしても、適切で統合されたチャートの解釈に辿り着く秘訣は、基本的な要素――元素、様相、4分円――から始めていく以外にはない。その人の気質を見ること。チャートのディスポジター・ツリーを眺めること。そして、反復されるテーマが見つかるかどうかを調べること。こうしたレッスンの重要な点は、チャートの細部へと目を向ける前に、全体像を見ていくことから始める必要があることを理解していくことにある。この後、残りのレッスンを進めながら、アスペクトとアスペクト・パターン、月のノード、逆行する惑星といったことを取り上げていく。そして、そうしたことのすべてが、出生チャートを解釈する際、価値ある情報を与えてくれるものとなるだろう。とはいえ、これまでのチャート解釈の基本的なルールにより、すでに真実が把握できていることに変わりはない。なぜなら本当に重要な主題は、多くの場所でさまざまな方法で繰り返されるし、また最も根本的な重要なテーマの少なくとも一部は、通常、大きな視野の中で見つけられるからだ。

CHAPTER 8

アスペクト

CHAPTER 8
The Aspects
アスペクト

　役者である惑星、彼らが演じる役割であるサイン、行為のための周囲の環境と舞台装置であるハウスという例えに、そろそろなじんできたことと思う。そして、ここでいよいよパズルの最後の部分として残っているのがアスペクト――異なる役者同士がお互いにどのように交流し、どんなシーンを彼らは演じていくのか――である。

　本章では、過去の占星術において、「アスペクト」とみなされてきたほぼすべてのことを見ていくつもりである。コンジャンクション、オポジション、トライン、スクエア、セクスタイル、クィンカンクスのような、より伝統的な角度のアスペクトは当然のことながら、コントラアンティシア、レセプション、パラレル、コントラパラレルのような、あまり親しまれていない惑星同士の関係も扱っていく。そもそもアスペクトとは、黄道の360度の円周に沿って計測されるふたつの惑星の間の角度の関係である。そしてそれらの多くは、ふたつのポイントの間の経度（ないしはサイン）を表している。ただし、例外として、パラレルとコントラパラレルは、経度ではなく赤緯（赤道の北ないしは南への距離）によるアスペクトである。

ホール・サイン・アスペクト VS
ハーモニック・アスペクト
Whole Sign versus Harmonic Aspects

　正確な計測ができなかった古代の占星術において、アスペクトは度数ではなくサインによって数えられるものだった。確かにギリシャ人は、

CHAPTER 8 アスペクト

アスペクトに関しての数学的計算を理解していた——何といってもアスペクトを考えたのはギリシャ人だった。だが、今日のわたしたちが行っているよりも、彼らのアスペクトに対するアプローチはかなり範囲の広いものだった。ギリシャで用いられていたアスペクトは、今日で言うところの「メジャー・アスペクト」だけだった。それはプトレマイオスの著書『テトラビブロス』で言及されていたことから「プトレマイオスのアスペクト」としても知られているものだ。そこに含まれていたアスペクトは、コンジャンクション（同じサインの中の惑星——実際のところ、コンジャンクションはアスペクトとしてみなされていなかった）（訳注 61）、セクスタイル（ふたつ離れているサインの中にある惑星同士）、トライン（3つ離れているサインの中にある惑星同士）、スクエア（4つ離れているサインの中にある惑星同士）、オポジション（6つ離れているサインの中にある惑星同士）だった。

ギリシャ人は「オーブ」（訳注 62）の問題に対して、ほとんど関心を持っていなかった。とはいえ、アスペクトの間の区別を正確であるか正確でないか（完全に同じ度数にある惑星同士のアスペクトであるかないか）という観点では区別していた。正確なアスペクトは「パータイル (partile)」、不正確なアスペクトは「プラティック (platic)」とそれぞれ呼ばれ、前者は非常に力があるものとみなされた。ここで注意しなければならないのは、パータイルが意味しているのは、1度のオーブを持つということではないということだ。たとえば、牡羊座の5度と5度59分にあるふたつの惑星はパータイルのコンジャンクションだとみなされるが、4度59分と5度1分にあるふたつのプラネットはプラ

‡訳注 61‡ そもそも「アスペクト (aspect)」という語は、「観察すること」、「見ること」、「目を向ける」ことなどを意味する。本来、占星術では惑星が惑星を「見る」ことによって、それらの間に関係が作られる状態のことをアスペクトという。したがって、「コンジャンクション」は惑星同士が実際に近接している状態であり、一定の距離を開けて「見る」関係にはなっていないため、かつてはアスペクトとしてみなされていなかったようである。

‡訳注 62‡ オーブとは惑星同士がアスペクトを形成する際、それらの角度の本来の正確さから離れて、どの程度の範囲まで許容されるかというルールのこと。「オーブ」については、この後で詳しい説明がある。ちなみに、占星術上の訳語として「オーブ (orbs)」は、「範囲」と訳すのが適切だと思われる。だが、「オーブ」という語は占星術の重要な専門用語として使われているため、そのまま片仮名の表記にした。

ティックなアスペクトだとみなされる。

　ホール・サインという方法に基づくアスペクトは、元素、様相、極性の間の基本的な関係に基づいているという理由で、非常にしっかりとした根拠となるものを持っている。この非常に初歩的な方法では、サインの性質やサイン同士の間の関係を考慮することでアスペクトを解釈していく。今日においても、いまだこれは重要な手法である。コンジャンクションは同じサインの中にある惑星同士の間で起こるが、それは作用の一体化、あるいはエネルギーの融合を意味する。オポジションは同じ様相（始動、固定、変化）、あるいは同じ極性（男性性、女性性）の中にある惑星同士の間で起こる。スクエアは同じ様相であるが、異なる極性の中にある惑星同士の間で起こる。トラインは同じ元素（火、土、空気、水）の中にある惑星同士の間で起こる。セクスタイルは同じ極性であるが、異なる元素と様相の中にある惑星同士の間で起こる。現代になってから広く使われるようになったクィンカンクスとセミセクスタイル（インコンジャンクト）は、極性、様相、元素いずれにおいても共通のものを持たないサインの中にある惑星同士の間で起こる。

　1600年代になると、ヨハネス・ケプラーの影響と理論のおかげで、惑星の位置の計測が非常に正確になった。それによってハーモニックス（フリークェンシー）という概念が用いられるようになっていった。惑星が同じ周波数で振動することによって、お互いが共鳴し合うというのが、ケプラーの考えたアスペクトが作用する理由だった。ハーモニックスとは、完全数による360度の円の分割に基づいている。0度のアスペクトであるコンジャンクションは、第1ハーモニックのアスペクトである。180度のアスペクトであるオポジション（360度をふたつに分ける）は、第2ハーモニックのアスペクトである。また、120度のアスペクトであるトラインは第3ハーモニックである。さらにスクエア（90度）は第4ハーモック、セクスタイル（60度）は第6ハーモニックのアスペクトである。ただし、ケプラーはこうしたプトレマイオスのアスペクトの範囲に留まらなかった。彼はクィンタイル（第5ハーモニックである72度のアスペクト）とその補完となるバイクィンタイル（もうひとつの第5

ハーモニックとなる144度のアスペクト)、さらに第8ハーモニックである45度のセミスクエアと135度のセスキクァドレイトの「発明者」である。

　音楽においても占星術においても、ふたつのバイブレーションがぴったりと正確に合わされば合わさるほど、倍音(ハーモニック)は力強くはっきりとしたものとなる。それがさらにそうなればなるほど、より高次の倍音、より繊細な作用、そしてより正確なバイブレーションとなっていく。このことはオーブに関する全般的な問題と関連が生じてくる。ふたつの惑星がアスペクトの正確な角度へと近づけば近づくほど倍音の効果はより力強くはっきりとしたものになるのはいいとして、ここで問題となるのは、逆に倍音の影響が取るに足らないところまで弱まっていくのはどのポイントなのかということだ。この問題に対する答えはない。(物理学における)調和振動(ハーモニック)の法則に基づくもの以外、他に経験側となるものはない。最も広いオーブを認められるのは、コンジャンクション(第1ハーモニックのアスペクト)の場合だろう。さらにオポジション(第2ハーモニック)、トライン(第3ハーモニック)、スクエア(第4ハーモニック)、クィンタイル(第5ハーモニック)、セクスタイル(第6ハーモニック)、セプタイル(第7ハーモニック)、オクタイル(セミスクエア、セスキクァドレイトといった第8ハーモニックのアスペクト)、ノヴァイル(第9ハーモニック)、デサイル(第10ハーモニック)の順で、オーブを狭くしていくべきだろう。さらにセミセクスタイル(インコンジャンクト)、クィンカンクスといった第12ハーモニックは、すべての中で最も狭いオーブとすべきであろう。ただし、他のハーモニックの倍数であるハーモニック(たとえば、第6ハーモニック=第2ハーモニック×第3ハーモニック)は強化されるため、ここで見たものよりも、より広いオーブが認められることになるだろう。

オーブに関する難しい問題
The Difficult Question of Orbs

おそらくアスペクトに関することの中で最も論争となりやすいもの

は、その「オーブ」——効力があるとみなすべき惑星同士の距離の程度についての問題——である。オーブについての話題は、占星術のカクテル・パーティーにおいて、何はともあれ避けるべきもののひとつであると占星術家キム・ロジャー＝ギャラガーは述べているが、それはまさしくその通りである。あるアスペクトが効果を及ぼすためにどれだけ正確でなければならないかということに関しての絶対的なルールは存在しない。それについて最もよく言い表しているのが、「もしあなたがそれをアスペクトであると思ったなら、それはアスペクトのオーブの中にある」という占星術家マイケル・ルーティンの言葉である。

おおむねすべての占星術家が同意すると思われることのひとつは、アスペクトがより正確になればなるほど、それはより重要なものとなるということだ。コンジャンクションのために認める度数が占星術家によってどのようなものであっても、ふたつの惑星の間が6度離れているコンジャンクションよりも、パータイルなコンジャンクションのほうが、より力強いものになるという見解への異論はほとんどない。

アスペクトに対して割り当てられているオーブの概念は、実のところ新しいものであり、伝統的な考え方によるものではない（ケプラーのハーモニックスについての考え方に端を発し、その後、アラン・レオによって考え出されたものだ）（訳注[63]）。そもそもアスペクトは物理的実体を持つものではない。だとすると、どのようにしてそれ自体がオーブを持つことができるというのか？ 一方で、惑星は物理的実体を持っている。それらは光を放出、あるいは反射しているため、最も明白なこととして、それらの前後双方の領域へと影響を及ぼしている。また伝統的にも、オーブを担うのは惑星であり、アスペクト自体ではないと考えられている。

以下はウィリアム・リリーによるオーブの一覧である。だが、もちろ

---

‡訳注63‡ここで述べられているのは、今日の多くの占星術書で見られるアスペクトそれぞれに対してオーブを設定していく方法（たとえば、コンジャンクションはオーブ10度を認めるが、トラインは8度までを認めるといった考え方）が、伝統的なものではないということだ。この後で述べられるように、より古い時代の17世紀のウィリアム・リリーのころのオーブは、アスペクトごとではなく、個々の惑星に対して設定されていた。

ん古典の占星術家たちが、これらに完全に同意していたわけではない。

太陽　15度
月　　12度
水星　7度
金星　7度
火星　7度
木星　9度
土星　9度

モイエティ ── Moiety

　アスペクトの「オーブ」を定めるために、「オーブの半分」を意味するモイエティ（Moiety）という概念が用いられる。個々の惑星のオーブは、その惑星の前と後に等しく広がるものとみなされる。たとえば、15度という太陽のオーブは、太陽の前方に7.5度、背後に7.5度の広がりを持つ。

　ただし、アスペクトの「オーブ」は、ひとつの惑星のアスペクトによってではなく、アスペクトが形成されるふたつの惑星によって決められる。したがって、お互いのモイエティを加算することによって、惑星同士が作用し合うためにはどれだけのオーブが必要とされるか、言い換えるならアスペクトとしてみなすためにはどれだけのオーブが必要とされるかがわかる。たとえば、太陽と土星のアスペクトの場合、7.5度の太陽のモイエティと4.5度の土星のモイエティが加算されることによって12度のオーブを持つことになる。一方で、月と土星のアスペクトの場合、月のモイエティは6度であり、土星のモイエティと加算することで10.5度のオーブを持つことになる。

　では、アウター・プラネットはどうなるのか？　良い質問だ。アウター・プラネットは古い時代において発見されていなかったため、当然のことながらオーブのために古典を参照することができない。わたし自身は、アウター・プラネットに対して少なくとも6度のオーブ、すな

わち3度のモイエティを割り当てるのが、おそらく適切なのではないかと考えている——控えめすぎる割り当てかもしれないが。まさにこれこそ、個人的な経験を基にして、自分自身で答えを見つけていかなければならない占星術の多くの部分のひとつである。

　一方、算出されたポイント、たとえばアセンダントやミッドヘヴンといったアングル、さらに月のノードやパート・オブ・フォーチュンなどはオーブを持たない。これは覚えておくべき重要な点だ。なぜなら、これらのポイントは実在するものではなく、数学的に算出されたものである。それらは確かにチャートの中では、重要であり高感度なポイントであるが、アスペクトを作り出すわけではなく、単にアスペクトを受け取るだけである。このことが意味するのは次のようなことである。たとえば、月と火星のアスペクトは火星と月の双方の作用の仕方に影響を与えるが、火星とアセンダントのアスペクトはアセンダントにだけ影響を与えることになる。アングル、ノード、パートはオーブを持たないため、これらのポイントに対するさまざまなアスペクトは、アスペクトしている惑星のモイエティの範囲内で作用することになる。したがって、たとえば月とミッドヘヴンのアスペクトは、月のモイエティである6度のオーブを持つとみなされることになる。

アウト・オブ・サインのアスペクトの解釈
Interpreting Out-of-Sign Aspects

　アスペクトを扱うときに覚えておくべきなのは、わたしたちはふたつの要素、すなわちサインの関係とハーモニックの関係を考慮していかなければならないということだ。惑星同士は、あるときはお互いに同調し合い、あるときはそうではない（これがいわゆる「アウト・オブ・サイン」のアスペクトと呼ばれる場合である）。たとえば、蟹座の1度にある火星と魚座の29度にある月を例にしてみよう。古代のギリシャ人ならば、この関係をトラインであるとみなすだろう。なぜなら彼らからすれば、魚座にあるすべての惑星と蟹座にあるすべての惑星は、そもそもトラインであるとみなされるからだ。しかしハーモニックの観点で見る

と、間違いなくこれらの惑星は、オーブ2度でお互いにスクエアの関係にある。いったいこれをどう考えるべきなのだろう？　それらの関係はトラインなのか、あるいはスクエアなのか？　それともその両方であるとみなすべきなのだろうか？（訳注[64]）

こうしたアウト・オブ・サインのアスペクトは、ハーモニックとサインの元素の両方からアスペクトとなっている場合と同じようなやり方で作用することはないだろう。上記の例では、そこにあるハーモニックな力が、火星と月を友好的で平安なものとはさせないことは間違いない。ただし、それらの間の元素におけるつながりのため、月が牡羊座に入っているときよりも、このスクエアはわずかに扱いやすいものとなるだろう。なぜなら、確かにここで火星と月は、相反する目的を持っていることは間違いないが、同時にそれらは、お互いの間の緊張を緩和させるのに十分な共通の基盤となるものを持っているからだ。

いずれにせよ疑問の余地がないのは、元素における関係とハーモニックのバイブレーションの双方によって支持される関係こそが、最も力強いアスペクトとなるということだ。

増強していくアスペクトと衰弱していくアスペクト
Waxing and Waning Aspects

アスペクトは「増強していく」か、もしくは「衰弱していく」かによって区別することができる。この区別は、アスペクトを形成する惑星同士の間にある相対的な位置が基になる。その惑星同士のアスペクトが「増強していく」のか、もしくは「衰弱していく」のかは、常により動

---

‡訳注64‡こうした状態のアスペクトが「アウト・オブ・サインのアスペクト」と呼ばれるのは、次のような理由からだ。ここでの例（蟹座の1度にある火星と魚座の29度）を基にするなら、このふたつの惑星の関係はハーモニックの観点（ケプラー以後の惑星同士の正確な角度に基づく）からするとスクエアとなるが、ホール・サインの観点（古代ギリシャのころに遡るサイン同士の関係に基づく）からするとトラインとなる。すなわち、このハーモニックによるスクエアは、ホール・サインの定義に基づくスクエアの場合とは異なるサインにある。言い換えるなら、このアスペクトはホール・サインによるスクエアの定義からすると、本来あるべきサインの外にある。そのため、こうした場合のアスペクトのことを「アウト・オブ・サイン（サインの範囲外）」のアスペクトと呼ぶのである。

きの速い惑星が決定する。まず、「増強していく」アスペクトは、より動きの速い惑星がより動きの遅い惑星の前方にあり、なおかつ前者が後者のオポジションの場所（円の「最大限」の位相）へ向かって遠ざかって動いていくときに起こる。一方、「衰弱していく」アスペクトは、より動きの速いアスペクトがより動きの遅い惑星の後方にあり、コンジャンクションへと向かって動いていくときに起こる。

確かに、増強していくスクエアと衰弱していくスクエアを例として見ても、その間の特徴の違いはとらえにくいものではある。だが、この違いをあえて強調している多くの占星術家たちもいる。それによると、増強していくアスペクトは、やや無自覚になっていく——状況との関わりにおいてより受動的となっていく——傾向がある。一方、衰弱していくアスペクトは、より意識的になっていく傾向があり、そして状況をわたしたちがより自覚的にコントロールしていることをしばしば示すこともある。とはいえ、先ほども述べたように、この違いはとらえにくいものである。ここではすべてを細かく網羅しようとする関心から（そして乙女座の中のわたしの木星を満足させるために）、あえて紹介したに過ぎない。

アプライング、パータイル、セパレーティング
Applying, Partile, and Separating Aspects

アスペクトの意味を見ていく前に最後に見ておきたいのは、アスペクトがアプライングしているのか、セパレーティングしているのかという観点である。アプライングするアスペクトとは、ふたつの惑星がお互いにオーブの範囲内にあり、正確なアスペクトが形作られるポイントへ向かっていくことである。わたしたちがすでに取り上げたパータイルのアスペクトは、同じ度数の中にふたつの惑星があるときに生じる「正確」なアスペクトである。セパレーティングするアスペクトとは、パータイルないしは正確であるポイントをすでに通り過ぎ、さらに離れていくものの、いまだ惑星はお互いのオーブの範囲内にいる状態のことである。

パータイルのアスペクトは、間違いなくチャートの中で最も重要で力強いアスペクトだ。それらはアスペクトにとっての本来のサイン・元

素・様相・極性の関係を持っているだけでなく、それらはお互い非常に密接にハーモニックな共鳴の状態にある。パータイルのアスペクトにある惑星たちは、決して単独でふるまわない。一方の惑星が作動するときは、常にもう片方もそれにともなう。良かれ悪しかれ、パータイルのアスペクトの中にある惑星は一心同体の関係にある。

　パータイルのアスペクトの次に重要で強力なのが、アプライングするアスペクトである。それは成長していくエネルギーを表す。アプライングするアスペクトは、時間とともにより力を増し、影響力のあるものになっていく——それはわたしたちが誕生の直後に経験したエネルギーでもあり、非常に強い力と影響をわたしたちの上に残していく。

　セパレーティングするアスペクトは、より重要性の低いアスペクトである——また、オーブが広ければ広いほど、それらの影響力と重要さは減少する。それらはわたしたちが誕生したときに、すでに生じていたエネルギーでもあり、わたしたちはその最後だけを経験し、やがて影響力を減少させていく。

　多くの占星術家たちは、セパレーティングするアスペクトを、アプライングするアスペクトよりも重要性の低いものとしてみなしている。ただし、占星術家マイケル・ルーティンは、セパレーティングするアスペクトの重要性を裏づける優れた例をあげている。たとえアスペクトが、惑星の移行によってセパレーティングしていくとしても、わたしたちはセカンダリー・プログレッションを通して、それをアプライングとして経験することもできる（セカンダリー・プログレッションは本書でカバーしていない未来予測のテクニックである）（訳注[65]）。また、わたしたちの人生の非常に早い時期で起こるそうした経験は、大きな影響を及ぼすものとなる。

---

‡訳注65‡「セコンダリー・プログレッション(secondary progression)」は、現代の占星術で広く用いられている未来予測法のひとつである。最も一般的なやり方として親しまれているのは、出生後の一日を人生の一年に等しいものみなす一年一日法である。たとえば、25年後の未来を予測しようとする場合、出生の 25日後の惑星の位置に基づいたチャートを作成する。一日が一年とみなされていることから、そのチャートの惑星の位置は、その人の出生から25年目の年を象徴するものとして解釈されることになる。

アスペクトの意味を定義する
The Aspects Defined

　このすぐ後、さまざまなアスペクトを検討していくことになる。実際、そこではほとんどすべての種類のアスペクトを見ていく。ただし、ここで断っておくと、そのすべてのアスペクトが重要な意味を持っているというわけではない。とりあえずすべてを網羅しておくという目的から、一連のハーモニックを順に見ていきながら、その都度、それぞれのアスペクトの定義を説明していく。それらの多くは、おそらくあなたがこれまで聞いたことがなく、あるいはこれからもあまり耳にすることもないかもしれない。アスペクトの中で重要なものは、第1ハーモニック（コンジャンクション）、第2ハーモニック（オポジション）、第3ハーモニック（トライン）、第4ハーモニック（スクエア）、第6ハーモニック（セクスタイル）である。これらはすべてプトレマイオスのアスペクトである——これらはかつてギリシャで用いられ、プトレマイオスの『テトラビブロス』に残っているものだ（訳注 66）。また、わたしはこの一覧に、第12ハーモニックのアスペクトのひとつであるクィンカンクスを追加したい。これらはいずれも出生占星術の重要な要素を形作るアスペクトである。

　これらの「メジャー」なアスペクトにつけ加えて、セミスクエアとセスキクァドレイトを含む第8ハーモニック系のアスペクトも、注目すべき価値がある。これらは「困難」なアスペクト（ハード）であり、緊張と行動を引き起こす。それらは一般的に出生チャートの解釈の中よりも、トランジットを見るときにより重要となる（訳注 67）。

　その他の残りのアスペクトは、明らかに「マイナー」なアスペクトで

---

‡訳注66‡ 厳密に言えば、訳注 61でも述べたが、ヘレニズムのころは、コンジャンクションはアスペクトだとみなされていない。

‡訳注67‡ 現代の占星術において、「トランジット(transit)」は非常にポピュラーな未来予測のテクニックである。トランジットの原理はシンプルである。ある特定のときの惑星の位置が、出生チャート上の惑星の位置とどのような関係（つまり何らかのアスペクトを形成するかなど）となるかを基に判断する。本書は出生チャートを解釈することを目的としたものであるため、トランジットを始めとするその他のさまざまな未来予測法についてはカバーされていない。

ある。それらはそれ自身単独として、何らかの重要な情報を提供するわけではない。単にそれらは、チャートの中ですでに存在する顕著なアスペクトのパターンを補強するためのものとなるだろう。こういったマイナーなアスペクトまでカバーするのは、これまでと同様、わたし自身のチャートの乙女座に4つの惑星があることから、わたし自身の性格として細部を無視することができないということに由来するものだ。

第1ハーモニック・アスペクト：
コンジャンクション〈♂〉（メジャー）

　古代の占星術において、コンジャンクションはアスペクトとしてみなされていなかった。それはそれ自身による分類としてあり、どんな他の惑星同士の関係よりも、さらに重要で強力なものだとみなされていた。コンジャンクションは、理論的には第1ハーモニック・アスペクトである。すなわち、1によって円を分割することで、その結果360度（0度）の角度となる。コンジャンクションは、ふたつの惑星のエネルギーの融合を表している。そこに含まれるふたつの惑星は、同じサインの刺激によって結びつけられている。そしてそれらがお互いに近づけば近づくほど、ふたつの惑星はより強く結びつけられたものとなっていく。お互いに密接なコンジャンクションにある惑星は、いつも一緒に作用するため、個々の特質の多くを失い、ひとつのユニットにさえなる可能性がある。

　コンジャンクションが困難なものになるか穏やかなものになるかは、含まれる惑星に完全に依存するという点で、「ニュートラル」なアスペクトである。たとえば、太陽と月のコンジャンクションは、意識的自己と無意識的自己の間の統一を表すため、非常に扱いやすいものとなる。一方、土星とのコンジャンクションは、克服するための努力をより必要とするものとなるだろう。

　関与するふたつの惑星たちにとって、新しい周期の始まりを意味するため、コンジャンクションは非常に強い力を持つ。コンジャンクションは大量の創造的なエネルギーをもたらし、何か新しいことを始めるため

の動因や力を与えるものとなる。

第2ハーモニック・アスペクト：
オポジション〈☍〉（メジャー）

　オポジションは第2ハーモニック・アスペクトである。すなわち、2によって360度の円が分割された結果できあがる180度のアスペクトである。オポジションはバランスや広い視野と関連する。オポジションにあるふたつの惑星は、お互いにチャートの真向いに位置する。そして最大限に見えやすく、広い視野を持つ位置からお互いを「見る」ことができる。オポジションの中にある惑星たちは、同じ極性（男性性あるいは女性性）、同じ様相（始動、固定、変化）の中にある。それらはお互いに同じ中心的課題によって動かされる。だが、それらは領域の異なる両端から、その課題にアプローチする。オポジションによって、わたしたちはあたかもふたつの惑星の間を選択しなければならないかのように、しばしば感じることになる——わたしたちはどちらかを表現することはできても、同時に両方を表現することはできない。また、わたしたちはときとして他の人の上に、その惑星のひとつを投影することにもなる——わたしたちが自分自身の一部として惑星のエネルギーを表現することも受け入れることもしなければ、「錬金術の法則」の結果、わたしたちはそれを外部からやってくるものとして経験することになるだろう。最終的にオポジションにある惑星は、協調すること、それらが分け持っている共通の基盤を発見すること、バランスのためのポイントを見つけることを学ぶことができる——オポジションは、お互いに譲歩することではなく、むしろお互いに相手を尊重し理解していくことを単に求めている。

　オポジションは「困難（ハード）」なアスペクトであるとしばしば考えられている。それらが協調するようになるために大きな努力が必要ではある。だが、それ自体が何らかの行動を促すものではない。

第3ハーモニック・アスペクト：
トライン〈△〉（メジャー）

　トラインは第3ハーモニック・アスペクトである。360度の円は3によって分割された結果、120度の角度となる。トラインは同じ元素にある惑星同士の間で起こる。そのため、間違いなく「最も対処しやすい」ものであり、最もよどみない流れとなるアスペクトである。トラインは天賦の才と素質——わたしたちが生まれながらに持っているもので、その後も常に自分に備わっているもの——を表す。トラインはどんなものであれ、努力を必要としない。また、間違いなく楽しみ、寛いだ気分、大きな喜びを与える。だが、その一方、非常に怠惰にもなりうる。古典の占星術では、いかにトラインが素晴らしいものであるかを述べることに非常に熱心であったため、こうした側面はあまり語られてこなかった。ルーラーシップの惑星の場合とまさに同様、ふたつあるいはそれ以上の数の惑星たちがお互いにトラインを取ることは、惑星たちにとっては素晴らしいことである（それらはお互いに非常に調和し合う）。ただし、そのこと自体が個人にとって必ずしも最も好ましいことであるとは限らない。ひとつ例をあげると、トラインが作用するときは常に決まりきったやり方やパターン化した振る舞いとなり、それを変化させることが非常に困難となる。また、トラインは非常に扱いやすいものであるため、わたしたちはほとんどの場合、それらの完全な長所を最大限に活用しようとしない。また、トラインはわたしたちが必ずしもそれを活用しなければならない才能を表すとは限らない。そして、活用する必要のないその才能は、しばしば磨かれることも、表現されることもないままになってしまうこともある。トラインの関係にある惑星の中のひとつが困難なスクエアであるときこそ、トラインにとっては非常に好ましい作用を及ぼすものとなることもある。というのもスクエアは、トラインのエネルギーで実際に何かを表現し行うよう、わたしたちを促すことにもなるからである。

第4ハーモニック・アスペクト：
スクエア〈□〉（メジャー）

　第４ハーモニック・アスペクト（円は４によって分割された結果、90度の角度となる）のスクエアは、本当の意味で「困難（ハード）」な最初のアスペクトである。スクエアは同じ様相（始動、固定、変化）を持つと同時に、異なる元素に属するふたつの惑星の間で起こる。そのため、ふたつの惑星は同じ核を持つ問題へと対処することになるが、その問題の扱い方に対しては完全に異なるアプローチを取ることになる。このことはふたつの惑星が協調していくことを学ぶことができないということではない。単にそれらが最初のうちは、どうしてもぶつかり合ってしまう傾向があるということだ。スクエアは衝突、葛藤、緊張を表す。そして、この不調和の結果として、スクエアはわたしたちを実際にカウチから立ち上がらせ、葛藤を和らげるために何かを行うように働きかけるのである。第４ハーモニックは、物質の次元、及び行動することと関連する。スクエアは決して楽しいものではないが、何かとてつもない偉業を達成するための原動力となる。スクエアの課題は、いかにすればその関係にあるふたつの惑星が協調するようになるかを学ぶことにある。そのためには、たとえ惑星たちがそれぞれ自分自身の目的（それは元素によってわかる）を遂行しなければならないにしても、彼らが完全に同じ問題（始動の場合はアイデンティティ、固定の場合は自分の価値、変化の場合は回復（ヒーリング）と完成）と関わっていることに気がつかなければならない。仮に、そのことに気づくまでに十分な時間をかけ、お互いに異を唱えるのをやめられれば、何らかの非常に有効な解決策を見つけ出すことができるだろう。

第5ハーモニック・アスペクト：
クィンタイル〈Q〉とバイクィンタイル〈Q^2〉（マイナー）

　第５ハーモニック・アスペクトは、ケプラーによって提案された「新たな」アスペクトのひとつである。それは５によって円を分割するこ

とによって導き出される。その結果、72度の角度（クィンタイル）とその倍の144度の角度であるバイクィンタイルができ上がる。第5ハーモニックは、一般的に創造性と変化に関連する。一連のクィンタイルは、精神（メンタル）の次元において第一に現われるようだ。そして、肉体的な次元に現われることはほとんどない。これらのアスペクトは、目立った作用、あるいは根本的な個人の特質のいずれにも関与することがないと考えられるため、ほとんどの占星術家たちは重要なものとみなしていない。

第6ハーモニック・アスペクト：
セクスタイル〈✶〉（メジャー）

　第6ハーモニック・アスペクトであるセクスタイルは、6で円が分割された結果、60度の角度を持つ。セクスタイルは一般的に「穏やか（ソフト）」なアスペクトだと考えられている。また、同じ極性ではあるが、異なる元素と様相であるふたつのサインの間で起こる。セクスタイルは好機を表わす。また、トラインとは異なり、セクスタイルが機能するためには、自らそれを積極的に活用しようとしなければならない。セクスタイルのエネルギーは自動的に流れるわけではない。しかしながら、一度セクスタイルにあるふたつの惑星が活性化されたなら、確かにそれらはお互いに協調的で促進し合うやり方でうまく働くことがわかる。「メジャー・アスペクト」の中で、おそらくセクスタイルは最も弱い。なぜなら、それは活性化されることを必要とする。それ自体としてセクスタイルは、バランスとハーモニーを表す。だが、このそれ自体のバランスとハーモニーこそが、セクスタイルの不活性さの根本的な原因ともなっている。

第7ハーモニック・アスペクト：
セプタイル〈S〉、バイセプタイル〈S²〉、トリセプタイル〈S³〉（マイナー）

　第7ハーモニック・アスペクトは、つい最近、占星術の中に取り入れられたものである。なぜなら、そもそもそれらは他と異なり、整数の

度数とはならないアスペクトである。言うまでもなく、360度の円は7という数によって等しく分割することはできない。その結果として生じるアスペクトは、セプタイル（51°25′43″）、バイセプタイル（102°51′26″）、トリセプタイル（154°17′09″）といった非常に扱いにくいものとなる。特別に計算が得意でもない限り、計算にコンピューターを用いることなく、これらのアスペクトを見つけるのは容易ではない。一連のセプタイルのアスペクトは、間違いなくその質をテストすることの「困難さ」を持つマイナー・アスペクトである。チャートの中にセプタイルがひとつの場合、それは無視しても問題はないが、もちろん好奇心があればそれを解釈しても良い。しかしながら、もし第7ハーモニック・アスペクトと結びついた複数の惑星を持っている場合は、それがその人のパーソナリティーにとってかなり重要なものとなる可能性もある。また、そうしたチャートの持ち主は、第7ハーモニックのトランジットに対して特に敏感となるだろう（だが、第7ハーモニックのトランジットをコンピューターの助けなしに見つけることは、ほとんど不可能だろう）。本質的に第7ハーモニックは、好ましい形で起こることはめったにないかもしれないが、それは物理的次元に現れる霊的な課題と関係している。第7ハーモニックを持たない人は、人生においていつどこで作用が現れるかを知るために、自分のチャートの中の第4ハーモニックや第8ハーモニックへと注意を払う。だが、第7ハーモニック・アスペクトを持つ人は、第7ハーモニック（または第14ハーモニック）のアスペクトも見る必要がある。というのも、彼らにとって（また彼らだけ）、スクエア以上にこれらのアスペクトが力強く作用する場合があるためだ。

第8ハーモニック・アスペクト：
セミスクエア〈∠〉とセスキクァドレイト〈⬚〉（マイナーだが重要）

　第8ハーモニック・アスペクトは　8という数で円を分割した結果である。ここには45度のセミスクエアのアスペクトと135度のセスキクァドレイトのアスペクトの両方が含まれる。これらのアスペクトは、

たいがい「マイナー・アスペクト」として分類されている（それらがホール・サイン・アスペクトでなく、またプトレマイオスによって記録されていなかったというだけの理由によって、マイナー・アスペクトとして分類されている）。だが、それらは第4・第8ハーモニックの尺度の一部であり、強い重要性を持っている。それらはむき出しの力やスクエアの力を持っているわけではない。だが、緊張を引き起こすことによって、まさしく「行動」を促すアスペクトになる。セミスクエアはややこっそりと作用する傾向を持つ。それはサインによるセクスタイルとなるふたつの惑星の間でしばしば起こるため、その作用は理論的には非常に調和的なものとなるはずだ。この元素の関係からしても、セミスクエアはある程度の創造的な潜在力を保持している。

　しばしば元素的にお互いがトラインであるサインの中で起こるセスキクァドレイトは、トラインの才能と資質の両方を持つことができる。だが、同様にトラインの本来の怠惰さもともなう。セスキクァドレイトは、たいがい外部の影響として経験される——わたしたちは惑星を他者へと投影してしまう傾向があり、その結果、そのエネルギーは人間関係を通して経験されることになる。セスキクァドレイトの圧力や緊張は、言語的または精神的行為を通してしばしば放出される。それは結局のところ、実際に行動を起こすよりも容易であり、また元素によるトラインの創造的なエネルギーによるものであったとしても、本質的な怠惰さに変わりはない。チャートの中にセスキクァドレイトを多く持つ人は、しばしば非常に頭の回転が速く、ユーモアの感覚に長けている（仮に皮肉屋であったとしても）。

第9ハーモニック・アスペクト：
ノヴァイル、バイノヴァイル、クァドノヴァイル（マイナー）

　第9ハーモニック・アスペクトは、9という数によって円を分割した結果である。そこには40度のノヴァイル（あるいはノナイル）、80度のバイノヴァイル、160度のクァドノヴァイルが含まれる。第9ハーモニックは東洋（インド）の占星術の中で主に用いられる。そこで第9

ハーモニックは完全性と結婚に関係している。西洋の占星術の中で、第9ハーモニック・アスペクトはめったに採用されることがない。9という数のバイブレーションが関連しているのは、ひとつのサイクルの終わり近くにやってくる試練である。それは課題の次のレベルへの進化に向けて、わたしたちの準備ができているかどうかを見極めるためのものである。

第10ハーモニック・アスペクト：
デサイルとトレデサイル（マイナー）

第10ハーモニック・アスペクトは、10という数によって円を分割した結果である。そこには36度のアスペクトであるデサイル（あるいはセミクィンタイル）、そして108度のアスペクトであるトレデサイルが含まれる。第10ハーモニックは、第5ハーモニックの精神的な創造的潜在力を、第2ハーモニックのバランスと結びつける。またこれらのアスペクトは、力の劣った第5ハーモニック・アスペクトとして解釈されることもある。デサイルはほとんど使われることはないけれども、72度の第5ハーモニックのクィンタイルのアスペクトに親しんでいる多くの占星術家たちによって、トレデサイルがクィンタイルのアスペクトの創造的潜在力を解く鍵となるとも考えられている（トレデサイルは72度＋108度＝180度ということから、クィンタイルに対する補完的な角度である）。

第12ハーモニック・アスペクト：
セミセクスタイル〈⊻（マイナー）〉、クィンカンクス〈⊼〉（メジャー）

第12ハーモニックは、30度のセミセクスタイル（円の12分の1）と150度のクィンカンクス（円の12分の5）という実際にはふたつのまったく異なるアスペクトを含んでいる——かつてそれらは両方、「インコンジャクト」という名前だったこともある。両方とも元素、様相、極性どれによっても共通するものがまったくないサインの間に作られるアスペクトであるという点では同じであるが、これらふたつのアスペク

トの間には、現実にはきっちりと明確な区別がある。ふたつは伝統的に「マイナー」なアスペクトとしてみなされている。だが今日、多くの占星術家たちは、むしろクィンカンクスをメジャー・アスペクトとし、無視すべきではないという一致した意見を持っている。

・⊻ セミセクスタイル

　では、最初にセミセクスタイルを見てみよう。セミセクスタイルはたいがい力が弱く、適度に扱いやすいアスペクトとして分類されている。セミセクスタイルにあるふたつのサインは共通性を何も持たないけれども、それらはひとつのサインが次の段階へ進化するという流れの中で結びつけられている。そしてそれゆえ、セミセクスタイルにあるふたつのサインは、少なくとも基本的なレベルでは一緒に働く。セミセクスタイルが弱い好機を示すと言われるのは、おそらく物事を押しやる力がわずかしかないからだ。結局のところ、セミセクスタイルの関係にある惑星は、同じ空間を共有しているため、お互いに強い敵対意識を持っているわけではない。だが、まったく異なる人生を生き、同じ場所にいることを超えて共通するものを何も持っていない、いわばルームメイトのようなものである。

・⚻ クィンカンクス

　一方、わたしたちはクィンカンクスを、ほとんど間違いなくマイナー・アスペクトではないとみなしている。すべてのクィンカンクスは同じ結果を引き起こさないため、ややトリッキーである。これから見ていくように、いくつかは他のものよりも解決することが容易な場合もある。一般的にクィンカンクスは、適度に緊張を引き起こすアスペクトである。セミセクスタイルと同様に、クィンカンクスは元素、極性、様相いずれによっても共通するものを持たないふたつのサインの間で起こる。だが、クィンカンクスの場合、セミセクスタイルのように「一緒に働く」ことすらない。クィンカンクスの関係にある惑星は、オポジションと同様、お互いをはっきりと「見る」ことができるほど十分に離れて

いる。また、クィンカンクスはその関係にあるふたつの惑星のエネルギーと表現のバランスを取ろうとする点において、実際にオポジションと非常に似たような面があるように思われる——だがクィンカンクスは、オポジションがそうであるような共通となる土台もバランス関係もない。クィンカンクスの片方あるいは両方の惑星は、他方の惑星に適合しようとして、極めて居心地の良くないやり方で、その表現の調整を行うことになるだろう。

　先ほど述べたように、クィンカンクスのいくつかは他のものよりも扱いやすい。なぜならクィンカンクスに含まれているサインは、以下の表の中で見ることができるように、元素や様相の面とは別のつながりを持っている。

　力の弱まっていく順番で、3つのつながりのタイプは、ルーラーシップ、アンティシア、コントラアンティシアである。ふたつのサインの共通のルーラーシップによって結びついたクィンカンクス（牡羊座と蠍座、牡牛座と天秤座）は、おそらくクィンカンクスの問題を解決するのが最も容易となる。両方のサイン、またそれらのサインの中の両方の惑星は、すべての争いを落ち着かせるために共通のサインのルーラーを当てにするだろう。アンティシアによって結びついたクィンカンクスは、クィンカンクスの中のふたつの惑星が実際にお互いにアンティシアである場所、すなわちサインの真中の度数にない限り、問題を解決するのはそれほど難しくはないだろう（うろたえないように。アンティシアとコントラアンティシアが何であるかは、次節でしっかりと取り上げる）。アンティシアによる関係は非常に調和的なものだと考えられているため、これらのクィンカンクスの惑星は協調的に働くことはより容易となる。だが、クィンカンクスはコントラアンティシアとは、むしろ対立する。コントラアンティシアがオーブの範囲にある場所で、あるサインの真ん中の度数近く、すなわちお互いにコントラアンティシアであるサインの中で、惑星同士がクィンカンクスであるとき、クィンカンクスは扱いにくいものとなるだろう。というのも、それはコントラアンティシアの関係が、それ自体、かなりストレスが多いとみなされているためであ

る。最後に、サインが共通するものをまったく何も持たないとき（獅子座あるいは水瓶座のどちらかが関与するクィンカンクスのとき）、惑星同士は本当の意味でのクィンカンクスとなる（敵意を持つことになる）。

サイン	クィンカンクス	関係性
牡羊座	乙女座	アンティシア（等しく強力）
	蠍座	ルーラーシップ（火星）
牡牛座	天秤座	ルーラーシップ（金星）
	射手座	インコンジャンクト（敵対）
双子座	蠍座	インコンジャンクト（敵対）
	山羊座	コントラアンティシア（等しく上昇）
蟹座	射手座	コントラアンティシア（等しく上昇）
	水瓶座	インコンジャンクト（敵対）
獅子座	山羊座	インコンジャンクト（敵対）
	魚座	インコンジャンクト（敵対）
乙女座	牡羊座	アンティシア（等しく強力）
	水瓶座	インコンジャンクト（敵対）
天秤座	牡牛座	ルーラーシップ（金星）
	魚座	アンティシア（等しく強力）
蠍座	牡羊座	ルーラーシップ（火星）
	双子座	インコンジャンクト（敵対）
射手座	牡牛座	インコンジャンクト（敵対）
	蟹座	コントラアンティシア（等しく上昇）
山羊座	双子座	コントラアンティシア（等しく上昇）
	獅子座	インコンジャンクト（敵対）
水瓶座	蟹座	インコンジャンクト（敵対）
	乙女座	インコンジャンクト（敵対）
魚座	獅子座	インコンジャンクト（敵対）
	天秤座	アンティシア（等しく強力）

「アスペクト」の他のタイプ
Other Types of "Aspects"

これまで見てきたアスペクトに加えて、惑星同士がお互いに何らかの関係を持つ場合がある——また、ギリシャ人によってそれらの多くは、「メジャー」なアスペクト同様、重要で効力があるものとしてみなされてきた。

リセプション ─────────────────── Receptions

リセプションは惑星のエッセンシャル・ディグニティ、特に惑星のルーラーシップに基づいている。たとえば、牡羊座のルーラーである火星は、牡羊座の中にいる場合、牡羊座の中にある他の惑星をルールする。だが、ルーラーにならないサインにいる場合、火星は他の惑星に「迎え入れられる(レシーブ)」ことになる。ルールする惑星は、ルールされる側の惑星の表現に対して形と構造を与える——さらにその形と構造のタイプはルールしている惑星のサインの位置とディグニティによる。たとえば、牡羊座の中の月は火星によって迎え入れられる。そして、月はそこで自らを表現する方法を求めて火星へと「目を向ける」ことになる。そのとき、もし火星が山羊座の中にあるなら、火星の姿勢はさらに建設的で実際的になっているため、月はこのエネルギーを多少なりとも受け取ることになるだろう（それによって、おそらく牡羊座の衝動的なエネルギーをコントロールする程度が増していくことにさえなる）。だが、もし火星が双子座の中にあるなら、月は集中力を弱め、より衝動的にさえなるだろう。なぜなら、双子座の中の火星は行動すること、そして探究することに動機づけられるからである。また、どんな場合でも、月が牡羊座にあれば、月と火星が互いにアスペクトがあるかどうかに関係なく、月は火星と関連づけられるのである。

リセプション自体は、非常に強い「アスペクト」ではない。だが、ここで仮に牡羊座の中に月があり、蟹座の中に火星があるなら、何が起こるか考えてみよう。月は火星によってルールされ、火星は月によってルールされる。この状態は「ミューチャル・リセプション」（訳注[68]）

CHAPTER 8 アスペクト

と呼ばれ、ふたつの惑星の間のより強い結びつきを意味することになる。ふたつの惑星がお互いにミューチャル・リセプションのときは、常にふたつの惑星は共に作用し、お互いを助けようとする。しかしながら、ミューチャル・リセプションが、個々の惑星のエッセンシャル・ディグニティを変化させるわけではない。惑星たちが互いをいかに助けるかは、それぞれの惑星のディグニティの状態による。

　たとえば、牡羊座の中に木星があり、魚座の中で火星がある場合を取り上げてみよう。夜のチャートの中では、木星と火星のいずれもが少なくともトリプリシティによってディグニファイドされ、非常に良い状態にある。この例の場合、木星と火星はお互いの助けとなるだろう——火星は木星に対して、その動力とエネルギーを貸し出すことになるだろう。一方、木星は火星に対して、その幸運と良い巡り合わせを貸し出すことになるだろう。

　一方、山羊座の中に火星があり、牡羊座の中に土星がある場合を見てみよう。山羊座の中の火星は、エグザルテーションのサインの中で好ましい状態にある。しかしながら、牡羊座の中の土星は、フォールであり、好ましくない状態にある。ふたつの惑星はミューチャル・リセプションによって関係しているため、それらはともに働くようになるが、間違いなく土星はその関係の中での最善の結果を得ることになる。というのも、山羊座の中の火星は強く、そのため土星を「援助」することができる。しかし、牡羊座の中にある土星は、火星を「援助」しようと試みても、良いものよりも有害なものをもたらすかもしれない。それは善意を意図したものでも、多くの場合、土星が好意を返そうとしないほうが、火星にとってはより良い状態となるだろう。

　最後に、射手座にある水星と双子座にある木星という例を見てみよう。水星と木星は両方とも、この場合、デトリメントであるため、どちらも互いに対してどんな有益なものも持っていない——実際、水星と双

---

‡訳注68‡「ミューチャル・リセプション(mutual reception)」は、おそらく訳語としては「相互受容」が適切かと思われる。だが、占星術の専門用語として頻発するものであるため、片仮名の表記にした。

子座は互いにその状況を、より困難なものにさえしてしまうだろう。双子座の木星の「援助」は、単純に問題をより大きなものとする可能性があり、また射手座の水星の「援助」は、全体的に物事に対処するよりも、おそらく些細なことを誇張することになるだろう。水星と木星が度数の上で互いにアスペクトではなかったとしても、それらはミューチャル・リセプションによって非常に強く関係する。占星術家のJ・リー・リーマンとロブ・ハンドは、この状況を「ミューチャル・デセプション」と呼んでいる（訳注69）。それは水星と木星、金星と火星、太陽・月と土星といった相補的な意味を持つ惑星のペアの間で起こってくる。

　ミューチャル・リセプションについて最後にひとつ述べておくと、最近までは惑星たちがお互いを迎え入れ、同時にお互いにアスペクトの関係にあるときだけを、ミューチャル・リセプションとみなしていた。度数の上でアスペクトの関係を持たないミューチャル・リセプションは、特に強い結びつきがあるものとはみなされていなかった。

アンティシアとコントラアンティシア　—— Antiscia and Contra-Antiscia

　アンティシアは夏至と冬至の至点である（antiscia は複数形で、単数形は antiscion）。サインは蟹座と山羊座の軸に沿って分けられる。そしてアンティシアは、この軸を交差するふたつのポイントを正確に反映したものである（訳注70）。アンティシアのふたつのポイントは非常に強い。それらのポイントは日中の光が同じ量である昼と相互に関連している。アンティシアは「穏やか」なアスペクトであるとみなされてい

---

‡訳注69‡「ミューチャル・デセプション（mutual deception）」を、あえて訳すなら「相互の惑わし」となる。

‡訳注70‡「アンティシア」は「影」ないし「鏡像」といった意味を持つギリシャ語に由来している。本書での解説に少しだけ補足しておく。アンティシアは獣帯のふたつのポイントが天の赤道から等距離にある位置を示している場合のことである。言い換えるなら、それは蟹座と山羊座の軸である至点から同じ距離にあるときに起こる。したがって、蟹座にある惑星は双子座の惑星とペアになり、そのふたつの関係はアンティシアとなる。
コントラアンティシアは、アンティシアに対立するポイントである。たとえば、蠍座の惑星は水瓶座の惑星とアンティシアになるが、コントラアンティシアは獅子座の惑星との関係で作られる。つまり、アンティシアが蟹座と山羊座の軸に沿った鏡像の関係だとすれば、コントラアンティシアは牡羊座と天秤座の軸に沿った鏡像の関係だと考えてもよい。

る。そして、たいがいトラインやセクスタイルと同じやり方で解釈される。一方で、コントラアンティシアは不均衡となっているふたつのポイントである——ひとつのポイントによって表わされる日中の光の時間が、互いのポイントでの夜の時間と等しい。コントラアンティシアは「困難(ハード)」なアスペクトとして機能するため、たいがいスクエアと同様に解釈される。

一覧を見ると、固定のサインはすべて、お互いにアンティシアないしはコントラアンティシアとなることがわかる。これは固定のサインの中にあるふたつの惑星がどんなときでも互いにスクエアであること、そしてそれらがアスペクトに対して、さらにより重要さを増すアンティシアあるいはコントラアンティシアのどちらかになる可能性があることを意味している。

黄緯におけるアスペクト：パラレルとコントラパラレル
Aspects in Latitude: Parallels and Contraparalles

わたしたちがこれまで見てきたすべてのアスペクトと関係性は、惑星のサインの場所ないしは黄道に沿った経度と関係がある。黄道は地球の周りの太陽の見かけ上の通り道の平面であり、また太陽の周りの地球の軌道の平面でもある。獣帯はたいがい黄道の上下の天空の帯を含めたものと考えられている。そして、惑星の黄緯（latitude）は、黄道での北緯あるいは南緯の度数で決められる。経度によってコンジャンクションとなっている惑星は、それらの黄緯においては（また黄緯に似ているが、黄道ではなく天の赤道で測られる赤緯においても）、実際に天空で互いに近いわけではない。同じ緯度あるいは赤緯である惑星（たとえば北緯12度にある火星と北緯12度にある月）は、お互いにパラレルの関係にある。すなわち、パラレルとは黄緯あるいは赤緯の中のコンジャンクションである。同じ度数ではあるがオポジションにある惑星（たとえば北緯12度の火星と南緯12度の月）は、お互いにコントラパラレルとなる。すなわち、コントラパラレルとは黄緯あるいは赤緯におけるオポジションである。

一般的にパラレルとコントラパラレルは、マイナー・アスペクトだと

されている。また、弱いコンジャンクションないしはオポジションとして解釈される。しかしながら、パラレルとコントラパラレルは、それらがふたつの惑星の間で経度によるアスペクトが強まるときに重要となる。特にふたつの惑星がコンジャンクションかつパラレルであるとき、より早い動きの惑星は完全により動きの遅い惑星を覆い隠す。それは「掩蔽（occultation）」として知られる出来事である。日食は太陽と月の間の単純な掩蔽——太陽と月がパラレルでありコンジャンクション——である（食については10章でより詳細に見ていく）。掩蔽は極めて強いコンジャンクションである。それはやや珍しい現象だが、それが起こるときは注目に値する。天体位置表の中で、掩蔽は ☌ という形で示されている。

CHAPTER 8　アスペクト

度数表	
列1	列2
0	30
1	29
2	28
3	27
4	26
5	25
6	24
7	23
8	22
9	21
10	20
11	19
12	18
13	17
14	16
15	15
16	14
17	13
18	12
19	11
20	10
21	9
22	8
23	7
24	6
25	5
26	4
27	3
28	2
29	1
30	0

アンティシアのサイン表	
列1	列2
牡羊座	乙女座
牡牛座	獅子座
双子座	蟹座
天秤座	魚座
蠍座	水瓶座
射手座	山羊座

コントラアンティシアのサイン表	
列1	列2
牡羊座	魚座
牡牛座	水瓶座
双子座	山羊座
天秤座	乙女座
蠍座	獅子座
射手座	蟹座

アンティシアとコントラアンティシア（至点）
アンティシアとコントラアンティシア（至点）の計算

1. 個々の出生時の位置（分と秒）を、次の整数（度数のみ）にまで切り上げる。
2. 度数表の列1の整数の度数を見つける。列2の中のそれと逆の度数がアンティシアとコントラアンティシアのための至点の度数となる。
3. サイン表の中で出生時のサインを見つける。他方の列の中にそれと対立するサインがアンティシアとコントラアンティシアのサインになる。

例：仮に太陽が天秤座の29度45分にあるとする。それを切り上げて30度という整数にする。度数表の列1の中の30度は列2の0度と並んでいる。アンティシアのサイン表の中で天秤座は魚座と並んでいる。そのため太陽のアンティシアは魚座の0度ということになる。また、太陽のコントラアンティシアは乙女座の0度となる。

図13　アンティシアとコントラアンティシア（至点）

CHAPTER 9

出生時の惑星の逆行を概観する

CHAPTER 9
A Brief Look at Natal Retrograde Planets
出生時の惑星の逆行を概観する

　本章を「出生時の惑星の逆行(レトログレード)を概観する」と題したのは、出生時の惑星が逆行している場合に、実際に知っておくべき必要のあるさまざまな要素を手短に見ておくためだ。逆行の惑星は、確かに熟考すべき重要なものである――だが、たいていは出生チャートに対するトランジットの場合である。しかし、出生時に逆行している惑星が本当に興味深いものになるのは、セコンダリー・プログレッションにおいてである。セコンダリー・プログレッションは、未来予測のためのテクニックであり、実際には出生占星術の範疇ではないが、この章の最後で簡単に触れることにする。

　ここで先に進む前に、逆行の動きのメカニズムのおさらいをしておくことは役に立つだろう（すでにそれについては2章で取り上げたが覚えているだろうか？）。すでに述べたように太陽の周回軌道において、惑星は実際に速度を緩め、方向を変えるわけではもちろんない。逆行の動きが見られるのは、地球が他の惑星とは異なるスピードで太陽を周回していて、わたしたちはその地球上の特定のポイントから、太陽を周回する惑星を観察していることによる。

　では、そういった逆行の惑星を、わたしたちはいかに解釈すべきなのだろう？　伝統的に逆行の惑星は、意識的、直接的、外向的なやり方で自分自身を表現することが困難になると考えられている。一部の占星術家たちは、出生時に逆行する惑星を、過去生の問題や課題に関係するものだと信じている。また、別の占星術家たちは、逆行する惑星との関係で人が経験するのは、その人の個人的な心理学的問題を象徴するものと

して解釈している。確かに逆行の惑星が、順行する惑星と同じやり方で作用しないということに関しては、わたしも同意する。だが、わたしはわずかに異なる解釈を提出したい。それは伝統的な占星術に見られる一般的な解釈のさまざまな要素を結びつけるものであり、同時にこの問題をより広い視野の中で見ていくことにもなる。

成長と進化
Growth versus Evolution

　この宇宙の中で、わたしたちが人生を経験し、個人として、また魂のレベルにおいて自分の課題を学んでいくにつれ、ふたつの異なるサイクルが明らかになってくる。ひとつのサイクルは成長のサイクル(グロース)である。それは普通、わかりやすく直接的で、ひとつの生涯の間に学ぶべきものして意図された全般的な課題である。もうひとつのサイクルは進化(イヴォリューション)のサイクルである。それを理解することは、ときとしてわかりづらく困難である。また、統合と完成へと至るためには、通常一回の人生以上を必要とする魂の学びが含まれる。これらのふたつのサイクルは同時に作用する──すなわち、わたしたちはいつも成長と進化の問題の両方に取り組んでいるのである。ここでサイクルを螺旋運動として考えてみよう。成長のサイクルは、非常に明確な道に沿った螺旋運動に従う。そして各々のサイクルの完成において、スタートの際とほとんど同じ箇所に自分がいることを発見する。成長のサイクルは長い一回りの道に従っていくのである。だが、進化のサイクルのほうは、レベルに応じて螺旋を上昇していく。

　こうした成長のレベルにおいて作用するのは、順行する惑星である。また、もう一方の進化のレベルにおいて作用するのは、逆行する惑星である。

　月のノードは逆行しながら獣帯を通過することで、そのサイクルのほとんどを費やすが、次章で見ていくように、それはわたしたちの魂の道、及びその課題と関連している──その課題は進化のレベルにおいて非常に重要なものであり、統合するまでには多くの生涯を必要とするも

のである。とはいえ、作用として抵抗しがたい進化のサイクルの印となるのは、次に見る春秋分点の歳差運動による人類の大きな時代区分である。

春秋分点の歳差運動
(また、なぜわたしたちは水瓶座の時代の中にいないのか)
The Precession of the Equinoxes (and Why We're Not in the Age of Aquarius)

　春秋分点の歳差運動を理解するためには、ふたつの異なる獣帯(ゾディアック)のシステムがあることを、最初に知っておかなければならない。ひとつはトロピカルの獣帯(それは西洋占星術で使われている)、もうひとつはサイデリアルの獣帯である(それはインド占星術で使われている)。黄道はひとつの円であり、そこには始まりも終わりもない。それを惑星の相対的な位置を計測し示すための区分へと分類するためには、円の始まりと終わりを示すポイントを決めなければならない。わたしたちが牡羊座の０度と呼んでいるのは、このポイントのことである。ただし、牡羊座の０度を実際に見つけられるのが、厳密にどこであるかについての完全な同意を得ることは非常に難しい。

　トロピカルの獣帯では、北半球における春分点、すなわち黄道の平面が赤道の平面と交差するポイントに牡羊座の０度を持ってくる(それゆえ、太陽が正午にちょうど天頂にあるとき、そこは赤道と平行する)。この日付は毎年変動するが、たいがいは３月20日から21日のあたりである。このポイントが牡羊座の０度となる。そしてサインの残りは、このポイントから黄道に沿って30度の間隔で位置づけられる。トロピカルの獣帯は、サイクルが毎年春の最初の日で始まるため、季節に準じたものとなる(北半球の場合)。

　一方、サイデリアルの獣帯は、牡羊座の０度で黄道の始まりのポイントを決めるため、固定した星の位置を使うことになる(サイデリアル＝恒星であると覚えておいてほしい)。サイデリアルの獣帯における牡羊座の０度は、表向きとして牡羊座の星座(コンステレーション)の始まりと関係する。しかしながら、星座は人間によって作られた約束事であるため、どこから牡

CHAPTER 9 出生時の惑星の逆行を概観する

羊座が始まるかを誰も正確に決めることはできない。その結果、多くの異なるサイデリアルの獣帯のシステムが存在することになり、今日も複数のものが使用されている。

　ふたつの獣帯のシステムの間に違いがある理由は、地軸の傾きのためである。地軸は垂直ではない。それは太陽に向かって約 23.5 度の角度で傾いている。そして、それが季節の変化を作り出している。地球は太陽の軌道を周回しながらも、この軸のぐらつきのため、反対の方向に向かってゆっくりと自らの円運動を作り出す。わたしたちは一年を通して、恒星の位置が非常にごくわずかだが変化していくことを観察することで、この変化を「見る」ことができる。それが非常にわずかなものであるのは、地軸のひとつの全周期が終わるまでに、実際には 25,800 年がかかるからである。

　その結果として、春分点（トロピカルの獣帯での牡羊座の 0 度）とサイデリアルの獣帯での牡羊座の 0 度の間には、徐々に違いが生まれている。毎年、春分点は、前の年よりもわずかにより早いポイントで生じてくるためである——すなわち、春分点はサイデリアルのサインを前進する（あるいは後退するとも言える）。現在、トロピカルの獣帯とサイデリアルの獣帯の間には、おおよそ 23 度の違いがある。また春分点は、サイデリアルの獣帯における、おおよそ魚座の 6 度と 7 度のあたりに現れている。

　25,800 年の前進するサイクルは、人類の 12 の大きな時代へと分けられる。その各々は約 2,150 年（春分点が次のサイデリアルのサインへ移動していくまでの時間の総計）続く。現在、わたしたちはいまだ魚座の時代の中にいるが、その時代は 2150 年あたりまで続いていく。やがて春分点が水瓶座の 30 度となるとき、次の水瓶座の時代が実際に始まることになる。

　占星術的な各々の時代は、人類の進化による重大な変化と関連している。双子座の時代は構造化された言語体系の形成やコミュニケーションの発達をもたらした。牡牛座の時代では農業の発見を見た——人類は生存のための狩猟と採集モードから移行し、根を下ろし（文字通りにも比

喩的にも)、あちらこちらをさ迷うことなく一個所に定住することができるようになった。これが文明の始まりとなった。部落が村、町、都市へと変わっていった。次の牡羊座の時代は戦争と征服に集中した。新しく形作られた文明は支配のために戦った。そして魚座の時代の間、教会の台頭と衰退を通して明瞭に見て取れるように、宇宙とわたしたちの霊的なつながりを探究する中で、人類は葛藤と苦難を経験した。魚座の時代には多くの犠牲、受難、殉教が見られた。人類にとっての次の進化の段階は、水瓶座の時代である。そこでは個人の自由と集団内の平等に基づくユートピア的な社会を創り出すという共通の目的と共に、すべての創造物の間に寛容と平等に関する重大な進歩を見ることになるだろう。

獣帯を通じてのプログレッションとプリセッションのサイクル
Progression and Precession Cycles Through the Zodiac

これから見ていくように、わたしたちはふたつの異なる課題を学んでいる。そのふたつの課題は、ひとつのサインから次のサインへと移動していく方向によって異なるものとなる。ひとつはサインを前進していく――それは自然の成長のサイクルに関連している。もうひとつは、歳差運動、言い換えるならサインを逆行するが、それは進化の課題と関連している。

プログレッション・サイクル ―――――― The Progression Cycle

わたしたちは牡羊座の0度――集合的無意識からの分離、そして自由となり個の固有性を形作ることへとエネルギーすべてを集中させていくポイント――でサイクルを開始する。牡羊座が牡牛座に移っていくにつれて、わたしたちは自分の新たに発見された固有性を収納するための構造や容器を形成し始める。牡牛座は安定した成長を求め、根を下ろし、大地とつながり、定住し、物質的な世界と結びつき、そこに同一化していく。牡牛座が双子座に移動していくにつれ、自分自身と自分以外の世界を差異化し始める。わたしたちは知性のレベルでの分離を経験

し、その結果、自分を取り巻く環境とのつながりを作り出し、探索し、その意味を理解していくことを求めるようになる。双子座から蟹座に向かうとき、わたしたちは深く根源的な感情のレベルでの分離を経験する。かつてわたしたちは宇宙の存在するすべてのものの一部であり、わたしたちは本質的に自分のすべての欲求が満たされる集合的なものの一部だった。そして、そのことを思い出す最初のポイントとなるのが蟹座である。蟹座において、わたしたちは自分の中の感情的で霊的な本質を発見し始める。また、生存欲求を満たすために助けが必要であることに気がつき始める。蟹座が獅子座に移行すると、集団から自分が分離しているという自覚とともに、集団からの賞賛と注目を受けたいという欲求が強まっていく。獅子座では、この注目を求め、個の独自性を強化し、自分の固有の才能を伝えていこうとする。そして、自分が特別な存在であるということから、愛と支援を求めようとする。成長を続け、獅子座から乙女座に移行していくことで、わたしたちは戦略を変化させていく。そして、自分が特別な存在であるために認められることを求めるのではなく、自分が有益であり、進んで役割を果たすことによって認められことを求めるようになる。乙女座において、自分自身よりも大きな何かの一部になりたいという気持ちを、わたしたちは思い出し始める。

　乙女座が天秤座へと移行するとき、集団というものが実際には、自分自身とまったく同様に、欲望、才能、欲求を持った個としての他者から構成されていることを見出す。大勢の人のために役に立つことから、個としての他者と関係しながらバランスや調和を見つけていこうとすることへ、わたしたちの焦点が絞られていく。同時にわたしたちは、自分自身に目を向け、自分の行動の影響が自分自身に間違いなく跳ね返ってくるのを初めて理解することで、自己認識をますます強めていくようになる。天秤座が蠍座へと移行していくことで、人間関係を深めていくこと、根本的な感情的レベルや霊的レベルでの他者と結びついていくことを求めるようになる。すなわち、それによって少なくとも一瞬の間、個としての固有性を忘れ去ることができる経験、長きにわたって経験してきた分離と孤独をもはや感じることのない状態を求めるのである。最終

的に、蠍座を通して経験するそのつながりによって完全に満たされることにはならず、射手座へと移行していく。そこでわたしたちの関心は、一対一の関係に基づいた他者との関係性ではなく、代わりに個として宇宙と関係することを求めることへと変わっていく。わたしたちは物事の大きな枠組みの中で、自分の役割を理解しようと求める。そしてそうすることで、自分自身だけではなく、集団の他のメンバーを助け守っていくことにも責任があることに気づき始めることになる。この時点で、射手座は山羊座に移行する。山羊座においてわたしたちは、社会の体制や完全性を守り維持し、またすべての人の基本的な生存欲求が満たされるように援助していこうとする。それによって、集団における役割を責務として引き受けていく。だが最終的に、山羊座はあまりにも現状維持へと固執してしまうようにもなってしまう。そのため水瓶座へと移行していく。水瓶座のエネルギーは、単に法の条文でなく、法の精神をより重要なものとみなす。何よりも最も重要なのは個人の自由である。そして、より多くの幸福や集団の自由をもはやもたらすことのない制度は、それらを可能にする制度と置き換えられる。水瓶座において、わたしたちはリーダーの役割から身を引く。そして、そこではすべてのメンバーが対等であり、また自分自身への責任と集団の他のメンバーへの責任を等しくする知的集団という在り方を理解するようになる。こうしたつながりや関係性を深めていくために、水瓶座は魚座に移行していく。そして、わたしたちが再びすべてのものと融合し、宇宙へと回帰していくことで、分離と個体性の最後の痕跡は消滅していく——もちろん、集合状態があまりにも制限を与えるものとなるとき、魚座は牡羊座へと移行し、わたしたちは再び個として離脱していかなければならなくなる。

プリセッション・サイクル ──── The Precession Cycle

　プリセッション・サイクルは、牡羊座の0度で始まる（訳注[71]）。プログレッションとの違いは、究極の個と分離のこのポイントから魚座のほうへと後退していくという点にある。すなわち、ここでは個としての経験を経た後、わたしたちが獲得した知識や知恵を共有する魚座の集合

的なエネルギーの中に再び個を融合させていくことになる。魚座が進化していくにつれて、その経験や自らの理解を拡張し強化するために、集合的なエネルギーは次第に個という部分の中に差異化されていく。これらの部分が、個として完全に対等でありながらも、明確な違いを形作り始めるとき、魚座は水瓶座に移行する。水瓶座において、魚座の理想的な集合エネルギーは、より抽象的で知的なレベルで受け取られる。それによって集合的な状態から個々の分離の幻想へと向かい、そして個の固有性(アイデンティティ)を引き受け、差別化が始まっていく。これが続いていくにつれて、個々のメンバーが対等であるという関係に変化が表れてくる。それによって、ある特定の個人が、集団の維持と安全へ大きな貢献を果たすことができることを発見する。明確なリーダーが現れてくるようになると、水瓶座は山羊座へと移行していく。そこでは集団の中のすべての人が、いかにして個人として社会に対する固有の貢献ができるかに関心が向かっていく。それによって自分の役割に気づき、それを自覚していくことになる。個の固有性がはっきりと理解されていくにつれて、山羊座は射手座へと進化していく。そこで個人は宇宙の中での自分の役割に関して、もっと重要な——集団や社会の構造の中での自分の役割を単に理解するよりも、より大きな視野での——理解を求めるようになる。射手座はわたしたちが根源から分離する前に経験していた宇宙との究極のつながりを再び見出そうとしながら、個の哲学的、霊的、宗教的な面を探究する。射手座が蠍座へと移行するとき、真実の探求は内側へと向けられる。そして、わたしたちは魂の最も暗い場所に目を向け、変容を経験しながら、自分の中の無意識、感情、霊的本質を探究し始める。蠍座においてわたしたちは、自分以外の個人の存在に目を向け、彼らとの深い癒やしに満ちた感情的なつながりを発見する。蠍座が天秤座に進化するとき、他者との関係に対して、より客観的なアプローチを取り始める。

---

‡訳注71‡「プリセッション(precession)」は、通常、天文学の用語では「歳差運動」と訳される。本書でもすでに簡単に説明があったように、地球の地軸がゆっくりとずれながら周回しているために、春分点の位置が獣帯の順番を逆(牡羊座→魚座→水瓶座→山羊座といったように)に移動していく状態のことを意味する。

そして、社会における役割というよりも、一対一の関係を基にしながら、バランスや調和が維持されること、正義や公正さが達成されることへと関心を移していく。

　他者と関わり、その間のバランスや調和を維持していこうとするわたしたちの願いは、必然的に他者の役に立つこと、すべての人の生活の質を良くするために自分の身を捧げることへと発達していく。そして、これが天秤座から乙女座へと移行していくポイントとなる。乙女座は人間性のより偉大なものを見分け、発達させ、それに貢献しようとして休みなく働く。それによって、次第にわたしたちは、自分の仕事を認めてもらうことを求めるようになる。わたしたちは他者の承認と注目を求める自分の欲求に完全に気づくようになるこの地点で、乙女座は獅子座へと移っていく。獅子座を通りながら、個の固有性（アイデンティティ）を確かなものとし、また惜しみなく他者へと分け与える奉仕、寛大さ、愛を認めてもらうことを求める。だが、すぐにそういったことだけでは十分ではなくなる。再びわたしたちは、共同体の養育し保護を与えてくれるエネルギーを求め始める。そして獅子座が蟹座に進化するとき、わたしたちは自分たちのしっかりとした感情的つながりを積極的に求め強化していこうとし始める。蟹座はもはや自分以外の個の存在を意識しない。むしろ、蟹座は根源と直接的に再結合しようとし、それによって再び自分のすべての欲求が満たされる経験を求めるのである。感情的なアプローチがもはや十分ではなくなったとき、蟹座は双子座へと移行する。双子座は二元性の根本的な本質を探究し、究極のつながり、そして根源へと連れ戻してくれる共通のより糸を探し求める。やがて双子座は、宇宙はどこにでもあり、それとつながるためには探し求める必要などないことに気づく。双子座が牡牛座へと移行するとき、わたしたちは再び中心化し、資源となるものを集め、物質と同化し始める。牡牛座がより焦点を絞り、強度が増していくにつれて、わたしたちは自分自身の意識以外の他のものに気づかなくなっていく。そして、牡牛座は牡羊座へと移行していく。牡羊座のエネルギーは個の固有性へと焦点を結ぶ――そして、すべてのものの一部としてあることの真の固有性を再び認識する地点へと到達する。

CHAPTER 9 出生時の惑星の逆行を概観する

言うまでもなく、その地点から、再び牡羊座が魚座へと移動し、サイクルが続いていくことになる。

プリセッションはどのように逆行の惑星と関連しているのか？
And Precession Relates to Retrograde Planets How, Exactly?

逆行する惑星は、成長のサイクルというよりも、進化のサイクルに作用する。正確に言うと、それらの課題は、順行の動きの惑星の場合とはいくぶん異なる。また、逆行する惑星は、比較的短い期間での進化のレベルにのみ作用する——これらは成長のサイクルに沿った急速な進歩を反映し、おそらくはそれを促す好機となる。こうしたエネルギーを持つと同時に顕著に異なる視野を備えているのが出生時の逆行の惑星である。それゆえ、逆行する惑星は、自分自身をいくぶん通常とは異なるやり方、おそらくは予想外のやり方で表現する傾向がある。

伝統的に逆行する惑星は、付随的なディビリティであるとみなされている（訳注72）。わたし個人としては、この考え方を出生チャートの解釈に採用すべきであると思っていない（ただし、ホラリー占星術やイレクショナル占星術では、確かにわたしも採用しているが）。しかしながら、惑星の相対的な動きの速度は、惑星がどれだけ容易に自分自身を表現できるかに影響力を持っている。惑星が方向を変化させる準備ができたとき、それらは動きの速度を緩める。これは逆行でも順行でも、何らかの方向の変化の場合はそうである。惑星がゆっくりと動くとき、ないしは静止状態(ステイショナリ)のとき、惑星のエネルギーは、その表現へとよりしっかり

---

‡訳注72‡ 伝統的な占星術では、惑星が「付随的(accidentally)」な形でディビリティやディグニティになる場合のことを、アクシデンタル・ディグニティ及びアクシデンタル・ディビリティと呼んでいる。本書の4章で紹介されたエッセンシャル・ディグニティとエッセンシャル・ディビリティは、惑星がサインのどこに位置しているかということで、その本質的(エッセンシャル)な状態を判断するものだが、アクシデンタル・ディグニティないしディビリティは、それ以外のさまざまな要素を基にしながら、惑星の付随的(アクシデンタル)なディグニティないしディビリティを判断する。その中のひとつの要素が、ここで述べられている惑星の逆行という現象である。また、本書で言及されているアスペクト、月の位相やノード(次章で説明される)も、伝統的な占星術においては、通常、アクシデンタル・ディグニティないしディビリティを判断する要素として考えられている。

と焦点を絞り、集中力を増していく。こうした場合の惑星が自分自身を表現することを困難に感じることは、それほど多くはない（ただし、しばしばそうなっているように見えることもあるが）。だが、それらの惑星は、通常ではありえないほどの徹底さと激しさで、特定の状況や考え方を理解することへと取りつかれるようになる傾向がある。

出生時の逆行の惑星を解釈する
Interpreting Natal Retrograde Planets

　おおまかに言うと、わたし自身が解釈する逆行の惑星は、水星、金星、火星というパーソナル・プラネットのみである。木星から冥王星までのそれ以外の惑星は、１年の５か月半の間、逆行の動きの中にいる。そして、そうした動きの遅い惑星の成長の課題は、それ自体を明らかにするまで非常に長い時間を要する傾向がある。そのため、それらが出生チャートの中で逆行するときの視野や表現の変化は非常に微細なものでしかなく、あえて解釈するほどの価値はほとんどない。

　わたしがアウター・プラネットに注目するとすれば、それらが方向を変化させる準備が整い、それゆえ動きがゆっくりとなったときである。チャートの中でこれを見つけることは非常に簡単だ。太陽とトラインのゆっくりとした動きをしている惑星はどれも、まさに方向を変化させるか、あるいは間もなく方向を変化させる準備をしているかのどちらかである。増強していくトライン（太陽が惑星の１２０度前方にあり、その惑星とのオポジションに向かって移動していく状態）は、その惑星が逆行へとまさに変わろうとしていることを意味する。衰弱していくトライン（太陽が惑星の１２０度後方にあり、その惑星とのコンジャンクションに向かって移動していく状態）は、その惑星が順行へとまさに変わっていこうとしていることを意味する。

出生チャートでの水星の逆行 ── Mercury Retrograde in the Natal Chart

　水星はわたしたちの知性の機能──特に低次の知性──と関連してい

CHAPTER 9 出生時の惑星の逆行を概観する

ることを思い出してほしい。水星はわたしたちがどのように考え、話し、書き、言語を理解し、移動し、旅行し、判断するかと関連している。だが、さらに思い出してほしいのは、わたしたちが他者とコミュニケーションができるようになる前に、まずどのようにして自分自身とコミュニケーションしていくかを学ばなければならないかということだ。水星の最初の機能は、自らが知覚している現実以外の何ものでもない自分にとっての世界を、自分自身に対して説明することを可能にすることにある。そうすることで、わたしたちはこの世界を理解していくのである。その後で初めて、わたしたちは他者とつき合い交流していくことができるようになる。

逆行の水星で生まれた人は、順行の水星で生まれた人とは、コミュニケーションのスタイルが単に異なるということではない。そうした人は宇宙の理解の仕方が完全に異なる——それは成長の方向ではなく、進化の視点に根差したものになる。この場合もやはり、惑星は進化のサイクルにただ作用するのみであり、すべての答えを自動的に獲得できることを意味しない！　また、パズルのひとつのピースを手に入れられるという点では、出生時の逆行の惑星と順行の惑星との間に違いはない。単に逆行の惑星は順行の惑星とは非常に異なるパズル——わたしたちの予想したところにピースが一致しないというパズル——を持っているということだ。

逆行する水星を持った人は、学ぶことの障害を持っているどころか、むしろしばしば非常に頭の回転が速く、極めて明敏であり、またわずかに普通とは異なるものであるにせよユーモアの感覚を持っている。多くの場合、学ぶことの中で彼らが経験する困難は、他者の見ているものや現実と自分自身の個人的な世界の理解の仕方を、いかにして一致させるかということにある。また、こうしたことは人生の早い時期に生じてくる。確かにこれらの葛藤は重要な影響を持ち、場合によってはトラウマ的なものになる可能性もある。だが、時が経つことで、他のすべてのことのように、彼らは学習による技能、さらには習慣さえ身につけるようになり、水星の逆行ははるかに重要な問題ではなくなっていく。本質的

なことを言えば、順行の水星の人は、世界とコミュニケーションするためにひとつの言語だけを学ぶだけでいい。だが、水星の逆行で生まれた人は、ふたつの言語——自分自身の個人的な認識を説明する言語と、他の世界を理解するための言語——の間で、いかにして考え、語り、翻訳するかを、同時に学んでいかなければならない。

　実際に公式の調査を行ったわけではないが、水星の逆行を持って生まれた人が、順行の水星を持って生まれた人より、ある程度の識字障害（ディスレクシア）となりやすい傾向が多いという理論を、わたしは受け入れない。識字障害は文字や数を単にひっくり返してしまう以上ものである。だが、実際のところ、それは何らかの学習能力の障害にもならないほど、しばしば軽度である。しかしながら識字障害の人は、まさに文字通り、世界を異なるやり方で見ている——彼らは自分の目の焦点を合わせるための異なるやり方を持っているため、たとえば文字や数を置き換えてしまう傾向がある。そのため、そうした人たちは他者の知覚に合わせて、自分の知覚を解釈することを常に余儀なくされている。

出生チャートでの金星の逆行 —— Venus Retrograde in the Natal Chart

　出生チャートの中に金星の逆行を持つ人は、価値、関係性、社会的交流に対して、大分部の人とは、いくぶん異なるアプローチを行う。チャートの中の金星は、わたしたちが称賛し賛美するもの、わたしたちが真似し、関わりを持ちたいと思うものを示す。思い出しておいて欲しいのは、金星が密着力、似たものを似たものが引き寄せる力を表していることだ。逆行の金星を持って生まれた人は、自分の周りの人たちとは根本的に異なる一連の価値観を持つ傾向がある。社会的に受け入れられることが人生の中で最も重要だと感じられる青春期には、特にこれが非常に難しい課題となる可能性もある。そして完全に違いが浮き彫りになるとき、特に価値観の違いが社会的活動に影響を及ぼすとき、その結果として社会の除け者となってしまうこともある。

　金星のわたしたちの理解は、愛や美そして精神を高め、心を高揚させてくれる価値や意義のある物事への探求を、生涯にわたって進めていく

CHAPTER 9 出生時の惑星の逆行を概観する

につれて、絶えず進化していく。わたしたちは思春期まで、自分自身の個人的な価値体系を、実際に形作り始めることはない。そして通常、金星の逆行を持った人は、どんなに友人たちに合わせていこうとしても、同じ価値観にはならないことをはっきりとわかっている。こうした人たちは多くの場合、非常に内気になり、自分の仲間たちが楽しんでいる社会的交際やデートすることなどを避けるようになる。金星の逆行によってこうした種類の行動を取ってしまうことが、社会に適合することを困難にする理由のひとつである——ただし、確実にそうなるわけではない。

　ほとんどの人が価値を与え賞賛しているものとは、友人たちや仲間たちとの社交、またより大きな規模で社会や情報メディアによって共有されているものだ。わたしたちは何が美しいとみなされるかの模範を社会によって見せつけられる。そして、ほとんどの人は、ある程度これらの基準を身に着けていく。わたしたちは友人たちとつき合い交流し、共通の経験を通して結びつきを強め、そしてこれらすべてが自分自身の一連の価値を型に入れ、形成し、強化していく役目を果たす。ある段階を過ぎると、わたしたちの価値は多かれ少なかれ確立され、そのときの社会的状況に合わせてそれを変えていくよりも、自分の価値体系を支持する社会的環境や人間関係を求めるようになっていく。こうしたプロセスも、金星の逆行で生まれた人にとっては逆となる。

　金星の逆行で生まれた人は、非常に強力な自分自身の個人的価値観を持って生まれる。ただし、その人たちは順行の金星を持って生まれた人よりも、それを理解することも、見出すことも遅くなる。また、その人たちにも、他のすべての人と同様、同じ情報、価値、基準が押し寄せてくる。しかしながら、彼らはそれらを受け入れるのではなく、それらを排除することで自分自身の価値体系を作っていこうとする。逆行する金星を持った人は、自分が何を重視すべきかがわからないかもしれないが、逆に重視すべきではないものが何であるかは明確にわかる。結局のところ、排除していくことを通して、彼らは自分が重視すべきものが何であるかはっきりと理解していくことになる。そしてそうなってこ

そ、彼らは自分と根本的に共通するものを持つ他者を探し求めることができる。もちろん、この排除のプロセスは、仲間たちがそのとき持っている価値の中の非常に多くのことを否定してしまう可能性があるため、思春期に交際やデートすることを求める際、その人に困難をもたらすことになることは言うまでもない。こうしたことは、これらの人々が思春期のときとは異なる、大人としてのさまざまな基本的な社交術を学んでいかなければならないということを意味している。

出生チャートでの火星の逆行 —— Mars Retrograde in the Natal Chart

　出生チャートでの火星の逆行は、学ぶことが困難なエネルギーのひとつとなる可能性がある。火星は力強く直接的で極端なやり方を通して自分自身を表現することができるとき、最も満足できる状態にいる。障害に出会うとき、火星はそれらと戦う。また恐れを感じるとき、火星は自らを積極的に守ろうとする。逆行の火星を持って生まれた人は、行動を起こすことや人生の中に動きを作り出すための欲望や動機を追及していく。だが、彼らが人生で出会うことになる大部分の人々と、その度合いは大きく異なる。出生チャートの中であれ、トランジットによるものであれ、火星の逆行が提供するのは、自我（エゴ）と高次の自己の間の葛藤へのより多くの理解を得るための特別な機会、またいつどんなときでも自分の欲望、選択、行動を導いていくことのできる敏感さを身に着けるチャンスである。ここで思い出すべきは、火星が車のエンジンのようなものであり、前に向かって動いている限りは、運転をするのが誰であろうと関係ないということだ。

　しかしながら、火星の逆行は難題を提示する。というのも、そこには自我が根本的に関与してしまうためだ。わたしたちのすべての恐れは自我に由来する。そのため、わたしたちが不安や脅威を感じるとき、火星は防御的になる。高次のレベルについて言えば、チャートの中に火星の逆行を持つ人は、火星のエネルギーをより高い目的へと導くための傾向を基本的には持っている。そうした人が生まれながらに理解しているのは、創造者と破壊者の両面を持つ火星の二元的な性質や、自分の行動に

CHAPTER 9 出生時の惑星の逆行を概観する

ともなう責任である。火星の逆行がある人は、たとえ困難が持ち上がり攻撃されても、火星の攻撃的な傾向を表現する傾向は極めて少ない。また、そこにこそ火星の逆行の困難さもある。

　火星の逆行の最もよくある問題のひとつは、抑圧された怒りに関するものだ。順行の火星で生まれた人は、一般的に自分の火星を表現することを学んでいく。その過程には、しばしば怒りに満ちた攻撃的な行動も含まれる。だが、成長していくにつれて、火星のエネルギーが自我ではなく、高次の自己によって緩和され、導かれなければならないことを学んでいく。一方、逆行する火星を持つ人は、生まれながらに火星を封じ込めようとする。だが、本来必要なのは、むしろ火星のエネルギーをどのようにして好ましく適切な形で表現していくかを学んでいくことだ。こうした人は脅威に直面したとき、彼らは自分自身をかばい守ることができないと感じるかもしれない。それでも彼らは自分を守るために火星を呼び求めるが、火星のエネルギーは外にではなく内に向けられてしまうことも珍しくない。そして、不正に立ち向かうことも自分自身を守ることもなく、自分自身に怒りを向ける。この怒りの置き換えは、表出されることなく（これもまた火星の領域となるだろう）、常に抑え込まれてしまう。そして、最終的に圧力が極度に大きくなるまでは、同じことが繰り返されるたびに怒りが成長していく。そして、このすべての怒りが結びついた力は、しばしば不適切なやり方で爆発してしまうことにもなる。

　わたしたちは誰もがそれぞれが、火星の課題——いつどのようにして適切な力で自分自身を守っていくか——を学んでいく必要がある。順行の火星を持って生まれた大部分の人たちは、自分の怒りをどのようにして抑制しなだめていくかを学んでいく。一方、火星の逆行を持って生まれた人は、怒りや攻撃性のすべてが悪いものとは限らないことを学んでいかなければならない。また、わたしたちは権利を持っているだけでなく、領域を侵犯されてしまった状態や他の人のために、また何らかの方法で傷つけられてしまった自分のために、立ち上がり、抵抗していく義務を持っていることも学ばなければならない。報復による権利が与えら

れることはない。だが、正義による権利は与えられるのである。

出生チャートの中での
アウター・プラネットの方向の変化
―――――― Outer Planets Changing Direction in the Natal Chart

　出生チャートの中にアウター・プラネットの逆行があることは、それほど重要な意味があるわけではない。木星（12年周期）、土星（29.5年）、カイロン（51年周期）、天王星（84年周期）のエネルギーを実質的に理解し始めることができるまで、かなり長い時間がかかる。また、わたしたちの現在の人生の期間は、海王星と冥王星の完全な周期を完成させるほど長くはない。そのため、順行と逆行でのこれらの惑星の表現の間には、それを解釈できるほどのはっきりとした違いがあるわけではない。ただし、アウター・プラネットが方向をまさに変えようとしているとき（前に述べたように、これは太陽がアウター・プラネットに対するトラインへと接近しているときにはいつでも起こる）に生まれた人の場合に関しては、それを考慮する価値がある。

　アウター・プラネットがゆっくり動き始めると、速く動いているとき以上に、そのエネルギーは、より重くゆっくりとしたものとなる。アウター・プラネットが速度を落とし方向を変えるとき、そのエネルギーは激しさを増していく。それゆえ、個人の性格に対しての影響力はより重大なものとなる。アウター・プラネットが太陽とトラインとなるということ自体も、その人の自己と固有性(アイデンティティ)の感覚の核心部分に対して、まさに直接的な影響を行使することにもなる。このことは考慮すべき重要な点だ！　アウター・プラネットが静止状態（順行の逆行どちらでも）で生まれた人は、教師として働くようになるそれらの惑星と密接に連携していくことになる。そして、このエネルギーは、その人にとっての非常に敏感なスポットとなるため、トランジットでその惑星が方向を変化させる年ごとに、強烈な力を感じることになるだろう。

セコンダリー・プログレッションと逆行の惑星
Secondary Progressions and Retrograde Planets

　結局のところ、逆行の惑星はセコンダリー・プログレッションが出生チャートとのコンジャンクションで作用する際、最も重要で重大な意味を持つ。セコンダリー・プログレッションは、出生の後のそれぞれの一日を、その人の一年全体の傾向や起こる出来事と関連させる未来予測のテクニックである。たとえば、出生後の15日目の惑星の位置は、人生の15年目と関連する。プログレッションは本書の範囲外の分野ではあるが、あえて言うなら、外的出来事というよりも、内的な成長や進化と関連している。

　プログレスする惑星は非常にゆっくり動くため、プログレス・チャートでのどんな変化——惑星がサインないしはハウスを移動すること、新たなアスペクトを形成すること、そしてもちろん順行ないしは逆行への方向を変えること——であっても、非常に重要な出来事となる。水星は3か月ごとに逆行へと向かう。そして約18日の間、逆行を続ける。すなわち、プログレッションの観点から言えば、水星は90年ごとに約18年の間、逆行することになる。このことは大多数の人が、生涯の間にプログレスの水星の何らかの方向の変化を経験することを意味する。水星の逆行で生まれた人の場合は、19歳になる前に状況の変化を経験することになるだろう。水星がプログレッションによって方向を変化させたとき、「突如として」それまで生きてきた世界とは別の領域と調和が作り出されるようになっていくだろう。そうした場合も、その人は逆行の水星のエネルギーを依然として持ち続け、また独特で進化的な観点に基づく世界の見方を失うこともない。だが、今や水星が順行に変わったことで、自分自身の観点と他者の観点の間に、より良いつながりを作っていけるようになったことを経験することにもなるだろう。つまり、異なるものの見方を理解し合うことが、今やより容易なこととなっているのである。

　プログレッションによる水星の逆行への変化を経験することになる順行の水星を持って生まれた人にとって、この過程はしばしば長期の熟考

をともなうものともなる。そこで彼らは世界に対する自分の知見、信念、理解へとじっくり目を向け、そして完全に新たな視点や物の見方を発達させていく機会を得る。

　金星と火星の逆行は、それほど頻繁ではないし、長期にわたるものではない。そのためプログレス・チャートの中での金星と火星の方向の変化は、稀なことではあるものの、それらがあまり重要なものではないことは確かである。火星は、ほぼ3か月の間、逆行を続ける（1999年、火星は77日間、逆行していた。もちろん、このことはプログレッションの観点から言えば、77年間、逆行し続けていることを意味する）。一年に一回だけ、アウター・プラネットは逆行する。だが、6か月の間、逆行を続ける。チャートの中で、アウター・プラネットが逆行していることは、あまり重要ではない。しかしながら、プログレッションによるアウター・プラネットの方向の変化は重要である。それが人生の初期に起こる場合は、特に重要である（静止状態や動きの遅い惑星へと注意を向けるよう、わたしが促している理由は、このためでもある）。

CHAPTER 10

食、ルネイション、月のノード

CHAPTER 10
Eclipses, Lunations, and the Moon's Nodes

食、ルネイション、月のノード

　「ルネイション」は、新月ないしは満月と関連する語である。新月は月が太陽とコンジャンクションになったときに毎月起こる。満月は月が太陽とオポジションになったときに毎月起こる。月と太陽がコンジャンクションする新月のとき、月と太陽はともに昇り、ともに沈んでいく。日中、太陽が空にあるとき、同時に月も空にある——だが、太陽の光が非常に明るいため、わたしたちは月を見ることができない。太陽が沈み、わたしたちが星々を見ることができるときまでには月も沈む。したがって新月のとき、わたしたちは夜空に月を見ることができない。月は最も早く動く惑星であるため、月は太陽を毎月追い越していく。そして太陽とのコンジャンクションから離れていくにつれて、月は太陽が昇った後で地平線上に現れ始める。そして、わたしたちは夜に月を再び見ることができるようになる。

　あなたは月の「位相(フェイズ)」という語を聞いたことがあるかもしれない。それは太陽と月の間のサイクルにおける主要な8つのポイントのことである。太陽と月のコンジャンクションからセミスクエア（0°から45°）までの間の最初の位相は「ニュー・フェイズ」と呼ばれている。月が太陽とセミスクエアを形作るときからクレセント・フェイズに入り、それはセミスクエアから満ちていくスクエア（45°から90°）まで続く。この位相では、月が夜遅くまで見えるようになる。太陽と月の間の最初のスクエアの時点からは、ファースト・クォーター・フェイズが始まる。そしてそれは満ちていくセスキクァドレイト（90°から135°）まで続く。ファースト・クォーター・フェイズの時点において、月は昼に昇

り、真夜中に沈む。もし月が午後の空に見えるならば、それは満ちていく月である。ギボス・フェイズと呼ばれる次の位相は、セスキクァドレイトからオポジション（135°から180°）まで続く。月は最も明るくなる瞬間へと近づいていき、成長を続ける。フル・フェイズにおいて、オポジションが始まり、そして欠けていくセスキクァドレイト（180°から225°）まで続く。月は日没に昇り、真夜中にはちょうど頭上にあり、夜明けには沈む。そのため夜の間中、月は見られる。月が太陽に対するオポジションを通過するとすぐに月は欠けていく、ないしは収縮を開始する。獣帯の位置において月はもはや太陽の前方にはなく、その背後にある。また、月は夜遅くに昇り、朝遅くに沈む。もし月が朝の空に見られるなら、それは欠けていく月である。ディセミネイティング・フェイズは、欠けていくセスキクァドレイトから欠けていくスクエア（225°から270°）まで続く。欠けていくスクエアから欠けていくセミスクエア（270°から315°）の間に起こるラスト・クォーター・フェイズでは、月は真夜中に昇り正午に沈む。バルサミック・フェイズと呼ばれている最後の位相は、月と太陽が欠けていくセミスクエアからコンジャンクション（315°から360°／0°）になるまで続く。バルサミック・フェイズの間、月は太陽が昇る直前に昇り、そして太陽が沈む直前に沈む。そのため月は、毎夜ほとんど見ることができず、朝早くにだけ見ることができる。

食と月のノード
Eclipses and the Moon's Nodes

太陽を除く他のすべての惑星のように、月は黄道の面にわずかに傾いた軌道を持っている（ここで黄道は地球の周りの太陽の見かけ上の軌道であり、実際には太陽の周りの地球の軌道であることを思い出しておいてほしい）。月の軌道が黄道面と交わるポイントは月のノードと呼ばれている。月のノードは、ペアとなる数学的なポイントである。それは一日につき孤を3分ほど逆行し、獣帯の完全なサイクルを完成するのにおよそ18年間かかる（逆行の動きではあるが）。ノース・ノード（も

しくは上昇ノード)は、月の軌道が黄道の下からその上へと上昇しながら、黄道面と交差するポイントである。そしてサウス・ノード(もしくは下降ノード)は、月の軌道が黄道の上からその下へと降下しながら、黄道面と交差するポイントである。ノース・ノード(☊)は「ドラゴンの頭」として、サウス・ノード(☋)は「ドラゴンの尻尾」としても知られている(このことは後でさらに説明する)。

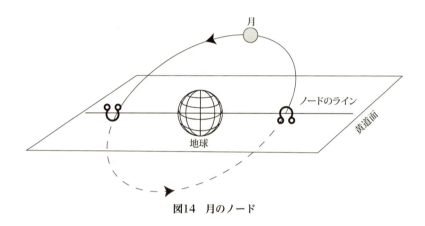

図14　月のノード

　この後、本章のほとんどを費やして、わたしたちは月のノードを理解し解釈するための方法を見ていく。そのためには差し当たって、わたしたちが理解しておかなければならない非常に重要な点がある。それは月のノードがトランジットしていく食のポイントだということである。これが意味するのは、月のノードの17°以内で起こるルネイションは、常に太陽ないしは月の食となるということだ。太陽の食はニュー・ムーンが片方のノードとコンジャンクションするときに起こり、月の食はフル・ムーンが片方のノードとコンジャンクションするときに起きる。少なくとも食は常にペア(ひとつが太陽の食でもうひとつが月の食)として起こる。ときには3つの食が、交互に太陽、月、太陽、もしくは月、太陽、月といったように連続して起こることもある。

CHAPTER 10　月食、ルネイション、月のノード

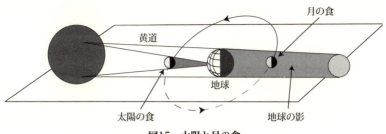

図15　太陽と月の食

　図を見てわかるように、太陽の食の間、月の影は地球に投げかけられる。そのため一時的に非常に狭い領域で太陽の光は遮断される。月の食の間、すなわち地球が太陽と月の間にあるとき、地球の影がフル・ムーンの光を一時的に遮断する。太陽の食は特定の場所からのみ見ることができるけれども、月の食は太陽がすでに食の時点で沈んでいれば、世界のどこからでも見ることができる。

月のノードの解釈と理解
Interpreting and Understanding the Moon's Nodes

　現代の占星術の中で月のノードは、おそらく最も誤って理解されているものだろう。チャートの中での月のノードの重要性に異議を唱える占星術家はほとんどいないが、同時に月のノードが何を表し、なぜそうであるのかについて、現代的に有益な解釈を提出している占星術家もほとんどいない。だが、伝統的な占星術では、月のノードに関するきわめて一貫した観点を採用している。ノース・ノード（「ドラゴンの頭」を意味するカプト・ドラコニス）には、金星や木星の伝統的な解釈とよく似た性質が与えられていた。そのため、成功、向上、増加、個人的な達成など人生の中で経験する望ましいことすべてが、ノース・ノードと関連させられていた。一方、サウス・ノード（「ドラゴンの尻尾」を意味するカウダ・ドラコニス）には、火星や土星と同様の性質が与えられていた。そのため、サウス・ノードはドラゴンの尻尾から出てくると想像される大量のものと関連させられていた。すなわち、月のノードの伝統的

な解釈をおおむね要約すると、「ノース・ノードは好ましく、サウス・ノードは好ましくない」となる。

　現代の占星術が、極端な宿命論や伝統的な惑星の否定的な解釈のスタイルから離れていくにつれて、月のノードについても、より肯定的な意味を加味していこうと解釈の手直しが行われることになった。それによってノース・ノードは、カルマと取り組み、この生涯の中で成長するために努力しなければならない一連の行為や経験を意味するものとなった。また、サウス・ノードも悪の具現化とも言うべき状態から、安易な道を選び、習慣に依存する傾向が強くなるチャートの中の場所を示すポイントへと変更されることとなった。そしてサウス・ノードは、この人生の中で人が返済していくべきカルマと関係するものとなった。だが、これもまた言い換えれば、「ノース・ノードは好ましく、サウス・ノードは好ましくない」ということを意味している。

　出生チャートの中でノードが象徴していることを真に包括的に理解しようとすることにともなう困難のひとつは、チャートの中で月のノードが西洋の神話と関連していない唯一のポイントだからである。月のノードとドラゴンの関係は、インドの神話からやってきている。その神話は東洋の占星術で用いられるならば、ノードを理解するのに大きな助けとはなるだろう。だが、一方でヒューマニスティックな観点からノードを理解しようとする西洋人にとっては役に立つものとは言えない。

　わたしたちがひとつのサインのエネルギーを理解しようとする場合であるなら、それをその構成要素に単純に分類することができる。そのサインは始動なのか、固定なのか、変化なのか？　土なのか、空気なのか、火なのか、水なのか？　こうした元素と様相の理解を関連づけることで、わたしたちは容易にそれぞれのサインのエネルギーを正確に知ることができる。同様に月のノードについても、その観察できることを分析し、そのひとつひとつを解釈していくことによって、より理論的で包括的な理解に到達することができるだろう。また、何にもまして、それは月のノードの解釈への有益なアプローチとなるだろう。

　今までのところで、わたしたちが月のノードについてわかっているこ

とを振り返っておこう。ノードは数学上のポイントであり、それは地球の周囲を巡る月の軌道が黄道（地球を周る太陽の見かけ上の通り道）と交差する場所である。ノース・ノードは月の軌道が黄道の上を昇っていくポイントである。また、サウス・ノードは月の軌道が黄道の下へ降りていくポイントである。ノース・ノードとサウス・ノードは、常にチャートの中で互いに正反対にある。

こうしたことは元素や様相と同程度に明快ではないにせよ、月のノードの単純な物理的な説明は、占星術の中でそれらが何を象徴しているかを、より完全に理解していくための手助けとなるだろう。

ノードは数学上のポイントである──ノードは物体ではない
The Nodes Are Mathematical Points-They Are Not Physical Bodies

月のノードは数学上のポイントであり、物理的な物体ではない。これが意味することは、ノードが光を発散していないということである。ノードは惑星からアスペクトを受け取るけれども、それらは物理的な天体がそれ自身を表現するやり方に対して直接的な影響を与えることはできない。

これはノードがサインのエネルギーを濾過しないことも意味する。アングル同様にノードは、サインのエネルギーや象徴的意味を純粋に表現するものとなる。たとえば、牡羊座のエネルギーの経験は、牡羊座の中に金星が入っているときと牡羊座の中に火星が入っているときではまったく異なるものとなる。この場合、惑星の個性が惑星のいるサインの表現に色をつけてしまうことになる。しかしながらノードは、どのようにサインが表現し経験されるかということに変更を加えることはない。

ノードは月、太陽、黄道と関連する
The Nodes Are Related to the Moon, the Sun, and the Ecliptic

ノードは地球の周囲の月の軌道のポイントを表している。そのため月の象徴的意味やプロセスと最も密接に関連している。だが、ノードは黄道と関連しているため、太陽とも関わりを持っている。要するに、ノー

ドは月と太陽のアスペクトを本質的に結びつけているポイントである。

　まず月に目を向け、そして月がこのプロセスにもたらすものが何かを感じ取ってみるとしよう。月は太陽の光を反射する。月は受動的、受容的、女性的である。月は反応し、感情や気分を作り出す。月はわたしたちの経験の貯蔵庫であり、太陽の表現に対して形態と場所を提供する。月は条件づけ、習慣、悪習、学習によって身についた反応と関連する。要するに月は記憶装置である。また、月はわたしたちに魂が過去に経験した他の人生を思い出すよう求める。月はわたしたちの無意識であり、下意識である。

　一方、太陽はわたしたちの意識、活動、生命力である。また、意志、力、目的意識でもある。太陽はわたしたちの経験の核心となるものであり、この生涯を生きる動機となるものだ。太陽はわたしたちがどのように物事を見るか、いかにして輝くか、いかにして表現し、自分自身を打ち出していくかと関連している。また、人生でどのようにして英雄になることを求め、個を確立することをいかにして求めるかも示している。

　地球の周りの太陽の見かけ上の軌道である黄道は、わたしたちの旅がこの生涯の間に従っていく道を示す。出生チャートを見るとき、わたしたちが実際に見ているものは、平面化された黄道上に、地上からの視点として見られた惑星の位置の二次元的な表現である。要するに、チャートの中での黄道は、チャートそれ自身の枠としての輪となっている。黄道に沿った惑星の位置を見ていくとき、わたしたちが旅の途上で惑星たちのエネルギーに出会う場所に目を向けていることになる。出生の太陽の位置は、この生涯での自己表現や自己実現のための探求を始めるために、わたしたちが選んだ場所を示している。チャートの輪である黄道は、わたしたちが辿っていく実際の道を表している。

　このやり方で見るならば、ノードが表しているのは、わたしたちの過去の魂の記憶（月）がわたしたちの現在の意識的経験と交差し、またわたしたちの現在の課題と成長の周期と交差する場所だということになる。サウス・ノードは、わたしたちの過去へ向かって黄道の下方に沈み、以前の旅からの記憶にアクセスすることができる場所である。ノー

ス・ノードは過去の学びがわたしたちの現在の旅と交差する場所であり、わたしたちが過去からやってきて、そして新たな領域へと向かっていく場所である。そこは過去の学びが、意識的気づきの光の中へともたらされ、そして完全に新たなやり方で過去の一部を眺めることが可能となる場所である。

　こうしたことからすれば、サウス・ノードとわたしたちの過去あるいはカルマが関連し、またノース・ノードとわたしたちの未来あるいはダーマ(訳注73) が関連しているということの理由も理解できるだろう。

ノース・ノードは常に完全なオポジションにある
The Nodes Are Always in Perfect Opposition

　次にオポジションのアスペクトであることについても考えてみよう。オポジションにあると言われるのは、惑星たちが互いに輪を横断して180度の角度にあるポイントに位置しているときだ。伝統的にオポジションは、「困難」(ハード)ないしは「挑戦的」(チャレンジング)なアスペクトだとみなされていた。だが、幸運なことにも、こうした見解は概して覆されてきている。

　オポジションを見るとき、わたし自身は、まず「バランス」と「視野」というキーワードを用いる（「譲歩」というキーワードを用いる人もいるが、わたしはそれを窮屈な概念だと思う。わたしにとって「譲歩」とは、個々の人が自分の求めるものを獲得するために、自分が求めているものを諦めることを意味する。一方、「バランス」は同意と調和があることを単に意味する）。オポジションという状態は、両方の惑星が実際には同じことを「求め」ながらも、単に領域の逆の両端から(スペクトラム)アプローチしていることを意味する。仮にわたしたちが、それぞれの惑星に他方の観点から物事を見るようにさせることができるなら、惑星たちが協調していける場所を見つけ、そしてそれぞれが求めるものを得られるようにすることも可能である。直接的にお互いが真向いにいるということ、すなわちふたつの惑星がお互いを「見る」ことが容易であるという

---

‡訳注73‡ダーマ(dharma) の本来の意味は、ヒンドゥー教や仏教における「法」のこと。

ことが、このプロセスを実現することを助長することになり、そして全体像を眺めるためのより大きな視野を獲得することも可能となる。

総合して考えると ———————————— Putting It Together

　要するにノードの軸を理解する鍵は、サウス・ノードとノース・ノードを互いに協調させるというところにあるのではないだろうか？　そればかりではない。ノードは惑星ではなく、チャートの中の数学的なポイントである。このことは物理的な天体よりも重要度が低いということではなく、単にわずかに作用の仕方を違ったものにするということだ。思い出して欲しいのは、惑星たちが表現するのが物理的な衝動（より適切な言葉がないため、この言い方を用いている）、及びわたしたち誰もが持っている欲望だということだ。たとえば、わたしたちは火星と協調すること、あるいは無視すること、そのどちらを選択することもできるとしても、わたしたちは自分のチャートの中のその存在を、明確に気づかずにはいられない。火星がトランジットによって活性化されるとき、あるいはトランジットしている火星がチャートを活性化するとき、わたしたちはそれを感じる。仮にわたしたちがそれに対して意識的になっていけば、それを自分のものとし、最も可能な限り建設的にそのエネルギーを用いる方法を学ぶことができる。仮にわたしたちがそれを意識しない場合も、依然としてわたしたちはそのエネルギーを経験し続けることになる。

　一方でノードは、この生涯でわたしたちが出会う霊的ないしは魂の課題と関係している。ノードは魂の成長の道が肉体での経験の道と交差する場所である。現在のわたしたちは物質的な次元での肉体を持っている。そのため当然のことながら、わたしたちの焦点は物質的な次元へと置かれる。仮にノードとその課題に対して、意識的なレベルで協調していくことを選択することがない場合、おそらくわたしたちは、それらの現れ方にまったく気づくことはないだろう。

　実際にノードと協調し、それを経験していくために、わたしたちは自分の霊性、宇宙と魂のつながり、自分と宇宙のつながりに対して意識的

になる必要がある。この生涯で自分が取り組むこととして選んだ課題とともに、自分はここにやってきているということを受け入れなければならない。そしてわたしたちは、その課題を探究していく準備を整えなければならない。では今これから、わたしたちはそれを学んでいくことになるのか？　もちろん、そうだ。しかし魂が辿っていく課題は、火星のトランジットに比べるとかなりわかりづらいものだ。

　ノードの軸は、この生涯での霊的な道そのものではない。それはわたしたちに適切な方向を指し示す霊的な羅針盤、あるいはそうなりえるものである。ノードは自分の霊的な道と魂の課題が、物質的な面での道と交差する場所を示している。また、ノードはわたしたちの肉体的な自己が霊的な道と最も容易に協調していくことができる場所でもある。

　したがってノードが示すのは、視野やバランスといったことではない。その目的はノース・ノードとサウス・ノードによって示される課題、ギフト、経験といかにして意識的に協調し統合していくかを学ぶことにある。ノードはわたしたちが協調していかなければならないことが何なのかを教えてくれる。また、この生涯の中での課題を経験し、自分の真の道を探し求めるために進んでいくべき方向がどこかを示してくれるものなのだ。

サウス・ノード
The South Node

　サウス・ノードは、わたしたちの過去に光を投げかける。チャートの中でのその位置によってサウス・ノードが示しているのは、成長の道を進んでいくために、魂がわたしたちに生涯の間で求めさせる経験や必要となるある種の記憶を表す。仮に魂がこれらの経験をわざわざ持たせてくれたのなら、わたしたちはそれらに注意など払う必要はないのではないか？　愛と光に満ちた魂が過剰な重荷を持たせた上で、物質的な領域へとわたしたちをわざわざ送り出したということなのか？　もちろん、そういうことではない。

　サウス・ノードは過去生からのギフトを表す。長年の間、自分がマス

ターし身につけるために葛藤を続けた課題、技能、才能、能力は、サウス・ノードを通して得ることができる。サウス・ノードは魂の成績表である。それはわたしたちがパスしてきた科目が何であるかを教えてくれる。サウス・ノードは次のように言う。「おめでとう。あなたは双子座のレベルⅠにパスしています」。「成績評価の保留」や評価が芳しくない場合、さらなる指導と再試験のためにはサウス・ノードではなく、土星へと目を向けなければならない。

ところで、これまでは単によりポジティヴな観点からサウス・ノードを見てきただけで、依然としてサウス・ノードの「落とし穴」となる面についての昔からの警告が意味を失うわけではない。チャートの中の惑星やポイントのすべては、最も高次の面と並んで潜在的な落とし穴も同様にある。サウス・ノードにある落とし穴は、夏休みを卒業と勘違いしてしまうことだ。わたしたちは休憩を取ることができても、依然として学校にいることに変わりはない。地上での肉体を持っている限り、あくまでわたしたちは学ぶためにここにいるのである。

サウス・ノードは過去にわたしたちが学び、慣れ親しみ、ときとしてマスターした課題や技能を表しているにも関わらず、同時にそれは依然としてわたしたちが、この人生の中でさらに学ばなければならないことの指標にもなっている。わたしたちがかなり巧みに技能を身につけていたとしても、それが他の領域での成長を制限してしまっているかもしれない。わたしたちは過去の情報を誤用し、課題の本質ではなく、表面的な意味でしか学んでいないのかもしれない。あるいは、わたしたちの熟達度を高めるために、いかにして技能を異なるやり方で用いるかを学ぶための時間が単に必要なのかもしれない。いずれにしても、より高度な教育に関しては、ノース・ノードのほうに目を向ける必要がある。

ノース・ノード
The North Node

改訂された解釈を長年必要としていたのは、サウス・ノードだけでない。サウス・ノードの落とし穴として、慣れ親しんでいることへ固執す

る傾向があることは間違いない。それは成長の機会を失い、古いパターンを繰り返してしまうことを意味する。こうしたサウス・ノードの落とし穴を避けるための方法が、ノース・ノードと協調していくことにあるということも間違いない。だが、ノース・ノードのほうにも落とし穴がある。それは成長や新たな経験をひたむきに追求していくことによって、過去に対して背を向けてしまう傾向である。

　ノース・ノードの誘惑は、自分がいた場所を忘れ、自分が向かっている場所のみへ焦点を絞ってしまうことにある。何と言ってもノース・ノードは成功、幸福、豊かさ、幸運、そして過去のパターンや習慣からの解放をもたらしてくれる。つまりノース・ノードは、わたしたちが常に憧れてやまないバハマへの旅の霊的な等価物のようなものだ。また、バハマへの旅がまさしくそうであるように、実際にはなかなかそうすることができるようにならない。まるでノース・ノードは次のように言っているかのようだ。「あなたはバハマに行くことができるが、あなたの素晴らしい快適なボートを置き去りにして、自分自身でそこまで泳がなければならない」。ノース・ノードの落とし穴には、サウス・ノードの罠とまったく同様に危険がある。新たな未来を創るためには過去との結びつきを切断しなければならないという考えに、わたしたちはしぶしぶ従っていくことになる。わたしたちはバハマに向かって泳ぎ出すために水に飛び込む。その途上まで来たところで、水の中で疲れ果ててしまうか、もしくはサメにおびえることになる。その結果、快適で慣れ親しんだサウス・ノード号というボートへと急いで引き返すはめになる。仮にノース・ノードの落とし穴へと実際にわたしたちがはまった場合、すべてに勝る霊的な失敗のようにも感じてしまうかもしれない。

　明らかに、こうした解釈ではノース・ノードに有益なものは何も見つからない。ただし、ここでのわたしの意図はノース・ノードを非難することではない。伝統的なノードの解釈のやり方が単にノース・ノードの報酬を求めるのみで、サウス・ノードのほうを退けようとするものであったことを指摘しておくことにある。同時にそうした解釈だけが、すべてではないということを示すためである。ノース・ノードの真の目的

は過去に背を向けていくことではない。むしろノース・ノードは過去の蓄積を取り上げ、それを引き受け、それと協調し、そしてそれをいかにして新たなやり方で用いるかを学んでいくことを必要とする。

　たとえば、ノース・ノードの射手座とサウス・ノードの双子座の軸は、双子座との関係を断ち、射手座を学んでいかなければならないということを意味しているのではない。むしろ、それは双子座の経験をいかにして射手座のやり方で用いていくかを、これから学んでいくべきであることを示している。そして、この生涯の中での道であり課題の一部が、双子座と射手座の間の均衡点にあることを認識すること、またそれが霊的成長と進化への鍵となることを気づかせてくれようとしているのである。ノース・ノードとサウス・ノードのどちらとも協調していくことで、わたしたちはバハマまで泳いでいく代わりに、そこまで乗せていってくれるボートを手に入れることになるのだ。

ノードの解釈
Interpreting The Nodes

　ノードの軸を統合し解釈することを始める前に、もうひとつ考慮すべき要素としてハウスがある。ここでハウスについて思い出すべき最も重要なことは、ハウスがサインと同じではないということだ。わたしが見かけた月のノードについてのすべての本では、牡羊座のノース・ノードと1ハウスのノース・ノードが同じであると想定され、またそう主張されている。これは間違っている。思い出して欲しいのは、サインとは役者たちが演じる役割であり、彼らが身に着ける衣装であるということだ。そして一方のハウスは、役者たちが自分たちの役割を演じるために進み出る舞台装置、場所、環境である。サインは根本的な動機や学ばなければならない進化の課題を表す。ハウスはそうした課題と最も出会いやすい人生の領域や体験の種類を表す。したがって「何を」はサインで、「どこで」はハウスになる。ノードのハウスの場所は、ノードの軸に関連する根本的な課題やギフトを少しも変化させることはない。単にそれは課題やギフトを見出すために、目を向けなければならない人生の

場所を示している。

　ハウスもそれ自身の課題を持っている。そしてサインの軸の課題のように、ハウスの軸もバランスと広い視野が重要であることを教えてくれる。向かい合うサインのように向かい合うハウスも、わたしたちが統合し調和させていくことを学ばなければならない人生の領域がどこかを示している。サウス・ノードのギフトの恩恵に少々浸りすぎてしまうと、わたしたちはサウス・ノードのハウスによって象徴される人生の領域ばかりに関心が傾いてしまうことにもなる。また、ときとしてノース・ノードにあまりにも関心を向けすぎてしまったり、あるいはノース・ノードのハウスに関する物事へとあまりにも多くの時間を費やしてしまったりすると、わたしたちはサウス・ノードの支援や資力を活用していくことを忘れてしまうことにもなる。ハウスが示しているのは、わたしたちがノードと必然的に出会う場所だ。したがって、ノードと協調していくことを求めるならば、わたしたちは問題となっているハウスと関連する活動へと単に時間をかけていけばいい。そうすれば、自分のノードと必然的に出会うことになるだろう。

　ノードの軸を解釈するとき、最初に熟考すべき最も重要な要素はノードの軸のあるサインであり、そしてそのふたつのサインが共通して持っているものは何なのかということだ。すべての向かい合うサインは共通のテーマを分け持っている。こうしたサインは異なる観点から、共通のテーマにアプローチしているだけだ。次にその軸のサウス・ノードとノース・ノードのサインそのものに目を向ける必要がある。サウス・ノードが提供してくれるギフトは何なのか？　サウス・ノードのサインの最良で最も素晴らしい表現とは何なのか？　いかにすればノース・ノードとバランスを取ることができ、サウス・ノードのギフトを高めることができるのか？　こうした問いの答えを探究していくことで、わたしたちはノードの軸の固有のいくつかの課題を発見していくことが可能となる。次にこの理解を手にした上で、そうした課題を経験し出会うことができる人生の場所を見出すために、ノードのハウスの位置へと目を向けていく必要がある。

最後にノードに関する問題を、より広い視野の中で見てみよう。思い出して欲しいのは、ノードが物体ではないということだ。そのためそれらの影響は、惑星よりもはるかに微妙なレベルで作用する。ノードは惑星とは異なり、個人の人格の発達の中で大きな役割を演じるわけではない。しかしながら、ノードはこの生涯の中での自分の霊的な目的が何であるかについての理解を深めるための鍵となる。ときとしてノードはチャートの中で惑星と密接に結合することがある。それによって、わたしたちの物質的な生と霊的な生き方の間のつながりを明らかにしてくれる。ときとしてノードはチャートの残りの作用と関わりを持たず、それ自身において存在しているように思われることもある。だが、チャートの他の要素と結びついていようがいまいがどちらにしても、ノードは地上での人生の時間の制限を越えた場所から見通すことを可能にする。それによって、再びわたしたちの魂の進化の旅の全体図を垣間見させてくれるものとなる。

　では、ノードの軸の組み合わせごとのそれぞれ異なる課題を見ていくこととしよう。

牡羊座/天秤座の軸 ── The Aries/Libra Nodal Axis

　牡羊座／天秤座のノードの軸は固有性(アイデンティティ)と関連する。この軸の目的は、他者との関係性の中で個としての自己の感覚を発達させていくことを学ぶことにある。牡羊座も天秤座も、より素晴らしい自己表現を作り出し、また自己をより深く理解させていこうとする。牡羊座は個の表現を通して自己を確立していく。それに対して、天秤座は他者との関係性を通して、またそれゆえ境界を見つけ定めることによって、自己を確立していく。

　牡羊座の役割は始めること、開拓すること、新たな生き方を作り出すことにある。すべてのものへの果てしないつながりが、あまりにも制限を与えるものとなったとき、牡羊座は魚座の集合的な意識から離脱する。成長を続けていくために、無境界から一部が分離し、個の固有性の幻想が形作られていく。これが牡羊座のプロセスである。牡羊座は先駆

者である。そのため牡羊座は個の固有性を表現すべく、あらゆる限界を押しのけ、あらゆる制限を打ち砕いていかなければならない。牡羊座はリーダーである。そのため牡羊座は他者に導かれたり、制限を与えられたりすることを嫌う。牡羊座は勇敢で、閃きに鼓舞され、熱意に満ち、独創的で、独立心がある。しかしながら、牡羊座は自己を表現することにのみ関心を向ける。そのため、他者の存在をまったく気に留めもしない。さらに言うなら、その行動が他者に影響や衝撃を与えることをまったく自覚していない。

　牡羊座の反対のサインである天秤座は、牡羊座が本質として他者を気にも留めないのと同じく、本質として他者への気づきがある。天秤座は個として存在することの責任を完全に理解している。そして、一対一の人間関係におけるバランスと調和をあらゆる面で維持していこうとする。最終的に天秤座は、牡羊座の過程で個の固有性を形作る際に切り離された創造物の集合的な根源としての宇宙と自己との間のバランスを回復させようとする。他者と関係し調和していくことを通して、天秤座は個の境界の明確な感覚をさらに強めていくことができる。天秤座は真に協力的であり、また魅力的で、社交的で、美的感覚に優れ、創造的で、客観的で、まったく偏見のない公正さを発揮することもできる。天秤座は個人の責任をしっかりと自覚し、また強い正義感を持っている。しかしながら、その行動に対する責任の重み、またバランスの必要性を理解していくことは、天秤座の最も大きな課題となる。平和を維持することが最も重要な目的となるとき、天秤座は起こりえる不和を避けるために、私的な領域や個人の欲求を放棄し始める。あらゆる決断、あらゆる行動に対して、それに応じた直接的な反応がやってきてしまいそうなとき、決断せず行動を起こさないことが調和を維持するための最も安全なやり方のように見えてくるだろう。その結果として天秤座は、計算し巧みに操ろうとするか、あるいは自分自身の個人的な欲求を打ち消しながら、受け身で反応していくか、そのどちらかとなるだろう。

　牡羊座/天秤座のノードの軸は、他者との関係性を続けながらも、個としての固有性を発達させていくことを学んでいかなければならないこ

とを示している。わたしたちは適切な個の境界を作っていくと共に他者との関係性を維持していくことを学んでいく必要がある。同時に、いったん境界が定められたならば、個の固有性を十全に表現することへと向かっていかなければならない。どの程度まで自己中心的になる必要があり、個の欲求や欲望を表現することが許されるのか、そしてどこまで他者と歩み寄るべきかを学んでいく必要がある。

牡羊座のノース・ノード/天秤座のサウス・ノード
North Node in Aries/South node in Libra

　天秤座のサウス・ノードは、バランス、調和、美、人間関係における好ましい距離感の基本的な識別と関連する才能をもたらす。しかしながら、天秤座のサウス・ノードの落とし穴は、何としてでも人間関係の調和を維持しようとするがゆえに、人間関係の均衡を乱してしまう可能性がある個人的な欲求をすべて否定してしまうことにある。ここでの課題は、個の固有性(アイデンティティ)を発見し表現するために、牡羊座のノース・ノードと協調していくことを学びながらも、その一方で活発な対人関係にも意識を向け続けることにある。牡羊座のノース・ノードが教えてくれるのは、単に人間関係のバランスを保つだけでは十分ではないということだ。すなわち、わたしたちはバランスを維持しながらも、同時に個性を十全に表現していかなければならないのである。

天秤座のノース・ノード/牡羊座のサウス・ノード
North Node in Libra/South node in Aries

　牡羊座のサウス・ノードによって、個性を表現することは非常に容易になる。決断力、リーダーシップ、生きることへの情熱は、牡羊座のサウス・ノードのギフトである。しかしながら、牡羊座のサウス・ノードの落とし穴は、他者の欲求や境界に気づかなくなることだ。天秤座のノース・ノードと協調していくことは、この世界における他者と自分の個としての固有性(アイデンティティ)のバランスをいかにして取っていくかを学んでいくことだ。わたしたちは人間関係を通して、自分が終わり、他者が始まる場

所を学ぶことができる。その結果、個の境界に対してさらに意識的になり、それによって個の固有性の感覚が強められることにもなる。また、天秤座のノース・ノードは、どれだけ自分の行動が他者へと影響を与えているか、そしてどのようにしてその影響に対して責任を取っていくべきかを教えてくれる。

牡牛座/蠍座のノードの軸 —— The Taurus/Scorpio Nodal Axis

　牡牛座/蠍座の軸は、生と死、成長と破壊の普遍的なサイクルと関連している。この軸の目的は、生命の自然の周期に身を任せ、そして変化する必要に迫られたときに、それを受け入れていくことを学ぶことにある。固定のサインとして、牡牛座と蠍座のどちらも持続すること維持すること、また自己の価値の核心となる問題と関連している。牡牛座は肉体的な面や物質的な面を擁護し守っていこうとする。それゆえ、牡牛座は軸の建設的な面を表す。一方、蠍座は感情的な面や霊的な面を擁護し守っていこうとする。それには物理的な境界を解体することが必然的にともなってくる。それゆえ、蠍座は軸の破壊的な面を表す。

　牡牛座の目的は、牡羊座から始まったことや個の固有性(アイデンティティ)を擁護し守り、安定化させ維持していくことにある。牡牛座は肉体や物質的なものを通して自己の感覚を強めていく。牡牛座は肉体的経験を通して自己を明確にし、また五感を始め物質的な次元との相互作用のためのあらゆる手段を通して確かなものを見つけていく。牡牛座は物質へと働きかけることで、個としての感覚や牡羊座を通して最初に経験した他者からの分離を維持していくための体制を作り上げていこうとする。しかしながら牡牛座は、物質面、肉体面、実際的なことへとあまりにも関心を向けすぎてしまう。自己の新たな感覚を維持し明確にしてくれるもの自体が、自己を制限し限定するものへとすぐに変わっていく。そして、その能力を真に伸ばしていくことを妨げるものともなってしまう。牡牛座は肉体面や物質的なものへと愛着を持つようになる。その結果、自己の物質的で外的な表れでしかないものと真なる永遠の自己の間の違いを区別する能力を失ってしまう。

一方、蠍座の目的は、そうした幻想を解体すると共に、真の自己を制限し限定するのに用いていたあらゆる概念の覆いをはぎ取ることにある。それらは肉体と共に始まり、分離の幻想の核心にある自我(エゴ)が少なくとも一時的にでも死んでいくとき、最終的な終わりを迎える。蠍座は他者との変容を促す深いつながりを経験することによって、感情的で霊的な自己の価値を強めていこうとする。自我を死へと委ねるとき、わたしたちは深い感情的で霊的なレベルにおいて他者と融合できる。そして、少なくとも一瞬の間、自分自身よりも大きな何かとの深いつながりの感覚を経験し、わたしたちは真にすべてとつながっていて、すべての創造物の一部であることを思い出す。しかしながら、蠍座は牡牛座と同様に度を越していき、破壊と変容の継続的なプロセスへ脅迫的に取りつかれていく。ときとして蠍座は隠された恐れのすべて、また忘れ去られた感情の何もかもを見つけ出そうとする誘惑に駆られていく。そして、それによる変容の体験を求めようとする。蠍座はこの内なる旅が作り出してしまうかもしれない外界の混乱には関心がない。なぜなら、蠍座にとっての唯一の真の現実とは、内面の感情的で霊的なレベルに存在するものだからだ。

　牡牛座/蠍座の軸は、ギリシャ神話のペルセポネと強い関連を持っている。春の女神であるデメテルの娘のペルセポネは、地下世界の支配者であるハデスによって連れ去られた。デメテルはあまりにも取り乱してしまい、この世界をないがしろにした――何も育たず、この世界は初めて秋と冬を経験することとなった。最終的にデメテルは娘を取り戻すことができた。だが、ペルセポネは地下にいる間、6つのザクロを食べてしまったため、ハデスから完全に離れることができず、永遠に束縛されることとなった。そこで作られた取り決めは、ペルセポネがハデスとともに6か月を地下で過ごし、デメテルとともに6か月を地上で暮らすというものだった。ペルセポネが地上にいるとき、春となり、命が再生し、再びすべてのものが成長し始める。ペルセポネが地下にいるとき、秋から冬となり、死がやってくる。そして再び新たなサイクルが始まる次の春まで、地球は不毛の地となる。

真の成長はサイクルの中で起こる。したがって、成長を続けていくためには、まずわたしたちの一部が死ななければならない。牡牛座/蠍座のノードの軸は、根を張り成長していくときと、さらなる成長を可能にする状態を再編するために作り出したものを解体するときを知るため、どのようにしてこれらのサイクルと親しんでいけばいいかを教えてくれるのである。

牡牛座のノース・ノード/蠍座のサウス・ノード
North Node in Taurus/South node in Scorpio

　蠍座のサウス・ノードは、変容、霊性、ヒーリングと関連したギフトをもたらす。蠍座にサウス・ノードがある人は、死と変容のプロセスをよく理解している。言うならば、彼らは地下世界での自分自身の経験を持っている。だが、サウス・ノードの落とし穴となるのは、変化への過剰な脅迫観念にある。こうした人はもしかすると、実際には変化を恐れているのかもしれない。そのため、自分に対して変化が降りかかってくるよりも、自分自身で変化を起こしていくべきであると学んできたのかもしれない。こうした人に対して牡牛座のノース・ノードは、地下世界を離れるときがいつか、また地表に戻り、根を張り、大地に種を植え、再び成長に向かっていくときがいつかを教えてくれる。蠍座のサウス・ノードは、彼らが現状維持へと過剰に固執してしまわないように助けてくれる。だが、牡牛座のノース・ノードは、今が変化のときではなく、物事を作り上げ、成長していくときであると教えてくれる。

蠍座のノース・ノード/牡牛座のサウス・ノード
North Node in Scorpio/South node in Taurus

　一方、牡牛座にサウス・ノードがある人は、安定性、創造性、地に足をつけること、この生涯で成長していくためのギフトが授けられている。彼らは確かな基盤を作っていくための方法、そしてその基盤の上に自己の統合された感覚を、ゆっくりと着実に作っていくための方法をわかっている。しかしながら、牡牛座のサウス・ノードの落とし穴は、幻

想でしかない構造に固執させ、変化することへ全面的な抵抗を試みようとすることにある。実際、変化という考え自体が、彼らを強く恐れさせてしまうこともある。もちろん変化こそが、まさにこうした人に求められているものでもある。彼らは可能な限り牡牛座のエネルギーを取り込んできた。そして、新たな成長のための道を開くためには、そのいくばくかを死に明け渡していかなければならないときもある。蠍座のノース・ノードが告げるのは、ペルセポネが地下世界へと戻るとき、すなわち自分自身の別の部分が成長を続けていくことができるように、自分自身の特定の部分を死へと明け渡していくときなのだ。

双子座/射手座のノードの軸 ———— The Gemini/Sagittarius Nodal Axis

双子座／射手座のノードの軸は精神の軸である。この軸の目的は、高次の精神と低次の精神、宇宙と身近な環境、真実・理解と知識・情報のバランスを取るための方法を学ぶことにある。双子座は情報を集め、つながりを作り、二元性の根本的な性質やその表現へ最も関心を向けながら、この世界を探究していく。一方、射手座が捜し求めるのは、複数のものを束ねること、ひとつの理想、創造者とすべての創造物を結びつける偉大な真実である。

双子座の機能は周囲を調査し、また異なる要素の間をつなげることにある。言葉が観念と対象の間につながりを生み出すための基本的な手段であるため、双子座は言語やコミュニケーションのあらゆる形態と関連している。双子座はあらゆるものによって魅惑され、この世界についての絶対的に飽くことのない好奇心を持っている。双子座は常に情報やアイデアを集める。そして、どんな状況でも可能な限りさまざまな局面へと目を向け代案を探し求める。双子座のエネルギーに内在するのは、相対性という概念である——双子座はふたつの対立する概念がどのように互いに関連し合っているかを理解しようとして、どんな状況においても両方の側を調べるだろう。しかしながら、双子座はあまりにも細部へと関心を向けてしまうため、どんな形であれ広い視野で物事を見ることができなくなってしまう。双子座は常に情報を集めるが、生のデータを活

用したり、共通のテーマを発見したり、大きな全体像のどこに細部がより適合するかを見つけたりするには関心や注意の幅が狭すぎる。

　一方、射手座はもっぱら全体像に関心がある。射手座のエネルギーは焦点を絞り、一点に集められ、常に究極の真実を発見することへと向けられる。双子座が低次の精神へと向かうのに対して、射手座は理論、哲学、霊性、神学の領域である高次の精神のレベルに作用する。双子座が二元性に目を向けるのに対して、射手座は反対の面をひとつの全体へと統合することで、それを解決しようとする。射手座は動物的性質と人間の本質の融合であるケンタウロスによって表わされる。射手座は双子座が関心を向けない場所に目を向ける。それにも関わらず、真実を発見することに取りつかれるがあまりに、射手座も視野が狭まり、結果が手段を正当化するという考えを常に取り入れてしまう。宇宙の法則を理解することを追求していく一方で、ときとして射手座は人間を基準とした法則を忘れてしまう。それによって、個人にとっての真実に関して異なる見方を持っている人の感情を気づかぬまま傷つけてしまう。

　双子座／射手座のノードの軸が教えてくれるのは、低次の精神と高次の精神の間のバランスを見つけなければならないということだ。常に好奇心と柔軟性を持ちながらも、わたしたちは高次の知識や哲学によって導かれる必要もある。普遍的な真理を理解しようとすることは重要である。だが、わたしたちは日々の生活における小さな領域に、いかにしてそれらの真理を適用していくかを見出すことも必要である――そうすれば、それらを他者へと伝えていくこともできるに違いない。知識は常に理解される形に調整され、また広い領域へと当てはめていかなければならない。

双子座のノース・ノード／射手座のサウス・ノード
North Node in Gemini/South node in Sagittarius

　射手座のサウス・ノードのギフトは、宇宙や社会に対する個の関係についての重要な理解を含む。射手座のサウス・ノードは、非常に強い信念体系を与えてくれる。その根本的で一貫した哲学は、個としての

固有性(アイデンティティ)を表現し強化するための強い助けとなる。とはいえ、そうした信念体系にあまりにも頑なに固執することが射手座のサウス・ノードの落とし穴にもなる。その結果、他者の考えや信念に対する受容力を失ってしまうことにもなる。射手座のサウス・ノードの落とし穴には、「有言実行」を示すと同時に「聖人ぶった」態度を取らせていくこともある。射手座のサウス・ノードが、この世界で共有されるべき重要な情報を持っていることは確かである。だが、その情報を効果的に伝えていくためには双子座の中のノース・ノードと協調するしかない。双子座のノース・ノードは、射手座の信念をいかにして日々の生活や環境へと応用していくかを教えてくれる。双子座のエネルギーの一部は、常に二元性に関する問題を追及している。そのため双子座のノース・ノードは、普遍的な真理がさまざまな形をとって現れてくること、またときとして矛盾しながらもさまざまな多くのやり方で表現される可能性があることを、射手座のサウス・ノードに対して気づかせることができるのである。

射手座のノース・ノード/双子座のサウス・ノード
North Node in Sagittarius/South node in Gemini

双子座のサウス・ノードのギフトには、世界に対する飽くことを知らない好奇心、さまざまな形の新たなアイデアへ開かれている鋭敏な知性、遊び心と新鮮な物の見方がある。双子座のサウス・ノードは、多様性を好み、常に新たなアイデアや情報を探し求める。だが、集中力の欠如、また蓄積された広大な情報を統合していくことへの障害が双子座のサウス・ノードの落とし穴となる。双子座のサウス・ノードは、まさしく「器用貧乏」になってしまう可能性もある。このエネルギーのバランスを取る鍵は、射手座のノース・ノードの課題と協調していくこと、そして二元的な概念を結びつける共通のテーマを見つけ出すことにある。双子座はすでにつながりを探しているため、射手座の影響は単により広く大きな規模で、つながりを見出すための援助を与えるものとなる。双子座は情報を集める。だが、射手座の関心と協調していくことで、情報はカタログに入れられ、統合されるだろう。射手座のノース・ノードと

協調していくことは、双子座からの情報を受け取った上で、どのように宇宙は機能しているのか、また物事のより大きな枠組みの中でのわたしたちの役割はどのようなものなのかといった知識を抽出していくことにある。

蟹座/山羊座のノードの軸 ── The Cancer/Capricorn Nodal Axis

　蟹座/山羊座のノードの軸は責任と関連する。この軸の目的は、自分自身を大事にする責任と他者に対する責任を、家族や社会への責務の中で、いかにしてバランスを取っていくかを学ぶことにある。蟹座と山羊座はどちらも、責任を負うこと、人生の中での根本的な欲求を満たすことと関連している。蟹座が感情や魂の欲求を満たすことと関連しているのに対して、山羊座は社会の枠組みや法を形作り維持することと関連している。蟹座と山羊座の間のバランスにとって明らかに必要となるのは、個人や家族の義務と職業上の義務の両方に対処していくことだ。このふたつのサインのそれぞれにおいて、自己中心的であることと無私無欲であることのバランスを見つけることは必要不可欠である。他者に気遣う前に、自分自身を気遣う義務があり、自分が常に優先されなければならないということは、どちらのサインも取り組まなければならない課題である。

　わたしたちが普遍的な意識から分離する前に感じた安全と安らぎを再び経験するために、感情的で霊的なつながりを感じることを探し求める場所が蟹座である。最も高次のレベルにおいて、蟹座が理解しているのは、すべてはつながっていて自分もその一部であるため、他者を養い気遣うときは自分自身も養っているということ、そして自分が養われているときは自分も他者を養っているということだ。また、真の境界など存在せず、わたしたちの間の分離もないため、愛を与えることと受け取ることの間には、何ら違いはないということである。ただし、蟹座はいつもこのレベルで機能するとは限らない。そのため、ときとしてお互いにつながっているという真実を忘れ、自我と分離の幻想を受け入れてしまうこともある。そうなったときの蟹座は、個人的な感情や安全の欲求を

満たすことへと脅迫的に駆られてしまうことにもなる。これは困窮した状態や依存的な振る舞いとして現れることもあれば、果てしない世話人となることもある。後者の場合は、常に与え続ける一方で決して見返りを受け取ろうとせず、また自分が与えることをやめたなら、他者が返してこなくなるのではないかという恐れを持つようになるだろう。

一方で山羊座は、個人の欲求よりも社会の欲求に関心がある。土のサインである山羊座は、物質的で現実的なレベルに作用する。そして、物質的（保護施設を作る）であれ、社会的（受け入れられる行為のための法やガイドラインを作る）であれ、体制を整えることや支援することが動因となる。その最も高次の表れにおいて、山羊座はすべての創造物とのつながりも理解する。その結果、社会の体制を守り、他者の物質的欲求を満たすための責任を引き受けるとき、自分自身の肉体的欲求や物質的欲求も満たしているということを理解する。だが、山羊座は自己中心的になり、個人的な利益や野心だけに関心を向ける。そして、自分個人の私的な幸福を犠牲にしてまで、支配や権力それ自体を追い求めてしまうこともある。

蟹座／山羊座のノードの軸は、自分自身や他者に対しての責任ということについて教えてくれる。自分の家族の義務と、社会のメンバーに貢献する責務との間のバランスを、同時に見出していかなければならない。いずれの場合にも、真に自己中心的（セルフィッシュ）ということの意味を学んでいく必要がある——現在、この概念は非常にネガティヴな意味を持たされてしまっているが。真に自己中心的であるということの意味は、他者の欲求を満たすのを手助けすることに身を捧げていく前に、自分個人の基本的な欲求をまずは満たすことができるようになる責任があるということだ。わたしたちは自分のことを自分でできるまで、他者を助けることは望むべくもない。しかし、わたしたちが自分のことを自分でできるようになったとき、他者を支援する義務を持つ。その義務は他者の欲求を単に満たすことにあるのではない。それは他者が自分の人生の個人的な責任を引き受けていく方法を発見し、そして自分自身で自分の欲求を満たしていけるようになるのを手助けしていくことにある。

蟹座のノース・ノード/山羊座のサウス・ノード
North Node in Cancer/South node in Capricorn

　山羊座のサウス・ノードは、強い自立心、個人的な責任、実用性と関連するギフトを与えてくれる。山羊座は獣帯の建築者である。また、山羊座のサウス・ノードは、人の欲望とアイデアの現実化を促す技能を示す。しかしながら、山羊座のサウス・ノードの落とし穴は、他の人の助けを当てにすることや感情的つながりを作っていくことを弱さの印であると思ってしまうことにある。山羊座にサウス・ノードがある人は、個人的な関心事や感情的で霊的な問題へと時間を割くことはほとんどないかもしれない。また、そうしたことから距離を開け、仕事、キャリア、他者への責任といったことに取り組むことへと自分の時間を費やし、私生活においてほんのわずかの時間しか残らなくなってしまうかもしれない。このエネルギーは、蟹座のノース・ノードの課題と協調していくことによって、バランスを取ることができる。蟹座のノース・ノードは、壁を崩し感情的なつながりへと心を開くように促していく。そうした人にとって多くの場合、最も困難な部分となるのは、警戒を弱め、他者に自分が気遣ってもらうことへと身を委ねること、また責任を持つことや自分をコントロールすることが常に必要ではないということ受け入れていくことにある。言うまでもなく、最終的には個人としての自分自身に対して真の責任を負っていくためには、自分の人生の中で感情的なつながりを経験していくことも必要である。

山羊座のノース・ノード/蟹座のサウス・ノード
North Node in Capricorn/South node in Cancer

　蟹座のサウス・ノードのギフトには、思いやり、温かさ、共感、また他者との感情的に支え合うつながりを育み維持するための能力が含まれる。だが、感情面で他者に過剰に依存してしまう傾向が、蟹座のサウス・ノードの落とし穴となる。これは困窮した状態や他者の支援と親切を当てにする形となって現れることもある。あるいは人が助けを求めて

いるいないに関わらず、世話し援助することへと常に気を遣う永遠の世話人という形となって現れることもある。どちらの場合でも重要な鍵となるのは、何よりも自立心と個人の責任を教えてくれる山羊座のノース・ノードのエネルギーや課題と協調していくことだ。もちろん、わたしたちは感情のレベルに心を開くことができるギフトを持ち続けなければならない。だが、山羊座のノース・ノードは、そうでありながらも自分自身の人生や欲求を引き受けていくための方法、また生きていくために他者のエネルギーや世話に依存することから解放されるための方法を発見させてくれるだろう。また、山羊座のノース・ノードは、生きていくための支援や援助を他者が求めてきたとき、自分に依存させるやり方ではなく、本人自身の自立を助けていくというやり方を取っていかなければならないことにも気づかせてくれる。

獅子座/水瓶座のノードの軸 ── The Leo/Aquarius Nodal Axis

　獅子座／水瓶座のノードの軸は、集団力学の軸である。この軸の目的は、集団の中で傑出することと集団の中での平等の間でバランスを見つけ出すことを学ぶことにある。獅子座と水瓶座はどちらも固定のサインであるため、自立と関連している。またどちらのサインも、無条件の愛を伝え受け取るための能力と深く関係している。獅子座は個人ベースで心からの愛を表現する。一方、水瓶座は広い視野とすべての人間への思いやりとなる、もっと抽象的で精神的なレベルでの愛を表現する。真の無条件の愛は、頭と心のバランスがとれたときにやってくる。それこそが獅子座／水瓶座の軸から学ぶことができる課題である。

　獅子座は温かさ、率直さ、寛大さ、創造的なやり方で、自分自身を心から表現することを求め、またその比類のない独自性(アイデンティティ)を他者に伝えていこうとする。獅子座は自分自身を惜しみなく与え、心を開き、他者を愛し、その代わりに他者から愛を受け取り、認めてもらうことによって、集団の中での自分の正当な場所を求めていこうとする。だが、獅子座が常に最も高次のレベルで作用するとは限らない。そして自我(エゴ)が関与してしまうと、他者の承認と注目に強く依存するようになり、また個の独自

性を確認させてくれるものを常に求めるようになっていく。自分の温かさを表現し他者へと伝えていきたいという獅子座の欲望は、無条件の愛と受容からやってくるものではなくなり、スポットライトの中に常にいようとする欲求へとすぐさま変わっていくことになるだろう。

　一方、水瓶座は平等に基づき集団によって受け入れられることを求める。水瓶座は個人レベルに作用するというより、完全にグループ志向のエネルギーである。そのため水瓶座は個別の存在でありながら集団と同一化していく。水瓶座は集団の欲求を、集団の中のどんな個人の欲求よりも優先する。そのため水瓶座のエネルギーは、集団全体の包括的な安全や生活の質に大きく貢献することができる。その最も高次の表れにおいて水瓶座のエネルギーは、集団を保護し維持する体制や規則が、集団内の個人の自由を最大限に提供していくよう常に作用し続ける。すべての人は同じ権利や特権を持って平等に生まれ、また誰もが自分が選んだ道で人生を生きていくために同じだけの機会を受けるに値すると水瓶座は深く信じている。それにも関わらず水瓶座は、集団が個人から構成され、そのひとり一人がユニークであるという事実を、あっけなく見失うこともある。水瓶座は大きな人間愛を持っている一方で、個人ベースでの人との関係に困難を感じてしまうことがときとしてある。客観性と視野の広さが、真の共感の表現を完全に妨げてしまう極端な立場へと至ってしまう可能性もある。

　獅子座／水瓶座のノードの軸と協調していくことは、集団との同一性（水瓶座）と個人のレベル（獅子座）の固有性のどちらにおいても、どのように人と関わっていけばいいかを教えてくれる。無条件の愛は、これらのふたつの観点の間のバランスを必要とする。それは心からやってくるものでなくてはならないし、またそれは個人ベースで最もよく伝えられるものだ。だが、それは知性による広い視野から、また誰もが等しく愛と受容を受けるに値する存在であるという観点から調整される必要もある。

獅子座のノース・ノード/水瓶座のサウス・ノード
North Node in Leo/South node in Aquarius

　水瓶座のサウス・ノードは、個人的自由と他者への寛容のギフトをもたらす。水瓶座のサウス・ノードは、社会の大きな欲求に容易に同一化できる。そして人類への無私の献身というギフトによって、すべての人へと恩恵をもたらすよう世界を変え、改善していくための活動に参加していく。しかしながら、サウス・ノードの落とし穴は、頭に心を支配させてしまうことにある。水瓶座はあまりにも観念的で理想主義的になっていく。そして個人や友人よりも、集団や見知らぬ人へと同情を向けていく傾向がある。最終的にその落とし穴は、集団を構成する個人への利益よりも、集団自体の利益のほうが重要であるという考えにはまってしまうことにもなる。したがって、獅子座のノース・ノードの課題と協調していくことは、このエネルギーのバランスを取っていくことを意味する。なぜなら獅子座のノース・ノードは、頭ではなく心から来るものを教えてくれる。集団に対する獅子座の貢献は、私的で個人的な形で、比類のない個としての固有性(アイデンティティ)を表現していくことにある。水瓶座は集団全体との一体化の中で献身するのに対して、獅子座は個でありながら集団へと献身する。集団の中のすべての人が単に平等であるだけでなく、等しく特別でかけがえのないものを持っている——そして個々の人が全体への貢献を認められ評価されるに値する——ということを、獅子座のノース・ノードは水瓶座のサウス・ノードに理解させる助けとなるのである。

水瓶座のノース・ノード/獅子座のサウス・ノード
North Node in Aquarius/South node in Leo

　獅子座のサウス・ノードのギフトが持つ能力は、私心をなくして他者に与えること、温かさと寛大さを持って心を開くこと、愛を体現し表現することにある。獅子座のサウス・ノードは、創造性と誠実さのとてつもなく大きな蓄えがあり、また勇気、力、自信を与えてくれる。だが、

自分の寛大さや愛を他者に認め評価されることへ依存するようになってしまうことが、獅子座のサウス・ノードの落とし穴となる。獅子座のサウス・ノードは、注目の的になることにほとんど病的と言ってもいいほどの欲求を示すことがある。また、自分がどれだけ特別で優れているかを、他者から評価され認められ確証してもらうことを常に求めずにはいられなくなることもある。この落とし穴は、ひたすら自己中心的で尊大で、しばしば子どもじみた振る舞いへと至らせてしまうことになる。もちろん、この落とし穴を避ける道は、水瓶座のノース・ノードの課題と協調していくことにある。水瓶座は獅子座に全体像を見させることができる。それによって自分自身への関心を弱め、より大きなものの一部になることへと関心を向けていくことができる。集団のメンバーになることは個としての固有性(アイデンティティ)の喪失を必要とはしないということ。そればかりか、逆に集団は共通の目的へと向けて、各自がユニークな貢献をしていく個人から構成されているということ。それらを水瓶座は獅子座に理解させることができる。

乙女座/魚座のノードの軸 ── The Virgo/Pisces Nodal Axis

　乙女座/魚座の軸は物質と霊の軸である。この軸の目的は、いかにして識別と融合の間のバランスを取っていくかを学ぶことにある。乙女座も魚座も変化のサインであるため、回復(ヒーリング)と完成、さらに究極的には完全性と向上に関連している。乙女座が物質的な次元に作用するのに対して、魚座は霊的次元に作用する。地上で肉体を持っている間、わたしたちは物質的な世界での自分と、霊的な次元での真の自分との間の均衡点を見つける努力を続けていく必要がある。すなわち、いかにして物質の中に霊をもたらし、またいかにして物質を霊へと至らせるか、その方法をわたしたちは見つけていなければならないのである。
　乙女座は言語能力、分析力、識別力、適応能力を通して、物質的な世界を完全なものにしていくことと関連している。乙女座はあらゆる種類の品質管理、また卓越した分析的能力のおかげで、細部への注意力に優れている。また、最終的には他者への奉仕によって、人々の間に大きな

利益をもたらそうとする純粋な欲求もある。乙女座は自分自身だけでなく世界に対しても、際限のない完璧さを求めようとしてしまう。だが、乙女座が学ぶ必要があるのは、結果にだけ完全性を求めるのではなく、そのプロセスの中にもそれを見つけていかなければならないということだ。乙女座は自分自身と他者のどちらにも、過剰に厳しくなりがちである。そして細部への脅迫観念が、大きな視野を失わせることになり、実際の進歩や向上させるために必要な目標を見えなくさせてしまうことにもなる。また、乙女座の奉仕することへの熱意は、しっかりとした個としての固有性(アイデンティティ)の感覚によってバランスを取っていく必要がある。そうしなければ、乙女座は真の奉仕のためには自己犠牲が求められると思い込み、不必要なまでに自分を犠牲にしていくことにもなりかねない。

　一方の魚座は、わたしたちが再び宇宙の意識やすべての創造物とひとつになるときの霊の完全性と回復(ヒーリング)を求める。魚座はわたしたちすべてがひとつであるという高次の霊的な真実を求める。そのために、つながり合い、境界を溶解し、そしてすべての否定的な感情や痛みを変容していこうとする。恐れによって作られた障壁から他者を自由にさせる手助けをすることによって、他者が自らの霊的な道を進んでいくことを後押ししていく。しかしながら、魚座は霊的で感情的な領域へとあまりにも心を奪われてしまうために、物質的な世界へほとんど注意を向けられなくなってしまう。結果として、物質的な世界への責任ある態度が次第に取れなくなっていってしまうことにもなる。また、魚座には殉教者や犠牲者へと向かおうとする自我(エゴ)の落とし穴へとはまってしまう恐れもある。そうなると、他者から吸収した痛みや否定的な感情を手放すことなく、それを持ち続けながら、その個人的な苦しみが他者の霊的な進化を助けることにあると誤って思い込んでしまうことにもなりかねない。

　乙女座／魚座のノードの軸は、いかにして霊的な世界と物質的な世界のバランスを取っていけばいいのかを教えてくれる。ふたつの領域のそれぞれは等しく重要である。そして最終的には、乙女座／魚座の軸と協調していくことで、どのようにしてそれらが互いの一部となっているかを理解していくことにもなるだろう。それによって、わたしたちは毎日

の生活や日々の雑務を霊化（スピリチュアライズ）していくことを学ぶことができる。それと同時に、わたしたちは自分の人生の中へと霊的なエネルギーを結びつけ生かしていくことも可能となるだろう。

乙女座のノース・ノード/魚座のサウス・ノード
North Node in Virgo/South node in Pisces

　魚座のサウス・ノードは、思いやり、霊性、また否定的な感情や痛みを癒し変容するための能力をもたらす。魚座のサウス・ノードは、わたしたちすべてが互いにつながりあっている状態への根本的な理解と認識を示す。だが、現実からの逃避として、または肉体として存在することで生じてくる課題や責任を避けるための逃げ道として霊性を利用しようとしてしまうことに、魚座のサウス・ノードの落とし穴がある。魚座のサウス・ノードが物質を否定するとき、犠牲者や殉教者の役割を引き受け始める。そして、物質的次元での苦しみを経験すればするほど、神秘体験や霊的体験を通じて、脱出を達成しようとする決意が強まっていく。一方、乙女座のノース・ノードは、わたしたちが物質の中に霊をもたらすことを学ばなければならないことを教えてくれる。すなわち、物質の世界から逃げようとするのではなく、魚座のサウス・ノードの持つ思いやり、霊性、ヒーリング能力といったギフトを、いかにして日常の生活の中での実際の具体的なやり方で用いながら、物質的な世界をより良いものにし向上させていくかを学んでいく必要がある。

魚座のノース・ノード/乙女座のサウス・ノード
North Node in Pisces/South node in Virgo

　乙女座のサウス・ノードのギフトは、鋭く分析的な知性、そして識別し、見極め、査定する能力、さらには奉仕の報酬に対して感謝の心を持つこと、社会に価値あるものをもたらすことができる能力といったことをもたらす。乙女座のサウス・ノードは、物質的で肉体的な次元について並外れた理解を持ち、またすべての人に恩恵をもたらすために、世界をより良くし向上させるための秘訣をさまざまなレベルでマスターして

いる。だが、もっぱら物質的次元にのみ関心を向けてしまいがちなところに、乙女座のサウス・ノードの落とし穴はある。乙女座のサウス・ノードは、細部に固執し、過剰に批判的になる。また、世界に対する態度があまりにも左脳的で論理的で演繹的なアプローチへと偏りすぎてしまう傾向もある。乙女座のサウス・ノードが発揮する奉仕は、ひたすら物質的で物理的な次元のみへと向かってしまう。そのため乙女座のサウス・ノードがその能力とスキルを発揮しようと熱心になればなるほど、感情的な虚しさが深まっていってしまうことにもなるだろう。一方の魚座のノース・ノードは、わたしたちが世界を見る際に、どのようにすべてのものが結びついているのかという観点と同時に、どのように異なっているのかという観点を持つ必要があるということを教えてくれる。乙女座は識別し、魚座は統合する。さらに魚座のノース・ノードは高次の霊的つながりへの扉を開くことによって、乙女座のサウス・ノードの左脳の機能に対するバランスを取ることになる。魚座のノース・ノードは思いやりと赦しを教えてくれる。それによって、乙女座のサウス・ノードの批判的なアプローチを和らげるのに大きな役割を果たすこともできる。わたしたちの奉仕には高次の霊的な目的がなければならないこと。また、わたしたちが物理的次元で成し遂げるすべてのことは、霊的な次元での作業のまさにひとつの局面でもあるということ。それを魚座のノース・ノードはわたしたちに教えてくれるのである。

CHAPTER 11

アスペクト・パターン

CHAPTER 11
Aspect Patterns
アスペクト・パターン

　アスペクト・パターンとは、3つ以上の惑星が互いにそれぞれアスペクトを形作る、あるいは共通のひとつのアスペクトによって結びついた配置である。グランド・トライン、Tスクエア、ヨッド、ステリアムなどは、いずれもアスペクト・パターンの典型である。この後、それらを含む他のいくつかのアスペクト・パターンに対して、詳細な説明を加えていくつもりである。アスペクト・パターンを理解する鍵、すなわち何がアスペクトをパターンとさせているかは、トランジット、プログレッション、ディレクション（訳注74）のいずれかによって、その惑星のひとつが始動させられるとき、常に関連している惑星同士が密接に結びつき、その配置の中にあるすべての惑星が同時に活性化されるという点にある。アスペクト・パターンの中の惑星たちは、常に共に作用するユニットとして機能するのである。

　アスペクト・パターンを解釈し、理解し、協調していくことは、非常に複雑な作業となる。ふたつの惑星の間のひとつのアスペクトが、いかに作用するかを単に理解するだけでも、十分に取り組みがいがある。だが、アスペクト・パターンの場合は、3つから6つ、ないしはそれ以上の惑星を統合しなければならなくなる。今日、アスペクト・パターンについての混乱の度合いは、全般的に増してきている。というのも、チャートの中にアスペクト・パターンを見つけることは概して容易であ

---

‡訳注74‡「ディレクション」は伝統的な占星術で用いられる未来予測法のこと。時計回りの方向でアセンダントや惑星を進行させていくやり方を特に「プライマリー・ディレクション」と言う。本書にはディレクションについての説明は含まれていない。

CHAPTER 11 アスペクト・パターン

り、なおかつそれらは非常に重要であるようにも思われる。それらは目立つものであるため、「あなたのチャートの中にはグランド・クロスがある」と人に語ることもできる。実際、ある人が実際にグランド・クロスを持っているなら、確かにそれは非常に重要な要素であるとみなすべきである。しかし、多くの占星術家、特に初心者の占星術家が、アスペクト・パターンが意味していることを正確に説明しようとする場合、不十分で物足りない内容となってしまう。

それぞれのアスペクト・パターンが意味すること、そしてそれらをいかに解釈すべきかを見ていく前に、まずどういう場合にアスペクトがパターンとなり、またどういう場合にそうならないのかについて、いくつかの指針を定めておく必要がある。

アスペクト・パターンは、物理的な天体によってのみ形作られる
Aspect Patterns Can Only Be Formed by Physical Bodies

アスペクト・パターンを形作るのに用いられてきたチャートの中のポイントは、物理的な天体のみである。個人的にわたしは、それを惑星、及びできればカイロンだけに制限し、他のすべての小惑星は除外することとする（訳注75）。ただし、小惑星を含めるかどうかは個人的な選択の問題である。しかしながら、アセンダント、ミッドヘヴン、月のノー

---

‡訳注75‡「小惑星(asteroids)」とは、太陽系内の惑星よりも小型の惑星のこと。天文学の観点から言うと、小惑星は1801年1月1日、ジョゼッペ・ピアッツィが火星と木星の間に新たな「惑星」を発見したことに由来する。当初、その「惑星」はギリシャ神話の女神にちなみ、ケレス(Ceres)と呼ばれたが、直径約950キロメートルというその大きさが小型であることから、「惑星」ではなく「小惑星」として分類されることになる。その後、火星と木星の間の領域で同様の小惑星——パラス(Pallas, 1802)、ユノー(Juno, 1804)、ベスタ(Vesta, 1807)——が次々と発見されていく。今日では、軌道が確認された小惑星は30万個以上にも及ぶ。現代の占星術で好んで用いられている主な小惑星としては、本書にも登場するカイロンを始め、ケレス、パラス、ユノー、ベスタといった初期に発見されたものが多い。ちなみに、2005年1月5日に、冥王星（直径2,300キロメートル）よりもやや大きい天体（直径2,400キロメートル）であるエリス(Eris)が発見されたことをきっかけに、そもそもの惑星の定義についての議論が生じることとなった。そして翌年の8月にプラハで開催された国際天文学連合(IAU)の総会で、惑星の定義の見直しが行われた結果、それまで惑星とされていた冥王星、および小惑星とされていたケレスとエリスが「準惑星(dwarf planet)」として分類されることとなった。

ド、バーテックス（訳注 76）、イースト・ポイント（訳注 77）、パート・オブ・フォーチュン、及びその他のチャートの中の数学上のポイントに関しては、アスペクト・パターンを構成するポイントとしてみなすべきではない。

　物理的な天体は、他の物理的な天体へとアスペクトとして働きかけ、一方で働きかけられる。火星が木星とトラインになるとき、そこには火星から木星へ、また木星から火星へのエネルギーの流れがある。両方の惑星は互いにアスペクトによって影響を及ぼし、同時に影響される。一方、チャートの中の数学上のポイント（アングル、月のノード、アラビック・パート、ギリシャ・ロットを含む）（訳注 78）は、物理的な天体からアスペクトを受けるのみで、それらがアスペクトを形成することはない。たとえば、火星とアセンダントのトラインは、アセンダントに影響を与える。それは個人が他の人の前でどのように見えるか、または個人が世界とどう関わっていくかということに影響を与える。だが、アセンダントがその人の火星の表現に影響を与えることはない。同様に恒星も、チャートの中の感受点(センシティヴ・ポイント)としてみなされるべきであるが、アスペクトのパターンという観点からはそれ以上のものではない。それらはアスペクトを形成する（通常はコンジャンクションによってのみ）。だが、アスペクトを受けることはない。

　たとえば、牡牛座の月、山羊座の火星、乙女座の太陽を取り上げてみよう。これらの惑星のそれぞれは、他のふたつに対してトラインであ

---

‡訳注 76‡「バーテックス(Vertex)」は、チャートの西半球で天頂と東西とを通る卯酉（ぼうゆう）線 (prime vertical)と黄道の交差するポイントのこと。また、そのちょうど反対の位置にあるポイントを「アンチ・バーテックス(Anti-Vertex)」と言う。バーテックスについての占星術上の意味や解釈は、いくつかの見解が存在する。比較的一般的なものとしては、ディセンダントの補助のようなものとみなされ、運命的な関係性や重要な対人関係を示唆するものという意見もある。

‡訳注 77‡「イースト・ポイント」は、チャートの東半球で地平面と天の赤道の交差するポイントから経線を辿っていくことで黄道と交差するポイントのこと。「赤道のアセンダント(Equatorial Ascendant)」とも呼ばれる。占星術上の意味や解釈としては、アセンダントの補助のようなものとみなされ、主にその人の性格の外面的な部分、ないしは外の世界とどのように関わり、他者からどのように見られるかを示すものとも言われている。

‡訳注 78‡「アラビック・パート」、「ギリシャ・ロット」については、282頁の訳注 58参照。

る。3つの惑星の間のエネルギーは循環し、そこには始まりも終わりもない。しかしながら、仮に牡牛座の月、山羊座の火星、乙女座のアセンダントの場合、一方のエネルギーは月で始まり、火星を通り、そしてアセンダントを通して、それ自身を表現する。あるいは、もう一方のエネルギーは火星で始まり、月を通り、アセンダントを通して、それ自身を表現することになる。この場合は、グランド・トラインであるというよりも、むしろ表現のための最適な出口を持った月と火星のトラインであるとみなすべきである。

アスペクト・パターンは非常に小さなオーブを要求する
Aspect Patterns Require Very Small Orbs

　アスペクト・パターンは、それがもたらすハーモニックな共鳴のため、非常に強力である。パターンの中のどれかがきっかけとなり、すべての他の惑星は、直接的あるいは間接的に活性化されることになる。

　アスペクト・パターンのためには、小さなオーブを用いなければならない。だが、それは一体どういう意味を持つのか？　単純に言えば、アスペクト・パターンの力の一部は、その倍音(ハーモニックス)からやってくる。アスペクト・パターンが本物であるなら、ひとつの惑星が活性化されるとき、他の惑星もすべてそうなる。アスペクト・パターンをギターのようなものとして想像してみてほしい。もしあなたが正確に調律されたギターのひとつの弦をかき鳴らすなら、他の弦も調和的に共鳴する。だが、ギターが正確に調律されていないなら、他の弦は共鳴しないだろう。アスペクト・パターンにおいてオーブがよりタイトであることは、ギターがより正確に調律されることを意味する。多くのアスペクト・パターンには、複数のハーモニック・アスペクトが含まれている（たとえば、グランド・クロスはオポジション（第2ハーモニック）をふたつとスクエア（第4ハーモニック）を4つ持っている）。もしオーブが広い場合、アスペクトのいくつは相互関係を形作ることなく、（ギターの比喩を使うなら）弦のいくつかは共鳴しない。

トリガーとなる惑星がアウターの天体のひとつであるときに、このことは特にはっきりとする。たとえば、1度のオーブでTスクエアあるいはグランド・クロスがある人は、他の惑星のすべてを活性化させトランジットしている冥王星が通過するとき、それがもたらす作用を同時に経験するだろう（訳注[79]）。だが、オーブを5度まで拡張した場合、その効果は非常に異なるものとなる。トランジットとしている冥王星のプレッシャーは、同時にではなく、順番に惑星に作用するだろう。この場合、関連する惑星のすべてが順に活性化されてゆくまで、一年かかるかもしれないし、あるいはもっとかかるかもしれない。

アスペクト・パターンは正しいサインの中になければならない
Aspect Patterns Must Be in the Correct Signs

アスペクトに対するハーモニックなアプローチによって開かれた複雑な問題のひとつは、「アウト・オブ・サイン」のアスペクトが作られることである。古代では、蟹座の29度にある惑星と蠍座の1度にある惑星は、それが91度の開きがあっても、お互いにトラインであるとみなされていた。だが、ハーモニックの観点から見ると、それはお互いに非常にしっかりとしたスクエアであるとみなされることになる。「アウト・オブ・サイン」のアスペクトは、「イン・サイン」のアスペクトとは大きく異なる。上記の例で言えば、ふたつの惑星がハーモニックなレベルでまさに活発で刺激を与え合う関係を持っているにも関わらず、それらは同じ元素にいるゆえに、依然として共通の土台を持ち、つながりを分け持っている。それは「イン・サイン」のスクエアの「ぶつかり合う」感覚を和らげる傾向となるだろう。

アスペクト・パターンにおいては、上記の例のようにオーブが非常にタイトでない限り、それらは「正しい」サインの中に位置していなければならない。元素による影響が、アスペクト・パターンの力に対して非

---

‡訳注79‡「トランジット」については、316頁訳注67を参照。

常に強い影響を与える要素となるからだ。実際、わたしたちがこれからすぐに見ていくように、元素による影響と相互作用こそが、しばしばアスペクト・パターンを理解し解釈するための主要な鍵となるのである。

アスペクト・パターンを解釈する
Interpreting the Aspect Patterns

あなたが実際にアスペクト・パターンを解釈すると一度決めたなら、それを理解するための最初のステップは、いったんアスペクト・パターンのことを忘れてしまうことである。全体は部分の総和以上のものであるということは、アスペクト・パターンにとっても真実である。だが、その全体を理解していくためにはなおのこと、まずその部分を個別にそれぞれ理解していかなければならない。アスペクト・パターンを解釈し統合していくことは、チャート全体を統合することと同じ程度、複雑でじっくりと取り組まなければならない課題である。だが、ここでただひとつ慰めとなるのは、決定的に重要なアスペクト・パターンが、チャートの残りを理解するための要となる鍵だということだ。また、通常それはチャートの主要なテーマを、きわめて明快に描き出すことにもなる。

アスペクト・パターンは、それぞれ異なる特色を持っている。このことは、アスペクト・パターンに含まれている個別のそれぞれの惑星に目を向け、さらに個別のそれぞれのアスペクトを眺め、それらの間に共通のテーマを見つけていこうとする際、しっかりと心に留めておくべきだ。絶対的に完璧なアスペクト・パターンは存在しないため、最もタイトで最も正確なアスペクトから見ていくというのが最も良いやり方である。アスペクト・パターンがチャートの主題と傾向を決めるように、そのパターンの中の最も正確なアスペクトが、アスペクト・パターンの主題と傾向を決定するのである。

アスペクト・パターンは、完全に現代の占星術の産物であり、古典の占星術にはまったくその基礎を置いていない。厳密に「伝統的」な占星術家であろうとする占星術家は、アスペクト・パターンに対してまったく注意を払わない。わたし自身は、アスペクト・パターンにタイトな

Aspect Patterns

オーブを求めるため、それほどめったに見つけられるものではないと思っている。しかしながら、わたしはそれらが起こったときには、倍音の共鳴（ハーモニック・レゾナンス）が非常に強いものとなり、間違いなくそれ自体として熟考に価するものとなると考えているため、アスペクト・パターンを自分の解釈の中に取り入れている。

あらゆる注意事項を見てきたが、ここでさまざまなアスペクト・パターンを見ていきながら、それらの意味を理解することへと進んでいきたい。

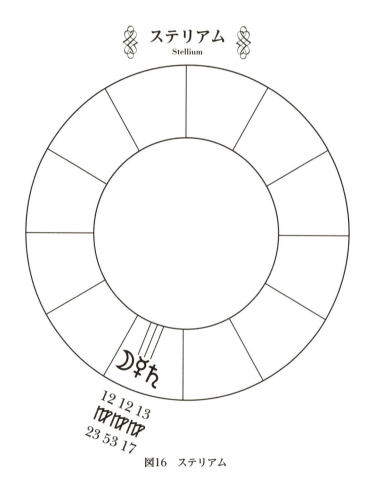

図16　ステリアム

CHAPTER 11 アスペクト・パターン

　形の上で言えば、ステリアムは互いにコンジャンクトしている3つあるいはそれ以上の惑星のグループである。それは第1ハーモニック（コンジャンクション）のアスペクト・パターンであるため、ステリアムのために許されるオーブは、かなり大きいものとなる。教科書的なステリアムの定義は、たとえば乙女座の12度に太陽、木星、土星が入っているとき（あるいは、そこの場所から1度ないしは2度のオーブの範囲にそれぞれが入っているとき）のように、ひとつのサインの同じ度数に3つの惑星があるということになるだろう。ふたつの惑星がお互いにコンジャンクションとみなされるにはあまりにも離れている場合でも、3つめの惑星にふたつの惑星がそれぞれコンジャンクトすることによって、3つの星の間にある程度のつながりと結びつきが形作られる場合も、ステリアムを形成する（たとえば、乙女座の1度の太陽、乙女座の6度の火星、乙女座の11度の木星の場合、太陽と木星をコンジャンクションとみなすにはあまりにも離れすぎている。だが、それらの各々は火星とコンジャンクションとなっているため、3つの惑星は結びつくことになる）。ステリアムはホール・サイン・アスペクトのパターンであるため、同じサインの中にある3つの惑星、あるいはそれ以上の惑星を持っている場合でさえ、ステリアムとみなすこともできる（しかしながら、同じハウスに3つの惑星、ないしはそれ以上の惑星があっても、それはステリアムではない）。
　言うまでもなく、ステリアムの効果は、より密接なコンジャンクションにおいて、より強力なものになる。また、一般的にパーソナル・プラネットは、アウター・プラネット以上に重要なものとみなされる。たとえば、1964年から1968年にかけての8月22日と9月20日の間に生まれたすべての人は、少なくとも太陽、天王星、冥王星が乙女座の中にあることからもわかるように、ひとつの世代全体は乙女座で冥王星と天王星がコンジャンクトしているときに生まれている。アウター・プラネットは普遍的な力を表すものだ。したがって、アウター・プラネットと共に同じサインの中にパーソナル・プラネットを単に持っていても、そのことは世代的な影響として特定の共鳴を示すことになるかもしれな

397

いが、それは一般的に個人の性格に対して重大な効果を及ぼすことを示すわけではない。しかしながら、重要なのはアウター・プラネットと密接にコンジャンクトしているときである（それ自体でも、あるいはステリアムの一部としてでも）。これは惑星の作用と普遍的な無意識の力の間の非常に強いつながりを示す。パーソナル・プラネットを通して、その個人は自分のコントロールを完全に超えているサイクルやエネルギーへ結びつけられる。その個人はこれらの力の恵みを受け、まさしく個人的なやり方でそれらを方向づけ表現すると同時に、普遍的な変化のエネルギーを他者に経験し理解させることにもなる。

　ステリアムを見ていくとき、覚えておくべき最も重要なこととして、ステリアム──サインによるステリアムの場合でさえ──を持った人は、サインによって表わされたエネルギーが非常に強められ、そしてそのエネルギーを経験することになるということだ。わたしたちはチャートの中に12のサインすべてを持っているが、主要な惑星はそれよりも少ないため、すべてのサインの中に惑星が入っている状態にはならない。わたしたちはそれぞれ12のサインによって表わされるエネルギーの全範囲を経験するとはいえ、わたしたちがより熟知し、より焦点を合わせていくことになるのは、惑星が入っているサインのエネルギーである。したがって3つの惑星あるいはそれ以上の惑星が同じサインの中にある場合、そのサインのエネルギーと課題は、その個人に対して非常に重要なものとなるのだ。

　仮にステリアムの中にある惑星が、お互いに実際にコンジャンクトしているなら、この強度と集中は、特定のサインの経験とエネルギーに対する親和性を超え、それ以上のものを包含するまでに大きくなる。また、惑星のコンジャンクトがより密接であればあるほど、惑星の結びつきはより密接なものとなる。それによって、それぞれの惑星が持っている異なる要求や欲望を分離することがより難しいものとなる。非常に緊密なステリアムの中で、惑星たちはひとつに融合し、ときとしてチャートの中での原動力となる「超惑星（スーパープラネット）」のようなものとして、ひとつのユニットであるかのように振る舞うようになる。

ひとつの例として、お互いにコンジャンクトしていないが、同じサインの中に月、水星、火星を持った人の場合を見てみよう。このタイプのステリアムを持った人たちは、いかに感じ反応し（月）、コミュニケートし（水星）、行動を起こすか（火星）ということに対して、同じアプローチ、同じ動機を持つことになるだろう。一方、もし月、水星、火星が互いにすべてコンジャンクトであるなら、3つの惑星はひとつのユニットとして振る舞うようになるだろう。たとえば、こうしたチャートを持つ人は、常に感情や欲望を表現しなければならなくなり、また感じることや考えることを隠しておくことが非常に難しくなるかもしれない。というのも、月あるいは水星が使われるときは、常に火星も同時に使われることになるため、すべての思考と感情が、それぞれの役割に基づく、何らかの行動を要求するようになるのである。もちろん、その表現の仕方、スタイル、動機は、その場合のサインが何であるかによって決まってくる。

　ステリアムに関する重要な問題はバランスにある。ステリアムを持った人は、サインとハウスの両方によって自分のステリアムを表現し、刺激するような活動へ時間とエネルギーの大きな比重を捧げてしまう傾向がある。ステリアムを持った人にとって重要なことは、人生におけるバランスと広い視野を持つために意識的な努力をすることである。そのために必要なのは、ステリアムと対立するサインとハウスによって表わされるエネルギーや活動へとあえて目を向けていくことだ。それはどんなときにでも可能なことではあるが、特にステリアムに対立する場所にトランジットしている惑星があるとき、最もやり易いものとなるだろう。

グランド・トライン
Grand Trine

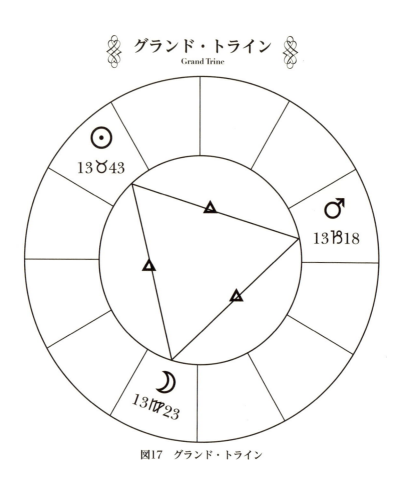

図17　グランド・トライン

　グランド・トラインは第3ハーモニック・アスペクトであり、3つの惑星が他の惑星に対して、それぞれトラインを形作り、それらが同じ元素（火、土、空気、水）にいるときに起こる。グランド・トラインは等辺三角形を形作るが、神聖幾何学（訳注[80]）によると、それは純粋な存在のレベルを表すとされている。そういう意味においては、グラン

---

‡訳注80‡三角形、四角形、五角形などの様々な幾何学上の形自体に、秘められた象徴的意味があると考える思想のこと。

ド・トラインは、自分がルールしているサインの中にいる惑星と似ている——惑星はルーラーシップの状態にあるとき、その純粋な存在のレベルにあり、それ自身のやり方で作用する。グランド・トラインはひとつの元素の純粋な表現である。これは惑星自体にとっては好ましいことではある。だが、このエネルギーを個人が統合するということからすると、必ずしも扱いやすいものになるとは限らない。

　一般的なトライン、また特にグランド・トラインは、素晴らしくポジティヴで喜ばしいアスペクトであると言われている。しかしながら、こうした評価は完全に正しいわけではない。個々のアスペクトは、それ自身の固有の性質や作用を持っているため、あるものが他のものより良いとか悪いとかの判断はできない。トラインの本質は穏やかさと調和である。また、ふたつの惑星（グランド・トラインの場合は３つの惑星）の間で、常に自由で自然なエネルギーの流れがあることを意味している。確かにトラインは素晴らしい才能を示すし、心地の良いアスペクトでもある。トラインはその力を持続させるための意識的な努力を何ら必要とせず、常にいつでも作用を及ぼす。トラインであることが問題となるのは、トラインによって影響されている行動のパターンを変えるために、エネルギーの流れをコントロールしようとするとき、あるいはそれを停止させようとするときにやってくる。ましてやグランド・トラインの場合は、３つの惑星の力が非常に大きなエネルギーの閉じられた循環に結びつけられているため、それはなおさら大きな問題となる。

　ときとしてグランド・トラインは、ありがた迷惑とさえ感じられることもある。なぜなら、その状態が非常に心地良く快適であるため、また実に安易な逃げ道を表すため、チャートの中に見られる人生での挑戦すべき領域を探求し発展させることから、わたしたちを遠ざけてしまうことにもなる。それに加えて、わたしたちはグランド・トラインの恩恵を当然のこととして受け取ってしまう傾向がある。その結果、トラインは怠惰さともなり、またグランド・トラインは未開発のままになってしまっている広大な潜在力を示すものとなる。すなわち、才能はそこにあり、創造性もそこにあるにも関わらず、それを用いるための活力が失わ

れてしまっているのである。「あまりにも手軽に獲得できるものは、軽んじられてしまう」。ときとしてグランド・トラインは、そんな諺の典型となってしまうことにもなるだろう。

グランド・トラインには、元素ごとの4つの異なるタイプがある。

火 ── Fire

　火のグランド・トラインは極端に活発となる傾向を持っている。火の元素は、自分自身を行動や活発な動きを通して表現する。火のグランド・トラインを持つ人は、常にあちらこちらを動き回ってしまう。そのため、限度を超えないようにすることを学ばなければならない。火の元素は、炎のように燃料が尽きるまで、可能な限り熱く燃焼し続ける。火のグランド・トラインは、しばしば衝動的な性質となる。また、火のサインは、自分自身の本質を表現し、欺くことができないため、一点の曇りもなく誠実であろうとする傾向もある。火のグランド・トラインは、非常に情熱的になるが、さらに拡張へと向かう火のサインの傾向を強め、ときには喜びや怒りの表現を爆発させる。火のグランド・トラインを持つ人は、極度の情熱や原始的な感情をそのまま表現するのではなく、それらのエネルギーを温存し、感情の多様な表現方法を学んでいく必要がある。

土 ── Earth

　一方で、土のグランド・トラインは活動力を減少させていく傾向を持つ。土の元素は物質的な次元と関連している。そのため土のグランド・トラインを持つ人は、非常に現実的になり、何をやるにも実際的になるだろう。土のサインは、構造、習慣、安定を好むが、さらに土のグランド・トラインの場合、特定の行動パターンのみに固執するようになりやすい。土のサインは、過度に感覚的なものへと向かい、物質的な世界におけるさまざまな肉体的な喜びや快適さを享受する。土のグランド・トラインは、心地良く感じるものならば何であれ、そこへと向かっていく。そのため、このアスペクト・パターンはさまざまな悪い習慣を変え

ること（たとえば、喫煙をやめることや食事を控えること）を難しくし、そのためのありとあらゆる言い訳や正当化するための理由を作り出すことにもなる。土のグランド・トラインは、創造性と芸術的な才能と同時に、具体的な形として観念を表現し実現するための能力を示す。だが、心地良さを与えるものへと耽溺せずに実際の行動を起こすことへの妨害が、常につきまとうことになる。

空　気 ——————————————————————— Air

　空気の元素は精神的領域や社会的領域と関係している。空気のグランド・トラインを持つ人は、社会性や人間関係を極端に重視しようとする傾向がある。空気のサインの関心は、つながりを作ること、アイデアを生み出すこと、世界を広げ、世界を理解することにある。すべての空気のサインは二重性のサインである。そのため、いずれの空気のサインも、本質的に二元的なものの見方を持ち、また対立するものの間のバランスを探し、それらの間のつながりを見つけることを求める。空気のグランド・トラインを持つ人は、非常に精神の働きが活発となる傾向があり、さらに公平で客観的で理論的な方法によって、物事に取り組んでいくことに最も満足を見出す。空気のサインは、さまざまな形での社会との交流や意見の交換を楽しむ。一方、感情的になること、特に情熱的で強烈な感情の表出を嫌う。空気が好むのは、深く追求することよりも、表面上を素早く移動していくことなのである。また、空気のグランド・トラインは、何らかの行動を実際に起こすよりも、考えたり、話し合ったりすることを好む。空気の元素の敏速な動きという性質のため、グランド・トラインを持つ人は、非常に移り気となる傾向がある。長い時間を必要とする義務へと集中することはできないが、だからといってそれが実際に問題となることはあまりなく（グランド・トラインの恩恵のため）、ましてや彼らはそうすることが必要だとも思わないだろう（グランド・トラインによる言い訳）。

403

水 — Water

　水の元素は感情と霊的な領域に関連している。水のグランド・トラインを持つ人は、自分自身の感情にも、また他者の感情にも、非常に敏感になる傾向がある。水のサインは非常に深く、ほとんど無意識的に、最終的には徹底的な変容を促すレベルで作用する。水のグランド・トラインを持つ人は、自分の本能や直感を信じやすく、そのため自分がどのように感じるかに基づき、人生を選択し行動を起こす。また、霊的で心的な領域と同調する傾向もある。グランド・トラインを形作っている惑星は、その人がどれだけオープンに自分の感情を表現することができるかどうかで、どうなるかがほとんど決まってくる。しかしながら、水のグランド・トラインを持つ人が自分の感情を素直に満足に表すことができない場合であっても、すべての物事に強い感受性を持ちながら人生を歩んでいくことに変わりはない。ただし、水のグランド・トラインの深く激しい感情は、しばしば過敏となり、過度な激情に彩られた劇的な出来事を作り出すことにもなってしまう。水のグランド・トラインを持つ人は、重大な危機に直面し、誰かが助けを求め、そこに手助けをしてあげるべき誰かがいるとき（そして、水のグランド・トラインを持つ人が、その役割を完全に受け入れるとき）、最も素晴らしい面を発揮することになる。だが、水のグランド・トラインを持つ人は、ヒーリングや変容をもたらす感情的なエネルギーを経験しようとして、あえて危機的な状況を自ら作り出してしまう傾向もある。

CHAPTER 11 アスペクト・パターン

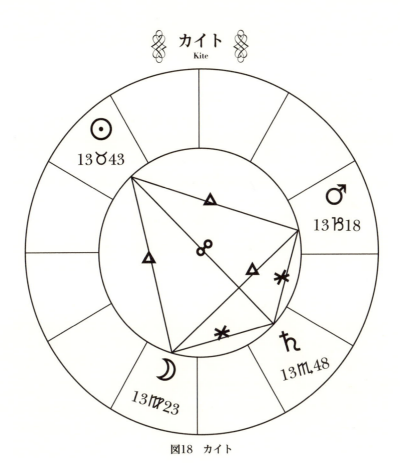

図18　カイト

　カイトは、グランド・トラインの3つの惑星のひとつと対立する第4の惑星を持つグランド・トラインである。第4の惑星は、惑星のひとつとオポジションにある一方で、残りのふたつの惑星に対してセクスタイルをとる。常にカイトは、「女性性」（土と水）、あるいは「男性性」（火と空気）のいずれかの同じ極性からなる。

　見方によっては、カイトはグランド・トラインであるとも考えられる。オポジションはグランド・トラインによって示された才能や資質を、実際に活用するよう働きかけることにおいて非常に有益である。だ

が、カイトにおけるオポジションは、行動を誘発するアスペクトとはならず、その人が潜在的な可能性を十全に引き出すことを保証するものではない。オポジションは方向性と集中力を与える。グランド・トラインは始まりも終わりもなく、その循環をやむことなく続けていくとみなされる。カイトの場合、グランド・トラインの中のオポジションにある惑星が重要なポイントになる。言うならば、アスペクトのリーダーともなる。オポジションにあるその惑星は、ある種の錨ともいうべき役割、すなわち明白な方向性と目的を理解するための参照点としての指導的な惑星となる。オポジションに位置する惑星に対するふたつの惑星のセクスタイルは、オポジションによって作られた通路を活性化するための機会を与えることになる。

理論的に言えばカイトは、グランド・トラインのすべての創造的なエネルギーと潜在的な力が、グランド・トラインの中心となる惑星のサインとハウスを介し、放出の最重要点となるオポジションの軸を通して、表現に磨きをかけられ、焦点を絞られ、経験されるように形作られている。だが、実際的な面でのカイトは、やはり「穏やか」なアスペクト・パターンであり、行動を起こすための真の内的な動因が欠如している。カイトとグランド・トラインの重要な違いは、カイトを持っている人のほうが意識的に自分の才能を用いていく可能性が高く、一方のグランド・トラインを持っている人は、概してそれに目を向けることなく無自覚のままになりがちである。ただし、カイトを持っている人は、そのオポジションによって自分の才能への気づきが得られるとはいえ、そのこと自体が何らかの行動へと必ずしもつながっていくとは限らない。

厳しいアスペクトによる刺激があるとき、カイトは方向感覚や視野を獲得するため、自分自身をより有効に表現するようになる。だが、「穏やか」なアスペクトのほとんどの場合と同様、いったんそのプレッシャーが停止してしまうと、最も楽で最小の努力しか必要としない決まりきった習慣へと戻っていく傾向がある。

ミスティック・レクタングル
Mystic Rectangle

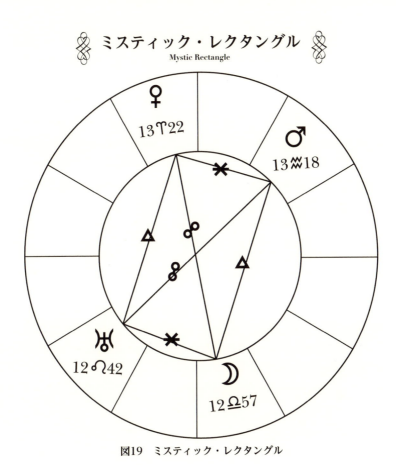

図19　ミスティック・レクタングル

　ミスティック・レクタングルは、ふたつのオポジションのペアが互いにセクスタイルのときに形作られる。その結果は、ふたつのセクスタイル、ふたつのトライン、ふたつのオポジションを含むアスペクト・パターンとなる。また、ミスティック・レクタングルは「男性性」（火と空気）、あるいは「女性性」（土と水）の極性のどちらかで起こる。これもまた、摩擦や不和、あるいは行動の必要性を起こすことのない「穏やか」なアスペクト・パターンだと言える。ミスティック・レクタングルが与えてくれるのは、そこに含まれる４つの惑星の間にあるバ

ランス、安定、調和の非常に強い感覚である。だが、このバランスはもとから与えられているものではない——それにはやはり意識的な取り組みや気づきを必要とする。一方、トラインやセクスタイルと協調していくことが、ふたつのオポジションの意味を理解し、それらを統合するためのポイントを見つけていく助けとなるだろう。

　ミスティック・レクタングルは、4つの惑星すべてが互いを支え合い、一緒になって作動する必要がある。そのためそれを生かしていくには、ある程度の熟練が求められる。通常、ミスティック・レクタングルを持つ人は、オポジションにある惑星の間を行きつつ戻りつつしながら、それらと取り組んでいかなければならなくなる。しかしながら、いったんバランスのポイントが見つかったなら、それを維持することは次第に容易になっていくだろう。そして、うまく統合されたミスティック・レクタングルは、最も安定したアスペクト・パターンともなるだろう。統合されたミスティック・レクタングルを持つ人にとって、それは力の核心であり、またその人が人生でどんな状況に投げ込まれたとしても、それを乗り越えていくための大きな資質ともなる揺るぎない土台を表すものになる。

グランド・セクスタイル
Grand Sextile

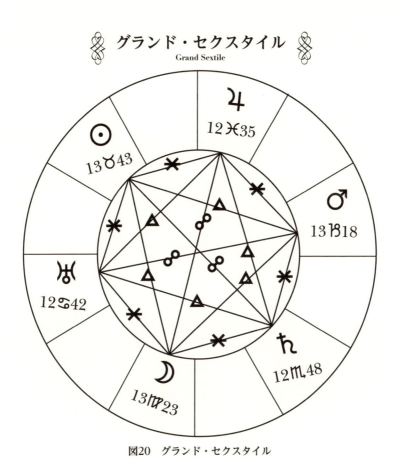

図20　グランド・セクスタイル

　グランド・セクスタイルは第6ハーモニックのアスペクト・パターンであり、6つの惑星がお互いにセクスタイルにあるときに形作られる。グランド・セクスタイルは、それぞれ土と水(「女性性」の極性)、あるいは火と空気(「男性性」の極性)となり、6つのセクスタイル、6つのトライン、3つのオポジションから構成される。グランド・セクスタイルは、それが形作られるには6つの惑星を必要とするため、めったにない非常に珍しいものだ。

　グランド・セクスタイルは、とてつもない創造的な潜在力を表してい

Aspect Patterns

る。しかし同時に、それはあまりにも自己完結し、バランスが取れた調和的な形状のため、何らかの行動を起こさせ、それが表している潜在力を探求し実現させるための根本的な動因がまったく含まれていない。グランド・トライン以上にグランド・セクスタイルは、行動を起こすための外的刺激が必要とされる。しかしながら、グランド・セクスタイルには非常に多くの惑星が含まれているため、トランジット、プログレッション、ディレクションから同時に複数の惑星が刺激を受けることとなる。その結果、惑星たちの反応はまとまりのないものとなってしまい、最終的にはグランド・トライン以上に生産性が低くなってしまう可能性もある。グランド・セクスタイルは、6つの惑星の間のバランスと均衡を保つ状態へ自然と戻っていく傾向があり、どんな作用であれ、結果的にはほとんどそこへと向かっていってしまうだろう。

　ホール・サインの観点だけでトランジット（あるいはプログレッション、ディレクション）を見ていくなら、グランド・セクスタイルには「受動的」か「能動的」かのふたつのトランジットのタイプが作られる。「受動的」なトランジットは、同じ極性のサインを通してひとつになるだろう（たとえば、もしグランド・セクスタイルが土と水にあるとき、トランジットの惑星が「女性性」のサイン――土と水のサイン――にある場合、そのトランジットは「受動的」とみなされるだろう）。受動的トランジットは、他のすべての惑星に対してトライン、オポジション、セクスタイルを形作り、惑星たちをひとつに結びつけることによって、グランド・セクスタイルのパターンを改めて単に強調することになるだろう。一方、「能動的」なトランジットは、グランド・セクスタイルに対立する極性となる（たとえば、グランド・セクスタイルが土と水であるとき、トランジットの惑星は「男性」サイン――空気と火のサイン――となり、そのトランジットは「能動的」とみなされるだろう）。

　グランド・セクスタイルに対する能動的なトランジットは、常にトランジットによるTスクエアとトランジットによるヨッドを形作ることになる（訳注[81]）。このトランジットによって作られるふたつのアスペクト・パターンの放出点は、同一のポイントとなる。すなわち、トラン

ジットの惑星のオポジションの場所が、そのポイントとなる。グランド・セクスタイルの場合でなければ、確かにこのタイプのトランジットは、そこに表れているプレッシャーを軽減しようとすることから、直接的で具体的な行動が促進されることになるだろう。しかしながら、グランド・セクスタイルには、動因となるポイントのそれぞれに対して、非常に多くの「穏やか(ソフト)」なアスペクトがあるため、大部分の不快さ（カウチから立ち上がらせ、何かをするよう動機づけるもの）は緩和されてしまうことにもなる。

---

‡訳注 81‡「Tスクエア」及び「ヨッド」は、この後の説明に出てくる。

グランド・クロス
Grand Cross

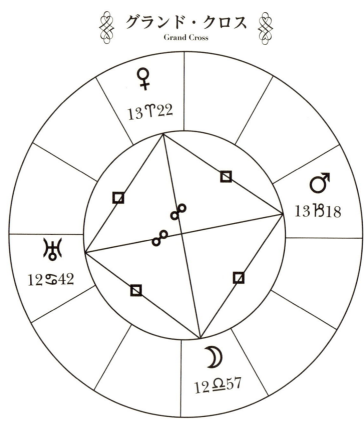

図21　グランド・クロス

　グランド・クロスは同じ様相（始動、固定、変化）を持つ4つの惑星からなり、4つのスクエアと2つのオポジションを形作る。グランド・クロスは第4ハーモニックのアスペクト・パターンである。数字の4は物質を表す十字に関連している。それは形態、構造、物質的な世界の数である。また、グランド・クロスは火、土、空気、水の元素の各々にひとつの惑星を含む。グランド・クロスはスクエアとオポジションからなるため、それは行動（スクエア）、また広い視野やバランス（オポジション）の両方と関連するアスペクト・パターンである。

　グランド・クロスは様相ごとに分類することができるが、そのそれぞ

CHAPTER 11 アスペクト・パターン

れのタイプは、それ自身の固有の特徴で解釈される。ただし、グランド・クロスの３つのタイプに共通している点もある。それはそれらがすべて基本的に緊張に満ちた配置だということだ。スクエアは居心地の悪いアスペクトであるため、行動を引き起こす。その緊張は積み上げられ、それが特定のポイントに達したとき、プレッシャーの一部を放出するために何とかしようと行動を起こす。スクエアは建設的にも、破壊的にもなりえるが、第４ハーモニックのアスペクトであり、形態と構造の世界に関連しているため、通常は何らかの種類の物理的で外的な表現のための行動を求めることになる。

　特に非常に緊密なスクエアは、無視するのがかなり困難なアスペクトである。グランド・クロスは確かな基盤、核となる構造、莫大な資源となる力を提供する。ただし、この与えられたものを生かすことができるための統合とバランスのポイントを見つけることは、非常に難しい課題である。そのための鍵は、ふたつのオポジションへ働きかけることによってもたらされる。オポジションにある惑星がバランスを取っているとき、確かな基盤を作り出そうとするスクエアと同量の圧力が作用している。だが、オポジションが不均衡であるとき、その状況は維持できなくなり、再びスクエアが舞台の中心となる。それぞれの様相の中心となる問題（始動のサインは固有性、固定のサインは自己の価値、変化のサインは回復と完成）へと集中することは、グランド・クロスの４つのすべてのサインが共通して持っている主題が何であるかを見つけていく助けとなる。また、それによってバランスと力のポイントを見出していくための手がかりともなるだろう。

始　動 ────────────────────── Cardinal

　始動のサインは、自分自身の衝動的な表現（牡羊座）、感情的な面での固有性（蟹座）、社会的な面や知的な面での固有性（天秤座）、固有性の具体的な表現（山羊座）、そのいずれであったとしても、すべて固有性の探求と関連している。そのため、始動のグランド・クロスは、本質的に固有性に関する重大局面と関連する。そこに関与している４つの

惑星は、自分とは何者であるかということを、それぞれ異なるレベルで、また異なる視点からではあるけれども、明確にし表現しようとしている。始動のサインは行動を起こすことと関連し、また物事を開始し、しばしば非常に衝動的にもなる。始動のグランド・クロスの持つ困難な点は、それが引き起こされるときはいつでも、すべての4つの惑星がいっせいに自分自身の目的に向かって行動を起こすことにある。この状態は、行動を起こす強い欲求があるにも関わらず、方向性も定まらず、自分がどんな行動を取るべきかを見出せず、その結果として、始動のグランド・クロスを持つ人をバラバラで散漫な感覚の状態にしてしまうか、あるいはフラストレーションが蓄積する状態のどちらかへと至らせる結果となるだろう。始動のグランド・クロスにとって大事なことは、そのストレスとプレッシャーがどのようなものであれ、その中心にある問題が固有性(アイデンティティ)と関連しているのを忘れないことだ。自分が何者であるかということへと意識を向け、また行動を起こすための欲求が、個と固有性の感覚を明確にし、表現し、経験することと関連していることを理解するとき、エネルギーを導いていくべき方向を選択しやすくなるだろう。

固　定 ———————————————— Fixed

　固定のサインは、すべて自己の価値の問いと関連している。固定のサインは始動のサインの後に続くが、その目的は始動のサインが創造し、始めたことを維持し継続することである。そのため固定のサインは、変化させようとするすべての外的な作用に抵抗しようとする。固定のグランド・クロスが動き始めるときの当初の傾向は、4つの惑星のそれぞれが、あらゆる外的な影響に対して、足場を作り、備えを固め、対抗しようとすることである。固定のグランド・クロスのエネルギーは、行動を起こすことや変えようとすることではなく、物事をまさに今ある通りに維持することへと第一に力を注ごうとするのである。しかしながら、一度、固定のグランド・クロスが行動を起こし始めたなら、その道を変えることを説得したり、やめさせたりすることは非常に困難となる。固定

のグランド・クロスは、蒸気ローラーに似ている。それが停まったとき、それを動かすことは困難であるけれど、逆に一度それが動き出したら、それを止めることが困難となる。

　固定のサインは自己の価値と非常に深く関連しているため、固定のグランド・クロスを持つ人は、その惑星やハウスに関するさまざまな問題をじかに引き受けると同時に、無意識のレベルにおいて、どんな外的な作用も自己への攻撃であるとみなしてしまう傾向がある。譲歩し行動を起こすこと、あるいはどんな変化であれ受け入れることは、自尊心を弱め、根本的に自信を喪失させる出来事として経験される。固定のグランド・クロスを持つ人は、他者から変化するよう持ちかけられるときなどは特に、より柔軟になり、変化に対する抵抗を弱めていく方法を学ぶ必要がある。

変　化　— Mutable

　変化のサインは回復(ヒーリング)と完成に関連している。プレッシャーの下に置かれたとき、変化のサインの惑星は、散り散りに分離していく傾向がある。変化のグランド・クロスを持つ人にとって最も大きな困難は、集中し首尾一貫性を維持し、バランスや協調の感覚を持ち続けるための方法を学ぶことである。変化のグランド・クロスを持つ人は、グランド・クロスの中の惑星とそれらの惑星が入っているハウスを考慮しつつ、ジャグリングし、常に空中でボールを維持していくための方法を学ばなければならない。変化のサインは、非常に柔軟で順応性がある。しかしながら、変化のグランド・クロスで起こりがちなことは、目前にある障害が何であれ、そこに含まれる惑星のそれぞれの最初の反応が、常に変化すること、順応すること、避けようとすることである。4つの惑星の内のひとつの惑星がエネルギーとアプローチの仕方を調整し反応するならまだしも、すべての4つの惑星が同時に調整しようとするのは、まさに一度にすべてのボールを扱おうとして落としてしまうジャグラーのようなものである。

Aspect Patterns

Tスクエア
T-Square

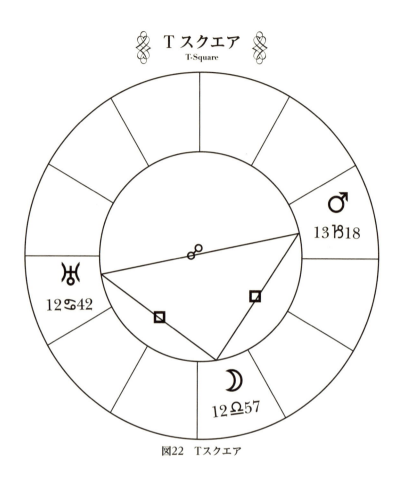

図22 Tスクエア

　Tスクエアは同じ様相の3つの惑星からなり、ふたつのスクエアとひとつのオポジションが含まれる。Tスクエアはグランド・クロスから単にひとつの惑星が失われた状態でもある。しかし、Tスクエアは潜在的に安定した構造を形作るグランド・クロスとは大きく異なり、安定感はほとんどない。というのも、すべてのプレッシャーはふたつのスクエアを受け取る惑星、すなわち先端の惑星へと向けられる。したがってTスクエアは、グランド・クロスには欠けている焦点が、もともと組み込まれているのである。そのためTスクエアは、ときとして非常に生産

的になり、人を動かす重要な力にもなる。

　Tスクエアの先端の惑星は重要である。これは原動力となる惑星であり、最もプレッシャーをかけられる惑星でもある。スクエアが行動のアスペクトであることを思い出してほしい。ふたつの刺激的なスクエアを受ける先端の惑星は、行動のための相当量のプレッシャーの下にいる。ただし、この惑星が焦点となり生産的な振る舞いをするためには、しっかりと支える錨が必要である。Tスクエアの「空っぽの脚」は、この錨が発見される場所である。何人かの占星術家たちは、このポイント（先端の惑星にオポジションとなるポイント）をTスクエアの「放出点」であるとみなしている。わたしはこれを正確な説明であると思わない。Tスクエアは先端の惑星と共に行動を起こし前に進むことが目的であって、行動を曖昧にし方向を変化させることは目的ではない。オポジションのポイントの認識が提供しているのは一種の錨であり、選んだ行動の道筋や方向性が間違っていないことを保証する参照点である。惑星がこのポイントをトランジットし、一時的にグランド・クロスを作り出すとき、それはしばしば焦点を絞られ方向づけられたやり方の中で、Tスクエアの力とエネルギーを解き放つ機会を示す。というのも、トランジットしていく惑星が、先端の惑星にバランスを意識させ、同時にふたつのスクエアを誘発することにもなるからである。

　Tスクエアを考えるとき、先端の惑星が支配しているサインの元素へと注目すべきである。それはTスクエアが生じさせようとする行動が、どんなものであるかを説明することになるだろう（火＝身体的、表出的、独自性の重視。土＝物質的、実際的。空気＝精神的、社会的。水＝感情的、霊的）。惑星がどのハウスにあるか、特に先端の惑星がどのハウスにあるかは、非常に重要である。それらはそのストレスがどこからやってくるかを明らかにし（オポジションとなっている惑星同士があるハウスの軸）、またそれがどこに現れ、どこで取り組んでいくべきかを示すものともなるだろう（先端の惑星のハウス）。

　Tスクエアは直角三角形を形作るが、神聖幾何学において、それは霊の領域、高次の自己、高次の導き、すなわちギリシャではヌースと呼ば

れるレベルにおいて作用する。また、それらは直角二等辺三角形でもあるため、Tスクエアは精神的・情動的レベル（ギリシャでは「魂(ソウル)」のレベルと呼ばれる）においても作用し、それゆえ困難をともなう緊張の多い配置となる可能性もある。Tスクエアと協調するための鍵は、いかに高次の導きのレベルと接触するかを学ぶこと、そして先端の惑星を通して行動を起こすことで、スクエアの緊張とプレッシャーを放出することができるためのさまざまな方法を発見することにある。

始　動 ——————————————————— Cardinal

　始動のグランド・クロスと同じく、始動のTスクエアは固有性(アイデンティティ)の探求と関連している。先端の惑星のサインが、集中と統合のポイントがどこになるかを示すだろう（牡羊座＝個としての固有性、蟹座＝情動的固有性、天秤座＝社会的固有性、山羊座＝固有性の完成と具体的で物質的な表現）。始動のグランド・クロスと同様、衝動性は始動のTスクエアと非常に強く関連する。始動のサインにある惑星は即時の行動を取る必要がある。それらは待たされることを好まない。また、誰か他の人によって導かれるのを待つよりも、自分が好きなように行動しようとするだろう。始動のTスクエアは、Tスクエアの中で間違いなく最も活発であるが、必ずしも最も生産的になるとは限らない。このパターンの持つ困難は、3つの惑星それぞれが、ばらばらに自分自身の好き勝手で行動するのではなく、ともに連携して作用することにある（それによって他のふたつの惑星が望むことと対立が生じてくることは避けられない）。空っぽの脚とそのハウスへの気づきは、始動のTスクエアにとって絶対に必要とされるバランスと導きを提供するだろう。一度、すべての惑星が正しい方向へと向かったなら、行動を起こし前進することは、言わば自動的に行われる。最も大きな課題となる部分は、惑星たちをともに連携して働かせられるまで、始動の惑星たちの衝動をコントロールすることを学ぶことにある。

固定 — Fixed

　最も強いプレッシャーの下にある固定のTスクエアの中の先端の惑星は、その人の柔軟性を失わせ、変化に対する最大の抵抗となる人生の領域を示す。固定のサインの中のオポジションにある惑星は、ほんの少しも動こうとさえしないため、ある程度の安定を獲得する。惑星たちは対立しながらも、何らかの共通の基盤を見つけ出そうとし、多くの場合、ある種の休戦の同意に到達するだろう。しかしながら、固定のTスクエアでの休戦は、オポジションにある惑星同士が、共通の敵として先端の惑星との対決を決意することによってのみ存在しえる。すべての固定のサインは、自己の価値、そして自分が誰であるかを維持し守ることと関連していることを思い出してほしい。最終的には、固定のTスクエアの先端の惑星は、行動し変化を起こすことが必要となるだろう――ただし、それが外的な影響によって駆り立てられるものではなく、自らの考えによるものであると思っている限りは、そうすることにまったく不満はない。固定のTスクエアの課題は、特にTスクエアの先端を作っている惑星、サイン、ハウスを重んじながら、柔軟性を取り入れていくことにある。

変化 — Mutable

　変化のTスクエアの課題は、変化のグランド・クロスと同様、集中力と首尾一貫性である。すべての3つのアスペクトは回復(ヒーリング)と完成に関連する。すべての3つの惑星は適応し、また直接的な対立を避けようとする。変化のTスクエアの先端の惑星は、最も強いプレッシャーの下にある惑星であるため、最も力をそがれる傾向がある。ここでのオポジションは従順なアスペクトとなる。また、変化のサインにあるオポジションの惑星は、自然に適応していこうとする傾向を持つため、バランスと調和のポイントを見つけることは容易であり、それゆえオポジションのアスペクトの状態に非常に居心地の良さを感じる。オポジションとなっているポイントを協調させていくこと、そしてオポジションのサイ

ンのエネルギーや課題へと意識を向けることは、変化のTスクエアにとっては特に重要である。なぜなら、それによって先端の惑星のために焦点を絞り、方向性を与えることができるからだ。

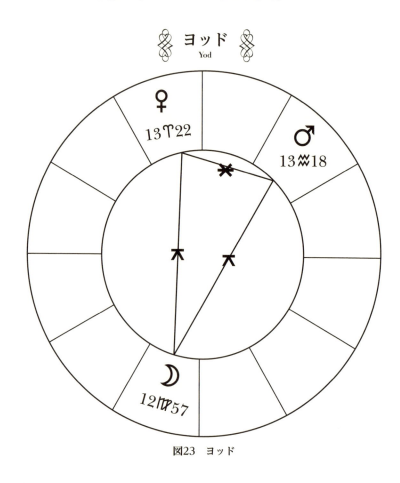

図23　ヨッド

「神の指」としても知られているヨッドは、3つの惑星から構成される第12ハーモニックのアスペクト・パターンである。そのうちの2つは互いにセクスタイルで、第3の惑星はクィンカンクス（円の12分の5である150度のアスペクト）を形作る。「真」のヨッドの形状となるた

めには、ふたつのクィンカンクスのアスペクトを形作る先端の惑星が、3つの惑星の中で最も動きの速い惑星でなければならない。言い換えれば、冥王星（最も動きの遅い惑星）は、決して先端の惑星にはなることができない。一方で月（最も動きの速い惑星）は、そのベースの惑星のひとつになることはできない。

　ヨッドを理解するためには、まずクィンカンクスのアスペクトを理解しなければならない。クィンカンクスには極性、様相、元素に何ら共通性がない。ふたつの惑星が互いに共通するものを何も持っていないにも関わらず、それらは明白なつながりをまさに持っている。それらはあまりにも異なるため、その必然的な傾向として、ふたつのオポジションにある惑星と同様に、それらの間のバランスのポイントを見つけようとする。しかしながら、ふたつのサインの間には、何ら共通の土台がないため、クィンカンクスの均衡を取るためのポイントとなるものは存在しない。このエネルギーは非常に不満が溜まるものとなり、そのためクィンカンクスで駆り立てられる最も一般的な状況は、何がしかの調整を作り出さなければならないという感情である。その緊張を解決するために、ふたつの惑星のひとつが、そのサインの本質と反対のやり方で振る舞わなければならなくなる。これは厳しく不快なものとなるだろう。

　すべてのクィンカンクスが同じ状態を作り出すわけではないことを、ここで思い出してほしい。いくつかのクィンカンクスにおいては、ふたつのサインが別のやり方で結びついている場合がある——共通のルーラーシップ（牡羊座と蠍座の両方が火星によって支配されるか、あるいは牡牛座と天秤座の両方が金星によって支配される）、またはアンティシア（夏至と冬至の至点。サインは同時に「力強くなる」。蟹座／山羊座の０度の軸を横断し、ふたつのサインが互いを映し出す関係）、あるいはコントラアンティシア（牡羊座／天秤座の０度の軸を横断し、互いを映し出すふたつのサイン）。こうした場合、バランスのポイントを見つけることは難しくない。一方、いくつかのクィンカンクスは、真に共通するものを何も持っていないサインの間で起こり、それは「嫌い合っている」とみなされる。これは８章で、より詳しく論じたことで

ある。

　ヨッドはタイミングに関する重要な問題を表す傾向がある。通常、ヨッドが引き金となって起こることは、セクスタイルの片方の惑星に対しては非常に素早く反応しすぎてしまい、その後、もう片方のセクスタイルの惑星に対して反応するまで長い時間をかけすぎてしまうことだ。行動を起こすのに真に適しているときであれば、放出点は先端の惑星に対するオポジションの場所、すなわちセクスタイルの中間点(ミッドポイント)となる。ヨッドが統合され、それにいつどのように反応すべきかを実際に学ぶことができれば、セクスタイルの惑星たちはひとつとなって作用し、先端の惑星をどのような方法で機能させるかということに重点をシフトしていくようになるだろう。

　ヨッドは正確な二等辺三角形を形作るが、このことは神聖幾何学の観点から見ると、このアスペクト・パターンがギリシャで「魂(ソウル)」と呼んでいた次元、わたしたちの観点で言えば、精神的・情動的・アストラルな次元へと作用することを意味する。クィンカンクスとセクスタイルは「行動」のアスペクトではなく、ヨッドは身体的な面よりも精神的な面での不調として表れる傾向がある。ヨッドを持つことで、わたしたちがしばしば気づかされるのは、物事がそうあるべき姿ではないことに対する不満や漠然とした不快感から脱却させてくれるはずの極めて重要な一片の情報を失ってしまっているということだ。ヨッドが統合され、そしてヨッドが引き金となる行動を、いかにして、いつ起こすべきかを最終的に学んだとき、セクスタイルのエネルギーが、先端の惑星をより高次で宇宙的な視点へと向かわせることになる。それによってわたしたちは、ほんのわずかの瞬間、より高次の理解へと到達することもできるだろう。

CHAPTER 11 アスペクト・パターン

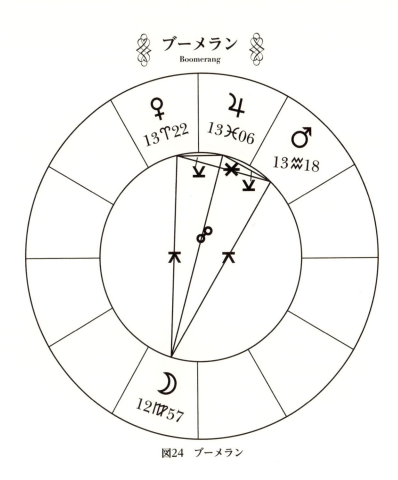

図24　ブーメラン

　ブーメランは非常に新しいアスペクト・パターンのひとつである。おそらくそれは占星術家マリオン・マーチによって名づけられた。本質的にブーメランは、先端の惑星とオポジションにあり、その放出点となる惑星を持ったヨッドである。また、放出点となる惑星はベースとなる惑星たちとふたつのセミセクスタイルを形作る。グランド・トラインをカイトにするオポジションを持っている場合と同様、ブーメランの中のオポジションは、このアスペクト・パターンに対して、必要不可欠な広い視野やバランス感覚を与える助けとなる。カイトの中のオポジション

は、必ずしもアスペクト・パターンの全体の印象を変えてしまうことはない。だが、ブーメランの中のオポジションは、そうしてしまうところに両者の違いがある。

　ブーメランに付加された惑星は、ヨッドの当て推量を取り除く助けとなる。クィンカンクスは、いまだ何らかの調整が必要であるという感覚を作り出す。そして、実際にそこに何もないときでさえ、クィンカンクスはふたつの惑星の間のバランスのポイントとならなければならないという感覚を作り出してしまう。ヨッドとブーメランの違いは、ふたつのクィンカンクスを受け入れるだけではなく、ブーメランの中の先端の惑星もオポジションを受け入れていくことで、本当のバランスのポイントを持つことになるという点である。オポジションへ意識的になればなるほど、ヨッドで見られるタイミングの悪さからくる問題や好機を失ってしまうといったことは起こらなくなる。

　オポジションによって形作られたふたつのセミセクスタイルは、クィンカンクスの異なるエネルギーを統合するための有益な助けとなる。オポジションにある惑星が、その配置において、バランスのポイントに対するより明確な気づきを作り出すのである。

　より高次のレベルにおいて、オポジションによる三角形の分割は、ヨッドの二等辺三角形（それは精神的・情動的次元にもっぱら作用する）を、4つの個々の三角形へと分割する。その結果としてブーメランは、ヨッドが作用する精神的・情動的次元に作用するだけでなく、身体的または物質的次元（より具体的な行為を可能にする）、さらにわたしたちがより高次の自己と高次の導きと出会う場所となるギリシャ語でヌースと呼ばれている次元にも作用する。神聖幾何学的に言えば、ブーメランは相容れない要素を統合する援助を与えてくれる。そして、アスペクト・パターンによって示された課題を最大限に生かすために手を貸してくれることもある。

CHAPTER 11 アスペクト・パターン

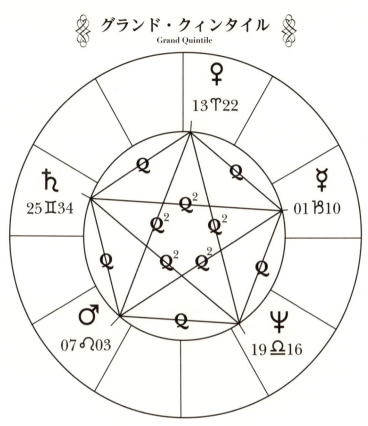

図25　グランド・クィンタイル

　グランド・クィンタイルは、5つの惑星がお互いにクィンタイル（72度）であるときに形作られる。これは第5ハーモニックのアスペクト・パターンであり、5つのクィンタイルと5つのバイクィンタイル（144度のアスペクト）から構成される。これは72度離れている5つの惑星を必要とするため、おそらくめったに見ることのないアスペクト・パターンである。基本的に太陽、水星、金星は5つのポジションのひとつだけを占めることへと制限されている。なぜなら、水星は太陽から最大28度、金星は太陽から最大46度以上離れることはない。一方、水

星と金星は最大74度離れることができるため、クィンタイルのアスペクトを形作ることができるが、めったに起こる状態ではない。少なくともアウター・プラネットの間でひとつのクィンタイルを作ることが、ほぼ確実にグランド・クィンタイルのためには必要とされるが、その周期が訪れる絶好のチャンスは、相対的にごくわずかであり、そうめったにやってくるものではない。

クィンタイルはホール・サイン・アスペクトではないため、グランド・クィンタイルはハーモニクスに完全に依存している。この理由のため、グランド・クィンタイルのためのオーブは、各々のアスペクトのために、おそらく3度よりも少なくならなければならない。

このアスペクト・パターン現実的に存在しないと言っていいほど珍しいため、多くの仮説や推測がある。極度の緊張で共振する第5ハーモニックは、創造性、自由、変化と関連している。数秘術において、4の数は物質的世界、形態と構造の最初の現れを意味している。5の数は生命エネルギー、形に生命を与える創造の火花である。クィンタイルは偉大な創造的力と共に想像を絶する破壊的力の両方と関連している。チャーリー・チャップリンとアドルフ・ヒトラーが、そのふたつの例となるだろう。非常に近い時期に生まれた彼らは、どちらもチャートの中に強い第5ハーモニックの活動が見られる。

わたしは個人的には、クィンタイルをとりわけメジャー・アスペクトであると考えていない。だが、それは精神的で知的な次元に作用するものの、（第4、第8ハーモニック・アスペクトのように）必ずしも実際のさまざまな行動へと形を変えるわけではないことから、チャートの中にグランド・クィンタイルを持っている人は、絶えず動かずにはいられない気持ちにさせられているのではないかと、わたしは考えている。その潜在的な力は、人生の盛衰や絶えざる変化の中で完全に埋没してしまっていることもあるだろう。また、わたしの推測では、創造することと破壊すること、また自然の生命のサイクルを見出し、そこに同調していこうとする欲求が非常に強くなるようにも思われる。

CHAPTER 12

総合的チャート解釈

CHAPTER 12
Synthesized Chart Interpretation
総合的チャート解釈

　わたしたちは統合的かつ包括的な出生チャートの解釈を行うのに必要となるあらゆる知識を、ついに獲得するに至った。あと必要なのは実践のみだ。付録Aの出生チャート解釈ワークシートは、解釈の過程でのガイドとなるだろう。このワークシートのステップは、すでに6章でシルベスター・スタローンとメリル・ストリープのチャートを見たときに使用した。本章ではこれらふたつのチャートの解釈を完成させ、さらにふたり、エビータ・ペロンとウッディ・アレンのチャートも見ていく。

　新しい情報（逆行する惑星、アスペクト、月のノード、アスペクト・パターン）を考慮することなく、単に元素や様相、半球、惑星のディグニティに目を向けることだけで、スタローンとストリープのチャートのテーマを、ある程度しっかりと見つけ出すことができた。今やそれに加えて、ノードの軸、鍵となるパーソナル・プラネットと関連するアスペクトないしはアスペクト・パターン、そして停止状態の惑星といったことから得られる課題やテーマについても見ていくことができる。これらすべての要素を考慮することで、個々のチャートの重要なテーマを間違いなく見つけ出すことができるはずだ。またいかなるときでもこの基礎から始めていけば、すべての要素が全体像といかに一致しているかを確認しながら、チャートの個々の要素を統合し解釈することも可能となるだろう。

解釈例1：シルベスター・スタローンの続き
Interpretation Example 1: Sylvester Stallone, Continued

　シルベスター・スタローンのチャートで、やり残したままになっているところから始めていこう。まず、288 頁の図 11 にあるチャートのアスペクト及びアスペクト・パターンを見てほしい。

　スタローンのチャートで最も正確なアスペクトは、獅子座の水星と冥王星のオーブ 0 度 18 分のコンジャンクションである。まずスタローンの何かを伝えていくときのやり方は、控えめにみても、非常に強力だと言えるだろう！　彼は冥王星の変形的、破壊的、宇宙的なエネルギーを、極めて自然に活用していく。彼は無意識にある変化への欲求の少なくともその一部を、何かを伝えていくという形で表現していくだろう。冥王星は役に立たなくなった世界のどこを変えるべきか、何を破壊すべきかを示す——けれども、わたしたちは常にそれを意識のレベルで気がついているわけではない。冥王星と強いアスペクトを持っている人は、変化と変容をもたらす人となるが、スタローンは書くことや演じることを通して、それを行っている。再びここでわたしたちは、スタローンのイメージに目を向けておく必要がある——実際に彼は、既存の体制への抵抗という形で最終的に大きな破壊をもたらすランボーという人物として戦士の元型(アーキタイプ)を体現している。いずれにせよ、スタローンは言葉や観念がもたらす力をよく理解していると言える。

Synthesized Chart Interpretation

パート5：アスペクトとアスペクト・パターン

	☉	☽	☿	♀	♂	♃	♄	⚷	♅	♆
☽	□ 8°30' S									
☿		Q 0°29' S								
♀		⚹ 0°41' S								
♂		⚹ 4°39' S	∠ 1°49' A	⋎ 0°40' S						
♃	□ 3°55' A	☌ 4°35' S		⚹ 3°53' S						
♄		□ 3°48' A			∠ 1°07' S					
⚷	□ 1°11' A	☌ 7°19' S			☌ 2°56' S					
♅		△ 3°35' S		⚹ 2°53' S	△ 1°00' A	△ 1°00' A				
♆				∠ 1°07' S						
♇		Q 0°10' S	☌ 0°18' A	⋎ 0°59' A						

アスペクトパターン —— Aspects Patterns

・ステリアム

♆♎ ⚷♎ ♃♎ ☽♎

　ディスポジター・ツリーから、スタローンの太陽、月、金星がどれほど重要であるかを、すでにわたしたちは見てきた。ここでアスペクトの観点から、それらに別のつながりがあるかどうか（もちろん、ある）を見てみよう。スタローンの月は金星とパータイルのセクスタイルとなっている——ふたつの惑星を調和的に非常に強く結びつけている。一方、スタローンの月は太陽とのスクエアから、まさに抜けようとしている（オーブ8度30分のセパレーティング）。このエネルギーは確かに減少していくが、いまだ太陽と月のモイエティの内部にある。そしてこのことは、このふたつの惑星の間にある程度の敵意や不和があることを表している。彼の金星と太陽の間には相互のアスペクトはない。

　こうした太陽、月、金星の間のアスペクトは、委員会の力関係をいくぶん変化させることになるのだろうか？　月はかなり明瞭な課題を持っているように思われる。そして太陽を圧倒し、対立に「勝利」するため、月は金星とのセクスタイルを通して、金星（太陽をディスポーズしている）からの援助を得られるかもしれない。天秤座の月が求めるのは美、バランス、調和であり、また獅子座の金星が求めるのは単に注目と評価であることから、このふたつの惑星による共同の意見表明は、激しい感情による混乱を拒否するものだ。そのため、太陽の感情的性質の表現は非常に難しいものとなるだろう。

　実際のところ、これは何度も繰り返されるテーマとなっている。スタローンは天秤座にステリアムの惑星（月、木星、カイロン、その延長線上に海王星）があるが、それは何よりも関係性、調和、バランスのための天秤座のエネルギーを大きく強調している。そしてスタローンの蟹座の太陽は、これらとスクエアとなっているのである。もちろん、最も強力なエネルギーは太陽とスクエアのカイロン、太陽とスクエアの木星によってもたらされる。しかし、太陽と月のスクエアも、事実上強く影響

を及ぼしている。また、太陽と海王星のスクエアは離れていってはいるが、やはり無視するわけにはいかない。これらのどの場合でも、スクエアは始動のサインにある。そのため、その葛藤は固有性(アイデンティティ)と関連している。また、どの場合でも、核心となる問題は人間関係の中でのバランスと調和を保ちながら、いかにして感情的なつながりを作り出すことができるかにある。感情は混乱を起こしやすい傾向があるが、空気のサインである天秤座は、感情を無視し表面的な状況にのみ関心を向けようとする。スタローンの太陽は人間関係の7ハウスにある。そのためアスペクトによる葛藤がなかったとしても、他者とどのように関係していくかという観点から、自分の固有性(アイデンティティ)を見つけていこうと試みることになるだろう。天秤座のカイロンと木星にスクエアとなる太陽から、彼がまさに特有の人生の課題を持っていることは間違いない。そして、このことは人間関係におけるバランスと感情的なつながり（ミッドヘヴンのすぐ近くに木星があることから、かなり大きな公的な範囲で）の真の性質へと、最終的に目を向けていくことを強いることになるだろう。

　スタローンの人生においてこの葛藤は、どのように現れるのだろうか？　結局のところ、それは彼の公的なイメージ——ランボーが泣いているシーンを誰も求めない——として表れてくる傾向がある。スタローンは、根本的に感情的な真の自分自身を表現するための方法を探して葛藤する。しかし、彼の太陽は自らを外の世界へと表現していくための安易な出口を持っていない。彼の月はミッドヘヴンにあるため、太陽自身の表現の仕方をただ制限するだけではない。月はまさに公的な場面で自分自身を自由に表現しようとしているのである。

　これらの影響が彼の人生のいくつかの鍵となる場所に対して、どのように作用し、また効果を及ぼすのかを見ていくことで、スタローンのチャートの分析を完成させてみよう。

仕事と財 ───── Work and Finances

　金銭、仕事、経歴に関連する問題を見ていくとき、わたしたちが注目すべきは2ハウス（個人的な収入源と財産）、6ハウス（日々の業務、

仕事、同僚)、10ハウス(公的な人生、生き方、経歴)となる。山羊座に境界線があるスタローンの2ハウスは空っぽである。そのため彼の個人的な財源は、8ハウスの境界線とほぼ接している蟹座の土星により支配される。蟹座の土星はデトリメントとペレグリーンによって、かなり好ましくない状態である。確かにスタローンの幸運は簡単にやってくるものではないだろう――必死に働かねばならず(土星)、また土星のペレグリーンによって、財産をうまく扱う方法を見つけ出すまで、しばらく時間がかかるかもしれない。土星が他者の金銭に関する8ハウスにあることから、彼個人の財産は、他の人々からもたらされる傾向があることを示している(例えば、大衆が映画のチケットを買うこと)。また、8ハウスの土星は財務管理者にも関係しているが、その状態は非常に好ましくない。そのため、スタローンは財産管理を信頼し任せようとする人物に対して、しっかりとした注意をしておく必要がある。

仕事に関する6ハウスの境界線には双子座がある。また、6ハウスには天王星もある。従ってスタローンは、日常の業務においても変化に富んだ知的な刺激をかなり多く必要とするだろう。彼は自動車管理局での9時から5時の仕事に満足を感じるような人物ではない！6ハウスの境界線の双子座は、さまざまな種類の仕事ないしはさまざまな職務を持つ人物を示すこともある。スタローンの水星は8ハウスの獅子座にある。そのため、どんな仕事環境であっても、自分の働きや創造性を評価し認められることが、彼にとって非常に重要なこととなるだろう。彼はスターになりたいと望むようになるだろう。または、やりがいはあるけれども落ち着かない環境で、チームを組む仕事を見つけることになるかもしれない。

スタローンのミッドヘヴンは、美術、音楽、数学、法律と関連するサインである天秤座にある。これは映画産業での経歴にとても適している。スタローンの月と木星は、どちらもミッドヘヴンにコンジャンクションしている。それは彼の経歴が、自分の気持ちや感情を大々的に表現することを可能にさせてくれること、さらに自分が誰であるかを多くの人に知ってもらえる注目を浴びる立場にもなりやすいことを示してい

433

る。また、天秤座のルーラーである金星は、たまたま8ハウスの獅子座にいる——これもまたスタローンが創造性と寛大さによって、憧れられ、賞賛される職業を見つける必要があることを示している。

愛情面と人間関係 ———————————— Love and Relationships

　最後に、チャートに見られるスタローンの人間関係のパターンを見てみよう。もちろん、人間関係についての最も重要な惑星は金星である。スタローンの獅子座の金星は、人間関係において、彼がとても温かく、寛大で、オープンで、愛情に満ちていること、またその一方で、パートナーから非常に大きな配慮や応援や承認を要求することを示している。愛情面や人間関係においては、感情の質や安心や安全と関連する問題を示す月も等しく重要となる。スタローンの月は天秤座にある。そのため、彼は深い感情的つながりを苦手とし、とにかく物事のバランスと調和が取れていると思われるときに最も満足する。ディセンダント（7ハウスの境界線）は、意識的なレベルで魅力を感じる相手のタイプを示す。スタローンの双子座のディセンダントは、獅子座の水星によって支配されている。彼が惹かれるのは、知的で社交的で魅惑的で機知に富んだ若い（あるいは少なくとも心が若い）相手である。また、空気のサインである双子座は、天秤座と同じぐらい感情的な関わりを苦手とするため、深い感情的な関係になることを求めない相手となるだろう。人間関係を熟考するときに目を向けるべき最後のポイントは、バーテックスである（訳注[82]）。バーテックスは一種の無意識のディセンダントとして作用する。スタローンのバーテックス（チャート上にバーテックスの位置は記されていない）は獅子座にある。また、無意識のレベルで、自分と同じように温かく、寛大で、表現力豊かで、物惜しみしない人物——ただし、いつも注目の的でありたいという彼の欲求についてもわかってくれる人物——に魅力を感じる。恋愛と関連する5ハウスを獅子座の

---

‡訳注82‡「バーテックス」は、本書では特に解説されていない。バーテックスとは何かについては、392頁の訳注75で、簡単な説明をしておいた。

金星が支配し、より信頼し合える人間関係に関連する7ハウスを獅子座の水星が支配していることから、彼はふたつの異なる種類の関係性の間を移行していることに問題を抱えることはないだろう——そして、どちらの種類の関係性においても、同じ獅子座の問題をともなっていくことになるだろう。

　ところで、スタローンの人間関係のパターンには何が関係してくるのか？　彼の人間関係と非常に大きく関連しているのは獅子座のエネルギーである（獅子座の金星、ディセンダントを支配する獅子座の水星、獅子座のバーテックス）。したがって、おそらく最も大きな問題となるのは、彼が常に注目の的になるとは限らない状況の中でパートナーと共にスポットライトを浴びていくことを学んでいくか、あるいは自分たちの人生の中心に彼を置くことを望んでくれるパートナーを見つけるか、そのどちらを彼が求めていくかにある。もちろん、ここで問題となるのは、彼にエネルギーと注目を注ぎたいと真に望むパートナーの場合、彼との深い感情の絆を作っていくことも望むだろうということだ。それはスタローンにとって、もうひとつの重要な人間関係の問題となる。もちろん、彼にはこれらの感情的つながりを持つための能力はある（なんだかんだいって蟹座の太陽である）。だが、感情的つながりを作っていくには、かなりの時間と努力と信頼が必要となる。もし急激に進んでしまった場合、彼の月はそれを恐れ、防衛的になり、自分を守ろうとするだろう。

解釈例2：メリル・ストリープの続き
Interpretation Example 2: Meryl Streep, Continued

今度はメリル・ストリープの残りの部分を取り上げながら、彼女のアスペクトも見てみよう。ストリープのチャートは、298頁の図12で見られる。

パート5：アスペクトとアスペクト・パターン

アスペクトパターン ── Aspects Patterns
・ヨッド

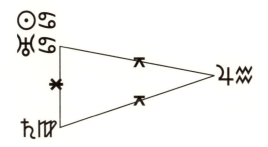

　ストリープのチャートで最も正確なアスペクトは、太陽と天王星のオーブ1分以下のコンジャンクションである（アスペクトはパータイルである。また、「太陽の心の中」という意味を持つカジミと呼ばれる状態でもある。考えられる状況はかなり強力なアクシデンタル・ディグニティである）（訳注83）。蟹座の天王星は、社会における女性の役割に対して混乱を生じさせる新たな考え方を象徴している。蟹座の天王星と深く融合した太陽を持っているストリープは、このエネルギーを体現するものとして生きていく運命にある。困難と予想もできない状況の中で強く個性的に生きる女性を描いた役でキャリアを積んだ後、今度はハリウッドで、40歳を越えてもまだ演じ続けることにより、ストリープは

‡訳注83‡本書では「カジミ(cazimi)」については特に説明されていないので、ここで簡単に解説を加えておきたい。伝統的な占星術において、カジミはアクシデンタル・ディグニティを判断する際の重要な観点のひとつだった(アクシデンタル・ディグニティについては、345頁の訳注72で説明しているので、そちらを参照のこと)。
　カジミは太陽とその他の惑星との近接性によって作り出される状態である。惑星が太陽に近づくとき、その惑星の光は太陽の輝きによって見えなくなっていく。そのことによって、強い輝きを放つことができなくなった惑星は、力が弱まり、ディビリティの状態であると判断される。また、その状態は、太陽に対する惑星の距離が約17度ないしは15度ぐらいまで近づいたときから始まるとされている。さらに惑星は太陽との距離が8度以内になると、「コンバスチョン(combustion)」と呼ばれる状態になる。つまり、太陽と近すぎるがあまりに、惑星は焼かれている(コンバスト)状態にあるとみなされるのだ。それゆえ、この場合の惑星は、非常に力が弱まり、かなりのディビリティの状態にあると判断される。だが、さらに惑星が太陽に近づき、17分ないしは16分以内に入ると、カジミと呼ばれる特殊な状況となる。もともとカジミはギリシャ語で「太陽の心の中」にいることを意味する。これは惑星が太陽の力によって支援され、強い力を持つことになり、ディグニティの状態にあると判断される。

女性に対する先入観を壊し続けた。ストリープが現れて因習を破るまで、40歳を越えた女優はどこにも仕事を見つけることができなかった。ストリープの活力と粘り強さのおかげで、この画期的な目論見は根を下ろした（少なくとも、とにかくハリウッドでは）。そして、もはや純情な少女の役をできなくなった女優たち、ほんの数例をあげれば、スーザン・サランドン、ジェーン・フォンダ、シェールのような女優たちのための道を敷くこととなったのである。そしてその結果、彼女たちは素晴らしい演技を見せ続けているのである。また、ストリープの切り開いた道は、牡羊座／天秤座のノードの軸を反映している。ストリープの牡羊座のノース・ノードは10ハウスにあり、ミッドヘヴンとコンジャンクトしている。このことは、この人生における彼女の霊的な魂の課題が、個としての固有性(アイデンティティ)を公的な方面で見つけ出し表現していくことにありながらも、バランスの取れた個人的で私的な人間関係の基礎を頼りにすべきであることを示している。

　このエネルギーがより個人的なレベルで、どのようにストリープへと影響を与えているのかを考えてみよう。そのひとつには、因習を壊すことによる成功がある。もうひとつ別のこととして、常に何とかして限界を超えながら、生きていかなければならないということがある。ストリープの蟹座の太陽は、感情的なつながりを経験し形作り、育みそして育まれる必要がある。しかしながら、彼女の蟹座の天王星が示しているのは、これらのつながりがそう長くは続かず、悲劇、気まぐれ、予想外の出来事によって壊されてしまうことを意味している。そして最終的には、そうでなければ辿っていたかもしれない道とはまったく違う方向性へ向かっていくことを余儀なくすることになるということだ。このエネルギーは、彼女の自己の核心である太陽と融合している。そのため、ストリープはこの種の危機を生き抜き成長していくことになる。災難や不測の事態に対処することが、ストリープに自分の本領を発揮させることにもなるだろう。

　また、ストリープの月はかなり厳しいいくつかのアスペクトによって、非常に困難な状況にある。何よりもまず月は冥王星とパータイルの

スクエアであり、またアプライングしている。それによって彼女は、非常に激しく強烈で潜在的に破壊的なものとなりえる感情を経験し、相手にしていかなければならなくなるだろう。月と冥王星のアスペクトは、わたしたちの文化が目を向けるのを拒む女性の破壊的な力が持つエネルギーを体現する。わたしたちの社会は女性に対して、女性性の元型(アーキタイプ)の一部である生み育て保護することのみを表現するよう促す。一方、等しく欠くことのできない女性性のより暗い面は否定する。シェイクスピアが「地獄にすら、さげすまれた女ほどの激しい怒りはない」と書いたとき、彼はこのことを理解していた。月とスクエアの冥王星を持つストリープは、古びて時代遅れとなったあらゆるものを破壊し変化させていくために、集合的無意識の欲求を常にうまく活用している。パーソナル・プラネットと冥王星の間の接近したアスペクトを持つ人は、常に変化、変容、破壊の動因を作り出す人となるだろう。ストリープの場合は、彼女の感情がいつもどれほど極端で破壊的になるかを知り、常にその力自体や他者を支配してしまうことに対して並外れて敏感になるだろう。冥王星は通常、わたしたちをコントロールし、変化させ、破壊しようとする押し留めることのできない力として経験される——そのため、冥王星とスクエアの月を持つストリープにとって、心からの安全を感じられるといったことはないかもしれない。彼女は心から愛するものを冥王星のエネルギーから守るため、常に用心深くしていなければならないのだ。

　ストリープの月に対して太陽と天王星はセミスクエア、また海王星はクィンカンクスとなっている。これはどちらも、感情面全般において安心や安定の感覚を必ずしも与えてくれるものではない。しかしながら、これは少なくともストリープが危機に対処することに慣れている人物であることを確かなものにしている。また、人生で与えられるさまざまな混乱を、彼女が実際に楽しんでいるかどうかは別として、自分の世界が崩壊していくとき、彼女は最も慣れ親しんだ場所に確かな安全を見つけようとする人物であるということだ。

　では、彼女の脱出口はどこなのか？　ここで思い出して欲しい。ディ

スポジター・ツリーの図から見て取ることができるのが、ストリープの中に感情の混乱や緊張と、他者や自分自身と世界のつながりを可能にしている双子座の水星のフィルターを通過した客観的で計算された技能があること、そしてその間には非常に強い乖離(かいり)があるということだ。彼女のチャートのこれらふたつの領域の間を結びつけるものは、何か存在するのだろうか？

　困難(ハード)でストレスに満ちた一連のアスペクトと出会ったときは、常に困難なアスペクトにある惑星のどれかに対して調和的なアスペクトがあるかどうかを探してみてほしい——それはスクエアやクィンカンクスのプレッシャーを導く方向性となる避難経路を示す。ストリープの場合の脱出口は、蟹座での太陽と天王星のコンジャンクションに対する乙女座の土星のセクスタイルである。事実これは、彼女の感情と知的能力の間を唯一強く結びつけているものである。当然のことながら、ストリープは目下の感情的危機に対処していく助けとなる支えや枠組みを土星に求めるだろう。乙女座の影響のおかげで、土星は分析的かつ客観的な視点で問題にアプローチしていく。そして、この情報を双子座の水星に伝えていく（水星が乙女座を支配しているため）。双子座は空気のサインであるため、感情の混乱から離れ、客観的かつ論理的で柔軟な観点から状況を眺めるようストリープになおいっそう強いることになる。その結果、どのようにして危機の中で冷静さを保つか、また少なくともその状況における自分の責任をまっとうするだけの時間、どのようにして痛みや感情的ストレスから距離をおけばいいかをすぐに学んでいくことになる（こうした場合もやはり土星である）。

　また、このつながりはどのようにしてストリープが演技の際、上手に感情や気持ちを生かしていくことができているのかも示している——水星は火星と土星を通して要求を送り、土星は太陽とのセクスタイルを通して適切な感情的経験に近づいていき、そして撮影の合図(キュー)とともにストリープは適切な感情を再現することができるのである。

愛情面と人間関係 ──────── Love and Relationships

　今度はストリープの人間関係のパターンに目を向けてみよう。まずそのために、人間関係に関わるチャートのアスペクト・パターンを見ていく必要がある。ヨッドの頂点にある惑星は、ディセンダントにコンジャンクトした水瓶座の木星である。ストリープの木星とディセンダントの両方をルールする惑星である乙女座の土星もまた、太陽と天王星のようにアスペクト・パターンに関与している。厳密に言えば、真のヨッドの形状になるためには、頂点の惑星は最も速く動く惑星でなければならない。そして実際に3つの主要な惑星である木星、土星、天王星の中では、木星が最も速い。太陽も基本となる惑星として関係している。とはいえ、仮に太陽が天王星とコンジャンクションしていなかったとしても、木星、土星、天王星が真のヨッドを形成するため、そのことによってヨッドの配置が無効になるわけではない。

　ストリープが人生の中で感情に対処するため、また感情の性質と客観的かつ理論的な精神の間の溝を埋めるため、太陽と土星のセクスタイルがどれだけ重要かはすでに見てきた通りである。木星を（さらにその過程でディセンダントも）全体像につけ加えて見ると、ストリープは特に一対一の関係の中で、自分自身の個人的問題を他者に気遣う努力へと向けていこうとしていることがわかる。木星がディセンダントにコンジャンクトしているため、ストリープにとっての人間関係は彼女自身の個人的成長の最も重要な領域と関係を持つことになる。水瓶座の影響によって、この経験はすぐに思いやりや公平さへと変わっていく。よく知られているように、水瓶座は人類への愛や同情を持ちながら、それと同時に個を基準とする形で人と関係していくことを苦手とする。

　何にもまして、ヨッドはタイミングの危機としばしば関連している。ふたつのクィンカンクスの不快なエネルギーは、セクスタイルの中の惑星を活性化させることによりバランスが取られ軽減される。だが、一方の惑星にはあまりにも速く先行して作用するが、もう一方の惑星への作用はあまりにも遅くなってしまう場合がある。ストリープの先行する惑

星は、蟹座の太陽と天王星であり、それは新しい関係における最初の反応が、ときとして感情的な関わりを作っていこうとすることになることを意味する。そのため、すぐさま母性的で保護者的な役割を引き受けていこうとする。一方、人間関係における本当のバランス感覚を維持するにはあまりにも遅すぎるタイミングで、彼女は乙女座の土星の客観性と視点を全体像に持ち込もうとするだろう。この配置の放出点は、太陽、天王星、土星がともに活性化される場所である。すなわち、実質的にそれは獅子座のアセンダントとなる。したがって、ストリープにとって重要な鍵となるのは、もっと自己中心的になる方法を学ぶことにある——おそらくそれは、誰かを救うための別の改革運動にすぐさま関与していくのではなく、関与するのが適切であるかどうか、また自分自身の最良の利益となるかどうかを確かめる必要がある。このテーマは彼女のノードの軸でも繰り返される。牡羊座のノース・ノードにとっての鍵となる課題のひとつは、いかにして個性を重視し表現するか、またそれを否定することも損なうこともなく、いかにして人間関係を維持していくかを学ぶことにある。

　土星にルールされた水瓶座のディセンダントのため、ストリープの意識的には安定した責任感ある人物に魅力を感じる。確かにそうした人物は、まさに個人的な理念や課題を持ち、また人権や個人の自由にも強い関心を持つ傾向がある。彼女のパートナーは、彼女よりも世間の関心を浴びることがはるかに少ないかもしれない。また実際、パートナーがスポットライトや世間の注目の的になることを求めていないということ自体が、ストリープにとって魅力を感じることのひとつとなる可能性もある。ストリープの土星は2ハウスの乙女座にあるため、パートナーを非常に価値ある人的資源と考えてしまうこともあるだろう。そして援助のため、また彼女の自意識を強めるため、パートナーを頼りとするようになる可能性もある。すでに見たように水瓶座は空気のサインであるため、より関心があるのは感情的なつながりよりも、ふさわしい相手かどうかにある。意識的なレベルにおいて、ストリープが最も惹かれるのは、その人生において劇的なものがほとんどないパートナーである。

もちろん、蟹座の金星を持つストリープが、ある程度の感情的つながりを関係性の中に求めることは言うまでもない。ストリープの人生の根本的な部分でもある定期的な感情の大きな混乱からすれば、客観的で冷静さを保つことができるパートナーを見つけることは、当然ながら重要なことだ。しかし、このパートナーは、ストリープと感情を共有できるだけの器量を持った人物でなければならない。牡牛座の月と蟹座の金星を持ったストリープが、パートナーに絶対的に求めるのは、自分に対して感情的に対応してくれる人物であることなのだ。

チャートには表示されていないがストリープのバーテックスは、射手座の18度にあり、子どもと恋愛に関連する5ハウスにある。無意識のレベルでのストリープは、白馬に乗り、彼女を人生の冒険や興奮へと連れ出してくれるパートナーの幻想を持ってしまうかもしれない。意識的には水瓶座の客観性と安定性を求めるかもしれないが、無意識的には情熱や活力そして自分の信念を貫く勇気を持ったパートナーを探し求めている可能性もある。

仕事と財 ── Work and Finances

ストリープの資質である2ハウスは、蟹座の太陽に支配されている。また、6ハウスの日常の仕事は乙女座の土星に支配されている──チャートの他の部分と比べて、ふたつの惑星はすでにかなり強く目立っている。彼女の個人的な資質をルールする太陽は、共同での創造性や集団での活動に関する11ハウスにある。それは彼女の幸運が、他者と共に働くことや共同の努力を通してやってくるものであることを示している。6ハウスの境界線がある山羊座は、仕事へのアプローチにおいて一生懸命に働くこと、また組織化され確立された日々の課題に従うことを、彼女が当然のことだと思っていることを示している。また、6ハウスのルーラー（乙女座の土星）が資質の2ハウスにあるため、彼女の責任を担うことや求められたことを何でもこなす能力は、彼女にとって非常に価値ある資質となっている。最後にストリープのミッドヘヴンは牡羊座にあり、11ハウスの双子座にある火星によって支配されてい

る。やはりこの場合も、彼女のキャリアが他の多くの人々と関わることや共同の努力と関連していることが見て取れる（11ハウスと双子座の両方の影響から）。ただし、牡羊座のエネルギーは個性や独自性であるため、結果的に世間の人々が目にするのは、個人としてのストリープ_{アイデンティティ}となるだろう。スクリーンでのストリープの演技をサポートするどれだけ多くの脚本家、俳優、プロデューサー、監督がいたとしても、最終的にわたしたちが現に注目し思い出すのは、ただ彼女のことだけとなってしまうのだ。

解釈例3：エビータ・ペロン
Interpretation Example 3: Evita Peron

　エビータ・ペロン（旧名エバ・ドゥアルテ）は、政治家の妻となった女優であり、アルゼンチン人の文化的偶像(アイコン)である。彼女のストーリーはミュージカル『エビータ』でアメリカに広く知れ渡った。

　エバはブエノスアイレスの裕福な家庭の15人目の子どもとして生まれた。彼女の父はそのころ、時の保守党政府の影響を強く受けていた。しかしエバが1919年に生まれたとき、政治情勢が劇的に変わり始めた。彼女の家族の力と影響力も次第に衰えていったため、より良い環境を求めて彼らは何度も転居を繰り返した。だが、いつもブエノスアイレスに戻ってくることとなった。エバの父は彼女が8歳のときに交通事故で亡くなった。彼女自身の話によると、彼女の家族が父の葬式でいかに拒絶され妨害されたか（上流階級と中流階級に対しての彼女の憎悪の種を巻いた出来事）が詳細に語られている。だが、今も生きている彼女の兄弟は、これが起こったことを強く否定している。いずれにしても、父の死によって家族の繁栄は確かに終わり、生きていくことに厳しい戦いを強いられることになった。このころ、エバはお手製の衣装で舞台に立ち、すでに演劇界での人生に向けて進んでいた。

　エバの演技のキャリアは、1930年代のブエノスアイレスで始まった。彼女は舞台一座のメンバーとともに巡行をしていた。だが、やがてラジオや映画での役割を得て、1940年代前半にはアルゼンチンで非常に有名で人気のある女優となった。政治の舞台では、アルゼンチン政府が崩壊の危機に瀕していた。軍事クーデターの結果として大統領は失脚。そしてファン・ペロン大佐が全国労働党を引き継いだ。サンファンで起きた破壊的な地震に対する国家救済活動の一部として、貧窮者のための募金集めにエバ・ドゥアルテは招かれ参加した。彼女はペロンと恋に落ち、そして共通の政治的ゴールを目指すことになる――エバとペロンは労働者階級の権利を支持し守るために身を捧げた。

　ペロンとエバは結婚し、そしてペロンは労働党の大統領候補に選出された――エバは彼と共に遊説し、人々に呼びかけバッジを配り、夫を支

えた。これは彼女が政治の領域に足を踏み入れた最初の重要な一歩となった。ペロンが大統領に選ばれたとき、エバは新しい役割を担うことになる。エビータはアルゼンチンの歴史において、初めて女性として政治における活発な役割を引き受け、アルゼンチンの人々の代弁者として夫の隣に立ったのである。エビータは、貧しい人々の救済活動とともに労働組合での仕事を続け、またアルゼンチンの女性にも援助の手を差し伸べた。

　エビータの社会活動と一般市民への援助活動は、彼女が一般大衆の欲求を理解し代弁し、その欲求をペロンに伝えるために行われた。エビータは女性の権利のために闘う役を担い、最終的には女性の投票権を勝ち取った。そして女性が投票できるようになるやいなや、エビータは重要な政治的力となった。人気の頂点に達した彼女は、夫と並ぶ副大統領に立候補することを考えた。間違いなく大衆からの票を獲得できたが、健康の問題によって断念せざるを得なかった。そして、その選挙の直後に、彼女はガンによって亡くなった。

　エビータはアルゼンチン社会の変化に重要な責任を担ったが、彼女はまたその露骨な野望と政治的野心のために強く非難もされた。だが、彼女がアルゼンチンの歴史において、それまでの女性が決して成し遂げられなかったほどの力を手に入れ、大きな影響力を及ぼしたことは確かである。

CHAPTER 12 総合的チャート解釈

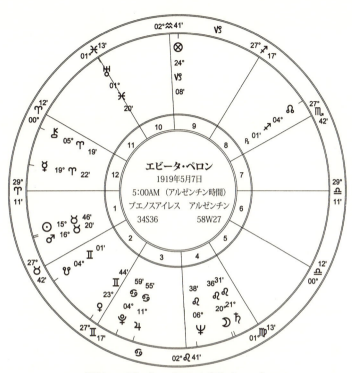

図26 エビータ・ペロンの出生チャート

パート1：元素と様相

元素／様相	パーソナルプラネット	パーソナル・ポイント （アングル）	アウター・プラネット
火	☽ ☿ ♄	AS ☊	♇ ♆
土	☉ ♂	⊗	
空気	♀	MC ☋	
水	♃		♅ ♆
始動	☿ ♃	AS ⊗	♇ ♆
固定	☉ ☽ ♂ ♄	MC	♆
変化	♀	☊ ☋	♅

447

パート2：気質

半球	惑星	4分円	惑星
北半球 (1-6ハウス)	☉☽♀♂♃♄♆	4分円Ⅰ (1-3ハウス)	☉♀♂♆
南半球 (7-12ハウス)	☿♃♅	4分円Ⅱ (4-6ハウス)	☽♄♆
東半球 (10-12、1-3ハウス)	☉♀♂♃♇♅♆	4分円Ⅲ (7-9ハウス)	
西半球 (4-9ハウス)	☽♄♆	4分円Ⅳ (10-12ハウス)	☿♃♅

　基本的なレベルで見ると、エビータはチャートに火と土の強い影響がある一方で、空気と水が両方ともいちじるしく少ない。情熱や激しさは彼女にとってまさに本質的なものとなるが、広い視野や客観性にはやや欠けてしまう傾向となるだろう。彼女の人生において、火のひとつの局面がかなりはっきりと行動に表れているように思われる。彼女は行動力と意欲に満ち、非常に明るく燃え上がった——だが、すぐに燃え尽きてしまった。肉体的な限界を超えてまで自分を追い込む彼女の傾向は、最終的には健康面に難局と死をもたらすことになった。

　これはエビータに強靭なスタミナがなかったということではない。特に固定のサインにある4つの惑星、とりわけ目立っているのが、牡牛座にある最も行動志向の太陽と火星である。したがって、むしろ断固とした人生へのアプローチは、固定のサインの強さに由来する。それは無際限なエネルギーを力強く使用させ続けることができるため、しばしば絶対的な確信を持つ人の強みともなる。また、固定のサインと関連した根本的な問題のひとつには、もちろん自尊心や自負心がある。エビータが変化のサインにパーソナル・プラネットをたったひとつ（双子座の金星）しか持っていないことと、また固定のサインに4つの惑星があるということを重ね合わせてみると、彼女は喜んで世界を変えようとするような人物ではなかったと思って間違いないだろう。特に固定のサインに太陽と月があることからすると、彼女は変化と適応を求める外部からの提案を、本能的に個人的な攻撃と解釈し、猛烈に激しく自分の立場を守ろうとすることも考えられる。

　地平線の下に8つの惑星があることから、エビータが外向的という

よりも内向的な傾向があると推測できるが、このことは彼女が歩んだ公的な人生とまったく適合しないようにも思われる。だが、考慮すべきなのは、彼女の公的な部分での惑星のひとつが牡羊座の水星だということだ。これから見ていくように、それが彼女のチャートの焦点のひとつとなっているのである。また、エビータとしての公的姿と同様、彼女はプライベートな顔も守り続けた。彼女にとって、「エビータ」は演じている役割であり、公の場で被るもうひとつの仮面にすぎなかった。また、エビータはチャートの東半球に8つの惑星を持っている。これは彼女が非常に自発的な生き方だったことを示している。

　エビータは火のサインと固定のサインの両方に強さを持っている——この組み合わせは獅子座の月と土星によって確かに裏づけられ、おそらく彼女のチャートには強い獅子座の特徴を与えるものとなっている。したがって、わたしたちが注目すべきテーマは、温かさ、情熱、寛大さと並んで、獅子座の落とし穴となるプライド、傲慢、他者への依存、評価や承認を求めること、個の正当性の立証といったことになるだろう。

パート3：エッセンシャル・ディグニティ

惑星	ルーラー	エグザルテーション	トリプリシティ	ターム	フェイス	デトリメント	フォール	得点
☉ (in ♉)	♀	☽	☽	♄	☽	♂	—	-5p
☽ (in ♌)	☉	—	♃	♃	♂	♄	—	-5p
☿ (in ♈)	♂	☉	♃	☿+	☉	♀	♄	+2
♀ (in ♊)	☿	☊	☿	♄	☉	♃	☋	-5p
♂ (in ♉)	♀	☽	☽	♄	☽	♂-	—	-10p
♃ (in ♋)	☽	♃+	♂	♃+	☿	♄	♂	+6
♄ (in ♌)	☉	—	♃	♃	♂	♄-	—	-10p
AS (in ♈)	♂	☉	♃	♄	♀	—	—	—
MC (in ♒)	♄	—	☿	♄	♀	—	—	—
⊗ (in ♑)	♄	♂	☽	♂	☉	—	—	—

Synthesized Chart Interpretation

パート4：ディスポジター・ツリーの図式

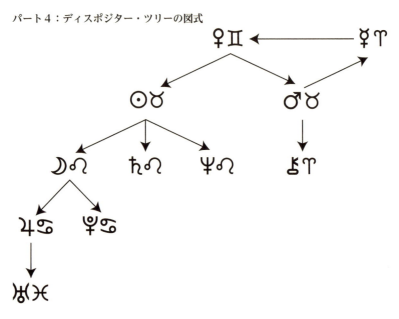

　わたしが例としてエビータ・ペロンを選んだ理由のひとつは、彼女のチャートの重要な鍵、すなわちひとつの全体としてのチャートの解釈を可能にするための背景となる中心の主題や問題を、なかなかはっきりさせることができないからだ。すでにわたしたちが解釈した他のチャートでは、個々の要素の解釈に取りかかる際、導きとなる中心的な問題をすぐに見つけることができた。エビータのディスポジター・ツリーは、彼女のチャートを解釈していく方法を見つける助けにはあまりならないようだ。シルベスター・スタローンのチャートで見つけたように、エビータのチャートは水星、金星、火星によって構成される委員会によって取り仕切られているようだ。しかし、エビータの委員会はスタローンとまったく異なる力関係を持っている。スタローンのチャートでは、支配的な立場の3つの惑星すべてがペレグリーンだった。それゆえ、それらは等しく無力だった。一方、エビータのチャートで支配的な立場にあるのは、ディグニティとタームの水星、ペレグリーンの金星、ペレグリーンかつデトリメントの火星である。これらはすべて非常に重要な情

CHAPTER 12　総合的チャート解釈

報であり、詳細に検討していく価値がある。とはいえ、これらの情報は、わたしたちが探している鍵にはならないようなので、ひとまず脇に置いて先に進んでみよう。

　現段階で、次の必然的に取るべきステップは、チャートの基礎となる太陽、月、アセンダントを詳しく見ていくことだ。チャートに表れている他のテーマが何であれ、他の個人的問題が何であれ、個の固有性(アイデンティティ)の核心となるものを形作るのは、太陽、月、アセンダントである。エビータの太陽と月を見ていくことで、彼女のチャートへの鍵となる何か重要な手がかりを見つけられるだろう。ただし、太陽と月を完全に解釈するためには、同時にアスペクトに目を向けていく必要がある。

パート5：アスペクトとアスペクト・パターン

	☉									
☽	☐ 4°49' S	☽								
☿		△ 1°14' S	☿							
♀		✱ 3°07' A		♀						
♂		☌ 0°34' A	☐ 4°15' S		♂					
♃		✱ 3°50' S				♃				
♄		☌ 5°45' A	☌ 0°55' A	△ 2°09' A	✱ 2°12' S	☐ 5°10' A		♄		
⚷			⚻ 0°14' S				⚻ 1°12' A		⚷	
♅									♅	
♆							△ 1°19' A			♆
♇			∠ 0°36' S				∠ 1°31' S	△ 0°20' A	△ 3°39' A	⚺ 1°38' A

451

エビータの太陽は牡牛座の火星とのコンジャンクションでアプライングしている。また、獅子座の月は獅子座の土星とのコンジャンクションでアプライングしている。月が太陽と火星のスクエアでセパレイティングし、同時に太陽と火星は土星とのスクエアでアプライングしている。これは極めて興味をそそる状況である。これらをまとめて見る前に、いったん分解することで、それぞれの惑星に目を向け、チャートの中でこの配置がどれだけ強力で重要であるかを見てみよう。

　エビータの太陽は牡牛座でペレグリーンである。牡牛座の太陽は、物質の領域で永続的で価値ある形あるものを作り上げることを通して、その固有性を探求し表現するという動機がある。牡牛座の太陽の作用は具体的な形を取るが、エビータは自分の人生の物質的な面をしっかりと自覚していただろう——後の成功によって彼女が味わった快適な生活と、子どものころに耐えた厳しい現実と貧困の両面において。牡牛座のエネルギーは、非常にゆっくりとした動きで秩序に従っていく。そして牡牛座の太陽は、自分自身を輝かせ表現できる方法を探し迷い続け、最終的にはすべてを同時にではなく、一度に少しずつ行っていくことを学んでいかなければならない。固定のサインであることから、牡牛座は変化を好まない。そのため牡牛座の太陽は、とりわけ安定し自然で秩序だった進展や着実な成長を好む。だが、エビータの太陽は牡牛座の火星とコンジャンクトしている。そのため、彼女の固有性は、行動を起こす欲求とも基本的に結びついている。

　太陽が火星にコンジャンクトしているとき、もはや固有性はただあるがままではいられなくなる。望むもの、またエネルギーを集中し行動を起こす目的も、個性を際立たせることとなり、それを表現していくことへと向かっていく。そのため何もしないことは、ゆっくりと衰えて死に向かっていくに等しいものとなる。こうした人は、常に何らかのゴールや進行中のプロジェクトを持つ必要がある——もしエネルギーを集中できる場所がなければ、自分の固有性を見失ってしまうことになるだろう。

　さらに言うと、エビータの火星は牡牛座でペレグリーンとデトリメン

トの両方になっている。おそらく火星は、牡牛座で最も欲求不満になる。というのも、牡牛座は獣帯の中で最も緩慢なサインであり、強い惰性の力を持っている。火星は素早い進展や即座に出る結果を好む。だが、牡牛座にいる間の火星は、ひとつひとつレンガを積んで組み立てていくことを強要される。牡牛座でデトリメントであるからといって、それは火星が弱まっていることを意味しない。牡牛座の火星にとっての困難は、強い基礎を作り上げていくことに対してではなく、概して物事を迅速化することにその力を向けていこうとすることと関連している。特に自我(エゴ)が関与してしまう場合の牡牛座の火星は、望んだように物事が早くは進んでいかないことに対する欲求不満で、頭を壁にたたきつけ、拳を強打することへと多くの時間を費やしていくことにもなる。

　エビータにとって、ただ個として自分自身を表現することだけでは、決して十分ではないはずだ——彼女は自分が作り出す具体的な物事を通して、自分の個性や固有性(アイデンティティ)を明確にしていこうとするだろう。彼女はいつもゴールを念頭に置く。そしてこれらのゴールは、ほとんどの場合、物質的富の蓄積と安全の確保と関連するものとなるだろう。根本的なレベルで、彼女の固有性や個としての価値は、彼女が物質的な世界で、どれだけのことを成し遂げ蓄財してきたかといったことと直接的に関係することになるだろう。

　また、エビータの獅子座の月はペレグリーンである。だが、月は獅子座をそれほど居心地が悪いとは思わない。獅子座は月にありとあらゆる感情や情熱を表現することを許してくれる（だが、獅子座は火のサインのすべてと同様、強烈な喜びから極端な怒りまで、その間の大きな感情の動きとへ連れて行こうとする）。また、獅子座の月は愛を表現し受け取ることもできる。獅子座の月の困難は、大抵の場合、常に評価や注目を受けること、安心で安全だと感じるために他の人々から確認してもらうことへの欲求にある。獅子座の月は、他者にエネルギーや関心を向けてもらうことへと依存することなく、いかにして生きていくかを学んでいく必要がある——わたしたちは人生で常に注目の的となって生きていくことはできない。その一方で、獅子座の月が十分な崇拝と称賛を受け

453

る場合、その態度や表現は非常に堂々としたものとなっていく。エビータが民衆の崇拝を受け、その見返りに愛と寛大さを惜しみなく分け与えるアルゼンチンの王侯だったことは疑いない。

ただし、エビータの月は獅子座の土星とコンジャンクトしているため、単独では作用しない。もちろん、土星は構造と制限の惑星である。そのため確かに月は、適切な制限によって、その表現を支援される可能性がある。だが、コンジャンクションはふたつの惑星のエネルギーの混合を意味するため、それが相対的に楽なものになるか困難なものになるかは、関与している惑星たちのディクニティによって大部分が決まってしまう。獅子座の土星はペレグリーンでありデトリメントである——すなわち、このことは土星と月の間の関係はあまり援助的ではないことを示している。

創造性、寛大さ、愛情を表現できる獅子座特有の性質は、土星にとってかなり重要である。土星は責任、構造、正当な要求と関連している。獅子座の土星は、与えられるものや作り出したものが不十分なのではないかと恐れる。そのため他者と分かち合っていく以前に、過度に慎重となり、二の足を踏むこともある。土星は獅子座でデトリメントになっている。また、デトリメントの惑星は精神・感情面に作用する。通常デトリメントの惑星があるとき、わたしたちはその惑星に関連する事柄をしつようなまでに気にしてしまう。獅子座の土星は、自分独自の表現を生み出し伝えていきたいという強い思いで非常に熱心に働く——だが、同時に獅子座の土星は、そのために十分に熱心に働いたこと、そしてそれによる報酬や注目が得られることを強く求めようとする。

本質的に獅子座の月は、その比類のない創造性を表現し、それが特別で他者の支持と注目に値するものであることを証明することへと動かされる——獅子座の月は、それが生きていくために必要であると信じている。月にコンジャンクトする獅子座の土星は、基本的に月に対して次のように語りかける。「あなたはそれほど特別ではない」。「あなたの価値を証明するためには、もっと懸命に働かなければならない」。月に土星がコンジャンクトしていることから、エビータはただスポットライトの

中にいることだけで十分ではなかった。彼女はそこで自分の立場を手に入れ、それによって価値のある何かを真に世界に伝えていくためにこそ、スポットライトの中にいなければならなかったのだ。

　エビータの牡羊座のアセンダントは、1ハウスの牡牛座の火星（太陽にコンジャンクト）にルールされている。彼女の世界へのアプローチは、情熱的、誠実、衝動的、直接的になる傾向があるだろう。とりわけ彼女が世に出ていくのは、固有性(アイデンティティ)を表現するためである。アセンダントを支配する牡牛座の火星は太陽にコンジャンクトし、また1ハウスにある。そのため彼女は、従来のやり方で自分自身を表現することに満足しないだろう。彼女は世界に恒久的な印象を残すための方法を捜し求めるだろう。また、ここで思い出して欲しいのは、エビータが物質的な世界の中で自ら作り出し維持している物事を基にして、固有性を明確にしていくということだ。

　さらにこうしたことは、エビータの山羊座のパート・オブ・フォーチュンによっても裏づけられている。山羊座は固有性(アイデンティティ)の表現を物質的な形で作り出していこうとするサインであるが、エビータのチャートの中では獅子座にある土星によっても支配されている。山羊座は個人として、また社会のメンバーとしてのどちらにおいても責任を担っていくことと関連している。エビータのパート・オブ・フォーチュンは、組織化された宗教、高等教育、霊性、夢と関連する9ハウスにある。彼女にとっての最大の成功とは、彼女の死が民衆に告げられたときにそう呼ばれたように、「国家の霊的リーダー」になっていくことだった。

　エビータが根本的にかなり強力な固有性(アイデンティティ)と自尊心を持っていることを、すでにわたしたちは確認した。さらに太陽と火星のコンジャンクションが、月と土星のコンジャンクションとスクエアであることを考慮するなら、それはよりいっそう強くなる。エビータにとって、この配置は大きなプレッシャー――価値と有益性のあるものを築き、創造していこうとするのと同時に、自分の貢献を認めてもらおうとする止むことのない欲求――を生み出すことになるだろう。彼女は自分自身という存在のすべての意味を、意識的にも無意識的にも、人生で成し遂げたと自分

が信じていることに結びつけていくだろう。したがって、彼女が自分の成果を測るためには、彼女が開始した永続的な変化がどんな種類のものであるか、またどれだけ自分が認められ、他者からその努力を褒め称えられたかを、まず何よりも気にすることとなるだろう。だが、これはかなり大きなプレッシャーとなる。そのため、必然的に逃げ道——安易でありながらも、願わくは創造的で建設的になれる自分自身を表現するための方法——を探そうともするだろう。

　幸運にも、エビータのチャートには備えつけの脱出口がある。太陽と火星のコンジャンクションと月と土星のコンジャンクションの間にプレッシャーが積み上げられていったとき、牡羊座の水星（月と土星のコンジャンクションにトライン）と双子座の金星（月と土星にセクスタイルで、また牡羊座の水星ともセクスタイル）を通して自らを表現することになるだろう。さて、チャートの中で水星、金星、火星がどのように作用するかを理解したことで、ようやくわたしたちはエビータのディスポジター・ツリーを、もう一度見直すのに必要な背景となるものに辿り着いた。

　ここで水星を見てみよう。牡羊座の水星は常にその心の内を話してしまうだろう。牡羊座のエネルギーは非常に直接的で衝動的であるため、しばしば牡羊座の水星は何も考えることなしに、口に出してしまうことがある。その情熱と激しさも、なかなか消えることはない。だが、いったん言葉の熱意が冷めてしまうと、ときとして牡羊座の水星は当初の一連の思考を完結することも、また論理的で理路整然としたやり方で議論を展開していくことも放棄してしまう。エビータの水星は、月と土星のコンジャンクションのエネルギーを非常に強く表現する。土星がかなり好ましくない状況であったとしても、水星と土星の間のトラインは、エビータが自分の思想を形作っていく助けとなった。そして、アルゼンチンの政治や社会構造を根本的に変えようとして、彼女が情熱と才能を持って民衆に語りかけるとき、その背景となる綱領を用意するものとなった。

　双子座の金星は、エビータの人生のより明るい面を作り出している。

CHAPTER 12　総合的チャート解釈

　それは彼女が舞台へと惹きつけられていったことや女優として成功した経歴と直接関係している。双子座の金星は、とりわけ魅力的である。さらにその魅力は、獅子座の月と土星のセクスタイルによる温かさと寛大さ、また愛され評価されたいという獅子座の欲求によって増幅される。エビータの社交術は、彼女にとって有益な資質となり（金星が2ハウスにあるため）、また非常に強力でもある。確かに彼女は、必要とあればロマンスや社会的なつながりを、彼女のキャリアを有利に進めるために利用することをためらわなかった。それによって最終的に彼女は、自分の愛と寛大さを表現し、さらに大きなスケールで自分の欲求を実現していくための機会が与えられることになった。

　エビータのチャートを支配する「委員会」は、水星、金星、火星から構成される。これら3つの惑星の中で、水星だけがディグニティ（タームによる）を持ち、一方で金星はペレグリーン、火星はペレグリーンとデトリメントとなっている。タームはそれほど強いディグニティではないので、水星の考えが重視されたとしても、金星と火星によって修正される。これは水星が太陽と火星のコンジャンクション、及び月と土星のコンジャンクションからの抑圧されたエネルギーを受け取るという形で作用することになるだろう。そうすると太陽と火星、及び月と土星は、実際的で現実的な形で自分らしさ（アイデンティティ）を表現すると同時に、人々が愛や憧れを持って答えてくれるほどの影響を及ぼすための方法を考えるようにと、水星に命じることになる。そこで水星は双子座の金星へと目を向けていく。双子座の金星は、思想から攻撃性を取り除き、魅力的で心地の良いものにするが、同時に二元性に関するすべての問題をも持ち出してきてしまう。そのため双子座の金星は牡牛座の火星に目を向ける。牡牛座の火星は具体的な行動を取ること——仮に問題に対するふたつの立場があるとしても、どちらかを選び、そのために闘うこと——が必要であると告げる。そして牡牛座の火星は、牡羊座の水星へと再び目を向けることになる。そして牡羊座の水星は、新たな発展をもたらす戦いのために、言葉とコミュニケーションの技術を用いていくことになるだろう。

457

仕事と財 — Work and Finances

　エビータは個人の資質の2ハウスの境界線に牡牛座を持ち、双子座の金星は2ハウスにあり、2ハウスを支配している。乙女座には日常の業務と仕事に関連する6ハウスの境界線があり、12ハウスの牡羊座にある水星によってルールされている（訳注[84]）。水瓶座は人生の進路に影響を与えるミッドヘヴンにあり、4ハウスの獅子座にある土星によってルールされている。奉仕に関連するサインである乙女座が、6ハウスと関わっていることは納得がいく——エビータはアルゼンチンの労働者たちの権利のために熱心に闘った。実際、彼女は彼らの声の代弁者であり、牡羊座の水星を通して、権利のために闘う彼らを援助した。また、水瓶座にミッドヘヴンがあることも納得がいく。アルゼンチンの体制や機構を変えるために闘うとき、エビータは水瓶座の最も高次の素晴らしいエネルギーを体現した。ミッドヘヴンのルーラーとなる獅子座の土星によって、彼女は個人的な関心を慈善行為に向け、自分が援助に奮闘している人々と常に直接コンタクトを取り続けた。また、基本的に彼女のやり方や目標は非常に現実的であり、仕事、薬、家などへと向けられた。チャリティー、情熱、献身を通して、彼女は国全体の愛と崇拝を確かに手に入れることになった。

---

‡訳注84‡ 447頁のエビータのチャート上では、6ハウスの境界線は天秤座にあり、実際には乙女座にはない。だが、ここでは原著の説明のまま訳してある。

解釈例4：ウッディ・アレン
Interpretation Example 4: Woody Allen

　ウッディ・アレンは突拍子もないユーモアでよく知られている。それはグリニッジ・ビレッジでの実演コメディで、彼が最初に生み出した神経症的なユダヤ系のニューヨーカーという登場人物から始まっている。さらにアレンはテレビ番組のためのギャグを書くことでスキルを磨いた。そしてついに『何かいいことないか子猫チャン』の脚本を書くと同時に、自らその作品に出演したときから映画の世界へと入っていった。その後、『金をとって逃げろ［邦題：泥棒野郎］』で監督としてのデビューを果たした。それから30年以上、アレンは喜劇のスキル（映画脚本、単行本、いくつかの成功したブロードウェイ・ミュージカル）と映画製作の才能の両方を洗練させ、1977年に『アニー・ホール』で3つのオスカーを勝ちとった。しかしながら、アレンはプライベートを非常に大切にし、また極めつけのニューヨーカーでもあり続けた。アカデミー賞のためにカリフォルニアへ飛ぶ代わりに、彼は自分のジャズバンドの定期セッション（彼はクラリネットを演奏）を欠かさないようニューヨークに留まった。しかしながら、近年のアレンの私生活は、彼のアーティストとしての功績に影を落とし始めた。最初の主演女優であるルイーズ・ラッサーと出会い、そして最終的に結婚する前に、すでにアレンは一度離婚していた。ラッサーとの結婚生活が終わると、アレンは次の主演女優ダイアン・キートンと長期にわたる関係を始めた。キートンは彼を捨ててウォーレン・ビーティに走った。一方、アレンは1980年にミア・ファロー（彼女は次の11作品でアレンの主演女優となった）とつき合い始め、公の大きな話題となった。アレンと交際を始めたころ、ファローにはすでに9人の子どもがいた。だが、彼女はアレンとの子どもをひとり産み、さらにふたりを養子に迎え、計12人となった。1993年、ファローの養女であるスン・イー・プレヴィンとアレンとの関係が発覚した。児童虐待および激しい親権争いへの告発が、裁判所だけでなくメディアによっても行われたが、アレンは結局すべての虐待の告発を払拭し、1997年にスン・イーと結婚した。

Synthesized Chart Interpretation

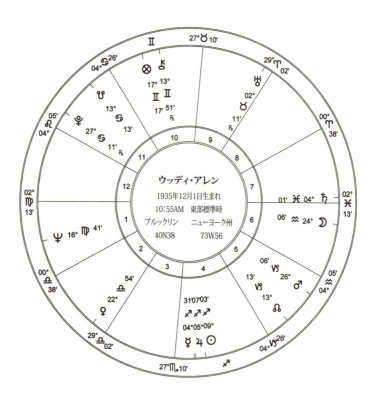

図27 ウッディ・アレンの出生チャート

パート1：元素と様相

元素／様相	パーソナルプラネット	パーソナル・ポイント （アングル）	アウター・プラネット
火	☉ ☿ ♃		
土	♂	AS MC ☋	♅ ♆
空気	☽ ♀	⊗	⚷
水	♄	☊	♇
始動	♀ ♂	☊☋	♇
固定	☽	MC	♅
変化	☉ ☿ ♃ ♄	AS ⊗	⚷ ♆

460

パート2：気質

半球	惑星	4分円	惑星
北半球（1-6ハウス）	☉ ☽ ☿ ♀ ♂ ♃	4分円Ⅰ（1-3ハウス）	♀ ♆
南半球（7-12ハウス）	♄ ♅ ♆	4分円Ⅱ（4-6ハウス）	☉ ☽ ☿ ♂ ♃
東半球（10-12、1-3ハウス）	♀ ♅ ♆	4分円Ⅲ（7-9ハウス）	♄ ♅
西半球（4-9ハウス）	☉ ☽ ☿ ♂ ♃ ♄ ♅	4分円Ⅳ（10-12ハウス）	♅ ♆

　アレンのチャートで最初に気がつくことのひとつは、彼の世間への態度が彼の内面の性質と、どれだけ違うかということだ。太陽、水星、木星はいずれも射手座にあり、また月と金星が空気のサインにあることで、アレンは適度な火の強さを持っている。土にはパーソナル・プラネット（山羊座の火星）がひとつだけあり、水にもパーソナル・プラネット（魚座の土星）がひとつだけある。普通なら土の要素に欠けていることから、アレンはやや現実的な感覚を欠き、しっかりとした土台を作ることができない傾向があると考えるだろう――個人的なレベルでは、確かにその通りだということが判明するだろう。しかしながら、彼のアセンダントとミッドヘヴンがどちらも土にあることによって、彼の世間への態度は非常に現実的で実際的なものともなるだろう。
　アレンに明らかに欠けているのは水の元素である。そのため感情的なつながりを作っていくことには、意識的な努力が必要となるだろう――とりわけ彼のチャートにある唯一の水は土星による制限も受けている。むしろアレンが好む能力の発揮の仕方は、より抽象的なレベルに向かっていくだろう。火が非常に情熱的であり、空気が極めて客観的であることは言うまでもない。そのため、その両方の元素は水に最も適している感情や右脳の領域ではなく、精神や左脳的な領域へと強く傾いていく。さらに言うと、感情や人間関係のほとんどの場合で機能する月と金星は、どちらも空気のサインにある。そのため深い感情の絆を作っていくよりも、精神的で社会的なレベルでの関わりのほうに関心を持つことになるだろう。アセンダントに乙女座があることで、アレンの世間へのアプローチは乙女座の実際的、論理的、分析的なエネルギーの影響を受

け、まさしく左脳的なものになっていくだろう。

　また、アレンのチャートは変化のサインが非常に強く、パーソナル・プラネットでは月だけが唯一固定のサインにある。彼はとても柔軟で順応性に優れ、また回復(ヒーリング)や完成といったことに強い関心を持つ傾向がある。始動のサインには金星と火星の両方がある。それによって、彼の強い適性とまでは言えないものの、物事を自ら着手していくこともできる。固定のエネルギーの欠如とともに変化のエネルギーが強調されていることは、長期にわたってひとつのプロジェクトに関わっていくことが難しい人物であることを示す。常にまったく異なる多数のプロジェクトのかけ持ちをしてしまい、そのエネルギーと注意力は徐々に散漫になっていくだろう。プレッシャーを感じるとき、アレンは集中力を失い、まとまりがつかなくなっていく傾向にもなるだろう。また、彼には対立することを非常に嫌うという面もあるかもしれない。そのため、対立を回避するためにできることなら何でも行おうとするだろう。そして衝突を避けることができないとき、相手に合わせて態度を変えていくというのが、彼が最初に取る反応となるだろう。

　アレンの気質を見ると、土星を除くすべてのパーソナル・プラネットが地平線より下の北半球にあるのがわかる。それは彼が外向的というよりも、内向的であることを示している。一方で、金星を除くすべてのパーソナル・プラネットはチャートの西半球にあり、彼が反応的で関係志向であることを示している。チャートの中で最も強められているのは、内向的で関係志向の4分円Ⅱである。

パート3：エッセンシャル・ディグニティ

惑星	ルーラー	エグザルテーション	トリプリシティ	ターム	フェイス	デトリメント	フォール	得点
☉（in ♐）	♃	☋	♃	♀	☿	☿	☊	-5p
☽（in ♒）	♄	ー	☿	♃	☽+	☉	ー	+1
☿（in ♐）	♃	☋	♃	♃	☿	☿−	☊	-10p
♀（in ♎）	♀+	♄	☿	☿	☿	♂	☉	+5
♂（in ♑）	♄	♂+	☽	♄	☉	☽	♃	+4
♃（in ♐）	♃+	☋	♃+	♃+	♂	☿	☊	+10
♄（in ♓）	♃	♀	♂	♀	♄+	☿	☿	+1
AS（in ♍）	☿	☿	☽	☿	☉	ー	ー	ー
MC（in ♉）	♀	☽	☽	♂	♄	ー	ー	ー
⊗（in ♊）	☿	☊	☿	♀	♂	ー	ー	ー

パート4：ディスポジター・ツリーの図式

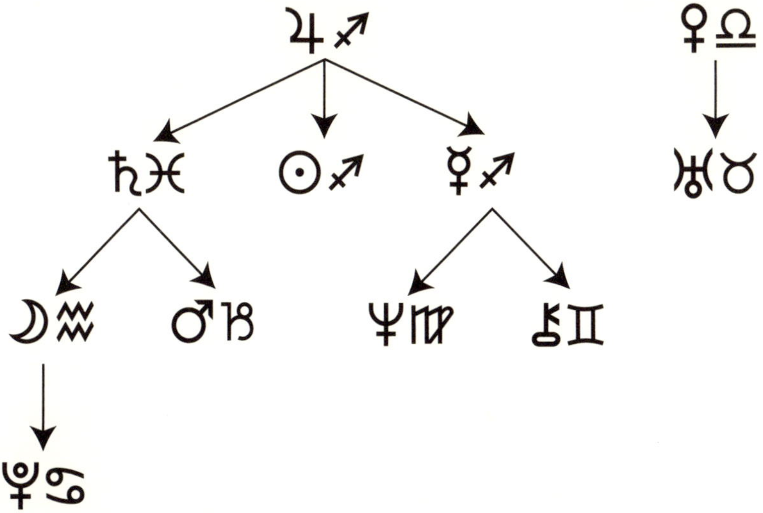

Synthesized Chart Interpretation

　ディスポジター・ツリーからは、メリル・ストリープのようにウッディ・アレンも、チャートの中に根本的な分裂があるのがわかる。アレンの場合、彼の人間関係の機能（金星）が、チャートの他の惑星と完全に分離している。残りの惑星はすべて射手座で強くディグニファイドされている木星の監督下にある。木星はチャートの大部分を支配するだけでなく、トリプリシティ、ターム、フェイスによって他の惑星から多くのものを受け取っている。その結果、アレンは人生のほとんどの場面において、木星の拡張的、寛大、楽しいこと好き、外向的、哲学的、霊的な性質を体現し表現することになるだろう。アレンのチャートでは水星もかなり重要な惑星であり、木星と同様に他の惑星からの多くのディグニティや点数を獲得している。仮に水星と木星が他のパーソナル・プラネットやアングルから受け取る点数を合計してみると、木星は36点、水星は27点だ。（ルーラーシップは5点、エグザルテーションは4点、トリプリシティは3点、タームは2点、フェイスは1点。たとえば、木星がルーラーシップの欄にあれば、木星は5点を獲得し、またそれがエグザルテーションの欄にもあれば、さらに4点を獲得するといった具合に加算していく）。

　射手座の木星は、万物の究極の真実を発見することに動機づけられている。それは世界と個の関係を追い求め、高等教育、哲学、宗教、霊性を通じて成長と発展を経験していく。アレンは「全体像」に強い関心を持ち、また自分の信念やアイデアへ非常に強い熱意を持つことになるだろう。だが、アレンの木星は単独では機能しない。なぜなら、木星は射手座のステリアムの一部でもあり、太陽と水星（乙女座のアセンダントを支配している）の両方とコンジャンクトしているからだ。アレンにとっては、世界における自分の固有性や居場所を単に見出すことだけでは十分ではない。彼はそれを理解し、そして他者へと伝えていくことができなくてはならないのだ。アレンの映画や著作でのほとんどの共通テーマが、世界に対する男の戦いを軸として展開する傾向が見られるのは、何ら不思議なことではない。アレンの太陽はペレグリーンとなっている。そのため、彼は自分の核心となる固有性を見出すまで、迷い続け

ながら、曲がりくねった道を辿っていくことになるだろう。

　次にアレンの水星を見てみよう。これこそまさしくディビリティテッドされた水星が、知的な能力の欠如を何ら示すことはないという最良の例となる。アレンの水星はペレグリーンでありデトリメントである。にも関わらず、彼はその知識、知性、ウィット、ユーモア、執筆能力、コミュニケーション術によって名声を得ている。水星のディグニティの欠如がアレンに害を与えていないことは確かだ！　水星がどのように自分自身を表現しているかを見てみよう。デトリメントの惑星は精神や感情の領域に作用する。そして、これはしばしばその惑星に関連する事柄への懸念として表れてくる。射手座の水星は非常に強力だが、その力をやや間違った方法に向けてしまう。それは最終的な真実を理解することに突き動かされている。にも関わらず、それを捜し求めるために、全体像よりも細部に焦点を合わせていく。現にアレンは、神経症的な知識人であり、哲学や宗教について考えることに取りつかれ、そうした高尚な概念を飲み込みやすい形にまで噛み砕いていくための方法を見出すのに力を尽くすことで、そのキャリアを築き上げた。そして射手座の柔軟な性質に対して忠実でもある彼は、自分の根本的な信念を、常に状況に合わせて変化させ調整していくこともまるでいとわないようにも思われる。

　とはいえ、アレンの世界へのアプローチは、射手座の水星によってルールされている乙女座のアセンダントに由来する。彼は根源的な宇宙の霊的法則や神秘に対しても、分析し論理的に考えていこうとするだろう。アレンの外見にさえ、本好きで知的なエネルギーが反映している（水星がアセンダントのタームを支配しているため、彼の外見に影響を与えている）。

　アレンの元素のバランスを見たときに気づいたように、彼のチャートは目立って水が欠如している。月は水瓶座にあり、金星は天秤座にある。天秤座の金星は非常に強く、天秤座もまた空気のサインである。こうしたことから彼の月と金星はどちらも感情的レベルではなく、むしろ精神的で社会的なレベルに働きかけることを好むため、アレンはもっぱら頭を通して生きる傾向となるだろう。また実際、あまりにも深い感情のつながりを作っていくことは、彼の中に恐れや居心地の悪さ生じさせ

Synthesized Chart Interpretation

るかもしれない。射手座のエネルギーは、この状況に対してまったく助けにはならない。射手座は個人の解放や自由と強く関係している。したがって、もし完全に閉じ込められていると感じたなら、自由になるために戦おうとするだろう。また、射手座の真実への絶対的な固執は、ときとして気配りを欠如させ、また傷ついた感情を呼び覚ますことにもなってしまうだろう。

パート5：アスペクトとアスペクト・パターン

	☉	☽	☿	♀	♂	♃	♄	⚷	♅	♆	♇
☽											
☿	☌ 4°31' A		☿								
♀	∠ 1°08' A	△ 1°12' S		♀							
♂	∠ 2°03' A	⚼ 2°00' A	□ 3°12' A		♂						
♃	☌ 3°55' S		☌ 0°36' A			♃					
♄	□ 5°01' S		□ 0°29' S		□ 1°06' S		♄				
⚷	☍ 4°49' A							⚷			
♅											
♆	□ 7°38' A						✳ 1°49' S		♅		
♇							□ 2°50' S	⚼ 0°29' A	♆		
			□ 4°16' A	☍ 1°04' A			∠ 1°41' A	□ 5°00' A			♇

アスペクトパターン ──────────────── Aspects Patterns

・ステリアム
☉ ♐ ♃ ♐ ☿ ♐

466

・始動のTスクエア

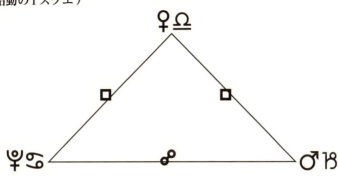

　わたしたちはすでにアレンの射手座のステリアムを調べ、彼のペルソナ全体が射手座のエネルギーにどれほど強く影響されるかを把握している。ここでアレンの金星を見てみることにしよう。彼のディスポジター・ツリーからわかるように、アレンの金星は孤立していて、天王星のみを支配し、残りの木星に支配された惑星たちとは何のつながりもない。しかし、アレンの金星は火星と冥王星との始動のTスクエアの頂点の惑星でもある。それによって、金星自身に関するかなり興味深い課題が提示されている。

　天秤座の金星はアレンの対人関係のみならず、彼の芸術的能力とも関係してくることだろう。天秤座の金星は、美、バランス、調和をあらゆる面で表現しようとする。そのため、天秤座の金星を持つ人は、造形美術や音楽へと惹きつけられることが多い。また、道具——たとえば楽器など——を使うことを必要とする芸術的表現を象徴することもある。牡牛座の金星が歌手にとっての力強い創造的な力となるのに対して、天秤座の金星とより共鳴するのはどちらかと言えば楽器演奏者である。アレンの音楽は間違いなく、彼の人生の非常に重要な一部である。ジャズクラリネット奏者としてのウッディ・アレンは、コミックや映画製作者としてのウッディ・アレンとはまったく違う人物であると考えるならば、わたしたちは彼のチャートの残りからの金星の分離も理解できる。演奏者としてのアレンは、秩序とバランスの取れた完璧な音楽を通して、ま

さしく自分の固有性(アイデンティティ)を表現しているのである。

　しかしながら、アレンの金星は始動のTスクエアの頂点にある。このことは、芸術的表現と対人関係のどちらも、彼の人生における非常に重要で際立った事柄であることを意味している。このパターンがどのように作用するかを理解していくために、わたしたちは個々の惑星とアスペクトの中心的な問題、そしてそれぞれの相互関係を見ていく必要があるだろう。

　アレンの山羊座の火星はエグザルテッドされ、彼のチャートの中で非常に強い位置にある。山羊座の火星は、最も勤勉で最も生産的なエネルギーのひとつである。また火星は個人の創造性と芸術的表現と関連する5ハウスにある。そのため、彼は集中力、欲望、怒り、攻撃性を芸術へと導いていこうとするだろう。冥王星とのオポジションを考慮に入れると、火星ははるかに強力になる。オポジションのアスペクトは広い視野を与え、バランスを要求する。冥王星にオポジットしている火星は、冥王星の変容を促す破壊的なエネルギーを利用すると同時に、思いのままにできるのがどれほどの力なのかに気づいている。特に他人が自分を操り支配しようとしていると感じたとき、アレンは主導権争いに対して非常に敏感になる。こうした状況は、彼の火星のエネルギーを始動させることになるだろう。その結果、アレンは自分を防御するようになる。その際、彼が自分の怒りとエネルギーを、他者の支配を受けつけないほどの何かを築き上げていくことへ向かわせていけるならば理想的である。

　蟹座／山羊座の軸と関連する課題も、ここでは重要だ。アレンにとっての深い感情的なつながりは、居心地が良くないものであることを思い出そう。間違いなく言えるのは、蟹座の冥王星が深い感情の問題、具体的に言うならば、どのようにして感情のつながりを築くか、どのようにして他者を育んでいくか、どのようにして他人から育んでもらうかといった問題を持ち出してくるということだ。山羊座のエネルギーは自立を目指すが、蟹座のエネルギーは他人からのサポートや支援を受け入れていこうとする。冥王星から感情の絆を作ろうとするプレッシャーを感じるときはいつも、壁を作ることで自分自身を守り、そして誰の助けも

必要ないと強く主張するというのが、アレンの最初の反応となるだろう。また、アレンのノードは蟹座/山羊座にある——これらのエネルギーのバランスを取り、統合していくことを学ぶことが、彼の人生の重要な鍵のひとつとなることを示している。

　金星が冥王星とのスクエアになっているアレンは、人間同士の力関係についても過剰に意識することになるだろう。スクエアはオポジションほど意識的にはならないとはいえ、彼にとって力関係は人間関係と同じぐらい重要なものとなる可能性もあり、それに対して多少の脅威を感じざるをえないことがあるかもしれない。火星とスクエアの金星は、アレンが魅力を感じること（金星）と、彼が欲しいものを追い求める方法（火星）との間の大きな根本的違いを示している。とはいえ、この不一致こそが、アレンの創造的な意欲を燃焼させるエネルギーのひとつとなることは間違いない。

　金星、火星、冥王星の３つの惑星はすべて始動のサインにある。このパターンが結局のところ示しているのは、非常に重大で常に起こり続ける固有性の危機である。この固有性と関連する問題は、真実を探求するアレンの射手座とはまったく異なる——事実、アレンの始動のＴスクエアは、結果的に彼の創造的表現を稼働させる。火星と冥王星のオポジションは、自立、個としての固有性、そして他者と感情的なつながりを作ることに関連したアレンの中心となる問題を持ち出してくる。その結果、彼は天秤座の金星を通して、芸術と人間関係の両方にバランスと調和を求め、この葛藤を解決しようと試みることになるだろう。

愛情面と人間関係 —————————— Love and Relationship

　最後に、アレンの恋愛関係に影響しやすい別の要素を広く見渡してみよう。すでにわたしたちは、アレンが感情的なものを好まないことを確認した。このことは恋愛関係においては問題となりえる。なぜなら、ほとんどの人は恋愛関係の場では、感情レベルでのしっかりとした心の触れ合いを期待するようになるからだ。アレンの金星と月はともに空気のサインにある（そして互いにトラインである）。そして、どちらも蟹座の冥王

Synthesized Chart Interpretation

　星と厳しいアスペクトとなっている（冥王星とスクエアの金星、冥王星とクィンカンクスの月）。アレンは感情を開放するよう無理強いされることに穏やかではいられないだろう。彼は人間関係を表層的、社会的、知的な面でのつき合いに留めておくことを好むだろう。

　アレンのディセンダントは魚座にあり、魚座の土星はディセンダントとコンジャンクトしている。ディセンダントにある魚座は、霊性に目覚め思いやりがある相手、または感情の境界が見えなくなりがちな相手に惹かれていきやすい。もちろん、土星は対人関係の適切な境界を作り維持することと関係している。したがって、土星は魚座でかなりの困難を経験することになる。この結びつきは、人間関係に対して非常に受動的でありながら同時に積極的になる。意識的なレベルでのアレンは、感情的なつながりを共有できるパートナーを求める――だが、それもある点まででしかない！　そして土星は不意に境界を作ってしまうこともある。これはほとんどの場合、アレンのパートナーを非常に混乱させることになるだろう。アレンは自分と深く結びつき、自分の人生の一部となるようなパートナーに惹かれる。そして、彼はこのエネルギーを招き入れるかのようにも見える。そのため、アレンのパートナーは彼との感情の絆を作り始めることになるだろう。だが、それが許されるのも、パートナーが自分を支配しようとしているとアレンが感じてしまう境界線を越えるまでのことだ。その時点で、彼は壁を作り、精神面・感情面を避難させていくことになるだろう。

　チャートには示されていないが、アレンのバーテックスは山羊座にあり、火星にコンジャンクトしている。バーテックスは人間関係の中で無意識的な誘引と関連している。そして、アレンのバーテックスは、彼の創造性と職業人生を動かすエンジンへと直接的につながっている。アレンの３つの恋愛関係が、一緒に働いた――そして恋愛関係の間も共に働き続けた――女優たちであったことは、何ら不思議なことではない。

CHAPTER 12 総合的チャート解釈

最後に助言と励ましの言葉
Some Last Words of Advice and Encouragement

　何はともあれ、あなたがこの本を最後まで読み通してくれたことに対して、わたしは感謝したい！　比較的少ないスペースの中で、かなりの量となる情報を取り上げてきた。どうか信じてほしい。あなたがこの本を実際にすべて読んだのなら、あなたが思っている以上の多くの情報を吸収しているはずだ。仮にあなたが今すぐ自分で出生チャートに取り組み解釈できると感じていないとしても、時間と実践を重ねれば、きっとできるようになるはずだ。

　占星術を学ぶことは、まさしく外国語を学ぶようなものだ。初めに新しいアルファベットと簡単な単語、そして文法の基礎を学ぶ。基礎に慣れて新しい単語を学んでいくと、もっと複雑な文を作ることができるようになる。やがて簡単な会話を始められるまで十分に理解し、そして実際に自分自身の考えや思想を説明することができるようになる。しかし、本からだけでは外国語を学ぶことはできない——学ぶことは受け身な活動ではない。学びが満足できる段階に至るまで、毎日の生活の中で実際に自ら練習し、話したり、書いたりしなくてはならない。あなたが本当に占星術を学びたければ、毎日、実際に会話を続けていく必要がある。

　わたしにできる最良のアドバイスは、チャートを目の前にして解釈するとき、基本に忠実になることを忘れないことだ。これまで見てきた解釈のサンプルで用いたやり方に従うといい。元素、様相、4分円を見て、まずチャート全体の背景となるものを見つける。エッセンシャル・ディグニティとディスポジター・ツリーを見る。努めるべきは、チャート全体の関係性を見つけることだ。

　付録Bに全国の占星術団体を多数リストアップした。これらの団体には地域支部があることが多い。したがって、あなたの近くの地域または地方にも、占星術団体があるかもしれない。占星術団体に入り、可能であれば会合に参加することを、わたしは奨励する。初心者の占星術家はいつでも歓迎されるし、考えや興味を他の占星術家たちと共有できる

471

ことが、あなた自身がより良い占星術家になるための最良の方法となるだろう。

　もし占星術に本格的に携わっていくなら、おそらく一台のコンピューターと占星術プログラムのソフトウェアをひとつかふたつ入手したくなるだろう。付録Cでは、入手可能な優れたソフトウェアをいくつか紹介しておいた。

　サインやハウスの惑星を解釈するための本はたくさんある。だが、別の誰かの言葉に頼る前に、自分自身で推論することを試みてほしい。ここでのわたしの目的は、あなた自身の解釈に到達するのに必要となるツールを提供することにある。今やあなたは占星術という言語の単語や文の構造を理解している。もっと親しみ使いこなせるようになるために、あなたがしなければならないことは、ただ自分自身で話し書くことにある。

APPENDIX

付 録

【付録A】
Natal Chart Interpretation Worksheet
出生チャート解釈ワークシート

名　前

出生日時

出生場所

パート1：元素と様相

元素／様相	パーソナル・プラネット	パーソナル・ポイント （アングル）	アウター・プラネット
火			
土			
空　気			
水			
始　動			
固　定			
変　化			

パート2：気質

半 球	惑 星	4分円 （クアドラント）	惑 星
北半球 （1-6 ハウス）		4分円Ⅰ （1-3 ハウス）	
南半球 （7-12 ハウス）		4分円Ⅱ （4-6 ハウス）	
東半球 （10-12、1-3 ハウス）		4分円Ⅲ （7-9 ハウス）	
西半球（4-9 ハウス）		4分円Ⅳ （10-12 ハウス）	

【解 説】
気質と基本的な（単純な）性格の要約

パート3：エッセンシャル・ディグニティ

惑星	ルーラー	エグザルテーション	トリプリシティ	ターム	フェイス	デトリメント	フォール	得点
☉								
☽								
☿								
♀								
♂								
♃								
♄								
AS						—	—	—
MC						—	—	—
⊗						—	—	—

パート4：ディスポジター・ツリーの図式

【解 説】
チャートの中のエッセンシャル・ディグニティとディスポジターの分析

【解 説】
太陽、月、アセンダント、パート・オブ・フォーチュンの解釈と統合

パート5：アスペクトとアスペクト・パターン

アスペクト

アスペクト・パターン

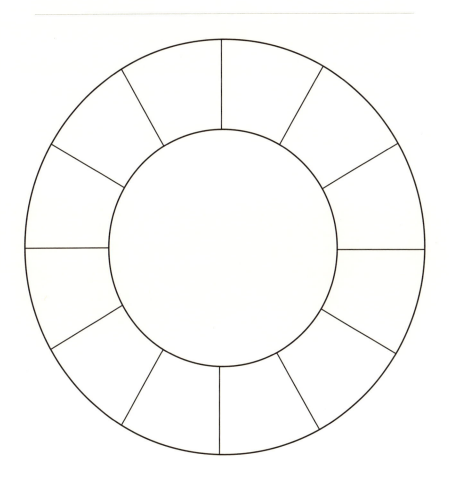

パート6：チャートの主題の総合

- ・ノードの軸の分析
- ・元素／要素／ディグニティにおけるテーマを見つける
- ・鍵となるパーソナル・プラネットを見つける—— チャートの中の監督は誰か？
- ・アスペクト・パターンを見つける（もしあれば）
- ・停止状態の惑星を見つける（逆行か順行か）

【解説】
チャートの主題の要約、総合的印象、チャートの背景

パート7：サイン、ハウス、ディグニティによる惑星の解釈

パーソナル・プラネットと種々のポイントから始めること：太陽、月、アセンダントは最も重要である。

MEMO

パート8：アスペクトとアスペクト・パターンの解釈

- 個々の惑星ないしは個別に分離しながら、全体の一部として捉える。
- チャートの中の最も正確なアスペクト――間違いなく最も重要――から始める。
- ひとつひとつ解釈を試み、さらに各惑星が他の惑星とどのように相互作用し合っているかを把握する。

MEMO

パート9：特定の人生領域、及び相談者の疑問・関心事の調査

どの場合でも、ハウスのルーラー（サイン、ハウス、ディグニティによる）、ハウスの中の惑星、ハウスのルーラーにアスペクトしている惑星に目を向ける。これらすべてが、問題のあるハウスの事柄に強い影響力を持つことになる。

- **仕事・財**：2ハウス（財力や金銭）、6ハウス（仕事と日常の業務・仕事環境）、10ハウス（経歴・生き方）を見ていく。特にハウスのルーラー、そしてそれらがどのように相互作用しているかに注目する。
- **愛情・人間関係**：相談者の人間関係のあり方を理解するために、金星のサイン、ハウス、アスペクト、ディグニティを見ていく。月は安心・感情・欲求に関することを示す。ディセンダントと7ハウスにある惑星は、相談者が意識レベルで魅力を感じる人物のタイプを示す。バーテックスは、無意識あるいは意識下のレベルで求めているものを示す。5ハウスは恋愛関係、7ハウスは献身的な関係（結婚など）。5ハウスのルーラーと7ハウスのルーラーの関係をみて、相談者がどのように5ハウスの舞台と7ハウスの舞台から関係を築くかを見る。
- **両親と子ども**：4ハウスのルーラーは父親を表し、10ハウスのルーラーは母親を表す（どちらも相談者の経験）。これらふたつの惑星の間の関係は、それぞれの強さとディビリティ、特にその間のアスペクトは、相談者が両親をどのように理解しているかを示し、そして彼ら自身の関係の基礎となるパターンとモデルを示す。子どもは、5ハウスと、5ハウスのルーラーで見る。

MEMO

【付録 B】
Astrology Organizations, Resources, and Web Pages
占星術団体、リソース、ウェブ・ページ

占星術団体
Astrology Organizations

アメリカ合衆国および海外の主要な占星術団体を、いくつかリストアップした。これらの団体は占星術の実践と職業に専心し、長年にわたる努力が大いに評価されている。これらの団体の多くは、教育、トレーニング、プロフェッショナルの認定プログラムも提供している。

ケプラー・カレッジ・オブ・アストロロジカル・アーツ・アンド・サイエンス
Kepler College of Astrological Arts and Sciences

ケプラー・カレッジ・オブ・アストロロジカル・アーツ・アンド・サイエンスは、占星術の学士及び修士号の発行を認可されている西半球で唯一の大学である。ケプラー・カレッジは、北太平洋北西地区のワシントン州シアトルにある。そのカリキュラムは、通信教育による教科学習とシアトル大学のキャンパスで行われる7日間の構内シンポジウムに分けられている。

現代天文学の父であるヨハネス・ケプラーは、数学、占星術、天文学、幾何学、音楽の統合を彼の生涯の仕事にした。彼は研究を分けるつもりはなく、数学に命を与え、天文学に魂を吹き込み、そして占星術には科学的合理性を与えた。ケプラー・カレッジが専心してきたのは、宇宙に内在する秩序に対する彼のホリスティックなヴィジョンについてである。

ケプラー・カレッジの大学の綱領は、その学科のために最高の研究

者、教師、情報提供者を集め、哲学の多様性と学究の自由のための環境を育成していくことにある。このカレッジは、伝統な自由七科ならびに（リベラル・アーツ）コンピュータ・アプリケーション、科学と哲学における新たな理論上のモデルを占星術の研究と結びつけていく総合的で学際的なカリキュラムを持っている。そしてそれを通して、占星術の研究と実践のための健全で自由で知的で人文科学的な基礎を提供することに力を注いでいる。こうした方法に基づき、このカレッジは、今日の占星術の実践家と次世代の著者、教師、カウンセラー、研究者としての占星術家を育成している。

ケプラー・カレッジは、20世紀における占星術の他に類をみない重要な進展である。ケプラー・カレッジ・オブ・アストロロジカル・アーツ・アンド・サイエンスについての詳細は、彼らのウェブ・サイト http://www.kepler.edu. で知ることができる。

ナショナル・カウンシル・フォー・ジオコスミック・リサーチ (NCGR)
National Council for Geocosmic Research

NCGRは地球と宇宙の間の相互作用を、科学的および象徴的な視点から調査していくことに主目的を置く教育機関である。NCGRでは多くの正当な発見の方法を認めている。伝統的なやり方と非伝統的なやり方の間の協調は最も重要である。NCGRはジオコスミックの研究への教育や調査をサポートすることに、そのエネルギーを注いでいる。「ジオコスミック」という用語は、地上の出来事を天の現象と結びつける対応関係やサイクルを示す。（コレスポンデンス）

六大陸にわたる会員からなるグループであるNCGRの3千人のメンバーの中には、ジオコスミックの分野でのリーダーとみなされている人たちが多く含まれている。NCGRは世界的規模での意見交換を促進するため、英国占星術協会（the Astrological Association of Great Britain）、ロンドン・アストロロジカル・ロッジ（the Astrological Lodge of London）、オーストラリア占星術家連盟（the Federation of Australian Astrologers）と、相互間でのメンバーシップ協定を結

んでいる。NCGRのメンバーは、安価な国内料金でこれらの組織に入ることができる。また、上記3つの組織のメンバーは米国民のレートでNCGRに入ることもできる。NCGRはアメリカ合衆国、カナダ、メキシコにある支部のネットワークを通じて、参加し学びたい人々を呼び集めている。地方支部は講演者を招き、研究会やカンファレンスを開催し、その多くで会報誌も発行している。支部は所属する人々同様に個性がある。会員事務や支部長に連絡を取り、支部に加盟することができる。NCGRについて詳細を知るには、ウェブ・ページ http://www.geocosmic.org/ を調べてみてほしい。

　NCGRは教育に力を注ぎ、アメリカ合衆国で受けられる占星術認定試験の総合的なプログラムを提供している。試験は個々のNCGRのカンファレンスで行われるか、地方支部を通して手配できる。試験は段階を経ていかなければならない。そのため次のレベルの試験を受ける前に、前のレベルの試験に合格する必要がある。

　これを書いている現在、NCGRには古典の占星術に重点を置く認定の道はない。しかし、テリー・ラムはNCGRと関係する他の古典占星術家たちとともに、古典占星術に重きを置いた一連の試験と認定を作っていこうと熱心に働きかけている。

アメリカン・フェデレイション・オブ・アストロロジャーズ（AFA）
American Federation of Astrologers

　アメリカン・フェデレイション・オブ・アストロロジャーズは、1938年5月4日AM11：38東部標準時（EST）にワシントンD.C.で誕生(法人化)した。その目的は、その規約第2項に次のような言葉ではっきりと述べられている。

　(a) 研究、指導、講義、実践を通して、占星術の科学と技術を奨励し促進すること。

　(b) 占星術に関する思想や発言の自由を擁護し、占星術の正しい職業的地位を高め普及させること。

　(c) 占星術の教師、卒業生、講演者、著作家といった形で教育的、科

学的、人道的努力に従事するとともに、その活動が有益であり、当連盟によって正式に認定を受け、「故意の公序良俗違反」を犯さないすべての人を援助すること。

　(d) 無学を根絶させ、占星術の名の下に市民を惑わせる仕事をする者との関係を断つための方法や手段を発展させること。

　(e) 今日の他の教育的職業に存在するものと同程度に、正当な占星術家の職業倫理の高い水準を確立すること。

　アメリカン・フェデレイション・オブ・アストロロジャーズは、3段階の占星術認定（アソシエイト、プロフェッショナル、ティーチャー）を提供し、また非常に多数の占星術書を出版している。

　アメリカン・フェデレイション・オブ・アストロロジャーズは、古典占星術の使用を特に重視しないか、あるいは奨励してはおらず、古典的テクニックは彼らの試験には含まれない。

　米国占星学者連盟（AFA）についての詳細は、書面にて P.O. Box 22040, Tempe, AZ 85285-2040 へ送付するか、電話 (602) 838-1751、ファックス (602) 838-8293、eメール AFA@msn.com、またはウェブ・ページ http://www.astrologers.com/ を参照。

英国占星術協会（AA）
Astrological Association of Great Britain

　英国占星学協会は、1915年にアラン・レオによって設立されたアストロロジカル・ロッジ出身の占星術家たちの集団によって、1958年6月21日 PM7：22、ロンドンにて設立された。ふたりの最も著名なメンバーとして、ハーモニクスの理論の創始者ジョン・アディと、サイデリアル占星術家で雑誌『スピカ』の創始者ロイ・ファイヤーブレースがいる。彼らはチャールズ・カーター、ジョーン・ロジャーズ、マーガレット・ホーン、イングリッド・リンドを含む多くの著名なロッジのメンバーの支持を受けた。

　創立メンバーの主たる目的は、占星術を周縁から社会の主流へと連れ

出すことだった。ジョン・アディは、恒星や惑星が時間の経過を明らかにし、時間そのものが第一原因ないしは創造主から流出する観念の展開を可能にするというプラトン的な哲学の深い理解と、統計や数学的な調査を大きく広めていくことに貢献した。同時に深層心理学の現代の研究との大きな関わりによって、占星術に対する平均的な占星術家たちの理解を変えた。今日、占星術は性格分析の手段、またはカウンセリングやセラピーの助けとしてもみなされている。もはや未来は予測されるものではなく、変えていくものとなった。

AAは現在、約1600名のメンバーが所属し、1000名は英国、残りは世界中にいる。ほとんどのメンバーは、4つの出版物を通してAAとの連絡を保っている。主要な出版物である年六回発行の『ジャーナル』は、質の高い議論と論議のためのフォーラムとして世界中で関心を集めている。現在の編集者はロビン・ヒース、そして過去の編集者として、スージー・ハービー、ザック・マシューズ、ジョーン・ロジャーズ、そしてジョン・アディ自身がいる。臨時のゲスト編集者は特別な論点を担当し、ここ最近ではニック・キャンピオンとチャールズ・ハーヴェイがマンデンに関連する論点を提議し（ニックは歴史に関する論点も編集した）、ジェーン・リッダ-パトリックは医学的な論点について編集した。

またAAが発行しているものとして、ルードルフ・スミットによって編集され半年ごとに発刊される占星術研究についての学術的なジャーナル『コーリレイション（Correlation）』、そして情報、討論、意見を掲載した『ニュースレター』、それに医学占星術を専門とした世界で唯一のジャーナルである『メディカル・アストロロジー・ニュースレター』もある。

AAは占星術のあらゆる面にわたるセミナーを折々開催している。もちろん、一年の最も重要なのが年次総会であり、いつも9月の第一金曜日の次の週末に開催され、金曜日に始まり、月曜日の会議後のイベントで幕を閉じる。

英国占星術協会についての詳細は、彼らのウェブ・ページ http://

www.astrologicalassociation.com/ を参照のこと。

インターナショナル・ソサエティ・フォー・アストロロジカル・リサーチ (ISAR)
International Society for Astrological Research

ISAR は、以下のことを通して占星術の質の最高水準を促進することに熱意を注いでいる。データの正確さを積極的に高めていくことと情報源を公表すること。世界中で得られる最高の教育的情報源を提供するために他の組織と情報交換すること。占星術に関連する多数の科学的根拠を蓄積するための価値ある研究を支援すること。現代の社会的、政治的、経済現象、心理学的問題と占星術的符号との相関関係を含んだ人間の活動と関連する周期(サイクル)の分野において、熟考された意見交換を積極的に支援すること。

ISAR への問い合わせは e メールで Raymond_Merriman@msn.com、ウェブ・ページの http://www.isarastrology.com/ を参照のこと。

センター・フォー・サイコロジカル・アストロロジー
Centre for Psychological Astrology

リズ・グリーンとハワード・サスポータスによって設立されたセンター・フォー・サイコロジカル・アストロロジーは、占星術、深層心理学、ヒューマニスティック心理学、トランスパーソナル心理学の分野との相互交流を促進するために考案された独自のワークショップとプロフェッショナル養成プログラムを提供している。センター・フォー・サイコロジカル・アストロロジーは、心理占星術のプロ養成コースを提供している。その主たる目的は次の通りである

1. 現代の心理学の観点から、占星術のチャートを繊細に理解し解釈することを可能にするため、伝統的な占星術の象徴体系と心理学の分野におけるテクニックの範囲内で、信頼のできる広範な知識の基礎となるものを学生へと提供すること。

2．占星術のコンサルテーションの水準と効果を上げるカウンセリングの技能とテクニックの背景的知識を与えるセミナーとともに、心理学的に適した事例のスーパーヴィジョンを学生たちに提供すること。コースにはカウンセラーまたはセラピストとしての正式な訓練が含まれていない点に留意されること。
3．占星術、心理学のモデル、セラピーのテクニックの間の関連性についての調査と研究を奨励し、それによって既存の占星術と心理学の知識に貢献し向上させること。

センター・フォー・サイコロジカル・アストロロジーやコースの申し込みについての情報は、http://www.cpalondon.com/ を参照のこと。

ワールド・ワイド・ウェブ上の占星術
Astrology on the World Wide Web

Astrological Horoscopes & Forecasts -http://therealastrology.com/

　これはわたしのウェブ・サイトである。このサイトでのわたしの任務は、ウェブ上の範囲で占星術の最も総合的な情報源のひとつを維持することだ。言うまでもないが、1996年7月に最初に始めたときからは、大きく発展した。わたしが占星術のテクニックや実践について質問に答える「Ask Kevin」のセクションは、ぜひチェックして欲しい。「Ask Kevin Archives」を閲覧すると、過去の質疑応答を読むことができる。わたしへの相談を予約したい場合は、「Services」のセクションで申し込むことができる。

Astrodienst Atlas - http://www.astro.com/atlas/

　これは、おそらくウェブ上で最も役に立つ占星術の情報源だ。オンラインでACSアトラス・データベースが利用できる。それによって、世界中の正確な経度、緯度、時間帯についての情報を得ることができる。オンラインで様々なチャートを見ることさえできる。

占星術団体
Astrology Organizations

- Kepler College of Astrological Arts and Sciences
  ——http://www.kepler.edu/
- National Council for Geocosmic Research
  ——http:// www.geocosmic.org/
- American Federation of Astrologers
  ——http://www.astrologers.com/
- International Society for Astrological Research
  ——http://www.isarastrology.com/
- Astrological Association of Great Britain
  ——http://www.astrologicalassociation.com/
- Centre for Psychological Astrology
  ——http://www.cpalondon.com/

古典占星術のリンクとリソース
Classical Astrology Links and Resources

- Dr.J. Lee Lehman's Web Page
  ——http://leelehman.com/joomla15/
- Archive for the Retrieval of Historical Astrological Texts
  ——http://arhatmedia.com/
- Project Hindsight/the Golden Hind Press
  ——http://www.projecthindsight.com/
- Just Us & Associates
  ——http:// www.horary.com/
- Astrolabe Software（Solar Fire）
  ——http://www.alabe.com/
- Matrix Software（Win*Star）
  ——http://www.astrologysoftware.com/

【付録C】
Astrology Software
占星術ソフトウェア

Macintosh版 占星術ソフトウェア
Astrology Software for the Macintosh

Time Cycles Research: IO Edition, IO Horoscope, IO Forecast, IO Relationship, Star*Sprite, ほか

わたしのように頑固なMacintoshユーザーには、占星術ソフトウェアに対して選択肢は少ない。わたしが使用しているソフトウェアは、非常に強力でお勧めである。

ほとんどのチャートとレポートに、わたしはTime Cycles Researchの占星術ソフトウェアを使用している。10年以上の間、彼らはMacintoshのためだけの占星術ソフトウェアを発表しており、わたしはそのプログラムの質と能力にとても満足している。これらのプログラムは、プロの占星術家（あるいは少なくとも非常に真剣な学習者）向けだが、その機能に応じて約150ドルから300ドルまでの幅がある。「Time Cycles Research」のプログラムはすばらしいが、そこには古典占星術のための機能は含まれていない。

「Time Cycles Research」は以下で購入できる。 https://timecycles.com/ または、フリーダイアル (800) 827・2240。

Macintosh用の推奨ソフトウェア

残念なことに、Macintoshで利用できる占星術ソフトウェアは少ない。専門レベルで利用できるソフトウェアは、「Time Cycles Research」のみであり、わたしはその大ファンで長年のユーザーであ

る。Windows ベースのプログラムには、そのプログラムと似た特徴のものはない。もしあなたが、基本的なチャートの計算と、うまくまとめられた解釈が出てくるようなプログラムを探しているのなら、「Time Cycles Research」は間違いなくお勧めだ。一方、あなたがプロフェッショナルとして実践するつもりで、プロの占星術師が使用するツールの全てを備えたもの（伝統的なレポートやディグニティ、様々な 90 度ダイアルのオプション、トランジット、プログレス、ディレクションを含む動態のレポート）を望むなら、新たに PC を購入しなければならないか、あるいはわたしがそうしているように、コネクティックスの「Virtual PC」（訳注[85]）のソフトウェアを購入し、Windows の占星術プログラム（わたしが使っている Astrolabe 社の「Solar Fire」のような）を使う方法しかない。

しかし、どうか Macintosh を諦めるようなことはしないでほしい！

Windows 版 占星術ソフトウェア
Astrology Software for Windows

Astrolabe：Solar Fire 5 （2015年現在はSolar Fire V9）

Astrolabe 社の「Solar Fire 3」は、『American Astrology』誌のソフトウェア評論家によって 1995 年ベスト占星術プログラムに選ばれ、『Mountain Astrologer』誌からも非常に高い評価を得ている。また、Astrolabe 社には、「Solar Spark」、「Solar Maps」、「JigSaw」を含む Windows 版占星術ソフトウェアの広い選択肢がある。わたしは今もこれからも頑固な Macintosh ユーザーであり、Windows のすべてを概して避けてきたが、プロの占星術家として伝統的テクニックを駆使するため、いくらか妥協しなくてはならなかった──すなわち、Macintosh で Windows を動作できる Virtual PC を購入し、Solar Fire を自分のプログラムとして使用している。

---

‡ 訳注 85 ‡ 2015年現在、Macintosh向けの提供は終了している。現在、主流となっているのは、Parallels社の「Parallels Desktop for Mac」、またはVMware社の「VMware Fusion」である。

Solar Fire は今日利用できる最先端の占星術プログラムである。その機能のリストアップを始めていくと、あまりにも広範囲に渡る。だが、本書から解釈を学んでいるあなたには、最も重要な様々なエッセンシャル・ディグニティやアルムーテン（訳注[86]）のレポートや表を含むレイアウトが Solar Fire にはある。これらはあなたの好みに合わせてカスタマイズすることができ、使いたい種類のチャートに従って複数のセッティングを作ることさえできる。たとえば、出生チャートを見ていくために、ホラリーやイレクショナル・チャートとはポイントや条件にかんして異なるセッティングを用いることもできる。

Astrolabe 社のウェブ・サイト　http://www.alabe.com/　を参照するか、電話番号 1-800・843-6682 でカタログを請求、または Astrolabe 社へ e メール astrolabe@alabe.com で詳細やカタログを請求ができる。

Matrix Software社　Win*Star

Win*Star は Matrix Software 社の系列で、機能がぎっしりと詰まっている。実にたくさんの異なるチャート表示のオプションや、ホロスコープの枠のスタイルもあり、トランジット、プログレッション、シナストリーから、ダイアル、アストロ・カートグラフィ、ミッドポイントのツリー、3つの異なるシステムを使った惑星の強さやディグニティのグラフィカルな分析まで、まさに何でもできる。インターフェイスはかなり無骨で、プログラムの操作は簡単ではないが、Win*Star にはその値段に見合う十二分の機能が確かにある。

また、Matrix 社では DOS プログラム、アトラス、ライターによるレポートのセクションも提供している（ただし、あなたが実際にチャートやレポートをどのように販売するかは、非常に厳格に限定された使用協定がある）。

---

‡訳注86‡「アルムーテン（Almuten）」という語は本書では特に説明されていない。エッセンシャル・ディグニティをすべて考慮したとき、最も強力な惑星のことを言う。

詳細は、ウェブ・ページ http://www.astrologysoftware.com/、または電話 1-800-PLANETS で無料カタログを請求できる。

その他のソフトウェア・オプション

多くの様々な占星術プログラムから選択が可能だが、最も有名で重用されているプロ用のプログラムは、少なくとも古典占星術で使用する見地から言えば、Solar Fire と Win*Star である。これらのプログラムは、どちらも簡易構成のレポートやチャートが搭載されている。また、エッセンシャル・ディグニティの表も含まれているので、あなた自身でディグニティ表を作成する面倒な手間が省ける。

ただし、ディスポジター・ツリーができるプログラムは、少なくとも今現在はないので、あなた自身でやるしかない。これが Solar Fire 6 にあれば、多くの古典占星術師にとって非常に役立つ機能になるということを Astrolabe がわかっているか、わたしは確認するつもりだ。

参考文献
Bibliography

Arroyo, Stephen. Astrology, Psychology and the Four Elements. Sebastopol, California: CRCS Publications, 1975.

Arroyo, Stephen. Chart Interpretation Handbook. Sebastopol, California: CRCS Publications, 1989.

DeVore, Nicholas. Encyclopedia of Astrology. Totowa, New Jersey: Littlefield, Adams, & Co., 1976.

Hand, Robert. Horoscope Symbols. West Chester, Pennsylvania: Whitford Press, 1981.

Lehman, J. Lee. Classical Astrology for Modern Living. Atglen, Pennsylvania: Whitford Press, 1996.

———. Essential Dignities. West Chester, Pennsylvania: Whitford Press, 1989.

Lilly, William. Christian Astrology. Issaquah, Washington: Just Us & Associates Publishing, 1647. Reprinted 1997.

National Council for Geocosmic Research. NCGR Education & Curriculum Study Guide Level II. Published by NCGR, www.geocosmic.org.

Rogers-Gallagher, Kim. Astrology for the Light Side of the Brain. San Diego, California: ACS Publications, 1995.

Wakefield, June. Cosmic Astrology: The Religion of the Stars. Tempe, Arizona: American Federation of Astrologers, 1968.

Zolar. The History of Astrology. New York, New York: Arco Publishing Company, 1972.

古典占星術インターネット・リソース

ケヴィン・バークのウェブサイト "Astrological Horoscopes & Forecasts" (http://www.astro-horoscopes.com)

J・リー・リーマン博士のウェブサイト "Lee Lehman.com"

(http://www.leelehman.com)
古典占星術のテキスト検索のためのアーカイブ
(http://arhatmedia.com/)
Just Us & Associates
(http://www.horary.com)
Project Hindsight/The Golden Hind Press
(http://www.ProjectHindsight-TGHP.com)

【日本語版付録】
Japanese Edition Appendix
ホロスコープ作成のためのソフトウェアとアプリケーションの紹介

「日本語版付録」として、2015年現時点において入手可能な出生チャートを作成のためのスマートフォン用のアプリケーション、及びパソコン用のソフトウェアのいくつかを以下に紹介しておく。なお以下の文章は、占星術家の賢龍雅人氏にお願いして書いていただいた。

　今回、日本語版付録としていくつかのスマートフォン版の占星術アプリケーションと、PC版の占星術ソフトウェアを紹介させていただいたが、単にホロスコープを作成するツールと言っても、非常に多彩で個性的な特徴を持ったものが多い。
　また、スマートフォンが普及したとは言え、日本語に対応しているものはまだ少なく、占星術初心者の方にはなかなか手を出しづらかったりするかもしれない。だがこれら端末の進化により、さらに占星術が身近なものになることを願いつつ、これからチャレンジしようとされる方々が迷わないように、お薦めのアプリケーション／ソフトウェアを先にいくつか上げさせていただく。
　まず、iPhone／iPadを利用されているの初心者の方々にお薦めしたいのは「Kairon」である。比較的手頃な価格であるのと、アプリケーションの顔であるユーザインタフェースが非常に美しい。
　そして出生データの入力がダイヤル式なので、画面の小さいスマートフォンでも非常に使いやすい。小惑星カイロンやアラビック・パーツのパート・オブ・フォーチュンも使えるのだが、購入した際にはトランスパーソナル・プラネットと共に、ホロスコープ上に表示がされていない

ので自身で設定をする必要がある。

　iOS 上の「設定」→「Kairon」→「Objects」にて、『Chiron』と『Fortuna』、または各トランスパーソナル・プラネットをオンにする。

　これで慣れてきたら、より多機能で使いやすい「Astro Gold」も是非お薦めである。

　次にアンドロイド OS のユーザーの方々には現地点ではあまり選択儀がないのだが、「Planetdance Astrology」がワンコイン以下の価格の割に、表示できるオブジェクトが多いのでお薦めだろう。

　ただし「Planetdance Astrology」は多機能な分、操作が少し難しいと感じるかもしれない。そういった方には、無料の「Aquarius2Go Astrology」をお薦めする（ただし残念なことに、こちらはカイロンやパート・オブ・フォーチュンを使うことはできない）。

　そして PC でホロスコープを使うユーザーの方々には、無料版とは言えど比較的に高難度なソフトウェアが多い。その中でも、アンドロイド OS ユーザーにもお薦めした「Planetdance Astrology」が、PC 版では無料で使えるのでこちらをお薦めする。こちらであれば、この書籍で扱われているカイロンやパート・オブ・フォーチュンなどが、基本設定のままで表示されているので使いやすいであろう。

 スマートフォン　ホロスコープ作成アプリケーション　有料版

【iPhone ／ iPad iOS】

・Kairon〈1,200円〉　（開発: Killian Sernod）

https://itunes.apple.com/jp/app/kairon/id337746926?mt=8

　Kairon を開発している会社は、以前から Mac 版の西洋占星術ソフトウェア「Kairon」をリリースしている会社であった。そちらで慣れ親しんでいる方にはすんなりと使えるであろう。現在では数ある占星術アプリケーションの中でも、スマートフォン・アプリケーション自体の黎明期から存在していた。

　出生チャートの他に、トランジット、セコンダリー・プログレッショ

ン、ソーラー・アーク・ディレクション、ソーラー・リターン、ルナ・リターン、コンポジット、コンバイン、シナストリなどのチャートを表示することができる。

　残念ながらチャートをグルグルと回したりすることはできないのだが、その洗練されたインターフェイスはとてもクールである。アスペクトはグリッド表示もできるのだが、オーブの設定はこのグリッド画面でスライダーを使い一括で変更するので個別の設定ができないのが残念。

　このアプリケーションを使う上でひとつ他と違うのは、表示させる天体を選択するなど細かな設定がアプリケーション内にあるのではなく、iOS 上の「設定」で行う。デフォルトではトランスパーソナル・プラネットの表示がされていないので、「設定」→「Kairon」→「Objects」で表示をさせることができる。

　そしてこのアプリケーションの特徴として、出生データの入力はダイヤルを回す方式となっている。これにより日付の入力ミスが起こり難く、慣ればかなり早くチャートを表示させることが可能だ。ひとつ気になるのは現地点で約 1 年半ほど、アップデートがされていないこと。だが、今でも Astro Gold と双璧をなすほどの優秀なアプリケーションである。iPhone と、iPad の両方で使えるユニバーサル・アプリケーション。

・Astro Gold 〈4,800円〉　（開発: Cosmic Apps Pty Ltd）
https://itunes.apple.com/jp/app/astro-gold/id430270438?mt=8
　現行の iPhone ／ iPad の占星術アプリケーションでは最もできることが多く、さらに最も操作性も優れている。

　出生チャートは勿論のこと、未来予測ではトランジット、セコンダリー・プログレッション、ソーラー・アーク・ディレクション、ソーラー・リターン、相性ではシナストリ、コンバイン、コンポジット、などのチャートを表示することができる。

　2 重円にした際には外側のチャートを、年・月・日・時・分の単位でグルグルと動かすことができ、現在でこそ 2 重円の表示やチャートを動

かすことは珍しくなくなったが、iPhone のアプリケーションで最初に実現したのは、この Astro Gold であった。

　意外と他では見ることがない便利な機能として、チャートの内側と外側をスイッチひとつで入れ替えができること。これはシナストリを使う場合に非常に便利である（お互いの出生時間がわかっている場合に限る）。アスペクトのグリッド表示や一覧、感受天体の数値表示、エッセンシャル・ディグニティ表など、チャート以外の表示も充実している。

　そして特筆すべき機能が「Transit Listing」だ。出生の天体に対してトランジット天体がアスペクトを作るタイミングを瞬時に計算して一覧リストに表示してくれる。

　例えばトランジットの土星が自分の天体に来るタイミングを表示したり、木星が各ハウスに入るタイミングを表示したり。これらはテンプレートして保存することができるのである。少し残念なのは、この機能が使えるのがトランジット天体のみなので、プログレッションやソーラー・アークには使えないのと、計算中にアプリケーション自体が不安定になり落ちてしまうこともあること。それでもこのような機能が使えるのは、今までは PC のソフトウェアのみであったのでかなり画期的なことだ。今後のアップデートに期待しよう。

　設定では、35 の天体などの感受点のオン／オフとカスタマイズ可能な 10 のアスペクト・セット、30 のハウス・システム、天体のカラーやサインのカラー、チャートのホイール・スタイルの変更などなど、様々なカスタマイズが用意されている。他にも画面をピンチアウトすることにより拡大表示ができたり、横画面の表示にも対応している。もちろん、それらの動作は非常にスムーズに行なえるのだ。出生データの管理は、無限に作れるフォルダ毎に分けて、さらに並べ替えも可能だ。

　また、PC と繋ぐことにより外部へバックアップできたり、メールで送ることもできたりとデータ管理も優れている。さらにそのファイルは Windows PC で使う占星術ソフトウェアの最高峰「Solar Fire Gold」と完全な互換性を実現しているのである。1 度購入すれば iPhone と、iPad の両方で使えるユニバーサル・アプリケーション（別売だが、

Mac OSX 用の Astro Gold も発売された)。

・iPhemeris〈1,800円〉 (開発: Clifford Ribaudo)
https://itunes.apple.com/jp/app/iphemeris/id296160763?mt=8
　チャートも作れるのだが、機能としてのメインは1700年から2099年までの膨大なデータを収録した天文暦である。現状ではiOSでもAndroid OSでも、これだけの天文暦データを暦としての形態で収録したアプリケーションは存在しない。そしてこれにより重い天文暦の書籍を持ち運ぶ必要は無くなるであろう。
　天体は10の天体とノードの他に、小惑星のカイロン、ベスタ、パラス、ジュノー、セレス、クピドーなども天文暦に表示できる。月の運行は紙媒体の天文暦と同様に、12時間毎に表示することができる。上記のように、ほぼ紙媒体の天文暦と同じなので、iPhoneやiPadのminiでは数値表示が細かくなるが、ピンチアウトを使って拡大表示ができるので全くストレスは感じない。
　さらに、日々作られるアスペクトを表示するアスペクト・カレンダー機能や、指定した出生チャートに対してアスペクトを組むトランジット天体を算出するトランジット・カレンダーなど、日取り選定の技法(イレクショナル)に重宝する機能も備えている。他にも通常はあまり使用しないが、赤緯表なども備えている。
　ここまで天文暦のことばかり取り上げてきたが、チャートの作成機能も優れている。出生の他に、未来予測ではトランジット、セコンダリー・プログレッション、ソーラー・アーク・ディレクション、ソーラー・リターン、相性ではシナストリ、コンポジットなどのチャートを表示することができる。
　チャート作成機能でひとつ残念なのは、出生チャートを表示させた2重円にして、外枠をトランジットではなくセコンダリー・プログレッションやソーラー・アーク・ディレクションなどの表示にすることができないことだ。
　これらのセコンダリー・プログレッションやソーラー・アーク・ディ

レクション等のチャートは、内側にのみ表示が可能なので、プログレッション1重円のみ、または内側プログレッション＋外側トランジットといった使い方に限定されてしまう。要するに内側が出生チャート＋外側プログレッションといった使い方ができない。

　このアプリケーションも他と同様にチャートを回すことができるのだが、他と違うのは内側のチャートと外側のチャートの両方を単独で動かすことができる。どのような場合に使用するのか考えたのだが、レクティフィケーション(出生時間特定)などの際に便利なのかもしれない。アスペクトはグリッド表示もできて全部で14種あり、出生チャート、プログレッション、トランジット毎にオーブを細かく設定できる。iPhoneと、iPadの両方で使えるユニバーサル・アプリケーション（別売りだが、Mac OSX用のiPhemerisも発売されている）。

　なお日本語に対応しているが、そのまま翻訳機に掛けたような訳文である。

・Astrological Charts〈1,900円〉　(開発: Roman Shimchenko)
https://itunes.apple.com/jp/app/astrological-charts/id916564827?mt=8
　後発のアプリケーションなので、ホロスコープのアプリケーションの中でも1、2を争うほどに機能を多く備えている。チャートのタイプは出生、トランジット、セコンダリー・プログレッション、ソーラー・アーク・ディレクション、1度1年法、30度1年法(Profections)、7天体のリターン図、コンポジット、コンバイン、シナストリ、ハーモニクス、月相図などの様々なチャートを表示することができる。

　また、アラビック・パーツは、パート・オブ・フォーチュンを始め12のポイント、さらにノードやリリスなどの架空のポイントは23箇所も表示できる。2重円にした際には、トランジット天体のみ、分・時・日・月の単位でチャートをグルグル動かすことができる（プログレッション、ソーラー・アークでは使用できない）。

　チャート以外のリスト表示では、ラディックス（出生チャートなどの1重円）とトランジットが作り出すアスペクト、月のアスペクトや月相

表、ミッドポイント、天体がサインまたはハウスを変えるタイミング、様相と元素、プラネタリー・アワー、各天体の逆行など表示できるデータが多彩である。

【Android OS】
・Planetdance Astrology〈398円〉（開発: JCremers）
https://play.google.com/store/apps/details?id=com.jcremers.Planetdance

とにかく、このアプリケーションでしかできないことを多く備えている。出生チャートの他に、トランジット、セコンダリー・プログレッション、コンバース・プログレッション、ソーラー・アーク・ディレクション、1度1年法、7天体のリターン図、シナストリ、ハーモニックなどのチャートを表示することができる。

また、ヘリオセントリック・チャート（太陽を中心に置いた占星術）、ドデカテモリー・チャート、Quotidian Progressions、といった特殊なチャートも表示可能。さらにはラディックス・チャート（出生やホラリーなどの1重円）にて、チャート上の天体の近くにある恒星をリスト表示してくれる。

各ルーラーやディスポジター・ツリーの表示もできるが、古典を使うユーザーにはサインの支配星を任意で変えることができるので、トランスパーソナル・プラネットを支配星に使わない設定も可能。そして、19ものアラビック・パーツや惑星の速度表示、ミッドポイント、なんと驚きは本格的な天文暦も装備されている。

作者の意図として古典やホラリーを使うユーザーのために、特に考えられているアプリケーションであろう。操作に多少の癖を感じるが、慣ればかなり使い込めそうなアプリケーションである。カスタマイズをできることが多く、かなり自分仕様にできるのだが、それが故に設定だけでも少々手間が掛かる。例えばアスペクトのオーブは、天体とアスペクト毎に細かく設定することが可能。

このアプリケーションは、Windows（XP、Vista、7、8）用の無料版もある。操作方法やできることはAndroid OS版とほぼ同じである。

スマートフォン　ホロスコープ作成アプリケーション　無料版

【iPhone／iPad iOS】

・Easy Astro（開発: GPP APP）

https://itunes.apple.com/jp/app/easy-astro+-astrology-natal/id568290599?mt=8

　出生チャートの作成と、データ登録可能。ただし広告が入る。アスペクトはメジャーの5種のみだが、オーブを個々に変更することができる。ハウス・システムのタイプは14種類と豊富である。

　また、各感受点のポジションやハウスの境界線の位置、アスペクトなどが一覧データで見ることができたり、各サインの元素(エレメント)と様相(モード)の比率がパーセント表示されるなど、データ表示が充実している。さらに分・時・日・月の単位でチャートをグルグル動かすことができるので、1重円のトランジット図として使えば各天体の動きを目で追うことができる。

　面白いのが、おまけ的についているアストロ・ダイス機能。天体・サイン・ハウスの項目がスロット・マシンのように動き、ストップボタンで停止させて結果を出すのである。

　App内課金（1,200円）により、トランジットやシナストリなどの2重円を作成することができる（セカンダリー・プログレッションは、課金しても作成することができないのが難点）。1度購入すればiPhoneと、iPadの両方で使えるユニバーサル・アプリケーションである。

・ホロスコープ時空 for iPhone（開発: InterBars Corpration）

https://itunes.apple.com/jp/app/horosukopu-shi-kong-for-iphone/id430154823?mt=8

　数少ない日本語のチャート作成アプリケーションのひとつ。無料版では太陽・月・水星・金星・火星の5天体のみ表示が可能である。ただし広告が入る。アスペクトのグリッド表示や、極性(ポラリティ)・様相・元素のなどの分類表示、ハウスの境界線の表示も可能。アスペクトはメジャーの5種

のみだが、オーブを個々に変更することができる。ハウス・システムのタイプは 17 種類と豊富にある。天体の記号を実際の天体の写真に変更して、チャート上に表示させることもできるのである。

　App 内課金（1,700 円）により、15 の感受点をオプションで追加可能。

・ホロスコープ時空 無料版（開発: InterBars Corpration）
https://itunes.apple.com/jp/app/horosukopu-shi-kong-wu-liao/id499224281?mt=8

　ホロスコープ時空の iPad&iPadmini の専用版。iPhone 版の機能とほぼ同等だが、App 内課金によるオプション追加はできない。5 つの天体以上を使いたい場合には、ホロスコープ時空の有料版（1,700 円）を購入する必要がある。

https://itunes.apple.com/jp/app/horosukopu-shi-kong/id415834083?mt=8

　こちらは初期設定で 10 天体が使え、App 内課金（600 円）で 15 の感受点をオプション追加することができる。また、トランジットや、セコンダリー・プログレッションのオプション（各 1,700 円）により、アプリケーションとしては唯一最大で 3 重円まで表示させることができる。

【Android OS】
・Aquarius2Go Astrology（開発: AgSoft）
https://play.google.com/store/apps/details?id=net.wilfinger.aquarius2go

　まず、特徴としてチャート表示時に、感受点の度数がオブジェクトの真下に表示されるので非常にリーディングしやすい。そして出生チャート作成の他に、2 重円にしてトランジット、セコンダリー・プログレッション、ソーラー・アーク・ディレクション、ソーラー・リターン、シナストリ、コンポジットなど多彩なチャートを表示できる。

　2 重円にした際には外側のチャートを、年・月・週・日・時・分・秒の単位でグルグルと動かすことができ、感受点は 10 天体の他に小惑星も表示できる。アスペクトは 10 以上の豊富な種類が用意されており、

各オーブも出生チャート時、トランジット時、プログレス時など、表示するチャート毎に設定することが可能。

そしてさらに、アスペクト・グリッドの表示もできる。

チャートは、＋－ボタンにより拡大表示も可能。各感受点やアスペクトなどは、カラーをカスタマイズすることもできる。他にはない機能としては、メモ機能など。

・Astrological Charts Lite（開発：rs-astro-dev）

https://play.google.com/store/apps/details?id=astro_charts_lite.astro_charts_lite

出生チャート作成の他に、2重円にしてトランジット、セコンダリー・プログレッション、1年1度法、ソーラー・リターン、シナストリなど多彩なチャートを表示することができる（ソーラー・アーク・ディレクション、コンポジット、コンバインなどは、Lite 版では使えないが Full 版と Pro 版では使用可能）。出生チャート1重円とトランジット・チャート表示時の2重円のみ、日・時・分の単位でチャートをグルグルと動かすことができる。年と月で動かすこともできるとさらに便利なのだが。

チャートの下のスペースにはアスペクト・グリッドも表示される。アスペクトは、カラーをカスタマイズすることもできるがオーブは固定（これも Full 版と Pro 版では変更可能）。

他にも、8つの月相や月のアスペクトのタイミング一覧表を出して一気にチャートへ飛べたり、プラネタリー・アワーを表示することができたり、各天体の逆行時期表を出すことができたりと、無料とは思えない機能充実ぶりである。動作は比較的軽快。

・AstroTab Free（開発：ZodiaComputing）

https://play.google.com/store/apps/details?id=com.zodiacomputing.AstroLab.free&hl=ja

出生チャート作成の他に、2重円にしてトランジット、シナストリの

チャートが作成できる。チャートのデザインはかなり良いと思うが、度数表示が別ページになってしまうところは残念。アスペクトもグリッド表示とリスト表示の両方が出せる。

　トランジット時には設定により、2分・30分・1時間・1日・1月単位毎にチャートを回すことができる。使用できるアスペクトはメジャーの5種類で、オーブの調整も出生チャート時とトランジット時と分けた設定が可能。なお、目立たないところに広告が入る。このアプリケーションは他に有料版（928円）とPro版（1,414円）があるが、どちらもセカンダリー・プログレッションは使えないのが残念である。

PC版　無料ホロスコープ作成ソフトウェア

（64bit版のWindowsではインストールできないソフトウェアもあるので注意）

・Planetdance（開発: Jean's software）
http://www.jcremers.com/?id=Home&lan=en

　有料のAndroid版も販売されているが、機能はほぼ同じで多くの機能を備えている（詳しくはスマートフォン用の有料版アプリケーションを参照）。

　特に現状ではWindowsの無料ソフトウェアで、天文暦を表示できるのはこのソフトウェアだけであろう。恒星のリストを表示するときのみ、日本語のWindowsシステムでは感受点とサインの表記が文字化けしてしまうのが残念。英語システムに切り替えての使用を勧める。

・What Watch（作者: Robert Amlung）
http://www.papertv.com/

　洗練されたポップなデザインなうえ、WindowsとMac両方のプラットホームで使用することができる（ただしMac版には2015年現在、保存されたデータの読み込みに問題がある模様）。一番の特徴としては、ふたつのホイールがタブ切り替えで用意されており、これを駆使

することにより多彩な操作を可能にしている。

　さらに特筆すべきことは無料のソフトウェアでは唯一、出生、プログレッション、トランジットの3重円が表示できることである（ただしプログレス天体は月から火星までと、トランジット天体は木星から冥王星のみ）。

　それ以外は2重円表示のみだが、ソーラー・アーク・ディレクション、ソーラー・リターン、ルナ・リターン、相性では、シナストリ、コンポジット、コンポジット改良型のDavisonなどの多彩なチャートが表示可能である。

　このホイールは、「月、日、時、分」でグルグルと動かすことができるのだが、1度ホイール2に切り替えてから動かさなくてはならず、さらに1ステップを動かすたびにホイール1に戻ってしまうので、最初は少し戸惑うかもしれない。

　また、このふたつのホイールは、シナストリ・チャートの際にインナー・ホイールとアウター・ホイールをタブで切り替えることができたり、相手のチャートをボタンひとつでON／OFFできるのが便利である。

　そして変わっているのが、アスペクトの扱いである。

　これらはスクエアやトライン、または90度や120度などと表示されているのではなく「2、4、3、8、6」とあるだけ。これが何を意味しているかというと、360度を2か4で割るのか（180度と90度）、3で割るのか（120度）、8で割るのか（45度）、6で割るのか（60度）といったようにハーモニクスを意味しているのだ。

　これらのボックスにチェックを入れることにより、表示させる否かを選択する。また全てオフにしておいても天体を直接クリックすることにより、その天体が持っているアスペクトを表示してくれる。できれば出生チャート用とトランジット用とのオーブの使い分けが欲しい。

　これらのアスペクトの扱いの本来の目的は、作者が「harmonic aspectarian」と呼ぶ、定規のような360度の升目の上に惑星が並べられたハーモニクス表を表示させる機能のためなのだ。これにより、その人の気質（エネルギーやインスピレーション、喜びなど）をリーディ

ングする。

　これ以外にもエッセンシャル・ディグニティー表、月の位相、プログレス・ルネーション・サイクル、プログレス・マーキュリー・サイクル、別画面で起動するアストロ・カート・グラフィなど、他では持ってない機能も多く用意している。

　さて、このように本当に様々な操作が可能なのであるが、極力クリックひとつで操作できるように考えられており、感覚的に扱える。タッチパネル式のタブレット型ウインドウズ・マシンなどでも、使いやすいのではないかと思う。

・StarFisher（作者: Tomas Kubec - OrionSoft）
http://www.starfisher.cz/starfisher/EN/
　出生チャートの他に、2重円にしてトランジット、セコンダリー・プログレッション、ソーラー・リターン他各種リターン図の表示。残念ながらソーラー・アーク・ディレクションは装備されていない。相性では、シナストリ、コンバインを使用でき、アスペクト・グリッド表、ミッドポイント・グリッド表も表示できる。

　このソフトウェアの特徴は、特にイレクショナル占星術（時期判断）に便利な機能を備えていることだ。

　トランジットやプログレッションで2重円を出す前に、「出生×トランジット」、「出生×プログレッション」、「トランジット×トランジット」、「プログレッション×プログレッション」のいずれかを選択して、アスペクトができるタイミングの一覧（イレクショナル天文暦）を算出する。

　この一覧から表示させたい日程をクリックすれば、希望するアスペクトが形成されるチャートを簡単に呼び出せる。このような機能は通常、高価なソフトウェアにしか備えられていない。

　さらにこの機能によって呼び出されたチャートは、それぞれ独立したウインドウとなるので、PCの画面が広ければいくつでもチャートを並べて比較することができるのである。

そして表示させたチャートをツールバーにあるタイム・ステップのボタンで「秒、分、時、日、週、月、年」を選択し、隣にある「＋、－」でホイールを回し任意のタイミングに追い込む。（キーボードの＋、－でも可能）望みのタイミングが見つからなければ「Reset date」ボタンでいつもで元に戻すことができる（キーボードのアスタリスクでも可能）。

その他気の利いた機能として、2重円のときにキーボードのスペース・バーを叩くと、インナー・ホイールとアウター・ホイールが入れ替わる。これはシナストリを使う際には非常に便利である。

・Astrolog 5.40（作者: Walter D. Pullen）
http://www.astrolog.org/astrolog.htm

昔からある定番のソフトウェア。非常に軽快で豊富な機能を備えている。出生チャートを多用する使い方では、位置情報（緯度・緯度）を数値でその都度入力しなくてはならず、多少面倒であるが、慣れればメインで使えるくらいのクオリティーである。

ネットで検索すれば、設定方法や使用法を日本語で丁寧に説明しているサイトが見つかるので、ここでは設定の説明は省くこととする。

出生チャートの他に、2重円にしてトランジット、セコンダリー・プログレッション、相性ではシナストリ、コンポジット他のチャートを表示することができる。ソーラー・アーク・ディレクションやソーラー・リターンが表示できないのは残念。

また、アディー調波やアストロ・カート・グラフィ、アスペクト・グリッドとアスペクト・リスト、ミッドポイント・リスト、アラビック・パーツ・リスト、ヘリオセントリック・チャート、ディスポジター・グラフ、ゴークランセクター・チャート、ローカル・ホライゾン・チャート、バイオリズム・チャートなどマニアックなデータも出せる。

そして、ハウス・システムは15種類、アスペクトは18種類、小惑星は5種類、ウラニアン天体8種類、恒星は47種類など感受点も豊富に揃えている。

他にはない機能として、チャートをテキスト形式に変換（スクエア・チャート）してコピー＆ペーストすることができる。

・Morinus（作者: Robert Pluto）
https://sites.google.com/site/pymorinus/
　表示できるチャートはレボリューションズ（回帰図）、サン・トランジット（太陽が指定した感受点に重なる時の図）、セコンダリー・ディレクション（プログレッションのこと）、イレクションズ（時期判断）、スクエア・チャート、プロフェクション・チャート、マンデン・チャートなどを表示。2重円にできるのはシナストリのみ。
　このソフトウェアの一番の特徴は、様々なテーブルをキーひとつで表示することができることだ。
　珍しいところではアルムーテンの表示や、アンティションとコントラ・アンティションのリスト、恒星にコンジャクションしている感受点をグリッドで表示。また他にも天体のスピート、30度ストリップ、イグザクト・トランジット、ミッドポイントなど、主に伝統的占星術やホラリー占星術で使用するデータ表示を多く備えている。

・ZET 9 Lite（作者: Anatoly Zaytsev）
http://www.zaytsev.com/
　プロフェッショナル仕様のソフトウェア「ZET 9 Pro」「ZET 9 Geo」のライト版。機能限定のライト版と言えど、非常に多くの機能を備えている。
　チャートは2重円まで表示することができるが、使えるのはトランジットとシナストリのみで、セコンダリー・プログレッションやソーラー・アーク・ディレクションは上位版でないと使用できない。
　タイム・ダイナミクスは、「秒、分、時、日、月、年」を選択してステップで、インナー・ホイール、またはアウター・ホイールを動かすことができ、マウスでドラッグして直接ホイールを動かすこともできる。
　アスペクト・オーブは出生チャートとトランジット用の2セット設定

でき、マウスの右クリックひとつでアスペクト・グリッドを表示できる。テーブル・メニューも豊富に備えられており、便利なものでは、月のアスペクト、月のボイド、月齢、日食月食、天体イングレスなどがある。

さらにカスタマイズすれば、アンティッション、恒星、ウラニアン天体、ディグニティー、ハウスのアルムーテン、天体のスピード他、非常に様々なデータが表示可能であったり、感受点やチャート自体のカラーも変更することができる。

また「Horoscope」のメニューから、「Interpretation」→「Prognostication」と進んでいくと、3日間のみだがトランジット10天体が作るアスペクトを時系列のグラフとして可視化してくれる。これは毎日の占いなどを作る際には重宝しそうな機能だ。英語ながら各天体同士が織り成すアスペクトの解釈も表示してくれる。

他ではあまり見られない機能として、ショートカット・キー・マネージャーというものがあり、これは様々なメニューの呼び出しを好きなキーに割り当てて登録することができる。

・チャート占星術（作者: 石井 由紀夫）
http://www.vector.co.jp/soft/win95/amuse/se070690.html
日本語で使える1重円のみのシンプルなソフトウェア。

データ保存ができないのが残念だが、なんとその人の運勢や13項目にわたる13日分の日運まで出してくれる。運勢読みは太陽や火星・金星だけでなく、アセンダントやハウスのルーラーからも読んでいるので結構本格的。

日運の項目には「模様替え」や「おねだり」まであるのが面白い。

また相性の項目では、恋愛やビジネスなど7項目をグラフ形式のパーセント表示してくれる。アスペクトはマイナーも含めて12種類。オーブも設定できグリッドで表示される。ハウス・システムはプラシーダスのみ。プリントアウトすると1枚の中に、チャートの他に運勢まで入れてくれる。

訳者あとがき
The Afterword by the Translater

　本書は Kevin Bark, Astrology: Understanding Birth Chart (Llewellyn Publications, 2006) の全訳である。それなりのボリュームのある本ではあるが、あくまで占星術初心者も読者対象として想定されて書かれている。とはいえ、少し頁をめくってみればおわかりの通り、本書には占星術のかなり専門的な概念や解釈の技法が多数含まれている。そのため内容的には、占星術初心者だけではなく、長年の占星術ファンの方でも、間違いなく十分な読み応えを感じていただけることと思う。原書の背表紙には、本書の内容についての自信に満ちた紹介文が掲載されているので、ひとまずそれをここに載せておきたい。

　占星術を素早くかつ自信を持って実践したい人が、しっかりとした基礎を身に着けていくための包括的で非常に明解な進路がここにはある。たった一冊の中に、出生チャートを真に理解するための基礎となる概念と技法が揃っている。
　未熟な占星術家によって書かれた本は、過度に単純化されてしまっていたり、焦点が定まっていなかったり、範囲を広げすぎてしまっていたり、曖昧な説明により失敗に終わっているものが多い。よくある最も大きな問題としては、著者が素晴らしい占星術家であっても、その人物が素晴らしい教師であるとは限らないということだ。
　この本が証明しているように、ケヴィン・バークは、そのどちらでもある。本書はNCGRのレベル1の占星術の認定試験を受けようとしている学習者たちのために、彼が考案した教育課程に基づいている。章を追うごとに読者は、基礎の理解から実践的な応用、さらには占星術の最終的ゴール——単なる部分の寄せ集めではなく、チャートを全体として把握する能力——にまで導かれていくことになる。

　奥付のプロフィールにもあるように、著者のケヴィン・バークは

訳者あとがき

　NCGRの占星術カウンセリングにおけるレベルIVの認定資格を有するプロフェッショナルの実践家であると同時に教師でもある（NCGRについては、本書483頁に紹介がある）。また、本書にも何度か名前が登場する古典の占星術の分野では、良く知られたJ・リー・リーマンの下で学んだ経歴がある。そのリーマン自身からも、本書に対して次のような推薦の辞が送られている。

　　わたしはケヴィンを何年も前から知っているが、彼には研究家としての面でも実践家としての面でも非常に感銘を受けてきた。本書は21世紀に再発見され、発展させられ、受け継がれた占星術についての見事なまでの包括的な紹介となっている。ケヴィンの説明の仕方は明晰である――彼には教師としての才能がある。

　ところで、ここ日本でも「西洋占星術」が一般に知られるようになってから、かなりの年月が経っている。大型書店に行けば、相当数の占星術の関連書籍が並んでいる。いまさらそんな中で、あえて本書を日本の占星術ファンに紹介する意義とは何なのか？　その理由を説明しながら、本書ならではの特徴となるところを伝えておきたい。
　まずそのひとつとして、本書にはこれまで日本で出版された占星術書の中で、あまり触れられることのなかった内容が多く盛り込まれているという点が挙げられる。たとえば、アンティシアとコントラアンティシア、パラレルとアンチパラレルなどのかなり専門的な「アスペクト」の紹介、また多数のアスペクト・パターン、小惑星カイロン、月のノードなどについての詳細な解釈、そしてチャートの総合的な判断の手順など、どれもこれまでの類書にはないほど丁寧な解説がなされている。この点において、占星術の本格的な基礎知識を包括的に学びたいと思っている方には、まさにうってつけの本だと言えるだろう。また、それぞれの占星術の技法についても、背景の考え方へと遡ることで、常に論理的な説明が行われている。したがって、出生チャートの解釈方法を単に覚えるのではなく、なぜそうなっているのかということまで、しっかりと

理解することもできる。その意味では、仮にこれまでどの占星術書を読んでも、その考え方の根拠がわからないまま曖昧なままになっていたことに対しても、ある程度の明瞭な答えを見つけることができるだろう。

　以上のようなことからだけでも、熱心な占星術ファンの方にとっては十分な魅力となるはずだが、実のところ、本書のより大きな意義は、それらとはさらに別のところにある。それをひと言で言うならば、著者ケヴィンによる非常に挑戦的な目論見である。ここでわたしの述べた「挑戦的」という言葉が意味するのは、すでに一読していただいた方ならばお気づきの通り、現代の占星術とは本質的に異なる伝統的な占星術の概念や技法を、積極的に取り入れていこうとする著者の意欲的な取り組みのことだ。ここで言っていることを占星術初心者にもわかっていただくためには、そもそも「伝統的」な占星術とは何なのかということについて、少々解説を加えておく必要もあるだろう。

　意外に思われる方もいらっしゃるかもしれないが、今日における一般的に広く知られている占星術の技法は、古い時代の占星術のものとまったく異なる。ここでその差異について、占星術の歴史を追いながら詳述するゆとりはもちろんない。したがっておおまかな言い方で許していただけるならば、古代のヘレニズム期から続いてきた占星術のシステム（以下、この過去の時代から存在する占星術のことを「伝統的占星術」と呼ぶ）と、19世紀末から20世紀初頭にかけて新たに確立された占星術のシステム（以下、この新しい占星術のことを「現代占星術」と呼ぶ）では、その背景となっている世界観や基本原理はもとより、その具体的な解釈の技法にいたるまで、非常に大きな違いがあるという点を指摘しておきたい。ちなみに一般的な日本の占星術書について言えば、入門書であれ専門的なものであれ、その圧倒的多数は「現代占星術」特有の世界観や技法に基づいて書かれている。はっきり言ってしまうと、今日の日本で広く流通している占星術は、雑誌やテレビの「星占い」から占星術の専門書に至るまで、その根本的な発想にあるのは「伝統的占星術」ではなく、20世紀に入ってから大きく広まった「現代占星術」なのである。

訳者あとがき

　では、「伝統的占星術」と「現代占星術」は、何がどれほど違うのか？　その違いがどれほど大きいかを際立たせるいくつかの簡単な例を挙げてみよう。
　まず「現代占星術」では当たり前となっている人間のパーソナリティを「12星座」の性質を使って記述するということは、まず「伝統的占星術」には見当たらない。今日一般的に広まっている「各星座の性質」なるものは、今から100年少し前に確立したものにすぎない。歴史的な観点から言うと、たとえば牡羊座は「衝動的」であるとか、牡牛座は「野心的」であるといった描写は、19世紀末から20世紀初頭のイギリスで活躍した神智学者であり占星術家のアラン・レオ（1660-1917）の著作に端的に由来する（アラン・レオの名は本書の中にも数箇所に登場している）。そもそも「伝統的占星術」では、人間の性格描写に12星座の性質が用いられることはない。すなわち、今日のような「何座生まれか」という発想は存在しない。
　さらに、本書でも大々的に扱われている「エッセンシャル・ディグニティ」は、逆に「現代占星術」の中のチャートの解釈上では、ほとんど考慮されないか、場合によっては話題に上ることすらない。だが、「伝統的占星術」においてエッセンシャル・ディグニティは、出生チャートの中での天体のコンディションを判断するのに非常に重要な要素としてみなされていた。というよりも、エッセンシャル・ディグニティの判断なしには、ホロスコープの解釈は成り立たないと言うべきだろう。特に本書でも登場する天体とサインの間のルーラーシップ（昔の呼び方では「ドミサイル」）の関係は、各天体が象徴するものが何であるか（言い換えると、各天体がどのハウスと関連しているのか）を決定できないため、チャートの解釈は事実上不可能である。
　今述べてきたようなことがピンとこないとすれば、ひとつにはわたしのここでの説明が足りていないということも、もちろんある。だが、逆に言えば「伝統的占星術」の技法がどれほど今日廃れてしまっているかということ、さらにはチャートの解釈の方法が「現代占星術」との間でどれほど大きな隔たりがあるのかということを意味している。

The Afterword by the Translater

　念のために断っておくと、「現代占星術」と「伝統的占星術」の優劣を、ここで論じたいわけではない。それよりも理解していただきたいのは、チャートを実際に解釈していく上で見ても、ふたつの占星術の間には非常に大きな違いがあるということ。そして繰り返しになるが、今日知られている占星術の技法の多くは、19世紀末から20世紀初めにかけての占星術のリフォーム期において新しく考案されたものにすぎず、決して「伝統的」なものではないということだ。

　では、今日わたしたちの時代において、「伝統的占星術」はいったいどこへ行ってしまったのか？　確かに「現代占星術」に関連する書物の大量出版の下、目立たなく埋もれてしまっていると言わざるをえない。とはいえ、実のところ英語圏の一部の占星術家の間では、すでに1990年代から「伝統的占星術」の復興の気運が強まっているという事実もある。もちろん、依然として主流は「現代占星術」であることに変わりはないが、忘れられていた過去の占星術の技法に光を当てようと試みる占星術家・研究家・翻訳家たちも、すでに登場して久しい。本書はそうした勢いを増していく潮流の中で書かれたものなのである。ちなみに、日本でも「伝統的占星術」に関連する書籍は、わずかながらすでに出版されている。たとえば、2013年に出版されたKuni. Kawachi氏の『愛のホラリー占星術──リセプションについて』（グッドタイム出版）もそのひとつである。本書のような出生占星術ではなく、伝統的な技法に基づくホラリー占星術の解説書である。また、本書にも登場する17世紀のイギリスの占星術家ウィリアム・リリーの『クリスチャン・アストロロジー』の翻訳も、先ごろ日本語訳が出版された（『クリスチャン・アストロロジー　第三集』田中要一郎監訳、田中紀久子訳、太玄社発行　ナチュラルスピリット発売）。また、インターネットでも「伝統的占星術」ないしは「古典占星術」などのキーワードで検索すれば、日本における研究熱心な占星術家による有益かつ専門的なサイトのいくつかと出会うこともできるだろう。

　とはいえ、ここで誤解のないように述べておかなければならないのは、本書が完全な意味での「伝統的占星術」ではないということだ。本

訳者あとがき

書はあくまで「現代占星術」をベースにしながら、「伝統的占星術」の技法を組み込んでいこうとする試みにすぎない。だが、先ほど述べた「挑戦的」という意味は、この点にこそある。すなわち、著者ケヴィンの目指すところは、「現代占星術」に「伝統占星術」の技法を取り入れ、新たな地平を切り開いていくことにあるのだ。そういう意味では、あくまで本来の「伝統的占星術」にこだわる人からすると、必ずしも「伝統」のみに根差した占星術ではないため、本書の内容を中途半端で物足りないと感じられるかもしれない。いや、それどころか、「現代占星術」に合わせるために、「伝統的占星術」の技法を歪曲してしまっているという意見が出てきたとしてもおかしくはない。実際、本書には「伝統的占星術」とは異質の「現代占星術」の考え方や技法が数多く含まれている。また、古来の技法も、かなり大胆に現代流にアレンジされることで、チャートの解釈においては「伝統的占星術」に基づく解釈とは、別物となってしまっている。

　そもそものことを言えば、本書の占星術の背景となっているのは、「伝統的占星術」とはまったく異質な世界観である。元来、「伝統的占星術」は、古代ギリシャの哲学者アリストテレス（前384-前322）へと遡る秩序ある宇宙観が、その背景を形作っていた。しかし今日から見て、いわゆる「科学革命」とも呼ばれる時代となる17世紀には、それまで長らく公認のものとなっていたアリストテレス的な地球を中心とする宇宙観が覆されていくとともに、その後の占星術の威光は大きな翳りを帯びざるをえなくなった。この宇宙観の大きなパラダイム・シフトの後、占星術を再生させるためには、まったく別のコンテクストに移植される必要があった。それを行ったのが、前述のアラン・レオだった。彼は19世紀末に勢力を拡大していった「神智学」という秘教的な体系を占星術の後ろ盾にすることで、占星術の活力を再燃させたのである。そういう意味では、占星術の復興、別の言い方をすれば「現代占星術」というまったく新たな占星術の誕生は、神智学の思想との融合によって始まったといっても過言ではない。

　本書の著者ケヴィン・バークが、アラン・レオから始まる神智学的占

星術の影響下にあることは明らかである。というよりも、今日の一般的な占星術書のどれを見ても（伝統的占星術に完全に従事している著書を除く）、たとえアラン・レオの名前が出てこなかったとしても、神智学的占星術が耕した土壌から育っていったものであることは疑いえない。たとえば日本では、鏡リュウジ・岡本翔子両氏によるリズ・グリーンの著書『占星学』の紹介から始まり、最近では石塚隆一氏によるノエル・ティルの著書の翻訳によっても広く知られるようになった「心理占星術」さえも、その発想の源流へと遡っていくならば、最終的にはアラン・レオに行き着くと言っても差支えないだろう。

　神智学的占星術に由来するアイデアは本書のいたるところで見られる。たとえば、本書でたびたび言及されている「カルマ」、「前世」、「人間の進化と成長」といった本来は神智学に由来する考え方などは、もちろん過去の「伝統的占星術」にはまったく見当たらない。さらに「自由意志と宿命論」（37頁－39頁）についての説明も、端的にアラン・レオからの影響があることは間違いない。一方、「錬金術の法則」といった言葉で述べられている考え方も（40頁）、ユング心理学及び心理占星術からの影響が濃厚である。さらにすべてのものとの合一へと向かう人間の超個の意識状態の段階と関連づけられる天王星、海王星、冥王星は、トランスパーソナル心理学や1970年代から80年代にかけてのニューエイジ思想の影響が如実に現れている。

　こうした点から見てみると明らかではあるが、本書は神智学的占星術から始まり、20世紀後半に開花した心理占星術へと至る「現代占星術」の洗礼を受けながらも、「伝統的占星術」にも敬意を抱き続ける著者によって行われた過去と現在のふたつの占星術の統合の試みだと言えるだろう。この日本で、それがどのように受け止められるかは定かではないが、21世紀の現在進行形のひとつの占星術の形として、多くの占星術ファンの方々の目に留まることがあるならば幸いである。

　ここで本書の訳注1で述べた「サイン」という訳語についてもひとつ述べておきたい。

訳者あとがき

　西洋占星術で言うところの「サイン」というのは、地球の周りを一周する見かけ上の太陽の通り道である「黄道」を、30度ずつ12に分割した幾何学的な空間のことである。すなわち、サインは恒星が形作る実際の「星座」とはまったく異なる。英語では天文学上の「星座」のことを、constellation と呼び、占星術における黄道上の12等分の空間を指し示す名称のことを sign と呼ぶ。だが、日本語では constellation も sign のどちらも「星座」という同一の訳語が用いられているため、占星術に登場する「牡羊座」、「牡牛座」が、黄道上を12等分された空間の名称ではなく、夜空に見える実際の星座と勘違いされてしまうことになる。したがって、本書ではその誤解を避けるために「サイン」と表記することにした。

　もうひとつ原書ではかなりの頻度で用いられている identity という語の訳語について。当初、この語に対しては一般的に心理学などの分野で用いられる「自我同一性」、「自己同一性」、「同一性」、あるいは「主体性」などといった訳語を用いるべきか、あるいはすべてを「アイデンティティ」とそのまま片仮名にすべきかと思案していた。だが、どうしても文章によっては意味を取りづらくなってしまうため、最終的には文脈の意味に応じて、いくつかの訳語を便宜的にあてることにした。したがって、場合によってはそのまま「アイデンティティ」、あるいは別のところでは「自分らしさ」、「独自性」、「固有性」、「同一性」と訳し分け、いずれもが identity の訳語であることがわかるように、少々わずらわしくなることを承知の上で、それぞれに対して「アイデンティティ」とルビを振っておくことにした。

　その他の占星術の専門用語についてのいくつかは、片仮名のままにしておいたものもあるが、そのそれぞれについては訳注を付すことで、ある程度、その意味を補っておいた。

　最後に本書を訳出するまでの経緯についても少しお話ししておきたい。

　実のところ、わたしにとって占星術関連の書籍の出版としては本書が

初めてとなる。当初は最初に出す占星術の訳書を、より「伝統」に忠実な内容のものにすることを検討していた。ただ、本書は2006年の出版当時から、各種カルチャー・スクールなどでの「現代占星術」の講座のときの参考文献のひとつとして用いていたことから、そこに参加された受講生の方から、全文を読みたいという声が非常に多かった（わたし自身がカルチャー・スクールなどで占星術の講座を行う場合、「現代占星術」の話をさせていただくこともあれば、「伝統的占星術」の話をさせていただくこともある。ちなみに、あくまでわたしの考えではあるが、どちらのタイプの占星術も、それぞれの背景となる世界観や思想という観点から見ていくならば一貫した理論があり、等しく興味深く、一概に優劣をつけてしまうことはできないと思われる）。受講生の方々の話を聞いて見ると、どうやら「伝統的占星術」にも興味はあるが、今まで学んだ「現代占星術」も捨てがたいという思いがどうしてもその根底にはあるようだ。そうした要望に後押しされて、他の候補となっていたより「伝統的」な占星術書を後回しにして、本書の翻訳に着手することとなった。

　本書の翻訳は、すでに2013年の秋の時点で、5章、7章、12章、付録を除いて、ほぼ完成していた。だが、私事が多忙を極めてしまい、本書の翻訳に割く時間がなかなか取れなくなってしまったため、残っている前述の箇所の下訳を佳岡美歩さんに、急遽お手伝いいただくこととなった。そして、2度の年が明けた2015年1月から3月までの間に、再び全文を通して訳を見直し、ようやく脱稿するに至った次第である。先ほども述べたように、出版当時の2006年から参考文献のひとつとして講座で用いていたころからのことを考えると、本書とは随分長い時間にわたってのつき合いとなった。これまでも何度も一緒に本作りをさせていただいている編集者の木本万里さん、並びにいつも素晴らしいデザインをしてくださる高岡直子さんには、今回もまた非常にお世話になった。この場を借りて、深く感謝の思いを述べておきたい。また、本書では「日本語版付録」として、占星術ソフト＆アプリの紹介も掲載した

が、これについてはわたしのまったく苦手な分野であるため、占星術家の賢龍 雅人さんにお願いして書いていただいた。非常に懇切丁寧な解説となっているので、きっと日本の読者の方に大いに参考にしていただけることと思う。急なお願いにもかかわらず、快く引き受けてくださった賢龍さんにも、改めて感謝の気持ちを伝えておきたい。

2015年8月1日

伊泉 龍一

索引
Index

あ行

アウター・プラネット 47-49, 62, 78-81, 83, 86, 89, 145, 155-159, 164, 237, 289, 299, 311, 316, 352, 354, 397-398, 426, 447, 460, 474

アストラル 42, 422

アスペクト 31, 46, 62, 88, 237, 301-302, 304, 306-325, 328, 330-332, 353, 361-363, 390-392, 394-395, 400-401, 406, 411, 413, 417, 419-422, 425-426, 428-432, 436-441, 451, 466, 468, 470, 478, 481

  衰弱していく（欠けていく） 58, 313-314, 346, 357

  増強していく（満ちていく） 58, 313-314, 346, 357

  定義されているもの

    インコンジャンクト 308-309, 324, 327

    クィンカンクス 306, 308-309, 316, 324-327, 420-422, 424, 439-441, 470

    クィンタイル 308-309, 320-321, 324, 425-426

    クォードノヴァイル 323

    コンジャンクション 247, 306-310, 314, 316-317, 331-332, 346, 353, 356-358, 392, 397, 429, 433, 437, 440-441, 452, 454-457

    コントラパラレル 306, 331-332

    セクスタイル 306-309, 316, 321, 323, 331, 405-410, 420, 422, 431, 440-441, 456-457

    セスキクォドレイト 309, 316, 322-323, 336-337

    セプタイル 309, 321-322

    セミスクエア 309, 316, 322-323, 356-357, 439

    セミセクスタイル 308-309, 324-325, 423-424

    デサイル 309, 324

    トライン 61, 306-309, 312-313, 316, 319, 321, 323, 331, 346, 352, 390, 392-394, 400-410, 423, 456, 469

    トリセプタイル 321-322

    トレデサイル 324

    ノヴァイル 309, 323

    バイクィンタイル 308, 320-321, 425

    バイセプタイル 321-322

    バイノヴァイル 323

    パラレル 306, 331

    ハーモニック 306, 308-309, 312-313, 315-316, 317-324, 393-395, 397, 426

    ホール・サイン 263, 306, 308, 397, 410, 426

アスペクト・パターン 304, 390-391, 393-397, 402, 406-410, 412, 420, 422-426, 428-430, 436-437, 441, 451, 466, 478-479

  カイト 405-406, 423

  グランド・クィンタイル 425-426

  グランド・クロス 390, 393, 412-419

  グランド・セクスタイル 409-411

  グランド・トライン 390, 393, 400-406, 410, 423

  ステリアム 390, 396-399, 431, 464, 466-467

  Tスクエア 390, 393, 410, 416-420,

索引

467-469
ブーメラン 423-424
ミスティック・レクタングル 407-408
ヨッド 390, 410, 420-424, 437, 441
アセンダント 53, 262, 264-266, 268, 272-274, 277-278, 282-284, 293-295, 302-303, 312, 392-393, 442, 451, 455, 461, 464-465
顕わにすること 50
アラン・レオ 33, 37, 310, 485
アンギュラー 272-273, 276
アンティシア 306, 326-327, 330-331, 332, 421
医学占星術 32, 36, 486
射手座 80, 94-95, 104-105, 112, 128-131, 157, 165, 167-168, 174, 179, 181, 183, 190-191, 193- 194, 203-204, 206-207, 215, 217-218, 226, 233-234, 242-243, 249, 254-255, 259-260, 270, 293-294, 327, 329-330, 342-343, 368, 376-378, 443, 461, 464-467, 469
イベント解釈 35-36
イムム・コエリ 53, 272-3, 275
イレクショナル占星術 35-36, 38, 152, 263, 345, 492
陰 56, 58, 63-64, 66, 70, 86, 95, 175, 194
インコンジャンクト 308-309, 324, 327
インド占星術 338
インナー・プラネット 47-48, 80-81, 145, 237, 297
ウィリアム・ハーシェル 48
ウィリアム・リリー 32, 150, 294, 310
魚座 99, 104, 106, 137-139, 146, 157, 165, 172, 174, 177, 183, 193-194, 199, 209, 215, 217, 220, 226, 236-237, 244, 250-251, 312, 327, 329, 339-340, 342-343, 345, 370, 385-388, 461, 470
エーテリック 42

エグゼルテーション 105, 108, 111, 113, 116, 119-120, 122-123, 125, 128, 131, 134, 137, 144-145, 148-149, 151, 165-166, 174, 183, 194, 204, 215, 225-226, 290, 295, 299, 329, 449, 463-464, 476,
エッセンシャル・ディグニティ 142-147, 149-150, 152, 155-156, 158, 164, 216, 237, 286, 290-291, 297, 299, 328-329, 449, 463, 471, 476-477, 491, 493
エッセンシャル・ディビリティ 144-145, 158, 234,
エモーショナル 41-42
牡牛座 97, 103, 108-111, 157-159, 170-171, 174, 177-178, ,183, 187, 194-195, 200, 204, 210, 215, 223-224, 226, 229-230, 238, 246, 270, 300, 302, 326-327, 339-340, 344, 373-376, 392, 421, 443, 448, 452-453, 455, 457-458, 467
オーブ 307, 309-315, 326, 393-395, 397, 426, 429, 431, 437
乙女座 97, 104, 119-122, 157, 165, 171, 174, 178-179, 183, 188, 194-196, 204, 210-211, 215, 224, 226, 230-231, 237, 240-241, 247, 253, 258, 290, 295, 301, 302-303, 314, 317, 327, 341, 385-388, 392, 397, 440-443, 458, 461, 464-465
牡羊座 95, 101-102, 105-109, 145-146, 153, 156-157, 164-167, 174, 180, 183, 189-190, 194, 201-206, 209, 215-216, 226, 232, 236-238, 245, 248, 270, 295-296, 307, 313, 326-329, 338-340, 342, 344-345, 361, 368, 370-373, 413, 418, 421, 438, 442-444, 449, 455-458
オポジション 306-309, 314, 316, 318, 325-326, 331-332, 346, 356-357, 363, 393, 405-413, 416-417, 419, 421-424, 468-469
恩恵 130, 149, 199, 208, 210, 227, 231,

246, 249, 369, 384, 387, 401, 403

か行

海王星　33, 48, 84, 86-88, 90, 137-138, 146, 156-157, 237, 245, 249-256, 259, 292, 300, 352, 431, 439

下位の惑星　60, 62

カイロン　68, 79-81, 237-244, 292, 352, 391, 431-432

火星　28, 48-49, 51, 60-61, 69-71, 105-106, 113, 118, 125-127, 131-133, 136, 139, 142, 147, 157-158, 205-214, 270, 290, 294-295, 301-302, 311-313, 327-331, 346, 350-351, 354, 359, 361, 364-365, 392-393, 397, 399, 421, 440, 443, 448, 450, 452-453, 455-457, 461-462, 467, 468-470

カデント　272-273, 275, 277

蟹座　99, 101-102, 114-116, 157-160, 165, 172-176, 183, 191-192, 194, 197-199, 204, 207-208, 215, 218-219, 225-226, 235-236, 239-240, 246, 251-252, 257-258, 270-271, 274, 292-294, 300, 302, 312, 327-328, 330, 341, 344, 379-381, 394, 413, 418, 421, 431-432, 435, 437-438, 440, 442-443, 468-469

カルマ　42, 76, 360, 363

カンパヌス　263, 265

逆行　52, 56, 59-63, 65-66, 69, 72, 75, 79, 82, 86, 89, 257, 336-337, 340, 345-353, 357, 428, 480

金星　48-49, 51, 60, 62, 66-70, 82, 107-110, 115, 118, 121-124, 128, 130, 133, 136-137, 139, 145, 153, 157, 159-160, 194-205, 228, 291-292, 295, 300, 302, 311, 327, 330, 346, 348-349, 354, 359, 361, 421, 425-426, 431, 433-435, 443, 448, 450, 456-458, 461-462, 464-465,

467-470, 481,

クアドラント・システム　265

クィンカンクス　306, 308-309, 316, 324-327, 420-422, 424, 439-441, 470

クィンタイル　308-309, 320-321, 324, 425-426

空気　95, 99, 111, 122, 134, 157, 184, 226, 308, 400, 403

クォードノヴァイル　323

グランド・クィンタイル　425-426

グランド・クロス　390, 393, 412-419

グランド・セクスタイル　409-411

グランド・トライン　390, 393, 400-406, 410, 423

クリスチャン・アストロロジー　32

月食　359

ケテリック　41-42

元素　95-103, 105, 108, 109, 111, 113, 116, 119, 122, 125, 128, 130-131, 134, 137, 157, 175, 177, 187, 194-195, 199, 200, 204-205, 210, 226, 289-290, 299, 304, 308, 313, 319-321, 323-326, 360-361, 394, 400-404, 412, 417, 421, 428, 447, 460-461, 465, 471, 474, 480

光体　47

黄道　94-95, 114, 119, 128, 265-266, 274, 306, 331, 338, 357-359, 361-362,

コッホ　263, 266

固定　103-104, 109-110, 116, 125-126, 134, 136, 170, 187, 208, 219, 272, 297, 308, 318, 320, 331, 360, 373, 382, 412-415, 419, 448-449, 452, 462, 474

コンジャンクション　247, 306-310, 314, 316-317, 331-332, 346, 353, 356-358, 392, 397, 429, 433, 437, 440-441, 452, 454-457

コントラアンティシア　306, 326-327, 330-331, 332, 421

コントラパラレル 306, 331-332

さ行 ─────────
歳差運動 338, 340
サイデリアル 338-9, 455
サイン 28, 31-34, 46-47, 49, 54, 65, 94-106, 108-112, 114,116-117, 119, 121-123 125-129, 131-132, 134-138, 142-144, 146-148, 151, 155-158, 164-181, 184-186, 186-197, 199-202, 205-208, 210-213, 215-216, 218-221, 223, 226-229, 231-235, 237, 244-246, 251, 256, 258, 263-264, 267, 269-274, 283-284, 286, 290, 292-294, 304, 306-308, 312-314, 317, 321, 323-331, 333, 338-340, 353, 360-361, 368-369, 371, 373, 379-380, 382, 385, 394, 397-399, 402-404, 406, 410, 413-415, 417-419, 421, 426, 431-434, 440, 442, 448-453, 455, 458, 461-462, 465, 469, 472, 480-481
サウス・ノード 128, 358-369, 372, 375, 377-378, 381, 384-385, 387-388
サクシデント 272, 279
蠍座 94, 99, 103, 125-129, 128, 146, 156-157, 165, 172- 174, 176-177, 183, 192, 194, 198-199, 204, 208-209, 215, 219, 226, 235-236, 242, 248-249, 254, 259, 270, 326-327, 341-343, 373-376, 395, 421
獅子座 95, 103, 116-118, 122, 157, 160, 165-167, 174, 180, 183, 190, 194, 202-204, 206, 215-217, 226, 232-233, 240, 247, 252, 258, 271, 292-293, 295, 303, 327, 341, 344, 382-385, 429, 431, 433-435, 442, 449, 452-455, 457-458
沈む 357
質問占星術 34-35
質問を尋ねている人 35

始 動 101-107, 113, 114, 122, 131, 172, 188. 192, 207, 211, 221, 224, 228, 272, 290, 297, 308, 318, 320, 360, 390, 412-414, 418, 431, 462, 467-469, 474
獣 帯 30, 48, 59, 94-95, 101, 105, 108, 111, 116, 122-123, 125-126, 128, 131, 134, 137, 143, 220, 244, 331, 337-340, 357, 381, 433
出生占星術 32-33, 36-39, 152, 316, 336
出生チャート 37-38, 42-43, 59, 65, 152-153, 155, 158-159, 263, 269, 284, 287-288, 298, 304, 316, 336, 345-346, 348, 350, 352-353, 360, 362, 428, 447, 460, 471
順 行 52, 60-62, 337, 345-349, 351-353, 480
上位の惑星 61
上昇している 263, 274, 303
ジョーティシュ占星術 37
食 332, 357-359
衰弱していく 58, 313-314
水 星 48-49, 51, 60, 63-65, 73, 79, 81, 110-112, 115, 119-120, 128, 136, 157, 160, 183-193, 271, 291-292, 295, 300-303, 311, 346-348, 353, 359, 425, 429, 433-435, 440, 449-450, 456-458, 461, 464-465
スクエア 302, 306-309, 313-314, 316, 319-320, 322-323, 331, 356-357, 390, 393-394, 410, 412-413, 416-420, 431-432, 439-440, 452, 455, 467-470
ステリアム 390, 396-399, 431, 464, 466-467
スペースシステム 266
静止状態 352, 354
赤道儀のハウス 266
セクスタイル 306-309, 316, 321, 323, 331, 405-410, 420, 422, 431, 440-441, 456-

457

セクト 49-51, 52, 56, 63, 66, 69, 72, 75, 79, 82, 86, 89, 149

セコンダリー・プログレッション 315, 336, 353

セスキクォドレイト 309, 316, 322-323, 336-337

セレスチアル 41

世代の惑星 49

セプタイル 309, 321-322

セミスクエア 309, 316, 322-323, 356-357, 439

セミセクスタイル 308-309, 324-325, 423-424

増強していく 58, 313-314

ソーシャル・プラネット 49, 73, 216

た行

ダーマ 42, 363

ターム 144-145, 150, 185-194, 196-198, 201-202, 206, 208-209, 212, 217-223, 225, 227-228, 230, 233-234, 290-291, 294-295, 299, 303, 449-450, 457, 463-465, 476

ダイアーナル 49-52, 54-55, 64, 72-73, 75, 82, 149, 165, 184, 204-205, 215, 226-227, 282-283

タイム・システム 266

太陽 28, 46-62, 64-65, 70, 72-73, 80, 89, 94, 96, 105, 113, 116-118, 122, 124, 130, 136, 149, 153, 156-157, 160, 164-175, 206, 212, 250, 268, 282-284, 291-295, 300, 302-304, 311, 317, 330-332, 356, 336, 338-339, 346, 352, 356-359, 361-362, 392, 397, 425, 431-432, 435, 437-443, 448, 451-452, 455-457, 461, 464, 477, 480-481

太陽を中心とする 59

地球 47, 59-62, 78, 90, 94, 156-157, 258, 331, 336, 339, 357-359, 361-362, 374, 483

地球を中心とした 59

月 28, 47-51, 54, 56-59, 63-65, 108, 110, 113-116, 121, 124, ,130, 133, 136, 139, 146, 147, 157-160, 174-183, 194, 211, 270-271, 282-284, 291-295, 300, 302-304, 311-313, 317, 328, 330-332, 356-362, 368, 391-393, 399, 421, 428, 431-435, 438-439, 441, 448-449, 451, 452-454, 456-457, 461-462, 465, 469-470, 477, 480-481

土 95, 97-99, 102-103, 108-110, 119-121, 131-132, 157, 170-172, 174-175, 177-178, 187-188, 194-196, 210-211, 215, 223, 226, 258, 289-290, 296, 299, 360, 380, 400, 402-403, 405, 407, 409-410, 412, 417, 447-448, 460-461, 474

Tスクエア 390, 393, 410, 416-420, 467-469

ディグニティ（エッセンシャル・ディグニティの項参照）

ディセンダント 53, 268, 272-273, 277-278, 434-435, 441-442, 470, 481

ディスポジター 158-162, 291, 297, 300, 302, 304, 431, 450, 456, 463-464, 467, 471, 476-477, 493

ディスポジター・ツリー 158-162, 291, 297, 300, 302, 304, 431, 450, 456, 463-464, 467, 471, 476-477, 493

停留する 59

デサイル 309, 324

テトラビブロス 31, 307, 316,

デトリメント 144-145, 151, 165, 169, 174, 179, 183, 191, 193, 194-195, 198, 201, 203-204, 210, 213, 215, 221, 224, 226, 232, 235, 290, 299, 329, 432, 449-450,

索引

453-454, 457, 463, 465, 476
天王星　33, 48, 80, 82-84, 87, 134-135, 146, 155-157, 237, 245-250, 259, 300, 352, 397, 433, 437-442, 467
天秤座　98, 101-102, 119, 122-125, 157, 160, 165, 168-169, 174, 181-183, 185-186, 194, 200-201, 204, 213, 215, 221-222, 226, 228, 232, 237, 241, 248, 253, 258-259, 292-294, 326-327, 341, 343-344, 370-373, 413, 418, 421, 431-434, 438, 465, 467
独占的ディスポジター　259
土星　48-50, 73, 75-81, 83-85, 86-88, 115, 118, 122-123, 131-135, 139, 142, 145-146, 157, 185-186, 211, 222, 226-236, 270, 301-303, 311, 317, 329-330, 339, 366, 397, 432-433, 440-443, 449, 452, 454-458, 461-462, 470
土星回帰　48, 76
トライン　61, 306-309, 312-313, 316, 319, 321, 323, 331, 346, 352, 390, 392-394, 400-410, 423, 456, 469
ドラゴンの頭　358-359
ドラゴンの尻尾　358-359
トランジット　316, 322, 336, 350, 352, 358, 364-365, 390, 394, 399, 410-411, 417, 491
トランスパーソナル・プラネット　49, 128, 131, 134, 137, 487,
トリプリシティ　144-145, 151-152, 163, 169, 174, 176, 183, 193, 194-196, 204, 207-208, 210, 215, 224, 226, 232, 290, 299, 329, 449, 463, 465
トリセプタイル　321-322
トレデサイル　324
トロピカル　101, 338-339

な行

ニコラウス・コペルニクス　59
日食　332, 358-359
ノヴァイル　309, 323
ノース・ノード　111, 357-361, 363-369, 372-373, 375-376, 378, 381-382, 384-385, 387-388, 438, 442
ノード　111, 128, 296, 357-388, 391-392, 428, 438, 442, 469, 480
ノクターナル　49-51, 56, 58, 66-67, 69-70, 86, 106-107, 148-149, 175, 177, 184, 194-195, 204, 215, 282
パーソナル・プラネット　49, 84, 88, 91, 237, 296, 346, 397-398, 428, 439, 448, 461-462, 464, 474, 480

は行

バーテックス　391, 434-435, 443, 470, 481
パート・オブ・スピリット　282-284
パート・オブ・フォーチュン　262, 282-284, 293, 295, 302-303, 312, 391, 455, 477
ハーモニック・アスペクト　306, 317-324, 393, 400, 426,
バイクィンタイル　308, 320-321, 425
バイセプタイル　321-322
バイノヴァイル　323
ハウス　31-32, 34, 46-47, 53, 145, 149, 262-282, 284, 286, 289-291, 294-295, 299, 301-304, 306, 353, 368-369, 397, 399, 407, 415, 418-419, 432-434, 438, 442-444, 448, 455, 457-458, 461, 468, 472, 475, 480-481
ハウスシステム
　　イコール・ハウス　263
　　クアドランド・システム　265
　　　アルカビティウス　265
　　　カンパヌス　263, 265
　　　ポルピュリオス　265

527

Index

　　　　レギオモンタヌス　263, 265
　　　　スペースシステム　266
　　　　赤道儀のハウス　266
　　　　メリディアン　266
　　　　タイム・システム　266
　　　　コッホ　263, 266
　　　　プラシダス　266
　　パラレル　306, 331
　　火　95-97, 100, 102, 105-108, 113, 116-118, 128-130, 157, 165, 167-168, 179-181, 189-191, 201, 205-206, 215-217, 226, 232-234, 289-290, 293-294, 296-297, 299, 308, 400, 402, 405, 407, 409-410, 412, 417, 447-449, 453, 460-461, 474
　　東のポイント（イースト・ポイント）265, 391
　　ヒューマニスティック・アストロロジー　37, 360, 487
　　ファイナル・ディスポジター　159
　　ファイナンシャル占星術　35
　　フィジカル　42
　　ブーメラン　423-424
　　フェイス　144-145, 150, 168, 171-172, 179, 181-183, 186-187, 191, 196-198, 201-202, 206, 208-209, 212, 217, 220-222, 225, 228, 230, 233-234, 290, 299, 449, 463-464, 476
　　フォール　144-145, 151-152, 163, 169, 174, 176, 183, 193, 194-196, 204, 207-208, 210, 215, 224, 326, 232, 290, 299, 329, 449, 463, 465
　　フォルトゥーナ　282
　　双子座　98, 104, 111-114, 153, 157-158, 160, 165, 168, 174, 181-185, 188, 194, 199-201, 203-204, 212, 215, 221-222, 226-227, 238-239, 246, 257, 269-271, 274, 300-303, 327-330, 339-341, 344,

366, 368, 376-379, 433-434, 440, 443-444, 448, 457-458
　　プトレマイオス　31, 144-145, 204, 307-308, 316, 323
　　プラシダス　266
　　プログレッション　315, 336, 340, 342, 353-354, 390, 410, 492
　　蛇遣座　94
　　ペレグリーン　150, 152-154, 160, 165, 167-174, 176-183, 185-194, 196-200, 201-204, 206, 212-216, 219, 221-227, 229-233, 235-236, 291, 300, 432-433, 450, 452-454, 457, 464-465
　　変化　104-105, 111, 114, 119, 127-129, 137-138, 181, 212, 217, 220, 234, 244, 258, 273, 293, 297, 308, 318, 320, 331, 360, 385, 412-413, 415, 419-420, 448, 462, 474
　　ホール・サイン・アスペクト　306, 323, 397, 426
　　ホラリー占星術　32, 35-36, 152, 156, 263, 345,
　　ホロスコープ　28-30, 34, 251
　　ホロスコープのコラム　28-30, 251

ま行

　　マンデン占星術　34-35
　　水　95, 99-101, 113-114, 125-127, 137, 172, 175, 178, 191, 196, 199, 207-208, 215, 218, 226, 234, 244, 289, 299, 404, 419, 447, 459, 474
　　水瓶座　98, 103, 134-137, 146, 157, 165, 168-170, 174, 181-183, 186, 194, 201, 204, 213-214, 222-223, 226, 228-229, 231, 233, 243-244, 249-250, 256, 327, 338-340, 342-343, 382-385, 441-443, 458, 465
　　ミスティック・レクタングル　407-408

索 引

見せかけ（表層的）49-50, 58, 67, 70、86
満ちていく月 58, 357
満ちている 58, 313-314, 346
ミッドヘブン 53, 262, 264-266, 272, 279-280, 292-294, 296, 312, 391, 432-433, 438, 443, 458, 461
ミューチャル・レセプション 159-160, 300, 328-330
冥王星 33, 48, 60, 84, 89-91, 118, 125-126, 146-147, 156-157, 237, 245, 247, 249, 254, 256-260, 292, 300, 302, 346, 394, 397, 421, 429, 438-439, 467-470
メリディアン 266
メンタル 41-42
モイエティ 311-312, 431
木星 39, 48-50, 67, 72-74, 76, 113, 115, 118, 121, 128-130, 133, 136-138, 142, 145-146, 157, 191, 193, 203, 215-224, 291-294, 311, 314, 329-330, 346, 352, 359, 392, 397, 431-432, 441, 461, 464, 467

や行 ─────────

山羊座 97, 101-102, 131-135, 137, 165, 171-172, 174, 179, 183, 188-189, 194, 196-197, 204, 211, 215, 224-226, 231, 243, 249-250, 255-256, 269-270, 326-330, 342-343, 379-382, 392, 413, 418, 421, 432, 443, 455, 461, 468-470
病に伏したときのチャート 36
陽 52, 63-64, 69-70, 82, 95, 165, 204
様相 95, 101, 105, 108-109, 111, 113, 116, 119, 122, 125, 128, 131, 134, 137, 289 299, 304, 308, 315, 318, 320-321, 324-326, 360-361, 412, 416, 421, 428, 447, 460, 471, 474
ヨッド 390, 410, 420-424, 437, 441

ら行 ─────────

リセプション 159-160, 300, 328-330
リターン・チャート 263
ルーラーシップ 46, 126, 144-147, 149, 155-159, 165, 167, 174-175, 183-184, 194-195, 204, 208, 215, 226, 295, 301, 319, 326-328, 401, 421, 464
レギオモンタヌス 263, 265

わ行 ─────────

禍 71, 75

❖❖❖❖❖❖❖❖❖❖❖❖❖❖❖❖❖

ケヴィン・バーク【Kevin Burk】

NCGRでの占星術カウンセリングのレベルⅣの認定資格を持つ。1993年からサンディエゴで占星術を実践している。彼のウェブサイト（www.Astro-horoscopes.com）は、そのデザインと内容でいくつかのインターネットの賞を獲得している。開設以来、その訪問者は70万人以上に上る。

本書以外にも占星術関連の著書として、"The Complete Node Book: Understanding Your Life's Purpose" や "Astrology Math Made Easy" などがある。

❖❖❖❖❖❖❖❖❖❖❖❖❖❖❖❖❖

訳者　伊泉 龍一【Ryuichi Izumi】

占い・精神世界研究家。
著書：『タロット大全　歴史から図像まで』（紀伊國屋書店）、『完全マスタータロット占術大全』（説話社）
共著：『数秘術の世界』（駒草出版）、『西洋手相術の世界』（同）、『リーディング・ザ・タロット』（同）、『数秘術完全マスターガイド』（同）、『ルノルマン・カードの世界』（同）。
訳書：ジョアン・バニング著『ラーニング・ザ・タロット』（駒草出版）、レイチェル・ポラック著『タロットの書』（フォーテュナ）、マーカス・カッツ＆タリ・グッドウィン著『シークレット・オブ・ザ・タロット』『ラーニング・ルノルマン』（同）、ベネベル・ウェン著『ホリスティック・タロット』（同）、ジョン・マイケル・グリア著『生命の木』（同）、アリエル・ガットマン＆ケネス・ジョンソン著『占星術と神々の物語』（同）、ラナ・ジョージ著『エッセンシャル・ルノルマン』（同）等。
監修・翻訳：サラ・バーレット著『アイコニック・タロット』（グラフィック社）
監修：アレハンドロ・ホドロフスキー＆マリアンヌ・コスタ著『タロットの宇宙』（国書刊行会）

〈伊泉龍一公式サイト〉
https://ryuichiizumi.com
運命の世界
http://unmeinosekai.com/
西洋占星術の世界
http://astro-fortune.com/

❖❖❖❖❖❖❖❖❖❖❖❖❖❖❖❖❖

占星術完全ガイド
──古典的技法から現代的解釈まで

2015年8月25日第1刷発行
2025年1月25日第7刷発行

著　者　ケヴィン・バーク
訳　者　伊泉龍一
発行者　菊池　隆之

発　行　株式会社フォーテュナ
〒102-0093
東京都千代田区平河町二丁目11番2号
平河町グラスゲート2階
E-mail: staff-fortune@fortu.jp
http://www.fortu.jp/

発　売　株式会社JRC
〒101-0051
東京都千代田区神田神保町1-34
風間ビル1F
TEL 03（5283）2230
FAX 03（3294）2177
http://www.jrc-book.com/

翻訳協力　　　　佳岡　美歩
日本語版付録協力　賢龍　雅人
編　集　　　　　木本　万里
ブックデザイン　高岡　直子
本文組版　　　　Mojic
印刷・製本　　　シナノ印刷株式会社

©Ryuichi Izumi 2015, Printed in Japan
ISBN 978-4-86538-036-1 C2076
乱丁・落丁はお取り換えいたします。本書の無断転写・複製は、法律で定められた例外を除き、著作権の侵害となります。

好評既刊

なぜ「ワンドのクイーン」のカードに黒猫が描かれているのか?
「力」のカードに描かれている女性のモデルとなった人物は誰なのか?

シークレット・オブ・ザ
タロット
〜 世界で最も有名なタロットの謎と真実 〜

マーカス・カッツ、タリ・グッドウィン／著
伊泉 龍一／訳

ウェイト＝スミス・タロットを誕生させたふたりの作者が、その絵に込めた真の意図とは……。
カードが出版された1909年のイギリスへと時代を遡り、秘められた真実へと今、近づく。

　本書の主題となっているウェイト＝スミス・タロットは、20世紀に登場した数あるタロットの中でも最も有名になったタロットです。そのため、すでにその解説書はかなりの数に上っていますが、本書には類書にはない際立った特徴があります。それはカードの絵の解読のための鍵を探し、画家パメラ・コールマン・スミスの生涯へと光を当てていくというアプローチです。この試みは非常に新鮮な切り口となり、ウェイト＝スミス・タロットに対する解釈の新たな地平の広がりを垣間見させてくれるものとなりました。
　特にパメラ・コールマン・スミスの絵が好きで、その背景となっている世界にまで思いを馳せずにはいられない熱心なタロット・ファンの方々に読んでいただきたい一冊です。

A5サイズ／上製／362ページ／ウェイト版使用　　定価:本体3,500円＋税

好評既刊

欧米の著名タロティストたちが絶賛する
タロット解説書のベストセラーの日本語版がついに登場!

タロットの書
——叡智の78の段階

レイチェル・ポラック／著

伊泉 龍一／訳

大アルカナ、小アルカナ78枚すべてのカードを起源、象徴性、心理学的影響、および歴史的・神話的・秘教的背景の側面から徹底的に解説。
また、基本であるケルティック・クロスを始め、著者のオリジナルスプレッドや上級者向けの生命の木など、スプレッドも豊富に掲載。詳細なサンプル・リーディングがさらに理解を深めてくれます。
これまで暗記が苦手で、リーディングがうまくできなかった人も、リーディングの正しい進め方に必ずたどり着けます。

「これまで書かれたタロットに関する最も信頼できる本」
——ケイトリン・マシューズ、『アーサー王タロット』の作者

「この古典ともいうべき本の価値は、永遠になくなることはないでしょう」
——メアリー・K・グリアー、タロットのベストセラー書『あなた自身のためのタロット
——個の変容のためのワークブック』や『ゴールデン・ドーンの女性たち』の著者

A5サイズ／上製／454ページ／ウェイト版使用　定価:本体3,000円+税